国家行政学院重大招标课题

中国经济转型升级的合理逻辑

董小君 等◎著

THE RATIONAL LOGIC OF
CHINA'S ECONOMIC TRANSFORMATION AND
UPGRADING

经济管理出版社
ECONOMY & MANAGEMENT PUBLISHING HOUSE

图书在版编目（CIP）数据

中国经济转型升级的合理逻辑/董小君等著. —北京：经济管理出版社，2018.1
ISBN 978-7-5096-5557-3

Ⅰ.①中… Ⅱ.①董… Ⅲ.①中国经济—转型经济—研究 Ⅳ.①F123.9

中国版本图书馆 CIP 数据核字（2017）第 313436 号

组稿编辑：陈　力
责任编辑：陈　力　周晓东
责任印制：黄章平
责任校对：张晓燕

出版发行：经济管理出版社
　　　　　（北京市海淀区北蜂窝 8 号中雅大厦 A 座 11 层　　100038）
网　　　址：www. E-mp. com. cn
电　　　话：（010）51915602
印　　　刷：三河市延风印装有限公司
经　　　销：新华书店
开　　　本：720mm×1000mm/16
印　　　张：22.25
字　　　数：374 千字
版　　　次：2018 年 4 月第 1 版　　2018 年 4 月第 1 次印刷
书　　　号：ISBN 978-7-5096-5557-3
定　　　价：58.00 元

前　言

一、研究背景

自 20 世纪 90 年代以来，世界逐渐形成了"宏观经济矩形"——消费国、低端生产国、高端制造国、资源国四个类型国家，为全球经济增长作出了巨大贡献。这四个角色缺掉任何一个，世界经济体就不可能存在。过去几十年全球贸易膨胀，实际上是建立在消费国的负债消费和生产国的负债投资上。可是由于2008 年的金融危机，这种平衡关系被打破了。

2008 年金融危机之后，不仅中国进入经济新常态，而且世界经济都进入新常态。即中国和全球都从过去"大稳定增长周期"向"长期结构调整期"转变的新常态。发达国家为了获得持久竞争动力，都在全面转型，为了转型，他们在进行着环环相扣的全球布局。发达国家经济的转型与布局引起了世界经济"版"的变化，即世界经济正在发生"类别"的变化，而不是"程度"的变化。这是倒逼中国经济转型升级的外部因素。

从内部环境来看，中国经济自身"版"也发生了变化。一方面，中国经济经过 30 多年的高速增长，现在正发生着增长阶段的转换，从两位数的增长到7%、8%的常态。在经济增长速度放缓的情况下，怎么创造出比以前两位数增长时期更高的质量和效率，这是打造升级版的一个关键。另一方面，人均 GDP 到了8000 美元左右，正好进入中等收入阶段。中国如何跨越"中等收入陷阱"，这涉及中国经济必须转型升级的问题。

早在 2013 年，李克强总理就提出"打造中国经济升级版"重大命题，希望专家学者对其内涵、理论基础和实现路径进行全面解读，强调我们要用开放促进改革，要以勇气和智慧打造中国经济升级版。李克强总理多次强调升级的第一件事是，增长是没有水分的增长。除了不做假账外，中国经济升级版应该包括五个方面的内容：第一个是有速度的增长。中国现阶段为什么增长，发展是硬道理，我国经济已经不具备两位数增长的环境。实现合理平等的思路转化是打造中国经济升级版的基本要求。第二个是没有水分的增长，关键是看有没有就业的增长。第三个是人均收入分配是否可以同步增长。第四个是资源环境是不是可持续增长。第五个是技术创新的增长。中共十八大和十九大以来，党中央又进一步提出一系列有关经济转型升级新理念、新思想、新战略。尤其是习近平总书记在十九大报告中指出"中国特色社会主义进入新时代，我国社会主要矛盾已经转化为人民日益增长的美好生活需要和不平衡不充分的发展之间的矛盾"。和以往对比，十九大对主要矛盾措辞的改变，从原来讲的"物质文化需要"到"美好生活需要"，从解决"落后的社会生产"问题到解决"不平衡不充分的发展"问题，这反映了我国发展阶段的变化。因此，新旧常态下的中国经济的逻辑起点是不一样的。旧常态下中国经济的逻辑起点是解决"总量问题"，以满足人们"物质文化需要"。新常态下中国经济的逻辑起点是解决"质量问题"，以满足人们"美好生活需要"。

新常态下中国经济与旧常态下中国经济有什么区别？也就是说，新版中国经济需要从哪些方面进行转型升级？国家行政学院多次召开专家座谈会进行研究，但是专家学者对于"中国经济升级版"的内涵以及要解决的问题，有不同的理解。为此，国家行政学院把"打造中国经济升级版"作为重大招标课题。

本书旨在通过对中国经济转型升级的历史及现实的研究，全面把握"中国经济升级版"的内涵、理论依据、合理逻辑、基本框架及实现路径。

二、全书结构

全书分为上、中、下三篇，共十六章内容。全书的结构安排如下：

上篇为总论，也是主报告。本篇共三章：第一章主要研究打造中国经济升级版的合理逻辑。以世界矩形结构失衡与世界经济新常态为逻辑起点，从横向与纵向双重视角研究中国经济升级版的合理逻辑。第二章是从经济史和思想史相结合的视角对经济转型升级的历史考察，包括对产业结构升级的历史及其理论分析，对经济体制转型的历史演变及其理论分析。第三章是研究中国经济发展动力切换和形成，包括经济发展动力的国际经验、中国经济发展动力的现状与识别、中国经济发展动力的切换和形成。

中篇为实现路径。本篇共十章：第四章是理论指导：由需求侧管理为主转向供给侧管理为主；第五章是宏观调控：从相机抉择向预期管理转型；第六章是中国制造：从生产型制造业向生产服务型制造业转型；第七章是发展方式：从学习模仿到创新驱动；第八章是国际贸易：从贸易大国向贸易强国转型；第九章是对外直接投资：由大国迈向强国；第十章是农村土地制度改革：从两权分离到三权分置；第十一章是区域成长：从多极化增长走向协调发展；第十二章是金融服务：从"供给主导型"向"需求主导型"金融安排转型；第十三章是变革中的财政：从公共财政到现代财政。

下篇为国际经验比较与借鉴。本篇共三章：第十四章是第二次世界大战后德国经济转型的经验与借鉴意义；第十五章是第二次世界大战后日本经济转型的经验与借鉴意义；第十六章是韩国经济转型的经验与借鉴意义。

三、几点说明

国家行政学院"打造中国经济升级版"课题组成立于 2013 年。课题组组长为国家行政学院经济学教研部副主任董小君。全书章节分工如下：上篇总论部分第一章至第三章，董小君、汪海波、王学凯；中篇实现路径部分第四章至第十三章，董小君、冯俏彬、张青、徐杰、马小芳、樊继达、黄锟、车文辉、冯卫利；下篇国际经验比较与借鉴部分第十四章至第十六章，董小君、王海燕。董小君负责全书框架设计与统稿工作，全书由董小君定稿。

目 录

上篇 总 论

中篇 实现路径

下篇 国际经验比较与借鉴

上 篇

总 论

第一章　中国经济转型升级的合理逻辑

改革开放以来，中国经济经历了四个周期性波动，呈现"W"形增长，一般情况下经济下滑后又能起来，为什么2008年金融危机后，在第四个周期的谷底起不来了？这关系我国从经济旧常态向经济新常态转型的逻辑演进。

早在20世纪90年代末，中国就提出经济要转型升级，经过20多年的转型，为什么还没有达到预期的效果？这是因为中国经济一直在进行着量的积累，实现着"程度"的变化，而不是质的变化，即"类别"的转型。

应该说，中国经济面临的不仅是周期性现象，而且是经济发展阶段变化现象。本书将基于两个思维逻辑：一是从经济周期理论看，世界经济长周期变化引起发达国家为获得持久竞争力，正在进行环环相扣的全球布局，这是横向的世界逻辑；二是从经济增长理论看，中国经济发展阶段的变化推动经济转型，这是纵向的自身逻辑。

一、逻辑起点：世界矩形结构失衡与世界经济新常态

（一）世界矩形结构平衡推动全球经济增长

自20世纪90年代以来，世界逐渐形成了"宏观经济矩形"，为全球经济增长作出了巨大贡献。世界经济体由以下四类国家组成：

（1）消费国——消费主导与金融膨胀模式。以英国、美国和部分西欧国家最为典型。高消费促进了经济增长、推高了对多样化金融产品的需求，同时也减少

了储蓄的积累、降低了实体经济的占比。

（2）低端生产国——低端制造业产品生产模式。包括中国、印度、印度尼西亚等国，它们利用劳动力和资源的低成本优势，引进发达国家的成熟技术和直接投资，为消费国生产消费品。

（3）高端制造国——高端制造业产品生产模式。包括日本、德国、法国、韩国等发达国家和新兴工业化国家，其主要为全球提供高端资本品和消费品。

（4）资源国——初级产品生产模式。包括俄罗斯、南非、沙特阿拉伯、阿根廷、巴西、澳大利亚等国，它们为全球尤其是生产国提供农产品、铁矿石、石油等初级生产资料。

这四个角色缺掉任何一种，世界经济体就不可能存在。过去几十年全球贸易膨胀，实际上是建立在消费国的负债消费和生产国的负债投资上。其中，美国透支型消费+中国扩张性投资与出口，成为驱动全球经济发展的主导力量。

（二）世界矩形结构失衡与世界经济"新常态"

2008 年的金融危机，世界矩形结构平衡关系被打破。让世界经济失衡是从消费国开始的。危机爆发后，消费国资产价格下降，虚拟财富大幅缩水，此类国家的居民不得不降低消费。在全球经济高度一体化的时代，金融危机迅速向世界各国传递。消费国降低消费，对于生产国来说，就表现为外需萎缩、出口下降、国内产能过剩。生产国经济基本面不景气，资源需求减少，资源价格就下跌，资源国陷入危机，甚至出现"资源诅咒"陷阱。

西方用"新常态"一词，表达了此次金融危机的"标示"意义。2009 年初，美国太平洋基金管理公司首席投资官格罗斯和总裁埃利安，用"New Normal"来归纳全球金融危机爆发后经济可能遭受的缓慢而痛苦的恢复过程。IMF 总裁拉加德用"新平庸期"形容西方的经济增长状况。因此，原创意义上的"新常态"，本意是让人们对全球金融危机后的经济金融恢复不要抱过高期望，主基调可用"悲观""无奈"来概括。

2008 年的危机让世界也进入了"新常态"，从"大稳定周期"向"长期结构调整期"转变，即世界经济正在发生"类别"的变化，而不是"程度"的变化。从第一次工业革命以来，每隔 50~60 年，世界经济就会发生一次"类别"的变化。200 多年来，世界经济经历了四个半长周期，已经发生了五次的"类别"变化。技术创新是推动"类别"变化的主要动力源。而科技创新规律又体现出经济周期演变的规律，由于一项科技发明酝酿需要 50~60 年，那么"类别"变化也需要 50~60 年经历一次。

在本轮危机之前，资本主义经历了长达 20~30 年经济持续增长"大稳定周期"的"旧常态"，其主要特征是全球经济持续增长、低通胀与低失业率并存。随着 2008 年金融危机的爆发，终结了"大稳定周期"的"旧常态"，全球经济进入低迷的"新常态"。即未来 30 年，资本主义将从"大稳定周期"进入"长期结构调整"的"新常态"。上一轮中国经济快速增长主要得益于第二次工业革命和第五次科技革命的技术外溢。目前，世界已经进入了第二次工业革命和第五次科技革命的尾声。在新一轮长周期中，全球正在进行第三次工业革命和第六次科技革命（董小君，2015）。[①]

2008 年的危机启动了创新周期。德国经济学家格哈特·门施（G. Mensch）利用现代统计方法，在《技术的僵局》一书中，深入研究了全球 112 项重大技术创新和发明，发现经济萧条最有利于刺激重大基础性创新，经济繁荣周期与技术创新的周期有着高度的相关性，主要呈"逆相关"。这也是为什么在危机期间，世界主要经济体——美国、德国、日本、英国以及中国都通过新一轮工业革命和新能源革命，寻找新的经济增长点。

二、横向的世界逻辑：美欧战略转型的全球布局

在下行周期压力下，为摆脱危机，发达国家通过全球战略布局以获得持久竞争优势（如图 1-1 所示）。

（一）第一大布局，战略转型的货币支撑体系：货币"锚"的变化

从长期战略看，美国围绕着深度修复霸权进行着美元稳定"锚"的转换：将"美元—石油"体系转换到"美元—碳排放"体系。"美元—碳排放"新的国际金

[①] 董小君：《中国经济转型升级的合理逻辑》，《紫光阁》2015 年第 6 期。

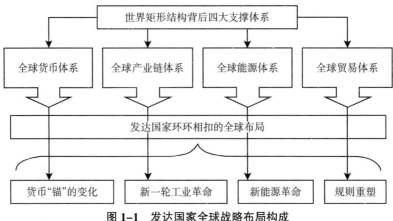

图 1-1 　发达国家全球战略布局构成

融体制正在形成。欧洲也正努力将碳排放作为欧元的"锚"产品。

（二）第二大布局，战略转型的产业支撑体系：新一轮工业革命

世界工业革命演进的历史表明，全球性重大经济金融危机往往催生重大科技创新，后危机时代，寻求科技领域革命性突破，寻求一种新的经济增长模式，是资本主义国家重振经济的必由之路。在这样的大背景下，资本主义国家掀起了一场新一轮工业革命浪潮。

历次工业革命是技术革命与制造业革命和能源革命的聚合。一个完整的"工业革命"，在范围上应该包括制造业革命和能源革命，而技术革命贯穿始终。在过程上一场新的工业革命是沿着这样的路径展开的：发端于新技术的革命性突破（历史和逻辑的起点）→制造业革命（技术在产业部门运用与扩散）→能源革命（生产获得新的动力，突破成本制约）。

在工业革命中，谁能成为"领头羊"国家，取决于两个因素：一是技术创新以及创新技术转化成生产力的能力；二是关键性能源是否充裕而廉价，构成生产的新动力。在前两次工业革命中，西方国家由于抢先掌握了几乎全部"秘诀"，摘取了全球顶级的科技成果。

新一轮工业革命，意味着世界经济正在发生"类别"变化，而不是"程度"的变化。前两次工业革命从能源主体和高度集中化的生产组织形式看，有着内在的继承性，而第三次工业革命与前两次工业革命有着本质的区别，将从根本上改变人类生产方式、生活方式和商业模式，改变全球增长模式以及全球投资

和贸易格局。

新一轮工业革命将殊途同归。西方发达国家结合本国国情与自身优势产业，提出了不同的工业革命道路。美国是工业互联网，德国是工业 4.0，中国是"制造 2025"和"互联网+"。因此，在实现路径上，又分为美国版、德国版以及中国的混合版。

美国版的"互联网+制造"，侧重于从软件出发打通硬件。第三次工业革命，在美国的提法是"工业互联网"，这是为了凸显美国在信息技术方面的全球领先地位。如果说信息技术革命曾经是美国经济增长的引擎，那么今天能够将美国送达到世界经济巅峰的就是工业互联网。数据显示，2015 年全球互联网公司市值前 20 强排名，美国占了 11 家。目前，美国互联网公司正与传统制造业联手，开始在如何利用工厂不断产生的大规模工业数据上寻求转变。通用电气（GE）公司、思科（Cisco）、国际商业机器公司（IBM）、美国电话电报公司（AT&T）等80 多家企业成立了"工业互联网"联盟，在技术产业化、产业标准化等方面做出了一系列前瞻性布局，以重新定义制造业的未来。截至目前，GE 已经推出了40 余种工业互联网应用产品，并于 2016 年 9 月宣布开放 Predix 软件平台，该平台为工业互联网用户的管理和运营提供了更可靠的支持。例如，资产性能管理（APM）——基于 Predix 平台的应用解决方案，通过对运营数据、预测性分析、历史资产目录和用户体验进行集成并加以利用，能够达到实现资产最高可靠性、降低成本和风险、发现新增长机遇的目的。GE 的 APM 系统每天共监控和分析来自 1000 万个传感器收回的 5000 万条数据，终极目标是帮助客户实现百分之百的无故障运行。

美国版路径的特点：一是在互联网与传统制造企业关系上，强调互联网与传统制造企业合作，帮助传统制造企业更好地适应互联网。主张加号两边的企业发挥各自的优势，生产部分交给传统制造业企业去做，非生产性的制造业价值链搬到云端，交给互联网企业来提供服务。如亚马逊做云服务供应商，为传统制造企业提供一揽子互联网解决方案。二是强调商业模式创新。更强调生产方式、组织形式、管理理念和商业模式创新，是信息化不断深化发展的新阶段，是在"+互联网"基础上发展的新形态，可形象比喻为化学反应。三是普惠开放，进入门槛低。由于美国版通用性强，在云端可供选择的组件很多，降低了传统企业接入互联网的门槛，投入成本较低，不受企业规模的影响，中小微企业也能成为客户。

德国版的"制造+互联网",侧重于从硬件打通到软件。由于历史的原因,欧洲是由几十个小国家组成的一个富裕的大洲,但是过于分裂的文化市场使欧洲的互联网发展起来比较困难。在上一轮技术创新中,德国乃至整个欧洲在工业3.0时期节节败退。全球市值最大的互联网公司,欧洲一家都没有,美国企业基本上垄断了欧洲互联网市场。所以,当美国开始"第三次工业革命"时,德国就启动了"工业4.0"战略。德国要用"信息物理系统"实现智能制造。云计算和大数据是智能制造业的生产资料。

德国版路径的特点:一是在互联网与传统制造企业关系上,强调利用信息技术改造传统产业。德国拥有强大的机械制造技术,嵌入式以及控制设备的先进设备和能力,德国很关注生产过程智能化和虚拟化的深刻改变。在传统制造企业与互联网关系上,强调利用信息技术改造传统产业,建立完善的工业生态圈,可形象比喻为物理反应。二是进入门槛高。德国工业技术雄厚,是生产制造基地。由于突出技术优势,而核心技术又往往掌握在大企业手中,创新周期长,需要持续投资,成本高。能够实现创新的,往往是有雄厚的传统工业制造背景的企业。三是封闭体系。由于突出核心企业主导作用,工厂内的制造场景在方案中居于中心位置,云计算和大数据,是少数企业内部沟通的私有产物,最大用户是企业自己。

中国的"混合版":美国模式与德国模式相结合,软硬件平衡发展。中国"互联网+"和"中国制造2025"则是分别借鉴了美国工业互联网模式和德国版工业4.0计划。一方面,中国有比较完善的工业体系,有制造业赖以生存的广阔市场。中国拥有39个工业大类,191个中类,525个小类,成为全世界唯一拥有联合国产业分类中全部工业门类的国家。完善的工业体系能够减少工业配套生产成本,有利于生产质优价廉的产品。但在发展阶段上,中国是在没有完成工业革命2.0和工业革命3.0的情况下,就迎来了工业革命4.0,所以中国要坚持"两化融合",补上工业革命2.0和工业革命3.0时代的短板。另一方面,中国在"互联网+"方面具有比较优势。经过20多年的高速发展,中国互联网国际比较优势明显,在目前世界市值最高的20家互联网公司中,中国就占6家。中国在搜索、社交、安全等领域已成长起一批主导型企业。百度占据了国内搜索近80%的市场份额;腾讯微信已发展成为国内第一、全球第二的移动社交平台。推进"互联网+"，中国与发达国家站在了同一起跑线上。因此，在实现路径上，中国要软硬结合，平衡发展。既要关注大数据和云计算，加强设备互联、数据分析以及数据基础上的与传统工业互联互通，利用互联网力量推动传统产业的转型升级；又要在新设备、新技术、新工艺、新材料、核心组件等硬件上补齐短板。据 GE 测算，如果工业互联网能够像消费互联网那样得到充分的应用，从现在到 2030 年，工业互联网有可能为中国经济带来累计约 3 万亿美元的 GDP 增量。

虽然三个版本实施路径和逻辑演进有些不同特点，但目标却高度一致，即实现"智能制造"。智能工厂、智能生产、智能产品是新一轮工业革命的三个关键。

（三）第三大布局，战略转型的能源支撑体系：新能源革命

纵观人类历史，每一次生产力的巨大飞跃和社会的重大进步都离不开能源变革。伴随新一轮工业革命，必然是能源革命。哪个国家能抓住新一轮能源革命与工业革命机遇，就能顺势崛起。

2008 年金融危机后，发达国家基于自身能源特点提出不同能源转型战略。

1. 欧洲能源革命的本质：意在推动能源真正转型

在这场能源革命中，真正希望并能够引领全球"去碳化"和能源转型的是欧洲。2014 年《全球能源体系结构性能指数报告》显示，在向清洁能源革命的转型道路上，全球 105 个国家，欧洲国家表现最好，全球前十位欧洲国家就有 8 个。而美国排第 55 位，中国排第 74 位。[①]

欧洲推动能源转型是基于这样的内在逻辑：一是基于自身能源结构特点——化石能源短缺，新能源占比全球最高。作为世界上最大的能源进口地，欧盟能源对外依存度高达 53%，其中 1/3 的石油产品来自俄罗斯。随着乌克兰危机的爆发，欧盟与俄罗斯的关系降至冰点，埋下了石油供应中断的隐患。但同时，近 20 年来，欧盟由于拥有清洁能源核心技术，新能源产业发展非常迅速。2001~2014 年，欧盟新能源在总能源消费中的比重上升了 63%，平均增长率为 69%。二是通过能源转型使技术产业重新回到世界领先地位。工业革命以来，全球经济增长基因是传统的化石能源，在这种能源结构下，中国和美国这样的碳排放大国，产业具有显著优势。如果将世界经济增长基因切换到清洁能源，依赖传统化

---

① 《全球能源体系结构性能指数报告》，人民网，2014 年 1 月 6 日。

石能源的产业必然失去竞争力，欧洲的"核心环境产业"将具有绝对竞争优势。因此，欧盟视全球绿色技术市场为巨大机遇。

为了推动能源转型，欧洲在新能源发展上，非常注重低成本与兼容性。一是通过分布式能源全面降低供能成本。欧洲通过分布式能源生产方式，不仅充分利用了分散和小型的可再生能源，而且把农村和边远地区可再生能源开发出来了。目前，分布式能源系统在北欧国家的发电量份额超过30%~50%。二是能源网络设计的兼容性。为了解决新能源系统的不稳定性和不平衡性，欧盟能源网络设计不仅实现了邻国之间能源网络对接，而且实现了整个欧洲能源网络对接。更为重要的是，欧盟还通过智能电网努力实现与中东、北非等国家的能源对接与兼容。

2. 美国能源革命的本质：寻求能源独立

美国在能源发展上长期面临安全、经济活跃和气候变化三大挑战。能源独立能很好地解决这三大挑战：一是能够降低中东和俄罗斯对美国博弈的筹码。不仅能实现对亚太地区的布局，而且在战略上让西欧国家能与美国保持一致。二是将改变贸易长期逆差格局。多年来，石油进口一直是美国贸易逆差中最大的单项。如果美国能成为油气出口国家，会影响全球贸易格局，因通过贸易逆差的减少，美国的财务状况也将得以改善。三是在国际气候谈判中更加主动。美国在国际气候谈判中一直比较被动，因在能源消费结构中，石油和煤炭占比相对较高，随着清洁高效的页岩气的运用，会大大降低美国的碳排放。

因此，在战略上，美国的能源革命并不完全跟随欧洲的"新能源革命"走，而是根据自身能源结构特点，实行能源"多元化"战略。一方面，大力推进对传统化石能源页岩气的开发。美国由于在页岩气开采方面取得了技术突破，减少了原油净进口，大幅提高了美国能源自给率。《BP 2035世界能源展望》预计，美国将在2021年实现能源自给自足，到2035年，其能源总供应的9%将用于出口。另一方面，加大"新能源"基础设施建设。一是向北欧学习，大力发展分布式能源网络。二是利用信息化优势，大力发展"互动电网"。三是建设超导电网，营建能源高速公路。

3. 中国能源革命：重在能源安全

在全球能源转型的关键时刻，中国究竟该如何找到自己的定位？现阶段，中国不可能像欧洲那样，真正实现从传统化石能源向清洁能源转型；也不可能像美国那样，通过页岩气的开发，实现能源独立。中国能源转型应采取"渐进式"战略。第一阶段：2015~2030 年，实施"能源安全"战略。在 2030 年中国碳排放峰值到来之前，可再生能源还难以从补充能源变为规模化替代化石能源。在相当长的一段时间内，中国能源生产的重点仍然是传统能源和化石能源。第二阶段：2030~2050 年，推动"能源转型"战略。中国只有在完成工业化与城镇化之后，才有可能实现"清洁能源为主、化石能源为辅"的根本性转型。

应该说，中国的能源革命既要符合自身的逻辑，又要符合世界的逻辑。现阶段，能源领域需要进行两场革命：

一是基于中国能源特点的传统能源革命——煤炭革命。目前，有的专家提出中国要"去煤化"，这是非常危险的想法。可以说，如果不顾以煤炭为主体的基本国情，"革煤炭的命"不仅会要中国经济的命，还会要世界经济的命。实际上，煤炭一直是世界能源的主体。《BP 世界能源统计年鉴》数据显示，全球已探明的储量可供开采年限，煤炭 122 年，天然气 60 年，石油只有 42 年。在过去 10 年里，世界 2/3 的电力增长来自于煤炭。[①] 在很多发达国家，煤炭正成为越来越受重视的资源。七国集团尽管有高效且经济可行的可再生能源技术可用，但是仍然在大量使用煤炭。因此，现阶段，中国不是要"革煤炭的命"，而是"煤炭要革命"。煤本身不是污染物，只是不清洁地使用。目前，国有企业神华集团和民营企业神雾集团，在煤炭清洁使用上已发明了全球颠覆性技术，如果能在全国推广，燃煤发电可达到"近零排放"。

二是基于世界能源发展趋势的革命——新能源革命。新能源产业的布局要从国家战略高度进行设计，要从能源对内利用体系、能源对外利用体系、能源运转体系、能源效率体系这四大体系方面进行探索建设。这需要从"四张网"进行构建，"十三五"是关键。第一张网，新能源对内利用体系：以"分布式能源网络"对国内能源"用尽用足"。大力发展分布式电网，关键是要突破体制障碍。目前我国分布式天然气发电项目介入电网太困难，使分布式能源发展举步维艰。建议采取特许经营权方式来解决这一体制难题，有了特许经营权，分布式能源项目就可以卖热、卖电，从而推动分布式天然气能源发展。第二张网，新能源对外利用体系：以"洲际兼容网络"对全球能源"充分利用"。要实现与"一带一路"国家能源网络对接。"一带一路"国家主要使用管道运送石油。我国应加速"多层

---

① 《BP 世界能源统计年鉴》（2015 年中文版），http://wenku.baidu.com/view/。

次输配网络体系"的建设，要在中央干线管道、联络支线管网、跨国管网等方面与这些国家形成互联互通。第三张网，新能源运转体系：以"智能能源网络"实现能源"互联互通"。针对清洁能源随机性和间歇性的特点，必须构建以电为中心、具有全球配置能力的能源平台。目前，全球已经形成了北美、欧洲、俄罗斯—波罗的海三个特大型互联电网。中国要大力推进从"一带一路"区域能源互联网到"全球能源互联网"的建设。中国特高压和智能电网的成功实践，为构建全球能源互联网奠定了重要基础。第四张网，新能源效率体系：以"超导电网"修建能源"高速公路"。解决一个国家或地区大容量、低损耗输电的最佳途径是修建超导电网的"高速公路"，这非常适用中国这样幅员辽阔的国家。据专家测算，从内蒙古输送一笔电到上海，通过传统输电方式，需要 500 千伏的电压，如果通过"超导电缆"仅需要 220 伏的电压。我国超导电力技术已取得重大突破，世界首座超导变电站已在中国的甘肃省白银市建成。

（四）第四大布局，战略转型的规则支撑体系：全球财富规则的重塑

美国和欧洲从自身的优势出发重塑全球财富规则。

1. 美国重塑全球贸易版图：T 三角规则

第二次世界大战后，推进全球化的是多边平台，运行几十年后，美欧发现在现有 WTO 规则下，中国不仅没有被引入西方的战略轨道，反而通过"搭便车"成了全球化的最大赢家。2008 年金融危机之后，美国基于政治战略考虑，转向了区域贸易安排，积极推进全球 21 世纪"铁三角"（或 T 三角）国际经贸新规则，即东半球"跨（泛）太平洋战略经济伙伴关系协议"（即 TPP），西半球"欧美跨大西洋贸易与投资伙伴协议"（即 TTIP），"服务贸易协定"（即 TISA）。全球 21 世纪"铁三角"是全球性国家间贸易最新规则，正在颠覆全球秩序。其以开放的区域主义架空世贸组织（WTO）和亚太经合组织（APEC），从而重新掌握全球地缘政治优势。

2. 欧洲利用"低碳经济"以重新获得世界控制权

第二次世界大战之前，这个世界是由欧洲人掌控的，第二次世界大战使欧洲经济毁于一旦。战后欧洲面临着经济建设，需要大量的资金，这时候美国为了控制苏联对欧洲势力的扩张，推出了"马歇尔计划"。通过"马歇尔计划"，欧洲赢得了经济，输掉了政治、输掉了军事。随着欧盟的成立，欧洲不再满足于长期受

控于美国的局面，要把世界控制权夺回来。全球性问题——气候问题正是最佳的切入点。

为此，欧洲进行了环环相扣的全球布局：

第一步，建立全球"认识共同体"，在道义上获得全球人支持。"认识共同体"是由世界气象组织（WMO）和政府间气候变化专门委员会（IPCC）这样的国际组织的专业技术人员组成。这些组织通过科学家的科研成果来影响政治领导层的偏好。这些政治家原有发展经济的偏好，是过分依赖化石能源，国际组织通过促使政治领导层放弃"化石能源消费率与经济增长速度成正比"理念，来重新设定国家发展目标。

第二步，通过改写国际法来凸显欧洲在清洁能源方面的全球领先地位。过去30多年，欧洲尽管在信息科技方面要远远落后于美国，但在清洁能源方面，欧盟全球领先，但在全球贸易中的获益则相形见绌。其原因在于中国、美国、印度、巴西等能源消耗大国依然在使用传统化石能源。欧盟通过改写国际法来彻底扭转其在高科技领域相对于美国的不利态势，如果给世界各个经济体设置一个二氧化碳限制值，各国必须要进行实质性的"节能减排"，如果要实现"节能减排"，就不得不使用清洁能源技术，那只能向欧盟购买。于是，一个巧妙的新能源技术输出机制——联合履行机制（JI）和清洁发展机制（CDM）——正在形成。

第三步，将欧元与碳交易计价绑定，使欧元变成关键货币。一国货币与能源计价和结算绑定权往往是一国货币崛起并成为关键货币的关键因素。欧盟之所以从签订《京都议定书》以来一直比美国更为热衷于气候协议，是因为欧洲的政治家们看到了欧元成为关键货币的机遇。据专家测算，碳排放权交易有可能与石油成为最为重要的商品，如果碳排放交易以欧元计价，必然会有更多的国家选择欧元作为国际储备货币。何况目前全球碳交易85%已经是以欧元计价的。

第四步，改变世界经济增长基因：从传统化石能源到清洁能源的切换。过去200年，世界经济增长基因是传统的化石能源，欧洲发现这种增长模式是以中国为代表的新兴经济体消耗了大量的传统化石能源为前提的，这种增长方式实际上是向发展中国家输出了增长。未来欧洲要世界经济增长基因变成清洁能源，在这种低碳增长模式下，中国等发展中国家高排放的产品就有可能出口不出去了，而发达国家生产出的是低碳产品，它可以出口到世界任何一个角落，从而有可能改变它的贸易逆差局面。

综上所述，世界经济新常态正在发生以下四个方面的"类别"变化：

第一个"类别"变化：世界经济发展阶段从工业文明向生态文明阶段的转变。一方面，发达国家与发展中国家在发展阶段上有很大的差别，发展中国家还处于工业化前期和中期，还需要更多的碳排放空间，而发达国家早已完成工业化进程；另一方面，在能源结构上二者也有着很大的差别，发达国家由于掌握着清洁能源技术，通过自身的能源结构的清洁化，可以切换世界经济增长基因，即从传统的化石能源向清洁能源切换。这场全球性的低碳经济转型标志着世界经济发展阶段正从工业文明向生态文明阶段的转变。

第二个"类别"变化：财富规则从有形财富规则向无形财富规则转变。发展阶段变了，财富规则也要重新修改。整个工业文明阶段，尤其是在 WTO 框架下，世界财富规则是有形财富的竞争。经过几十年的发展，发达国家发现，这种规则对他们越来越不利。在 WTO 规则下，所有的商品贸易大国都获得了快速发展机会，金砖国家迅速崛起，中国也由此成了世界第二大经济体。2008 年金融危机后，发达国家为了获得"持久的竞争优势"，开始重塑世界财富规则，他们努力将世界财富规则从"有形财富竞争"向"无形财富竞争"转变。奥巴马通过"21世纪 T 三角"，以开放的区域主义架空世贸组织（WTO），而特朗普政府主张用"公平"贸易取代"自由"贸易。欧洲企图利用全球性问题——气候问题——重塑财富规则。而新的财富规则对那些创新能力强、拥有知识产权、低碳发展的发达国家有利，而这些正是发展中国家的短板。

第三个"类别"变化：生产模式从大规模集中生产向分布式生产转变，从规模经济向范围经济转型。在工业文明阶段，生产模式主要是大规模的集中生产，从工业革命 1.0、工业革命 2.0 到工业革命 3.0，都是追求规模经济，通过大规模的流水线作业，将产品大量生产出来，再通过销售渠道将产品销售到世界各地。在生态文明阶段，生产模式主要是分布式生产。大数据成了生产资料，3D 打印产生颠覆性力量，家家都能够成为分布式生产制造商。分布式制造方式的重要意义在于：生产工具（3D 打印机）不再被少数资本家独占，每一个个体劳动者拥有极大的生产工业化产品的能力，并且会极大地提升他们的创新创意能力。随着互联网的出现，经济业态则是从规模经济向范围经济转型（董小君，2015）。[1]

---

[1] 董小君：《中国经济转型升级的合理逻辑》，《紫光阁》2015 年第 6 期。

第四个"类别"变化：能源生产从大规模集中生产向分布式生产转型，能源消费从传统的化石能源向清洁能源转型。什么样的生产模式必然产生什么样的能源生产模式和能源消费。在工业文明阶段，能源结构主要是以传统的化石能源为主。核电、水电等传统的化石能源也是大规模集中生产。在生态文明阶段，世界能源结构向非化石能源转变，分布式生产是新能源生产方式，绿色、环保、低碳是分布式能源的重要特点（如图 1-2 所示）。

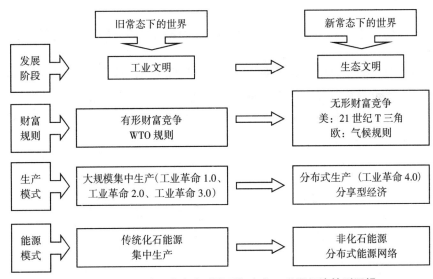

图 1-2　世界经济正在发生"类别"变化：世界经济转型逻辑

由于世界经济发生了"类别"的变化，中国经济也必须发生"类别"的变化才能顺应大趋势。2013 年，国务院提出"打造中国经济升级版"，刚开始时，大家都不太明白"版"的概念，觉得与过年十多年提的"经济转型升级"没有什么区别。如果理解了世界经济"版"的变化，也就理解了我们为什么要换"版"，这个"版"指的就是"类别"的变化。"旧版"下的中国有优势，但换新版后，如果中国经济不转型，就会失去优势。

三、纵向的自身逻辑：中国经济发展阶段的变化

中国经济转型升级，既要符合世界逻辑，更要符合自身逻辑。从纵向自身逻辑看，中国经济也在发生"类别"的变化。

（一）发展阶段上：中国正从投资导向阶段向创新导向阶段的转型

迈克尔·波特在《国家竞争优势》中，概括性地将国家经济发展分为四个阶段。分别是生产要素导向阶段、投资导向阶段、创新导向阶段和富裕导向阶段。[1] 这种划分，有助于了解促成经济发展或导致经济衰退的是哪些因素，在不同的经济发展阶段面临的问题又是什么。

（1）生产要素导向阶段。每个国家都曾在某段期间经历过这个阶段。处于生产要素导向阶段，国家竞争优势来自天然资源、廉价劳动力等基本生产要素；本地制造企业以半成品加工方式，技术主要靠引进与模仿，企业间的竞争主要表现在价格层面，汇率变动与全球经济景气循环对企业影响很大；生产者与产品的最终消费者不能直接沟通。目前几乎所有的发展中国家都正处于这个阶段，一些资源型国家也处在这个阶段。

（2）投资导向阶段。国家竞争优势主要是基本生产要素和很强的投资意愿。这个阶段的企业投资行为频繁，为了获得国外精密制造技术，企业以付专利费、合资等途径获得；企业也有改善外来技术的能力，这是从生产要素导向迈向投资导向阶段的关键；企业开始建立国际营销渠道，与消费者直接接触；国内市场竞争加剧，促使企业努力降低成本、改善产品质量。政府需要扮演带头示范作用角色，政策讲求效率，决策流程强调纪律和长期规划。在国家经济发展中，投资导向阶段虽然充满艰难和挑战，但是对一些国家而言，它具有加速经济增长的效果。投资导向阶段也是多数经济体经济发展的门槛，能成功跨越的并不多。第二次世界大战以来，成功的例子不外乎日本与韩国。

---

[1] 迈克尔·波特：《国家竞争优势》，中信出版社 2012 年版。

（3）创新导向阶段。国家竞争优势主要是国家和企业的创新能力。此阶段，企业创新能力增强，技术输出是最常见的活动；企业摆脱了生产成本与币值汇率的威胁，竞争方向从生产成本转至生产率上；产能国际转移，企业采取国外设厂的方式以降低成本；和前两个阶段相比，创新导向阶段特别强调高质和富裕，服务业高级化；此时的政府应无为而治，如果政府继续设置产业进入门槛、出口补贴等直接干预行为，只会打压以创新为竞争基础的效率。在19世纪前半叶，英国已经走到创新导向阶段。美国、德国和瑞典则是在21世纪先后进入这个阶段。20世纪70年代的日本和意大利也处于创新导向阶段。

（4）富裕导向阶段。与前三阶段正好相反，富裕导向阶段是一个国家经济走入衰退的状况。英国的经济很早就进入富裕导向阶段。主导这个时期的力量是前三个阶段积累下来的财富。企业开始丧失在国际竞争上的优势，重税压制了投资意愿，服务业快速崛起，对外投资方式发生了变化。对国内的产业投资不足，但在海外投资却出手大方。另外在对外投资活动上，从技术输出转变为纯粹的资本输出。但本国企业买下外企后，经营管理上仍是完全交由对方负责。

在以上四个发展阶段中，生产要素导向、投资导向、创新导向三个阶段表明一个国家处于经济繁荣时期，也是国家竞争优势发展的主要力量。富裕导向阶段则是经济上的转折点，国家经济有可能因此而走下坡路。不过，并不是所有国家都一定一步步地从生产要素导向到投资导向到创新导向阶段演变，意大利就直接从生产要素导向进入创新导向阶段，没有经过投资导向阶段。因为意大利产业具有悠久历史，人力资源、教育环境也都拥有很好的发展基础，意大利北部地区早在20世纪初就已进入创新导向阶段了。

目前，中国正从投资导向向创新导向转型。能够实现这一转型的国家并不多，所谓"中等收入陷阱"也正是发生在这一阶段。

可见，从发展阶段看，中国经济也正在发生"类别"变化，而不是"程度"的变化。

（二）中国经济如何从旧常态向新常态转型升级

"新旧常态"下的中国经济，到底有什么不同？即从"旧版→新版"升级，主要表现在哪些方面？

分析"旧版"和"新版"的不同，逻辑起点是关键。

"旧版"下中国经济的逻辑起点是寻求短期经济增长，解决总量问题。1978年，中国人均 GDP 排世界倒数第 2 位，按当时的汇价计算，只有 230 美元，与国际发展差距巨大，寻求经济增长解决温饱问题，是当时的主要矛盾。因此，改革开放的逻辑起点就是要做大 GDP，解决总量不足的问题。

新常态下中国经济的逻辑起点是寻求潜在长期增长，解决质量效益问题。应该说，寻求总量增长，对于中国完成原始资本积累发挥了重大作用。但是，随着全球金融危机的爆发，这种粗放增长方式的副作用正日渐明显。现阶段，中国经济必须从总量扩张型向质量效益型转型。

基于这样不同的起点，我国的生产模式、开放与创新模式以及社会经济生态，都在进行全面的转型。下面从这三个方面进行新旧常态的对比分析。

1. 生产模式的转型

生产模式的变化主要体现在以下四个方面：

（1）生产方式：从大规模的集中生产向分布式生产转变。当世界经济的生产方式从人规模集中生产向分布式生产转型，中国必然要顺应世界潮流。当然，现阶段下的中国，大规模集中生产仍然很重要。新一轮工业革命最具标志性的生产工具是 3D 打印技术，该技术具有按需制造、便携制造、设计制造一体化等特点，更好地实现了分布式生产，由于决策更加分散、更加民主，生产成本可以降低约 50%，生产周期可缩短 70%，小微企业优势更加凸显，更能体现"大众创业"精神。

（2）业态模式从规模经济向范围经济转变。规模经济（Economies of Scale）是指在一个给定的技术水平上，随着规模扩大，产出增加，则平均成本逐步下降，生产量越大，企业越能盈利，体现的是集中生产经营的效应。这是工业经济规模化生产的理论基础。范围经济（Economies of Scope）是企业规模达到一定阶段，利用现有设备、渠道，增加一些产品种类，因各项活动的多样化，多项活动共享一种核心专长，从而使产品平均成本降低和经济效益提高。范围经济是技术扩散或共享的效应，也是企业进行业务相关多元化的理论基础。

工业时代是大型企业的时代，强调的是规模经济；信息时代是中小企业的时代，强调的是范围经济。范围经济属于特殊形式的长尾经济。长尾理论（The Long Tail）是克里斯·安德森提出的。对于中小企业来说，小批量多品种生产组合，正是图 1-3 坐标中"品种"多、"数量"少的长尾。长尾理论解释了为何像亚马逊那样的网上书店能够取得成功。在没有互联网时代，其生产方式更接近大规模生产；在互联网时代，其生产方式更接近个性化定制。长尾理论核心思想是，中小企业不是要做大规模，而是在经济覆盖面上比大企业起到更大的作用。范围经济更具有多样性，企业更能实现个性化定制。

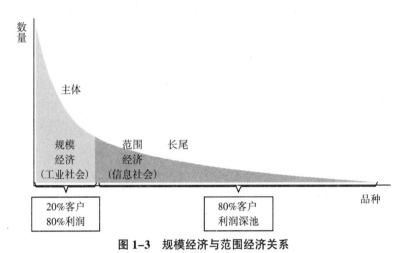

图1-3　规模经济与范围经济关系

克里斯·安德森认为，长尾效应的优势在于数量众多，众多数量的累积，会形成一个比主流市场还要大的市场。如一万个小企业会大于一个中石油。

长尾消费者的特点是：客户小而散、低收入人群、信息不对称、开发成本高。

在经济学中，有一个"二八法则"，即20%的人占据80%的财富，该定律被奉为绝对真理而被应用于各个领域。长尾是一种商业现象，但这种现象却带来了颠覆性的革命，打破了"二八法则"。淘宝、余额宝、京东很好地利用了互联网让80%的客户创造更多利润，实现了"农村包围城市"，因农村的人口占总人口80%以上，农村是长尾。

（3）能源生产模式要从大规模集中生产向分布式生产转型，从传统的化石能源向清洁能源转型。能源生产模式要实现两个转型：一是能源结构转型。在工业化阶段，我国能源结构主是以煤炭为主导，煤炭占整个能源67%左右。"十三五"时期，要大力提高太阳能、风电、生物质能等清洁能源的比重，2020年非化石能源消费占比要达到15%，2030年非化石能源消费占比要达到20%，而这个比例在2015年仅为11.4%。二是能源生产方式转型。目前能源生产主要是以大机组、大电网、高电压为主要特征的大规模集中生产，未来要向分布式能源生产方式转型。"分布式能源"（distributed energy sources）是指分布在用户端的能源综合利用系统。分布式能源具有损耗小、污染少、能源转化效率高等特点。到2020年，在全国规模以上城市推广使用分布式能源系统。

（4）投资方式要从政府投资为主向民间投资为主转型。过去30多年，中国经济增长模式主要是政府投资驱动型发展。中国政府投资率远高于欧美发达国家，也高于政府对经济干预较大的日本。对地方官员来说，采取政府投资是拉动经济增长的最便捷的方式。1994年分税制改革以来，财税体制的变革激励地方政府为了寻求更多的财税来源而热衷于投资。在这种增长方式下，政府扮演的是"援助之手"，而土地财政成了地方政府主要的财力来源。中国在短期内不太可能摆脱投资依赖症，但投资主体需要发生变化，要以民间投资为主体。只有民营经济搞活了，才能建成"消费型社会"（如图1-4所示）。

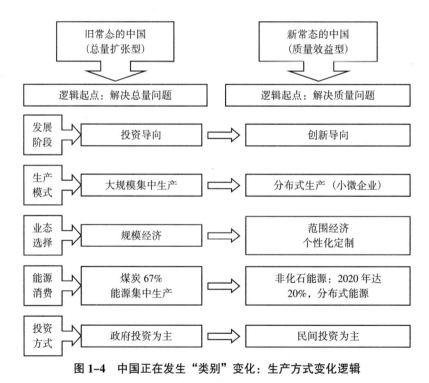

图1-4 中国正在发生"类别"变化：生产方式变化逻辑

2. 开放与创新模式的变化

开放与创新模式的变化主要体现在以下三个方面：

（1）对外开放方式要从"引进来"向"走出去"转型。改革开放以来，我国对外开放，主要是"引进来"，在引进外企的同时，也解决了技术和资金难题。但"引进来"创造的 GDP 主要是"财富所在"，跨国公司是要拿走的。未来，中国企业要"走出去"，创造更多的 GNP，这才是中国真正的"财富所有"。

（2）中国在全球价值链的地位，从价值链的低端向高端延伸。改革开放以来，中国经济快速增长得益于全球产业链和价值链的参与。正是中国嵌入全球价值链，中国完成了原始资本积累，塑造了生产制造体系。全球价值链的特点是中间环节利润低，两端利润大，中国产业链长期处于全球价值链的低端，主要从事"生产型制造业"。"生产型制造业"产生两个方面的问题：一是夸大了中国贸易顺差（统计在中国、利润在国外）；二是央行被动发行货币。由于企业赚来的外汇不能在国内直接使用，要到商业银行换汇，央行要拿同等数量人民币换外汇，这就相当于发行了同等数量的基础货币。未来中国要重塑在全球价值链中的地位，要向全球价值链两端发展，努力实现从"生产型制造业"向"生产服务型制造业"转型。

（3）创新模式，从"组合式创新"向"原创性创新"转型。对于发展中国家来说，发明或引进是技术创新的两种选择，到底哪种方式好，这要看处于什么样的发展阶段。改革开放初期，在技术创新方面，中国没有必要一切由自己来创新发明，可以采取林毅夫所说的"后发优势"，利用中国与发达国家的技术差距，引进他们的先进技术加快经济发展，因为购买技术的成本只是新技术发明成本的 1/3。那时即便有创新，也只是"组合式创新"。但发展到一定程度，如果不进行原创性创新，就会出现杨小凯所说的"后发劣势"。正因为后发展国家可以轻易地模仿别人的技术，在较短的时间里将经济快速发展上去，因此会缺乏动力进行原创性创新和制度创新，结果牺牲了长久繁荣的机会，"后发优势"反成了"后发劣势"。供给侧结构性改革改什么？就是要在已经过了技术模仿的高速发展时期来进行原创性创新和制度创新，只有这样才能带来一轮新的高速发展（如图 1-5 所示）。

3. 社会经济生态的转型

社会经济生态的转型主要表现在以下四个方面：

（1）宏观调控从"需求侧管理"向"供给侧管理"转变。宏观调控需要综合考虑供求关系中的"总供给"与"总需求"。改革开放初期，从追求总量出发，宏观调控主要采取凯恩斯主义的"需求创造供给"思想，强调"需求侧管理"，

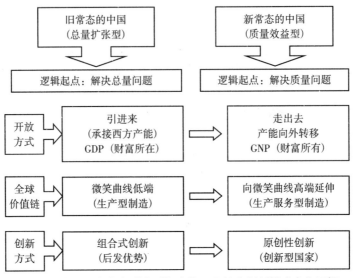

图1-5 中国正在发生"类别"变化：开放和创新模式变化逻辑

为扩大总需求，采取扩张性货币政策与财政政策，这对中国经济增长发挥了重要作用。但是，这次金融危机后，"需求侧管理"负面效应逐渐暴露。在外需萎缩的情况下，"需求侧管理"已不适应中国经济发展的需要。在经济下行情况下，诸多结构性问题日益显示，以需求侧为主的宏观调控方式所取得的效果也日益下降，总量调控已经不能推动中国经济的持续增长。相对于总量问题，中国经济更多更突出的是结构性问题。与"需求侧管理"相反，"供给侧管理"强调是供求关系的中"供应"侧，其核心思想是"供给创造需求"，主要考虑的是中长期供给问题，而不是短期的刺激性政策带动增长的问题。政策主张是通过减少行政审批，激发市场主体活力，推进"营改增"税制改革，以此来促进经济增长。

（2）商业模式从交换价值向分享价值转变。在生产过程和能源生产发生变化的同时，商业模式也发生了改变。在追求增量扩张的商业模式下，经济关系主要体现为交换价值，主要是重资产，大型企业固定资产占比非常高。在互联网时代，更重要的是分享价值，实体经济要进行存量的调整，提高轻资产比重。杰里米·里夫金说过，协同共享是一种新的经济模式，所有权被使用权代替，人们在互联网上共享生产资料，既是生产者也是消费者，分享价值代替了交换价值。

（3）金融服务方式从间接融资体系向直接融资体系转变。改革开放初期，中国金融体系安排是基于这样的逻辑：国家要把"蛋糕"做大，必然实现工业化，工业化需要资金，为了筹措资金，国家将全国的金融资源动员起来，于是就建立了国有银行的间接融资体系。经济总量在 1980~2014 年，增长了 139 倍，而商业银行资产增长更快，30 多年间其总量增长了 641 倍。在间接融资体制下，信贷资金投放一直存在"重大轻小"现象，只有国有企业和大型企业能够获得正规金融体系的支持，这些企业是"税源产业"，是重资产；实体经济中最活跃的中小企业是很难得到金融服务的，这些中小企业往往是高科技、服务业、农业等，是真正的"富民产业"，是轻资产。只有建立多层次、普惠的直接融资体系，才能够激发大众创业、万众创新（如图 1-6、图 1-7 所示）。

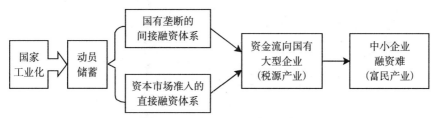

图 1-6　服从于经济总量导向的金融体系框架

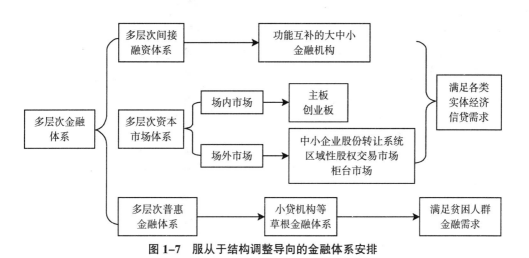

图 1-7　服从于结构调整导向的金融体系安排

（4）风险控制方式从强调监管向建立完善的征信体系转变。"机构对机构"是服务总量安排的信用体系，为了控制风险，机构更强调监管。"个人对个人"是未来信用体系的特征，在"分享经济"下，必须建立完善的征信体系，尤其是个人的征信体系（如图 1-8 所示）。

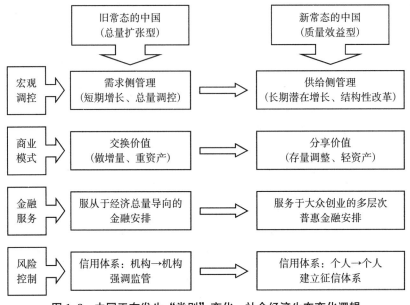

图1-8　中国正在发生"类别"变化：社会经济生态变化逻辑

2008年的经济危机对于世界经济发展具有不同的坐标意义。有的标志着新的减速和减速后新的加速，有的标志着阶段性调整（"程度"的变化），有的则标志着方向性变化（"类别"的变化）。这次危机的坐标意义在于：世界经济正在发生"类别"的变化，而不只是"程度"的变化。中国经济转型既要符合世界的逻辑，又要符合自身的逻辑。

第二章 从经济发展史和经济思想史相结合的视角对经济转型升级的历史考察

当前我国学界对经济转型升级的内容有多种表述。本章所说的经济转型升级包括经济结构和经济体制两个方面。经济结构的转型升级包括产业结构、需求结构、地区结构和城乡结构等多方面内容，这里只论及作为其核心的产业结构。本章拟从经济发展史和经济思想史相结合的视角，对我国当前经济转型升级问题做些探索。这对于认识经济转型升级的一般规律，进而认识我国当前经济转型升级的特点，贯彻执行中共十八大以来新的中央领导集体在这方面提出的一系列重大战略举措，推动经济工作实践是有益的。

一、产业结构升级的历史及其理论分析[①]

改革开放后我国学界在产业结构升级方面发表了大量的论著，这些论著主要是总结了西方学者在产业结构理论方面的著名代表人物的学术成果。其中有些著作还总结了中华人民共和国成立前后特别是改革开放以后我国学界在这方面的贡献。显然，这些总结对教学、研究和实际经济工作都起到了积极的作用，但似乎还有不足之处。一是除了少数著作以外，多数著作把产业结构升级仅仅归结为近代工业化以后的事，很少提及甚至根本不提此前产业结构升级的历史。诚然，近代工业化以后，是产业结构升级的历史和理论发展的基本内容，但忽视甚至完全无视此前产业结构升级历史和理论的发展，并不完全符合史实。二是许多著作在

---

① 徐洪才、周民良和刘立峰三位研究员为本书搜集或计算了数字资料，在此表示感谢！

论及近代工业化以来产业结构升级理论发展时，也只是提到西方经济学在这方面的贡献，根本不提马克思主义创始人在这方面的作用。即使那些提到马克思主义创始人这方面贡献的著作论述也不充分，更没有放到应有的地位。当然，西方经济学在揭示近代和现代产业结构升级规律方面，做出了巨大贡献。但如果忽视甚至根本否定马克思主义创始人在这方面的贡献，那也是片面的。三是许多著作在论及现代产业结构升级时，对信息产业论述得多，这当然是必要的，但对现代产业的其他方面则分析得不够，这也不能认为是全面的。基于这些考虑，本书在论述产业结构升级的历史和理论发展时，就是在我国学界在这方面已有总结的基础上，并针对上述的不足，做些扼要分析。至于对我国学界已经总结的西方经济学在这方面的贡献就略而不论。

（一）世界产业结构升级的历史及其理论发展

1. 原始社会产业结构形成和升级历史及其理论总结

历史表明，人类社会是从劳动开始的，劳动又是从人类学会制造和使用生产工具开始的。在原始社会初始阶段，由于生产经验的限制，原始人还只会使用原始工具，史称旧石器。这时人类还只能主要依靠自然界提供的现有食物来生存，当时制造的工具只起辅助作用。这就形成了原始的采集业和狩猎业。这是人类社会最初的产业形态，它表明人类在很大程度上还沿袭了动物获取生存资料的方式。

经过漫长的发展，随着原始人生产经验的积累和技能的提高，生产工具有了改进，迈入了新石器时代。采集业、狩猎业过渡到种植业和畜牧业，这表明人类已经基本摆脱了动物获取生存资料方式，创造了具有人类特征的获取生存资料的方式，这是原始社会产业形态的重要变革。

后来，又经历漫长岁月，由于种植业和畜牧业的发展，从事畜牧业的部落逐步从农业部落中分离出来，史称第一次社会大分工。同时畜牧业部落和种植业部落之间也开始出现了商品交换。这意味着种植业和畜牧业之间的经济联系开始发展，同时它表明了原始社会产业结构的形成。

在后续漫长的历史进程中，主要由于金属生产工具的出现和发展（开始是青铜工具，后来发展到铁制工具），逐步取代了石器，于是畜牧业、种植业和家庭手工业得到了很大的发展，形成了第二次社会大分工，即手工业与畜牧业和种植业的分工。在这个基础上，商品交换有了更大的发展。这表明三者之间的经济联系进一步发展起来,这是原始社会发生的第一次产业结构升级。

恩格斯名著《家庭、私有制和国家的起源》一书(特别是其中的关于两次社会大分工的论述),是对原始社会的产业结构形成和升级的科学总结。[①] 当然,该书更重要意义还在于它是历史唯物主义奠基性的著作之一。

2. 古代社会产业升级的历史及其理论总结

这里所说的古代社会包括奴隶社会和封建社会。之所以把两者统称为古代社会,尽管后者在经济、文化和社会等方面比前者都有很大发展,但就两者以人力和畜力为主要生产动力,以手工工具为主要生产工具和农业在产业结构中占主要地位这些主要方面没有根本变化来说,是相同的。

古代社会产业升级最重要之点有两个:

第一,由于农业和手工业的发展,原来附属于农业和手工业的商业逐步分离出来,成为独立的产业。恩格斯曾将这次分离称为第三次社会大分工。[②]

第二,在整个古代社会的长期发展过程中,农业、手工业和商业等服务业内部的分工都有很大的发展,在产业结构方面大体形成了近代社会产业的结构雏形。这一点尤为突出地表现在中国封建社会的发展过程中。在农业方面,主要表现在作为其基础的粮食生产方面。这期间中国农业在品种改良、种植技术、农田灌溉和粮食单产方面都有很大发展。中国在 12 世纪麦子产量与种子之比就达到了 10∶1,水稻的这一比例更高。而在中世纪的欧洲,这一比例只有 4∶1。耕地的复种指数在 1 世纪为 0.6(即复种耕地面积占总耕地面积的比重),到 19 世纪就上升到 1.6。耕地灌溉面积占耕地总面积的比重在 1400 年达到了 30.3%。粮食单位面积产量在 1400~1820 年期间,由每公顷 1038 公斤提高到 1840 公斤。在粮食产量增长的基础上,整个种植业、畜牧业和林业也都发展起来了。在手工业方面,金属冶炼业、食品业、纺织业、日用品业、家具业、建筑材料业、造船业和兵器业等制造业以及建筑业都有很大发展。到 1890 年,冶炼业和制造业的增加值占国内生产总量的比重达到了 7.9%,建筑业达到了 1.7%。[③] 在商业方面,其突出表现就是不仅国内贸易有了很大发展,而且早在汉朝建元二年(公元前 139

---

① 详见《马克思恩格斯全集》第 21 卷,人民出版社 1965 年版,第 179~188 页。
② 详见《马克思恩格斯全集》第 21 卷,人民出版社 1965 年版,第 188~189 页。
③ [英] 安格斯·麦迪森:《中国经济的长期表现》(960~2030 年),上海人民出版社 2008 年版,第 23~27、48 页。

年）就揭开了丝绸之路的国际贸易的序幕。交通方面的突出事例就是在隋朝（589~617 年）开通了贯穿中国南北的运河；明朝永乐三年（1405 年）至宣德八年（1433 年）郑和先后七次率大型船队出使"西洋"（当时称南海以西至非洲之间的海洋为西洋）。[①] 在科学技术方面，其最大成就就是纸、指南针、印刷术和火药的发明。1890 年，商业和交通业分别占国内生产总值的 8.2% 和 5.5%，其他服务业（包括金融业和公共服务业等）占 8.0%。可见，中国封建社会农业、手工业和服务业都有很大发展，并处于世界领先水平，形成了近代社会产业结构的雏形。1890 年，中国第一、二、三产业在经济总量中的占比分别达到 68.5%、9.8% 和 21.7%。这是中国成为世界经济大国的一个重要因素。中国国内生产总值占世界经济总量的比重，在 1700 年就达到了 22.3%，1820 年上升到 32.9%。[②]

中国封建社会产业结构的发展，是由其经济、政治、文化、社会和自然资源等方面的条件决定的。第一，中国早在春秋战国时期（公元前 770~前 221 年）就实现了由封建领主制向地主制的过渡。这种经济体制改革，是决定中国封建社会生产发展的首要因素。第二，中国早在秦朝（公元前 221~前 206 年）就实现了全国政权的统一。尽管在秦王朝灭亡以后，中国也发生了多次战乱，但从总体上和长期来看，全国统一的政治局面还是延续下来，而且疆土还不断地得到了扩大。这决定了中国经济发展的极重要的政治环境。第三，科学技术的发展。科学技术作为生产力的要素在中国封建社会已经开始有了显露。第四，在中国封建社会的长期发展过程中，逐步形成了优秀的、统一的、以精忠报国为重要特征的中华民族文化。这是形成和增强全国人民凝聚力的极重要因素，成为有效抵抗外族侵略、维护全国统一的强大力量，在促进经济发展方面也有不容忽视的重要作用。第五，人口的巨大增长。公元元年至 1990 年，中国人口由 5960 万人增长到 40000 万人。在手工劳动为主的条件下，劳动力作为生产力要素具有特殊重要的作用，而人口的巨大增长就在很大程度上意味着劳动力的增长。这显然是在要素方面促进中国经济发展的基本因素。第六，中国领土广阔，可以扩耕的土地面积也大。1400~

---

① 朱伯康、施正康：《中国经济史》，复旦大学出版社 2005 年版，上册第 179~183 页，下册第 120~126 页；侯家驹：《中国经济史》，新星出版社 2008 年版，上册第 431~434 页，下册第 553~561 页。

② ［英］安格斯·麦迪森：《中国经济的长期表现》（960~2030 年），上海人民出版社 2008 年版，第 36、48、56 页。

1820 年，中国全部农作物的种植面积由 2470 公顷扩大到 7370 公顷。[①] 这在农业为主的时代，也是在要素方面推动中国经济发展的另一个基本因素。

但主要由于中国封建的基本经济政治制度束缚，终究没能实现英国在 18 世纪下半叶开始的那样的工业革命，农业在社会产业结构中占主要地位的状况也没有根本改变。直到 1890 年，农业（包括种植业、畜牧业、渔业和林业）增加值占国内生产总值还有 68.5%，农业劳动力占了全社会劳动力的 4/5。[②]

3. 近代社会和现代社会产业结构升级的历史及其理论总结

这里所说的近代社会是指以工业经济为主体的社会，现代社会是指以知识经济为主体的社会。在这方面，二者是有交叉的。就经济发达国家来说，从 18 世纪下半叶到 20 世纪上半叶，就先后开始并完成了工业化，并从 20 世纪下半叶开始和实现了现代化。但就广大发展中国家来说，其中多数国家还分别处于工业化以前的时期以及工业化的初期阶段、中期阶段和后期阶段，少数国家也开始了现代化的进程。但就知识经济从 20 世纪下半叶开始已经起着引领世界经济发展的主导作用这方面来说，仍可以认为从这时开始了以知识经济为主要特征的现代化时期。

近代社会和现代社会产业升级包含两个基本方面：

第一，第一、二、三产业在社会生产中的主体地位的依次演变。这种主体地位有两重含义：一是在社会生产中起主导作用。二是在经济总量中的占比比较大，超过 1/2，这可以称做绝对意义上的主体地位；或者在经济总量中的占比不到 1/2，但占了相对大的部分，这可以称为相对意义上的主体地位。

历史表明，作为近代工业发源地的欧洲，其主要国家（包括英国、法国、德国和意大利），从 18 世纪下半叶就先后开始了工业化的进程，并先后于 19 世纪下半叶到 20 世纪初实现了工业化。随后又经历了两次世界大战的破坏。到 20 世纪 50 年代初，这些国家都实现了经济恢复，并于六七十年代开始了经济现代化的进程。这些国家第二产业增加值在经济总量中的占比最多也只有 40% 以上，可以称做相对意义上的主体地位。

---

① ［英］安格斯·麦迪森：《中国经济的长期表现》（960~2030 年），上海人民出版社 2008 年版，第 27、168 页。

② ［英］安格斯·麦迪森：《中国经济的长期表现》（960~2030 年），上海人民出版社 2008 年版，第 20、56 页。

显然，这同作为工业化起点的农业社会中农业占大部分的那种绝对意义上的主体地位（前述中国 1890 年农业比重的数据可以说明这一点）相比，是有重大差别的。导致这种差别的最重要因素有：一是在作为工业化起点的农业社会，第三产业在经济总量中占比比第二产业大，前者的起点比后者高。前述中国 1890 年数据表明，第三产业在经济总量中占比已达 21.7%，高出第二产业 11.9 个百分点。二是相对农业社会中农业发展对工业发展的关联度来说，在工业化过程中，工业发展对第三产业的发展的关联度要大得多。这样，工业的发展会在更大程度上带动第三产业的发展。三是工业化过程中，工业技术水平不仅大大超过第一产业，而且还超过第三产业，因而其增速不仅大大超过第一产业，而且超过第三产业。但第三产业行业多，进入门槛低，其增速虽低于工业，但也超过第一产业。正是这些因素的综合作用，使得第二产业不可能达到绝对意义的主体地位，而只能达到相对意义的主体地位。

如果考察的视线不限于经济发达国家，而放大到第二次世界大战以后新兴工业化国家，这种相对意义的主体地位还更为突出。

韩国工业化始于 20 世纪 50 年代上半叶。1953~1961 年间，韩国第一、二、三产业增加值在经济总量中的占比分别为 16.7%、20% 以下、40% 以上。1986 年，第一产业的占比下降到 12.0%，第二产业上升到 40.4%，第三产业上升到 47.6%。2005 年，第一产业的占比下降到 3.3%，第二产业仍为 40.4%，第三产业上升到 56.3%。[①] 这些数据表明，韩国在 20 世纪 50 年代上半叶到 80 年代下半叶，就基本实现了工业化，此后就开始迈向现代化的进程。

巴西也是从 20 世纪 50 年代开始工业化的。1950 年，巴西的第一、二、三产业增加值在经济总量中的占比分别为 26.7%、23.5% 和 49.8%。到 1980 年，第一产业的占比下降到 13.0%，第二产业上升到 34.1%，第三产业上升到 52.8%。2000 年三者的占比分别为 9.1%、33.1% 和 57.8%。2011 年，三者的占比进一步发展为 5.5%、27.5% 和 67.5%。[②] 可见，巴西在 20 世纪末也基本实现了工业化，并开始步入现代化的进程。

---

① 卢中原：《世界结构变动趋势和我国的战略抉择》，人民出版社 2009 年版，第 441~446 页。

② 卢中原：《世界结构变动趋势和我国的战略抉择》，人民出版社 2009 年版，第 605~609 页；柴瑜主编：《巴西经济数字地图》，科学出版社 2013 年版，第 12 页。

印度工业化是于 20 世纪 50 年代开始启动的。1950~1951 年，印度第一、二、三产业增加值在经济总量中的比重分别为 55.4%、16.1% 和 28.5%；2000~2001 年，三者的占比分别为 26.2%、24.9% 和 48.9%；2011~2012 年，三者的占比分别为 16.0%、25.0% 和 59.0%。[①] 可见，印度当前还处于工业化的中期阶段，但在很大程度上已经实现了与以信息化为代表的现代化的结合。

上述数字表明，韩国、巴西和印度在工业化起点年份，第二产业增加值在经济总量中的比重，分别只及第三产业的 50%、47% 和 56%。在工业化完成阶段（对韩国和巴西而言）或工业化的中期阶段（对印度而言），第二产业在经济总量中的占比，分别只有第三产业的 71.7%、40.7% 和 42.3%。这表明第二产业在工业化过程中更是只具有相对意义上的主体地位。

就第二次世界大战后开始工业化的国家整体而言，其情况也大致如此。低收入国家（大体可以看作是工业化处于初期阶段的国家）在 1980~2011 年间，农业、工业和服务业等增加值在经济总量中的比重，分别由 37.52% 下降到 26.68%，由 19.30% 上升到 23.94%，由 43.19% 上升到 49.39%。中等收入国家（大体可以看作是工业化处于中期阶段的国家）在 1965~2011 年间，农业、工业和服务业等增加值在经济总量中的比重，分别由 28.22% 下降到 10.03%，由 30.40% 上升到 36.87%，由 40.80% 上升到 53.09%。中等偏上收入国家（大体可以是工业化处于后期阶段的国家）在上述年间，农业、工业和服务业等增加值在经济总量中的比重，分别由 25.24% 下降到 7.99%，由 32.85% 上升到 38.53%，由 41.36% 上升到 53.48%。上述情况表明，就第二次世界大战后开始工业化的国家整体而言，在上述期间内，不仅低收入国家和中等收入国家工业增加值在经济总量中的占比分别只有 23.94% 和 36.87%，就是中等偏上收入国家，工业增加值在经济总量中的占比，也只是接近 40%，其相对意义的主体地位更为突出。

以上提到的这些国家都是在第二次世界大战后帝国主义殖民体系瓦解的基础上建立起来的，此前这些国家的经济都是在帝国主义控制下运行的。而帝国主义的本性又决定了它会极力阻止这些国家成为独立的工业化国家，因此限制了工业的发展；但相对来说，需要在某种范围内发展第三产业，特别是要发展交通运输

---

① 卢中原：《世界结构变动趋势和我国的战略抉择》，人民出版社 2009 年版，第 559 页；刘小雪主编：《印度经济数字地图》（2012~2013），科学出版社 2013 年版，第 44 页。

业。这样，在这些国家工业化的起步阶段，第三产业增加值在经济总量中的占比就普遍高于工业。但更重要的原因，还是经济全球化和知识经济时代的到来。如果说，在农业社会，经济发展是始于第一产业，在工业社会，经济发展是始于工业，而在知识经济社会，经济发展是始于第三产业中的现代服务业。现代服务业的重要特点，是其增速不仅远远高于第一产业，大大高于第二产业，也高于传统的服务业。而且，这些国家是在现代化条件下推进工业化的，其重要特点是制造业的服务业化。这意味着工业化对现代服务业的依赖程度和促进作用要大得多。

从 20 世纪六七十年代开始，经济发达国家就纷纷迈入了现代化时代。其第三产业增加值在经济总量中的占比就逐步居于绝对意义的主体地位。这一点，在经济发达国家中的美国、日本、德国、英国、法国和意大利等国表现得很明显。美国 1950 年第一产业增加值的比重下降到 7.3%，第二产业的比重上升到 37.0%，第三产业的比重上升到 55.7%；1960 年，三者的比重分别为 4.3%、35.5% 和 60.2%；2000 年，三者的比重为 1.3%、21.8% 和 76.9%；2012 年，三者的比重约为 1.0%、19.0% 和 80.0%。[①] 日本 1970 年第一、二、三产业增加值的比重依次为 6.1%、46.7% 和 47.2%；2000 年为 1.8%、29.7% 和 68.5%；2010 年为 1.1%、31.2% 和 67.7%。[②] 1970~2003 年，德国第一、二、三产业在经济总量中的占比分别从 3.29% 下降到 1%，从 50.62% 下降到 29%，从 46.09% 上升到 69%。英国三者的占比分别从 2.24% 下降到 1.0%，从 45.68% 下降到 27%，从 52.08% 上升到 72%。法国三者的占比分别从 7.34% 下降到 3%，从 39.81% 下降到 24%，从 52.85% 上升到 73%。意大利三者的占比分别从 7.97% 下降到 3%，从 42.05% 下降到 28%，从 49.98% 上升到 70%。[③] 可见，在上述六国中，在进入现代化以后，第三产业增加值在经济总量中都占到了 70%~80%。

就经济发达国家的整体来说，大体也是这个情况。在高收入国家中，除少数国家（诸如石油生产国）以外，大多可以看做经济发达国家。在 1970~2010 年

---

① 景跃军：《战后美国产业结构演变及与欧盟比较研究》，吉林人民出版社 2006 年版，第 72、76 页；《世界经济年鉴》(2013)，中国社会科学出版社 2013 年版，第 531 页。

② 卢中原：《世界结构变动趋势和我国的战略抉择》，人民出版社 2009 年版，第 362、401 页；陈建主编：《日本经济数字地图》(2012~2013)，科学出版社 2009 年版，第 5~6 页。

③ 卢中原：《世界结构变动趋势和我国的战略抉择》，人民出版社 2009 年版，第 412 页。

间，高收入国家农业、工业和服务业等增加值在经济总量中的占比，分别从5.55%下降到1.42%，从38.77%下降到24.59%，从55.68%上升到74.03%（如表2-1所示）。

这种情况主要是由以下因素决定的：第一，历史起点高。如前所述，低收入国家大体可以看做处于工业化初期阶段的国家。这些国家第三产业增加值在1965~2011年间，由40.87%上升到53.09%。可以大体把1965年第三产业的占比看做是工业化起点的数字。高收入国家大体可以看做是现代化国家。这些国家第三产业增加值在1970~2010年间由55.68%上升到74.03%。可以大体把1970年第三产业的占比看做是现代化起点的数字。这样，现代化第三产业的占比就要比工业化起点高出14.81个百分点。第二，在这方面更为重要的因素还是由于在知识经济时代，科学技术在社会生产中起主要作用，而知识经济在第三产业发展中的作用比第一、二产业要大得多，这就必然导致前者增速比后者大得多（如表2-1所示）。

表 2-1　世界产业结构的发展

单位：%

年份	农业增加值占 GDP 比重	工业增加值占 GDP 比重	服务业等增加值占 GDP 比重
（1）高收入国家的产业结构的发展			
1970	5.55	38.77	55.68
1971	5.31	38.15	56.54
1972	5.36	37.96	56.69
1973	5.90	38.14	55.95
1974	5.45	37.79	56.76
1975	5.26	36.57	58.17
1976	4.90	36.89	58.21
1977	4.62	36.75	58.63
1978	4.48	36.57	58.96
1979	4.39	36.46	59.14
1980	3.84	36.55	59.61
1981	3.84	36.42	59.73
1982	3.73	35.53	60.74
1983	3.30	34.67	62.02

续表

年份	农业增加值占 GDP 比重	工业增加值占 GDP 比重	服务业等增加值占 GDP 比重
（1）高收入国家的产业结构的发展			
1984	3.43	34.83	61.75
1985	3.26	34.34	62.40
1986	3.10	33.41	63.50
1987	3.00	33.14	63.87
1988	2.86	33.15	63.99
1989	2.86	32.61	64.53
1990	2.76	32.27	64.97
1991	2.53	31.30	66.17
1992	2.49	30.40	67.12
1993	2.38	29.67	67.95
1994	2.37	29.57	68.07
1995	2.23	29.56	68.21
1996	2.29	29.17	68.54
1997	2.14	28.83	69.03
1998	1.96	27.97	70.07
1999	1.87	27.74	70.39
2000	1.78	27.45	70.77
2001	1.75	26.44	71.81
2002	1.63	25.87	72.50
2003	1.62	25.65	72.74
2004	1.67	25.85	72.49
2005	1.47	25.81	72.71
2006	1.36	25.93	72.71
2007	1.38	25.70	72.92
2008	1.50	25.59	72.93
2009	1.42	23.69	74.92
2010	1.42	24.59	74.03
（2）中等偏上收入国家的产业结构的发展			
1965	25.24	32.85	41.36
1966	24.25	34.29	40.96

年份	农业增加值占 GDP 比重	工业增加值占 GDP 比重	服务业等增加值占 GDP 比重
		（2）中等偏上收入国家的产业结构的发展	
1967	24.56	32.95	41.98
1968	24.49	32.96	42.61
1969	22.83	34.68	42.56
1970	21.74	36.41	41.91
1971	21.32	37.09	41.65
1972	20.65	37.64	41.77
1973	20.91	38.25	40.89
1974	20.89	39.42	39.78
1975	19.92	40.08	40.07
1976	19.99	40.24	39.82
1977	19.11	40.22	40.72
1978	18.04	40.37	41.64
1979	18.36	40.69	41.00
1980	17.71	41.11	41.22
1981	18.06	40.45	41.53
1982	18.05	40.46	41.52
1983	18.09	40.11	41.84
1984	18.00	40.15	41.89
1985	16.83	39.88	43.34
1986	16.51	39.75	43.79
1987	16.17	40.29	43.58
1988	15.58	39.47	44.98
1989	15.08	40.00	44.96
1990	15.38	38.46	46.19
1991	14.17	37.76	48.07
1992	12.76	37.89	49.36
1993	11.84	39.03	49.13
1994	12.11	38.84	49.38
1995	11.51	36.11	52.38
1996	11.36	36.41	52.23

年份	农业增加值占 GDP 比重	工业增加值占 GDP 比重	服务业等增加值占 GDP 比重
（2）中等偏上收入国家的产业结构的发展			
1997	10.62	36.34	53.06
1998	10.39	35.45	54.16
1999	9.73	35.51	54.77
2000	8.94	36.15	54.91
2001	8.73	35.21	56.05
2002	9.05	35.63	55.33
2003	8.94	37.14	53.92
2004	8.83	38.27	52.90
2005	8.01	38.78	53.21
2006	7.53	39.21	53.26
2007	7.46	38.53	54.01
2008	7.99	39.91	52.10
2009	7.87	38.00	54.14
2010	7.82	38.65	53.53
2011	7.99	38.53	53.48
（3）中等收入国家的产业结构的发展			
1965	28.22	30.40	40.87
1966	27.29	31.50	40.74
1967	27.85	30.32	41.35
1968	27.69	30.53	41.84
1969	26.28	32.07	41.70
1970	25.17	33.58	41.30
1971	24.58	34.27	41.20
1972	23.97	34.81	41.27
1973	24.50	35.20	40.35
1974	23.97	36.49	39.60
1975	22.80	37.14	40.12
1976	22.58	37.42	40.04
1977	22.02	37.40	40.62
1978	20.90	37.68	41.46

年份	农业增加值占 GDP 比重	工业增加值占 GDP 比重	服务业等增加值占 GDP 比重
（3）中等收入国家的产业结构的发展			
1979	20.78	38.32	40.99
1980	20.24	38.69	41.16
1981	20.35	38.26	41.47
1982	20.21	38.00	41.81
1983	20.18	37.80	42.05
1984	20.05	37.77	42.21
1985	19.16	37.31	43.56
1986	18.81	37.18	44.05
1987	18.49	37.75	43.79
1988	18.15	37.16	44.72
1989	17.50	37.75	44.78
1990	17.65	36.56	45.81
1991	16.69	36.05	47.26
1992	15.45	36.15	48.40
1993	14.63	36.95	48.43
1994	14.77	36.90	48.59
1995	14.05	34.84	51.11
1996	13.96	35.05	51.02
1997	13.15	35.42	51.43
1998	13.01	34.60	52.39
1999	12.34	34.72	52.98
2000	11.39	35.51	53.10
2001	11.22	34.59	54.19
2002	11.45	34.90	53.65
2003	11.27	36.07	52.67
2004	10.92	36.91	52.17
2005	10.13	37.37	52.50
2006	9.63	37.85	52.52
2007	9.55	37.27	53.18
2008	9.99	38.24	51.78

年份	农业增加值占 GDP 比重	工业增加值占 GDP 比重	服务业等增加值占 GDP 比重
（3）中等收入国家的产业结构的发展			
2009	9.94	36.58	53.48
2010	9.85	37.11	53.04
2011	10.03	36.87	53.09
（4）低收入国家的产业结构的发展			
1980	37.52	19.30	43.19
1981	38.05	18.70	43.25
1982	37.68	18.61	43.71
1983	37.79	18.89	43.32
1984	37.75	18.85	43.40
1985	38.48	18.89	42.63
1986	37.72	19.22	43.06
1987	38.11	19.13	43.00
1988	37.73	19.42	43.08
1989	37.38	19.76	43.06
1990	37.52	19.57	43.14
1991	38.05	19.17	42.78
1992	37.61	19.48	42.91
1993	37.53	19.16	43.31
1994	37.07	19.33	43.60
1995	37.12	19.25	43.63
1996	36.53	20.07	43.41
1997	36.56	19.91	43.53
1998	35.48	20.51	44.01
1999	35.44	20.29	44.27
2000	33.82	20.89	45.29
2001	33.29	21.06	45.65
2002	31.98	21.60	46.42
2003	31.33	21.81	46.86
2004	30.27	22.86	46.87
2005	28.04	24.35	47.61

续表

年份	农业增加值占 GDP 比重	工业增加值占 GDP 比重	服务业等增加值占 GDP 比重
（4）低收入国家的产业结构的发展			
2006	27.30	25.17	47.53
2007	26.51	25.40	48.26
2008	27.26	24.05	48.68
2009	28.18	23.04	48.77
2010	26.85	23.69	49.46
2011	26.68	23.94	49.39
（5）全球的产业结构的发展			
1970	8.63	37.93	53.45
1971	8.34	37.51	54.16
1972	8.24	37.44	54.33
1973	8.79	37.65	53.57
1974	8.33	37.54	54.14
1975	7.98	36.61	55.42
1976	7.65	36.92	55.44
1977	7.32	36.80	55.88
1978	7.03	36.69	56.29
1979	6.94	36.70	56.37
1980	6.43	36.80	56.79
1981	6.47	36.62	56.92
1982	6.36	35.83	57.82
1983	5.99	35.07	58.95
1984	6.07	35.20	58.74
1985	5.83	34.72	59.46
1986	5.66	33.92	60.43
1987	5.55	33.78	60.67
1988	5.38	33.71	60.92
1989	5.38	33.38	61.25
1990	5.35	32.91	61.75
1991	5.00	32.01	62.98
1992	4.77	31.28	63.95

年份	农业增加值占 GDP 比重	工业增加值占 GDP 比重	服务业等增加值占 GDP 比重
(5) 全球的产业结构的发展			
1993	4.55	30.81	64.64
1994	4.57	30.72	64.75
1995	4.34	30.38	65.28
1996	4.37	30.09	65.54
1997	4.13	29.87	65.99
1998	3.95	29.03	67.01
1999	3.77	28.86	67.37
2000	3.52	28.75	67.74
2001	3.47	27.76	68.77
2002	3.42	27.36	69.22
2003	3.38	27.37	69.24
2004	3.34	27.67	68.98
2005	3.03	27.73	69.24
2006	2.85	27.91	69.24
2007	2.85	27.63	69.52
2008	3.12	27.80	69.07
2009	3.08	25.99	70.92
2010	3.14	26.95	69.92

资料来源：Wind 资讯。

第二，劳动密集型产业、资金密集型产业和知识密集型产业在社会生产中的转变趋势。

如果说在封建社会的末期形成了近代社会第一、二、三产业结构的雏形，那么劳动密集型产业、资金密集型产业和知识密集型产业的形成和发展则只是近代社会以来的事。

近代工业化以来不仅逐步形成了劳动密集型、资金密集型和知识密集型的产业结构，而且伴随工业化和现代化的发展，也呈现出三者主体地位依次转变的趋势。

这种趋势在第一、二、三产业中都不同程度地存在着，但最明显地存在于工业中。

历史表明，经济发达国家的工业发展的规律，先是发展轻工业，后来重工业才发展起来的。比如，英国在处于工业化初期的 1740 年，重工业和轻工业在工业总量中的占比分别为 16% 和 84%，而到工业化完成时的 1907 年，二者的占比分别为 58% 和 42%。美国在工业化初期的 1860 年，二者的占比分别为 30.80% 和 79.20%，到工业化完成时的 1937 年，二者的占比分别为 88.49% 和 11.51%。[①] 相对来说，轻工业是劳动密集型产业，重工业是资金密集型产业。显然，由发展轻工业到发展重工业的转变，就意味着劳动密集型产业在经济总量中的占比趋于下降，资金密集型产业的占比就趋于上升，以致前者的主体地位逐步转变为后者的主体地位。

随着工业化和现代化的发展，科学技术成为第一生产力。这样，知识密集型产业在经济总量中的占比就趋于上升，从而占主体地位。科学技术作为第一生产力的作用，集中表现就是科技进步对经济增长的贡献率。据测算，在 20 世纪 50 年代以前，经济发达国家科技进步的贡献率为 20%~40%，60 年代以来，伴随现代化的发展，科技进步贡献率上升到 60%~80%。这是与经济发达国家拥有强大的科技资源直接相联系的。第一，在当代，许多专利都是作为知识密集型产业载体的高技术产业的核心技术。因此，专利申请量的增长可以看作是科技进步的一个最重要资源。2012 年，美国、日本和德国三国的 PCT 专利[②] 的申请量在世界总量中的占比分别为 26.44%、22.35% 和 9.61%，其总和达到 58.4%。第二，研发强度特别是高技术产业的研发强度[③] 是科技进步另一个重要资源。2012 年，美国和日本高技术产业的研发经费占工业总产值和工业增加值的比例，分别为 16.89% 和 36.84%、10.50% 和 31.29%。这样，科技进步就大大促进了高技术产业增加值在制造业中占比的上升。美国在 2001~2009 年期间，高技术产业增加值占制造业增加值的比重由 17.0% 上升到 21.3%。可见，正是作为生产力第一因素的科技进步，使知识密集型产业在经济总量中的占比上升，并趋于主体地位。

近代社会和现代社会产业结构升级的历史在经济理论上得到了充分的反映。在这方面，马克思主义创始人奠定了最重要的理论基础。第一，按照马克思的分

[①]《主要资本主义国家经济统计集》（1848~1960 年），人民出版社 1962 年版，第 204~205 页。

[②] PCT 是《专利合作条约》（Tatent Cooperation Treaty）的英文缩写，是有关专利的国际条约。根据 PCT 的规定，专利申请人可以通过 PCT 途径递交国际专利申请，向多个国家申请专利。

[③] 研发强度是研究和试验发展经费占国内生产总值（或工业和制造业的产值和增加值）的比重。

析，消费是推动包括产业结构升级在内的生产发展的动力。这有两重含义：一是从生产一般性来说的。其原因是："只有在消费中产品才成为现实的产品"；"消费创造出新的生产的需要"，"消费创造出生产的动力"。[①] 当然，资本主义生产的直接目的是追求利润，但其生产的发展最终也是依赖于消费。二是从社会主义生产特殊性来说的。在公有制经济条件下，要"把生产发展到能够满足全体成员需要的规模"，"使社会全体成员的才能得到全面的发展"。[②] 我国还处于社会主义初级阶段，从这两方面来说，消费都是生产的目的或动力。可见，消费是生产的目的，生产是消费的手段；消费是自变量，生产是因变量。按照马克思的观点，伴随社会生产的发展，消费是处于不断升级的状态中。即由对生存资料的需求提高到对发展资料的需求，再提高到对享受资料的需求。这样，作为自变量的消费的升级，必然推动作为因变量的生产的发展和产业结构的升级。第二，马克思不仅揭示了产业升级的根本动力，而且揭示了产业结构升级的运行机制。按照马克思在《资本论》中所做的分析，由于部门内企业的竞争，使商品的社会价值由社会必要劳动时间决定。但由于部门间企业的竞争又使利润平均化，价值转化为社会生产价格。这样，个别生产价格低于社会生产价格的企业，就可以获得大于平均利润的超额利润；反之，就连平均利润也得不到。这样，企业为了获取超额利润就展开了激烈的竞争，其决定性的手段，就是提高生产技术。而这种进步正是产业升级的技术基础。可见，资本主义条件下的产业升级，就是在这个旨在获取超额利润的竞争过程中实现的。第三，马克思还分析了经济发展（包括产业升级）的基本条件，即国民经济按比例协调发展。马克思在《资本论》中提出的具有一般意义的社会扩大再生产公式从总体上和根本上说明了这一点。需要说明的是，我国学界流行的观点，把这个公式仅仅归结为 $I(v+m1) > IIc$。笔者依据《资本论》的原意和我国社会主义建设的实践经验，将其扩展为两个公式，即 $I(v+m) > IIc$ 和 $II(c+m) > I(v+m/x)$。[③] 第四，马克思还揭示了近代社会以来经济发展和产业升级的基本因素，即科学技术是生产力。他依据近代社会以来科学技术在生产力中的作用，在1857~1858 年写的《政治经济学批判》中明确提出："生产力也包括科学。"[④]

---

① 《马克思恩格斯选集》第二卷，人民出版社 1972 年版，第 94 页
② 《马克思恩格斯选集》第一卷，人民出版社 1972 年版，第 223~224 页。
③ 《汪海波文集》第七卷，经济管理出版社 2011 年版，第 24~33 页。
④ 《马克思恩格斯全集》第 46 卷（下），人民出版社 1980 年版，第 211 页。

　　马克思不仅揭示了工业化以来产业结构实现了由农业为主体向工业为主体的转变，而且揭示了由劳动密集型产业为主体向资本密集型产业为主体的转变。马克思依据英国在 18 世纪上半叶以前的工业发展情况，提出"资本构成不变，对劳动力的需求随积累的增长而增长"。这意味着在英国工业化初期，劳动密集型产业在增长。但在这以后，伴随技术进步和资本构成提高，就会导致这样的结果："一方面，在积累的过程中形成的追加资本，同它自己的量比较起来，会越来越少地吸收工人。另一方面，周期地按新的构成再生产出来的旧资本，会越来越多地排斥它以前所雇用的工人。"[①] 这意味着伴随资本主义工业化的发展，资本密集型的产业在增长。而且，从马克思在这里揭示的资本有机构成提高的规律中，还可以直接得出生产资料优先增长（即生产资料生产的增长速度快于消费资料生产的增长速度）的结论。这个优先增长规律的作用，又必然导致前者在经济总量中的占比上升。显然，相对说来，生活资料的生产部门是劳动密集型产业，生产资料的生产部门是资本密集型产业。

　　被誉为发展经济学奠基人之一的我国学者张培刚在这方面也有卓越的贡献。他曾经明确地揭示了工业化过程中由消费资料生产占优势逐步转变到生产资料生产占优势的客观发展过程。他写道：工业化经历了以下阶段，一是消费品工业生产占优势，二是资本品工业比重增加，三是消费品工业和资本品工业平衡增长，四是资本品工业生产逐渐占优势。[②] 这个论述反映了工业化过程中由以劳动密集型产业为主体到以资本密集型产业为主体转变的规律。

　　但由于时代的局限，马克思既没有也不可能揭示以第二产业为主体向以第三产业为主体转变的规律，也没有揭示以资金密集型产业为主体向以知识密集型产业为主体转变的规律。应该肯定，在这些方面（还要加上工业化和现代化生产条件下产业结构演进规律的其他方面），西方学者做出了重要的贡献。

　　上述分析表明，产业结构升级是人类社会生产发展客观过程的一个基本方面。这是其一。其二，如果仅就近代社会和现代社会来说，第一、二、三产业在社会生产中的主体地位（绝对意义或相对意义上的主体地位）的依次转变，以及与此相联系的劳动密集型、资金密集型和知识密集型产业的主体地位的依次转

---

①《马克思恩格斯全集》第 23 卷，人民出版社 1972 年版，第 672~689 页。
② 张培刚：《新发展经济学》，河南人民出版社 1999 年版。

变，是产业升级的两个基本方面。其三，决定这个转变的主要因素是社会生产力的发展（主要是科技进步），二者是一种很强的正相关关系。其四，相对能够容纳较低社会生产力的基本经济制度以及作为其实现形式的经济体制来说，能够容纳较高社会生产力的基本经济制度及其实现形式的经济体制，其产业升级的速度和高度要大得多。这也是一种正相关关系。这些可以看做是已为经济历史证明了的客观过程，并对考察我国产业结构升级的历史，具有借鉴意义。

（二）中国发展经济纲领[①]的演变和产业结构升级的历史

中国经济发展的一个根本特点，就是中国经济是在中共经济纲领指导下运行的。当然，在计划经济体制下，政府对经济的调控主要是通过行政指令进行的。在市场经济体制下，经济运行主要是由作为市场经济核心的价格机制调节的。但中国的市场经济不仅是与作为经济主体的社会主义公有制相结合的，政府对经济调控也是它的重要组成部分。在转轨时期这一点尤为重要。所以，如果脱离中共经济纲领，产业结构的发展就难以得到充分说明。前已表明，第一、二、三产业在社会生产中主体地位依次转变的过程，在很大程度上能够反映劳动密集型、资金密集型产业和知识密集型产业在社会生产中主体地位依次转变的过程。为简略计，这里只拟分析前一个过程，而不专门分析后一个过程（如表2-2所示）。

表2-2　中国产业结构的发展（按当年价格算）

单位：%

年份	国内生产总值	第一产业比重	第二产业比重	工业比重	建筑业比重	第三产业比重
1952	100.0	51.0	20.9	17.6	3.2	28.2
1957	100.0	40.6	29.6	25.3	4.3	29.8
1978	100.0	28.2	47.9	44.1	3.8	23.9
2012	100.0	9.5	45.0	38.3	6.9	45.5
2015	100.0	9.0	40.5	33.7	6.8	50.5

资料来源：《新中国六十年统计资料汇编》，《中国统计年鉴》（2015），中国统计出版社2016年版；国家统计局网，2016年2月29日。

---

① 这里所说的"纲领"，也可以称作"指导思想"。以下同此。

1. 中国新民主主义社会发展经济的纲领和产业结构的发展（1949 年 10 月~1952 年）

1949 年 9 月中国人民政治协商会议第一届全体会议通过的、在新中国成立初期曾经起过临时宪法作用的《中国人民政治协商会议共同纲领》提出："应以有计划、有步骤恢复和发展重工业为重点，例如矿业、钢铁业、动力工业、机器制造业、电器工业和主要化学工业等，以创立工业化的基础。同时，应恢复和增加纺织业及其他有利于国计民生的轻工业生产，以供应人民日常生活的需要。"

在这个纲领的指导下，国民经济得到了迅速恢复和发展。1950~1952 年，社会总产值年均增速达到 22.9%。其中，农业产值年均增速为 14.1%，工业为 34.8%，建筑业为 1 倍多，运输业为 22.6%，商业为 18.5%。在工业中，轻工业产值年均增速为 29.0%，重工业为 48.8%。这样，在短短三年间，不仅达到了新中国成立前的最高水平，而且部分超过了这个水平。同时，产业结构在建立工业化基础方面开始迈出了重要步伐。1949~1952 年，第一产业（农业）在社会总产值中的占比由 58.5% 下降到 45.4%，第二产业由 25.9% 上升到 40.0%（其中，工业由 25.2% 上升到 34.4%，建筑业由 0.7% 上升到 5.6%），作为第三产业主要组成部分的运输业和商业由 15.6% 下降到 14.6%。在工业总产值中，轻工业占比由 73.6% 下降到 64.5%，重工业由 26.4% 上升到 35.5%。

乍一看来，似乎经济增速过快（特别是建筑业和重工业增速过快）。在产业结构方面，似乎农业、轻工业和第三产业的占比下降过快，建筑业和重工业的转变上升过快。但是，第一，总的来说，其经济增速主要都是恢复性的。第二，半殖民地半封建中国的社会经济制度对社会生产力发展的束缚是严重的。因而，当这些制度得到根本改变以后，社会生产发展的活力就像火山一样爆发出来。第三，在半殖民地半封建中国，总的来说，经济都是落后的，但相对农业和轻工业来说，重工业更为滞后。这种不合理的结构为新中国成立后重工业的较快发展留下了更为广阔的空间。第四，新中国成立后面临着百业凋零、百废待兴的局面。在这种情况下，建筑业的飞速发展是合乎实际的。第五，上述第三产业只包括了运输业和商业，未包括公共服务业和个人服务业，其数据显然不全。考虑到这些情况，宁可说，经济增速和产业结构的变化大体上是合理的。这一点，明显地反映在经济效益的大幅提高和人民生活的显著改善方面。一般来说，经济增速适度和产业结构合理是提高经济效益和改善人民生活的决定因素。而在 1950~1952

年，社会劳动生产率年均提高了13.6%，职工平均工资和农民收入年均分别提高了19.4%和9.3%。[1]当然，由于各种原因，特别是由于缺乏建设经验，也不能认为，经济恢复时期的增速和产业结构是完美无缺的。但这三年，经济发展的成就确实是伟大的！

2. 从新民主主义社会到社会主义社会的过渡时期发展经济的纲领和产业结构的发展（1953~1957年）

第一届全国人民代表大会第二次会议依据党在过渡时期的总路线讨论通过了《中华人民共和国发展国民经济的第一个五年计划》（1953~1957年）。该计划提出"一五"计划的基本任务是："集中主要力量进行以苏联帮助我国设计的一百五十六个建设单位为中心的，由限额以上的六百九十四个建设单位组成的工业建设，建立我国社会主义工业化的初步基础；发展部分集体所有制的农业生产合作社，并发展手工业合作社，建立对于农业和手工业的社会主义改造的初步基础；基本上把资本主义工商业分别地纳入各种形式的国家资本主义的轨道，建立对于私营工商业的社会主义改造的基础。"[2]这期间的经济发展和产业结构升级就是在这个纲领的指导下运行的。

1953年是我国开展大规模建设的第一年。这种经济形势极易发生经济过热。这年也确实发生了新中国成立后的第一次经济过热，其经济增速高达15.6%。后来在1956年又发生了第二次经济过热，其增速也高达15.0%。1954年和1957年经济得到了及时有效的调整。这样，从"一五"总体情况来看，其年均增速虽偏高一些，但大体还是合适的。"一五"时期国内生产总值年均增速为9.2%，其中第一、二、三产业分别为3.8%、19.7%和9.1%。在第二产业中，工业和建筑业增加值年均增速分别为19.8%和18.8%。在工业中，轻工业和重工业的产值年均增速分别为12.9%和25.4%。产业结构在实现工业化方面进一步迈出了重要一步。这期间，第一、二、三产业增加值在国内生产总值中的占比分别由1952年的51.0%下降到1957年的40.6%，由20.9%上升到29.6%，由28.2%上升到29.8%。其中，工业增加值由17.6%上升到25.3%，建筑业由3.2%上升到4.3%。在工业

---

[1]《伟大的十年》，人民出版社1959年版；《中国统计年鉴》（1986）和《新中国六十年统计资料汇编》，中国统计出版社2010年版。

[2]《中华人民共和国国民经济和社会发展计划大事辑》（1949~1985年），红旗出版社1987年版，第72~73页。

总产值的占比中轻工业由 64.5% 下降到 55.0%，重工业由 35.5% 上升到 45.0%。这期间产业升级可以简括为建立了社会主义工业化的初步基础。这不仅是以社会主义公有制经济为基础的，同时又是以工业特别是重工业的比重迅速上升为主要特征的。

当然，这期间工业特别是重工业的比重上升偏快，但大体合适。这期间经济效益提升和人民生活改善可以明显反映这一点。"一五"期间，社会劳动生产率年均增速达到 5.0%，全体居民的平均消费水平年均提高 4.5%，其中农村居民为 3.2%，城镇居民为 5.7%。[①] 这些指标在新中国成立后各个时期都是比较高的。

3. 在计划经济体制强化时期，由于"大跃进"（1958~1960 年）和"文化大革命"（1966~1976 年），经济发展和产业升级都受到极大挫折

1958~1960 年，由于以盲目追求经济高速增长为主要特征的"左"的社会主义建设总路线导致的"大跃进"，使我国经济发展受到了严重破坏。1961~1965 年实行了正确的经济调整方针，并取得了重大成就，我国经济又得到了迅速恢复和发展。但在 1966~1976 年的十年间，由"左"的阶级斗争理论导致长达 10 年的"文化大革命"，使我国经济发展再次受到了更为严重的破坏。这同时意味着我国产业升级遭受了两次严重挫折。"文化大革命"结束后的头两年（1977~1978 年），由于"左"的建设路线的继续实施，1978 年又发生了一次经济过热，其增速高达 11.7%，使我国经济发展和产业升级雪上加霜。

这样，1958~1978 年，我国国内生产总值年均增速下降到 5.4%，其中第一、二、三产业增加值年均增速分别下降到 1.7%、9.1% 和 4.5%。在第二产业增加值中，工业和建筑业年均增速分别下降到 9.6% 和 4.6%。在工业总产值中，轻工业和重工业年均增速分别下降到 8.4% 和 11.2%。并使我国产业结构处于严重的全面失衡状态。这期间第一、二、三产业增加值在国内生产总值中的占比分别由 1957 年的 40.6% 急剧下降到 1978 年的 28.2%，由 29.7% 猛升到 47.9%，由 30.1% 不正常地下降到 23.9%。在第二产业增加值中的占比中，工业由 25.3% 飞升到 44.1%，建筑业由 4.3% 不正常地下降到 3.8%。在工业总产值的占比中，轻工业和重工业分别由 55.0% 大幅下降到 43.1%，由 45.0% 大幅上升到 56.9%。这种严重破坏在经济效益和人民生活水平下降方面也有明显的反映。1958~1978 年，我

---

① 《新中国六十年统计资料汇编》，中国统计出版社 2010 年版。

国社会劳动生产率年均增速下降到 2.8%；全体居民平均消费水平年均增速下降到 1.7%。其中，农村居民下降到 1.4%，城镇居民下降到 2.4%。①

当然，这期间我国在经济发展和产业升级方面也取得了重要成就。其突出事例就是：这期间我国实现了"两弹"（原子弹和氢弹）和"一星"（人造地球卫星）上天。这不仅是我国工业化的巨大成就，而且是现代化的重要发展。

将上述三个时期（1949 年 10 月~1952 年、1953~1957 年和 1958~1978 年）经济发展和产业升级的成就概括起来，可以归结为初步建立了独立的和比较完整的工业体系和国民经济体系。这就从根本上改变了半殖民地半封建社会以依附、畸形和落后为主要特征的产业结构。这是改革前 30 年经济发展伟大成就的一个基本方面。

但在这期间，产业结构也陷入全面严重失衡状态。

4. 市场取向改革时期发展经济的纲领和产业结构的发展（1979~2015 年）

1978 年年底召开的中共十一届三中全会，党中央提出了党在社会主义初级阶段的基本路线和经济建设三步走的战略部署。中共十三大报告对这一点作了完整的概括。报告提出："在社会主义初级阶段，我们党的建设有中国特色的社会主义的基本路线是：领导和团结全国各族人民，以经济建设为中心，坚持四项基本原则，坚持改革开放，自力更生，艰苦创业，为把我国建设成为富强、民主、文明的社会主义现代化国家而奋斗。"在经济建设三步走的战略部署方面，报告提出："第一步，实现国民生产总值比一九八〇年翻一番，解决人民的温饱问题。……第二步，到本世纪末，使国民生产总值再增长一倍，人民生活达到小康水平。第三步，到下个世纪中叶，人均国民生产总值达到中等发达国家水平，人民生活比较富裕，基本实现现代化。"② 后来，第三步战略部署还有重大发展。中共十六大提出了全面建设小康社会的目标，"我们要在本世纪头二十年，集中力量，全面建设惠及十几亿人口的更高水平的小康社会，使经济更加发展、民主更加健全、科教更加进步、文化更加繁荣、社会更加和谐、人民生活更加殷实"。③ 中共十八大根据我国经济社会发展实际，在十六大、十七大确立的全面建设小康社会

① 《新中国六十年统计资料汇编》，中国统计出版社 2010 年版。
② 《中国共产党第十三次全国代表大会文件汇编》，人民出版社 1987 年版，第 7~15 页。
③ 《中国共产党第十六次全国代表大会文件汇编》，人民出版社 2002 年版，第 17~20 页。

目标的基础上，提出努力实现新的要求。即"经济持续健康发展""人民民主不断扩大""文化软实力显著增强""人民生活水平全面提高""资源节约型、环境友好型社会建设取得重大进展"。还提出"全面落实经济建设、政治建设、文化建设、社会建设、生态文明建设五位一体总体布局"。[①]中共十八届三中、五中全会先后完整地提出了全面建成小康社会、全面深化改革、全面依法治国、全面从严治党战略部署和创新、协调、绿色、开放、共享的发展理念。这些可以看做是这个时期发展经济的基本纲领。

在上述纲领的指导下，这期间我国经济获得了长期的持续高速增长。1979~2015年，我国国内生产总值年均增速高达9.7%。其中第一、二、三产业增加值分别为4.5%、11.0%和10.6%。在第二产业中，工业和建筑业增加占比值分别为11.0%和10.5%。1979~2011年，轻工业和重工业产值年均增速分别为15.7%和15.8%。[②]这就使我国产业结构在迈向工业化中后期阶段方面迈出了重大步伐。这期间，我国产业升级不仅显示了我国工业化已经处于中后期阶段的特点，而且在很大程度上显示出现代化的特点，这一点留待本书第三章去做分析。

但是，当前我国产业结构升级方面还存在诸多重大问题。在农业方面，尽管粮食供应基本上可以自给，但同时也存在某些大宗产品的供给过剩（如玉米）和供给不足（如大豆，多年依靠大量进口）并存的局面。在工业方面，尽管制造业在2010年就跃居世界第一位，但装备制造业产品并没有改变长期以来就存在的大量进口的局面。近年来，在工业消费品供给方面还出现了一种新的情况，即居民要花上万亿元投向国际消费品市场。至于服务业产品总体上就是供给不足的。当然，包括进口在内的对外贸易的增长，是我国对外开放成就的一个重要方面。但上述情况也确实反映了我国产业结构存在重要问题，其中固然包括产业结构调整问题，但从深层次来说，还是产业升级问题，但这方面问题更明显地反映在产业技术基础方面。这方面问题简要说来就是，农业现代化程度低，工业（特别是装备制造业）自主创新能力不强，服务业（特别是生产性服务业）技术基础很弱。当前我国产业结构不仅面临着紧迫的升级问题，还面临着严重的调整问题。

---

①《中国共产党第十八次全国代表大会文件汇编》，人民出版社2012年版，第15~18页。

② 从2012年起，《中国统计年鉴》不再发表轻工业和重工业的产值数字，只发表主营业务收入的数字，二者不具有可比性，故在此只计算到2011年。

其突出表现是，一方面某些产业产能过剩，另一方面某些产业又供给不足。但中共十八大以来，新的中央领导集体在这方面采取的一系列战略以及在这些战略指导下的实践表明，这些问题都有望得到逐步有效的解决。

二、经济体制转型的历史演变及其理论分析

经济体制通常可以从两个相互联系的方面来界定：一是将其界定为一定社会发展阶段上的社会基本经济制度的实现形式；二是将其界定为社会生产资源的配置方式。二者是统一的，因为从一定意义上说，社会基本经济制度就是社会生产资源的基本配置方式。这样，作为这种制度实现形式，经济体制当然也是社会生产资源的配置方式。

（一）中国封建社会条件下经济体制改革与转型

我国学界曾经流行的观点是，把经济体制改革和转型仅仅归结为资本主义制度下发生的事，甚至归结为只是社会主义制度下发生的事。但历史表明，在社会基本经济制度不变的前提下进行经济体制的改革，不是社会主义社会特有的，在前社会主义社会也发生过。当然，前社会主义社会经济体制改革的情况和性质与社会主义社会有重大的和根本的区别。但是，按照唯物辩证法的观点，事物的共性包含于一切个性之中。这样，剖析一下前社会主义社会经济体制改革，对我国经济体制改革是有借鉴意义的。

我国西周时期（公元前 1046~前 771 年）就开始建立了封建的领主经济制度。这种制度的基本特征是，作为农业基本生产资料的土地归领主所有，实行井田制度，农奴对领主存在人身依附关系，封建剥削的主要形态是劳役地租。井田制度的特点是，领主将其所有的土地分为公田和私田，公田和私田均由农奴耕种，但公田的收成要交领主，只有私田的收成方归农奴。此外，农奴还要为领主提供其他多种无偿的劳役。这可以看作是我国封建基本经济制度第一个具体形式。

相对奴隶社会的经济制度来说，这种封建的领主经济制度是能够适应当时社会生产力发展的要求，要比奴隶社会经济制度进步得多。其主要特点是：尽管农

奴人身是不自由的，但已经不像奴隶制度那样，奴隶可以由奴隶主任意杀害。同时，农奴还有自己一小块私有经济。显然，这些都是有利于发挥作为基本生产力要素的农奴的劳动积极性的。

但这种制度也有它赖以存在的社会条件，主要是：农业生产力发展水平很低，人口稀少，可垦土地很多，商品经济很不发达。在这些条件下，尽管领主对农奴的剥削也是很残酷的，领主和农奴这种对抗性的基本矛盾也是存在的，但领主对旨在满足自己生存和享受的需求是有限的，农奴对这种剥削也还是能勉强承受的。于是这种制度也就在一个时期内得以稳定下来。

可是，随着农业生产力的发展、人口（特别是统治阶级人口）的大量增加，易于开垦的土地趋于减少，伴随商品经济发展而带来的统治阶级贪欲急剧膨胀，再加上领主之间频发旨在扩张领地的战争，领主对农奴的剥削就大大加重了，他们之间的矛盾就趋于尖锐化。这就严重打击了农奴劳动的积极性，领主从公田上获得的收益不仅难以增长，而且趋于减少。

正是在这种形势下，封建主宁愿舍弃井田制度和劳役地租，转而采用地主的土地私有制和实物地租，实现了由封建领主经济到地主经济制度的转变。在地主经济制度下，农奴实现了到农民的人身自由的转变，而且有了一块更大的私有经济，这有利于提高农民劳动的积极性。这样，一方面地主可以从农民身上榨取更多的收益，另一方面农民也可以在人身自由和私有经济收入上得到较多好处，他们之间的矛盾也趋于缓和。

我国春秋时期（公元前 770~前 403 年），地主经济逐渐代替领主经济。战国时期（公元前 403~前 221 年），地主经济占了主要地位。

历史表明，由领主经济到地主经济的转变，是封建经济制度范围内一次重大的经济体制改革。然而，这种改革没有根本改变封建经济制度，从而使这种制度变得完善了。按照历史唯物主义的观点，这里所说的完善，其根本含义就是改革后的地主经济制度，尽管不可能根本解决地主阶级和农民阶级的矛盾，但却在很大程度上满足了当时社会生产力发展的要求。我国已故著名历史学家范文澜依据对历史资料的详细分析，对这段历史作了概括。他说，"在这个阶段上，束缚在宗族里的农奴得到解脱，成为广大的农民阶级。由于农民阶级的出现，生产力前所未有地提高了。以农业生产为基础，工商业也跟着发展起来"。①

相对后续社会的经济制度改革来说，中国封建社会经济改革的特点，除了它本身固有的社会经济性质以及促进社会经济的作用等方面的区别以外，还有以下两个显著特点：第一，由于当时经济学还没有成为独立的科学，因而这时的经济体制改革并没有系统的经济理论作指导。有关经济体制改革的思想只是分散在东周时期有关思想家的著作中。第二，这种经济体制改革似乎只是中国封建社会所特有的。在欧洲整个中世纪实行的都是类似中国封建领主经济的封建庄园制度。非洲有些国家的历史显然也很悠久，但并未见到这种改革。至于后来发现和开发的美洲和大洋洲更不可能出现这种改革了。

（二）资本主义市场经济条件下经济体制改革与转型

资本主义的市场经济也经历了一次重大的经济体制改革和转型。

在资本主义自由竞争阶段，资产阶级国家实行的是古典的自由放任的市场经济。

实行这种体制是以亚当·斯密创立的经济理论为指导的。按照亚当·斯密的经济理论，只需依靠市场经济的调节作用（即价值规律的自发调节作用，通称"看不见的手"的作用），就可以实现社会经济总量平衡，无须政府对经济的干预。

在这个阶段，亚当·斯密理论批评的主要锋芒是指向在资本原始积累阶段产生的重商主义。重商主义在这个阶段对资本主义的产生和发展起过积极作用，但它主张国家对经济的干预在资本主义有了初步发展以后，就妨碍了资本主义的发展。所以，亚当·斯密的理论反映新兴的资产阶级的要求，在这个阶段乃至以后一个很长时期对社会经济的发展都起过重要的积极作用。

但是，亚当·斯密理论的重大缺陷在于它完全忽略了资本主义必然发生周期性的经济危机及其根源。马克思主义认为，资本主义周期性经济危机的根源在于资本主义的基本矛盾（即生产社会性和生产成果的私人资本主义占有之间的矛盾）的发展，以及由此决定的一系列矛盾，特别是其中的资本主义生产无限扩张的趋势和劳动人民购买力需求相对狭小之间的矛盾尖锐化的结果。这样，在资本主义制度下，周期性生产过剩的经济危机就是不可避免的。实际上，从 19 世纪

---

① 范文澜：《中国通史》第一册，人民出版社 1978 年版，第 274 页。

20 年代起，资本主义经济大约每隔十年左右的时间就发生一次生产过剩危机。特别是 1929~1933 年资本主义世界发生的大危机，从根本上震撼了西方整个资本主义制度。其中，尤以资本主义最发达的美国遭受的打击最为严重。1933 年同 1929 年相比，西方各国的工业产值大约下降了 45%，比第一次世界大战前的 1913 年还低 16%，倒退到 1908~1909 年的水平。其中，美国工业产值下降了 55%，倒退到 1905~1906 年的水平；德国倒退到 1897 年的水平；法国倒退到 1911 年的水平；日本下降了 32.9%。在这期间，西方各国农产品销售收入也大幅下降。其中，美国由 119.13 亿美元下降到 51.43 亿美元，德国由 102 亿马克下降到 65 亿马克，降幅均在 50% 以上。在这期间，美、英、德等国商品批发价格指数下降了 1/3 左右，法国下降了 45.1%；西方各国商品销售额大约下降了 2/3，外贸总额下降了 61.2%。在这期间，美国失业工人由 155 万人增加到 1283 万人。在危机的最严重阶段，西方各国失业人数高达 5000 万人，失业率高达 30%~50%。在这期间，工人收入下降了 43%，农民经营农业的净收入下降了 67%。[①]这次大危机宣告了古典经济学关于自由放任的市场经济可以自动协调社会产品供求平衡理论的彻底破产，并强烈呼唤国家干预市场经济的政策和理论的诞生，以维系、巩固和发展资本主义经济制度。

美国总统罗斯福 1933 年 3 月入主白宫后所推行的"新政"，就是有国家干预的市场经济的政策，是把古典市场经济推向现代市场经济在实践上的开端。为了挽救面临崩溃的美国国民经济，"新政"采取的主要措施有：第一，为了拯救银行金融业危机，政府采取了清理银行、保障居民存款、发放巨额贷款给金融业界、实行货币贬值等办法。第二，为了拯救农业危机，政府运用奖励和津贴的办法，缩小耕地面积，限制农产品上市量，维持农产品价格，以缓解农业生产过剩和农民收入下降。第三，为了拯救工业危机，政府采取限制竞争的办法，规定工业的生产规模、价格水平、销售额和雇工条件等，以缓解工业生产过剩。第四，为了拯救由严重的工人失业问题而引发的严重社会政治危机，政府还大力举办公共工程，以增加就业和提高居民购买力。政府还直接救济失业工人，并逐步建立了全国社会保险和公共福利制度。"新政"从 1933 年开始实施，延续到 1938 年。

---

① 晏智杰：《西方市场经济下的政府干预》，中国计划出版社 1997 年版，第 85~87 页；马洪等：《市场经济 300 年》，中国发展出版社 1995 年版，第 159 页。

"新政"没有也不可能从根本上解决美国资本主义生产过剩的经济危机问题，但确实缓解了经济危机，并促进了经济复苏，稳定了资本主义制度。但"新政"更重要的意义还在于，从实践方面宣告了古典的自由放任的市场经济时代的终结，并开创了现代的有国家干预的市场经济这个新的时代。

宏观经济学创始人凯恩斯1936年发表的《就业、利息和货币通论》（简称《通论》），则综合地、集中地、系统地反映了有国家干预的市场经济诞生的强烈呼声，并从理论方面标志着古典的自由放任的市场经济的终结和现代的有国家干预的市场经济的开端，为现代市场经济奠定了理论基础。凯恩斯认为，有效需求（即有购买力的需求）是决定社会总就业量的关键因素，能否实现充分就业就决定于有效需求的大小。因此，现实生活中经常存在的有效需求不足就是引发经济危机和严重失业的原因。所以，要解决失业和危机问题，必须依靠政府对经济的干预，刺激有效需求，以实现"充分就业均衡"。主张把政府干预经济的重点放在总需求管理方面。其中心内容是：采取各种措施，增加社会（包括私人和政府）的货币总支出，扩大社会对消费资料和生产资料的需求，以消除经济危机，实现充分就业。

凯恩斯虽然摒弃了由亚当·斯密首先创立的自由放任的市场经济，提出了有国家干预的市场经济，但并没有从根本上否定市场经济（即以市场作为配置社会生产资源的主要方式）。正如凯恩斯自己所说，古典经济学提出的"私人为追求自己利益将决定生产何物，用何种方法（即何种生产要素之配合比例）生产，如何将最后产物之价值分配于各生产要素等，仍无可非议"[①]。

第二次世界大战前，只有美国等少数几个国家实行过政府对经济的干预。第二次世界大战后，西方国家在恢复了经济之后，都以凯恩斯主义作为政策指导，实行了有国家干预的市场经济。这种经济体制大大促进了战后西方国家经济的发展。

但是，由于凯恩斯主义没有也不可能解决资本主义的固有矛盾，由于长期推行凯恩斯主义负面影响的积累（比如，由于多年推行扩张性财政政策导致通货膨胀），由于1973年和1979年两次石油危机的影响，西方国家在"二战"后经历一段时间的经济繁荣之后，于20世纪70年代中期发生了经济滞胀。

经济滞胀局面使凯恩斯主义遇到严峻的挑战，并受到新经济自由主义学派的

---

① 凯恩斯：《就业、利息和货币通论》，商务印书馆1964年版，第322页。

批评。但是，正像凯恩斯没有根本否定亚当·斯密的自由放任的市场经济一样，这些不同学派也没有完全突破凯恩斯主义的基本信条。比如，曾任尼克松政府经济顾问委员会主席的摩赫伯特·斯坦就曾说过：对凯恩斯主义的批评是"凯恩斯主义范围之内的革命"①。因此，总的来说，凯恩斯主义（包括凯恩斯主义在第二次世界大战后的发展）仍不失当代经济发达国家进行宏观经济管理的一个重要的理论基础。

第二次世界大战后，旨在实现充分就业和经济稳定发展的凯恩斯主义在西方国家的普遍采用，是促进现代的有国家干预的市场经济形成的最基本因素，但并不是唯一因素。除此以外，以下因素也起了重要的作用：第一，第二次世界大战前和战后初期，社会主义国家实行计划管理和福利政策的影响。第二，社会民主主义的影响。这一点，在第二次世界大战后由社会民主党执政的那些国家表现得尤为明显。第三，第二次世界大战期间实行战时经济体制的影响。诚然，战时经济体制与有国家干预的市场经济是有原则区别的，而且，在战后都取消了，但这种体制也为实行有国家干预的市场经济提供了某些有利条件。这一点，在日本表现得很明显。第四，第二次世界大战后，生产集中度进一步提高，以及现代信息技术的广泛应用，也为实行有国家干预的市场经济提供了有利的客观条件。第五，第二次世界大战后，垄断组织的进一步发展，妨碍了经济效率的提高。第六，第二次世界大战后，资本主义国家贫富差别的扩大，影响到社会的稳定。第七，第二次世界大战后，治理环境污染问题也更为尖锐起来。第八，第二次世界大战后，保护消费者权益问题也显得更加重要。第九，经济全球化和区域经济集团的发展，使各国企业之间的竞争在许多情况下演变成国与国之间的竞争。第十，随着知识经济时代的到来，抢占高新技术制高点，往往成为增强国际竞争力和维护国家经济、政治安全的关键。上述第五至十点在客观上也迫切要求国家加强对经济的干预。

上述各项促进现代市场经济形成的因素表明，国家干预经济只是对现代市场经济条件下政府一项基本经济职能的总体概括。这个概括包含了多方面的并不断丰富发展的、具体的经济职能。举其要者有：第一，主要运用经济手段和立法手段，调节经济总量的供需平衡。有些国家的政府还承担某些调整产业结构的职

---

① 晏智杰：《西方市场经济下的政府干预》，中国计划出版社 1997 年版，第 164 页。

能。第二次世界大战后日本政府在有些年代实行的产业政策就属此例。第二，在总量和范围方面都大大扩展了某些公共产品和服务。第三，在不同时期有伸缩性地（有时扩大，有时缩小）掌握部分国有经营。第四，维护市场秩序，监督市场主体行为，创造公平、公正、公开并有信誉的市场竞争环境。第五，在某种限度内，遏制垄断资本。第六，创造机会平等的条件，并通过收入再分配，在兼顾效益的条件下实现社会公平。第七，建立社会保障体系，构筑社会安全网。第八，维护消费者权益。第九，适应新技术革命的要求，大力支持高科技产业和教育的发展。第十，治理环境污染，维系生态平衡，促进可持续发展。第十一，与上述职能的发展相联系，财政承担的收入再分配的职能显著增长。[①] 第十二，开拓国外市场（包括产品、服务市场和要素市场），提高国际竞争力。第十三，维护国家经济安全。现代市场经济条件下的政府在某种范围内和某种程度上实现了上述职能，但是，这些职能的实现，都是以市场作为配置社会生产资源的主要方式为前提的，而且主要采用经济手段和立法手段，而不是主要采取行政手段；一般并不直接干预企业的生产经营活动，企业仍然是独立的市场主体。

可见，资本主义由自由放任的古典市场经济到有国家干预的现代市场经济的转变，是反映了社会生产力发展要求的。但这里所说的反映社会生产力发展的要求，是在不根本改变资本主义私有制的范围内进行的，因而只能是部分的反映，而不可能是根本的反映。然而，即使这种部分的反映，对战后资本主义国家生产的发展，也明显起了积极的推动作用。当然，这是由多方面因素决定的，但战后资本主义国家经济体制的改革，显然是一个最重要的原因。我们根据历史唯物主义的观点，也可以把上述体制的变化看作资本主义生产关系具体表现形式的经济体制的某种完善。

上述分析表明，经济体制是决定于社会生产力和社会基本经济制度的，因而它可能而且必须适应社会生产力发展和社会基本经济制度的要求而变革，并不是固定不变的。无论是封建社会的经济改革，或者是资本主义社会的经济改革，只要是社会生产力发展的要求，并由该社会的统治阶级在它们的政权保护下进行

---

① 据美财政学家马斯格雷夫的分析，财政支出占国内生产总值的比重，英国从 1890 年的 8.9% 上升到 1955 年的 36.6%，美国从 1880 年的 7.1% 上升到 1962 年的 44.1%（斯蒂格利茨：《美国为什么干预经济》（中译本），中国物资出版社 1998 年版，第 11~12 页。

的，都能导致该社会经济制度的某种完善，并能促进社会生产力的发展。当然，它并不可能引起其社会经济制度根本性质的变化，也不可能根本解决这些社会经济制度内含的基本矛盾。这些对于考察我国社会主义初级阶段的经济体制改革，是富有启示意义的。

（三）中国社会主义初级阶段的经济体制改革与转型

1. 经济体制改革纲领提出的依据

改革的依据是改革纲领提出和发展过程的逻辑前提。这样，论述改革纲领的历史发展过程就必然会涉及这一点。为此，先有必要分析这一点。这里只拟依据作为改革开放总设计师邓小平的有关论述做一些简要分析。

第一，是立足于中国社会主义初级阶段的最大实际。邓小平在总结改革前的"左"的错误的教训时明确指出："从一九五七年下半年开始，我们犯了'左'的错误。总的来说，就是对外封闭，对内以阶级斗争为纲，忽视发展生产力，制定的政策超越了社会主义初级阶段。""一九七八年我们中共十一届三中全会对过去做了系统的总结，提出了一系列方针政策。中心点是从阶级斗争为纲转到以发展生产力为中心，从封闭到开放，从固守成规到各方面改革。""一切从社会主义初级阶段的实际出发。"①

"马克思恩格斯创立了辩证唯物主义和历史唯物主义的思想路线。毛泽东同志用中国的语言概括为'实事求是'四个大字。……这就是我们中共思想路线。"②③可见，从社会主义初级阶段这个最大实际出发，提出以"一个中心"和"两个基本点"为主要内容的党在社会主义初级阶段的基本路线，正是作为马克思主义、毛泽东思想"基本原理"和"精髓"的"实事求是"的创造性的运用。

但提出改革开放，又不只是从中国社会主义初级阶段的国情出发，同时又反映了当代经济全球化发展的时代特征。历史表明，经济全球化是伴随资本主义生产方式的建立和发展而开始形成和发展的。第二次世界大战以后，它在世界范围内获得了空前的巨大发展。邓小平将这个时代特征简明通俗地概括为"现在的世

---

① 《邓小平文选》第二卷，人民出版社 1994 年版，第 251、269 页。
② 《邓小平文选》第二卷，人民出版社 1994 年版，第 278 页。
③ 《邓小平文选》第三卷，人民出版社 1993 年版，第 382 页。

界是开放的世界"。据此，他果断地做出论断："现在任何国家发达起来，闭关自守都不可能。""世界各国的经济发展都要搞开放，西方国家在资金和技术上就是互相融合交流的。"①

第二，着眼于解决社会主义社会的基本矛盾。主要是：①计划经济体制与发展社会生产力之间的矛盾。对此，邓小平精辟地指出："社会主义基本制度建立以后，还要从根本上改革束缚生产力发展的经济体制，建立起充满生机活力的社会主义经济体制，促进生产力的发展，这是改革，所以改革也是解放生产力。"②②计划经济体制以及由此决定的高度集中的政治体制与社会主义基本的经济、政治制度之间的矛盾。邓小平在谈及曾经导致社会主义基本的经济政治制度陷入严重危机的"文化大革命"发生根源时尖锐地指出："党和国家现行的一些具体制度中，还存在不少的弊端，妨碍甚至严重妨碍社会主义优越性的发挥。""从党和国家的领导制度、干部制度方面来说，主要的弊端就是官僚主义现象、权力过度集中的现象、家长制现象、干部领导职务终身制现象和形形色色的特权现象。"在谈及权力过分集中现象的严重危害时，他曾振聋发聩地尖锐指出："对这个问题长期没有足够的认识，成为'文化大革命'的一个重要原因，使我们付出了沉重的代价，现在再也不能不解决了。"③总之，邓小平提出改革是着眼于解决社会主义社会基本矛盾的。

社会主义社会基本矛盾理论是毛泽东对马克思、恩格斯创立的社会基本矛盾理论的重大发展。毛泽东在马克思主义发展史上第一次明确提出："在社会主义社会中，基本的矛盾仍然是生产力和生产关系之间的矛盾、上层建筑和经济基础之间的矛盾。不过社会主义社会的这些矛盾，同旧社会的生产关系和生产力的矛盾、上层建筑和经济基础的矛盾，具有根本不同的性质和情况罢了。"④这个基本矛盾理论是毛泽东思想作为中国化马克思主义第一阶段在中国社会主义时期的一个最重要标志。可见，邓小平从解决社会主义社会基本矛盾出发提出改革理论，是毛泽东关于社会主义社会基本矛盾理论的创造性运用。

但同时它又是马克思主义的重大发展，是邓小平理论开创的中国特色社会主

---

① 《邓小平文选》第三卷，人民出版社 1993 年版，第 64、90、367 页。
② 《邓小平文选》第三卷，人民出版社 1993 年版，第 370 页。
③ 《邓小平文选》第二卷，人民出版社 1994 年版，第 327~329 页。
④ 《毛泽东文选》第七卷，人民出版社 1999 年版，第 214 页。

义理论的一项最重要内容，是中国化马克思主义第二阶段的一个最重要标志。原因在于，在马克思主义创始人创立的历史唯物论中，在论及社会基本矛盾时，只提出了生产力和生产关系以及经济基础和上层建筑这些基本范畴。由于时代局限，他们没有也不可能提出作为基本制度的生产关系和上层建筑的具体实现形式的经济体制和政治体制的范畴。而邓小平在 20 世纪 70 年代依据世界各国（主要是中国）实践经验的总结，提出了经济体制和政治体制的改革问题。这样，在历史唯物论的宝库中就增加了一个经济体制和政治体制的范畴。历史表明：作为具体实现形式的经济体制和政治体制是决定于生产力以及作为基本制度的生产关系和上层建筑的，但它也反作用于（促进或阻碍）生产力以及生产关系和上层建筑的。

第三，是基于对中国特色社会主义的科学认识。邓小平在总体上和根本上总结改革前长期存在的"左"的错误的教训时反复指出："我们总结了几十年搞社会主义的经验。社会主义是什么，马克思主义是什么，过去我们并没有完全搞清楚。"邓小平依据马克思主义关于生产力决定生产关系以及经济基础决定上层建筑的基本原理，指出"马克思主义最注重发展生产力"[1]。但在"左"的路线占支配地位的时期，却从根本上忽视了甚至否定了这一点。主要是：①在 1958 年开始的"大跃进"时期，由于忽视和否定这一点，完全脱离社会生产力发展的要求，在生产资料所有制方面盲目追求"一大二公"，推行人民公社化运动。②从 1966 年开始，也是由于这一点，推行以阶级斗争为纲的政治路线，掀起了长达 10 年的"文化大革命"。这两个时期的"左"的路线由于从根本上忽视甚至否定发展社会生产力，给我国社会生产力造成严重破坏。

正是针对这个长期存在的"左"的错误，邓小平把社会主义条件下发展社会生产力的极端重要性提高到一个前所未有的高度。他多次强调：发展生产力是"社会主义的本质"，是"社会主义社会的根本任务"。并由此得出结论："为了发展生产力，必须对我国的经济体制进行改革，实行对外开放政策"[2]。这样，邓小平不仅揭示了发展生产力的极端重要性，而且找到了一条发展生产力的正确道

---

① 《邓小平文选》第三卷，人民出版社 1993 年版，第 63、91、137 页。
② 《中国共产党第十三次全国代表大会文件汇编》，人民出版社 1987 年版，第 7～15 页。

路。这条道路就是他在中共十二大首次提出的中国特色社会主义道路。[①] 中共十四大对这条中国特色的社会主义做了完整的概括。[②]

这样，邓小平就把科学社会主义发展到一个新的阶段。马克思主义把社会主义从空想变成了科学，实现了马克思主义发展史上第一次飞跃；列宁主义在资本主义的俄国把科学社会主义从理论变成了实践，实现了第二次飞跃；毛泽东思想在半殖民地半封建中国把科学社会主义从理论变成了实践，实现了第三次飞跃，成为中国化马克思主义第一阶段。邓小平理论首创的中国特色社会主义理论，创造性地解决了社会主义制度建立以后的巩固和发展问题，把中国化马克思主义开始推向了第二阶段。

第四，终极说来，是在马克思主义指导下，对中国历史经验和世界历史经验进行了科学总结。关于改革，邓小平指出："在建立社会主义经济基础以后，多年来没有制定为发展生产力创造良好条件的政策。社会生产力发展缓慢，人民的物质和文化生活条件得不到理想的改善，国家也无法摆脱贫穷落后的状态。这种情况，迫使我们在一九七八年十二月召开的中共十一届三中全会上决定进行改革。"关于开放，邓小平指出："中华人民共和国建立以后，第一个五年计划时期是对外开放的，不过那时只针对苏联东欧开放。以后关起门来，成就也有一些，总的来说，没有多大发展。当然这有内外许多因素，包括我们的错误。历史经验教训说明，不开放不行。"[③] 邓小平这个总结真切地反映了中国历史发展的实际进程。1953~1957 年，我国国内生产总值和居民消费水平的年均增速分别高达 9.2% 和 4.5%，而 1958~1978 年分别下降到 5.4% 和 1.7%。[④]

综上所述，邓小平提出改革开放是马克思主义的基本原理与中国实践相结合的产物。这是其一。其二，改革开放是中国经济社会发展的客观规律或本质。当然，相对于中国社会主义初级阶段，社会主义社会的基本矛盾和社会主义根本制度的本质来说，它是较浅层次的规律。[⑤] 但就它们都是不以人们意志为转移的客观进程来说，是共同的。其三，改革开放体现了人民的根本利益和迫切愿望。而

---

① 《邓小平文选》第三卷，人民出版社 1993 年版，第 3 页。
② 《中国共产党第十四次全国代表大会文件汇编》，人民出版社 1992 年版，第 12~15 页。
③ 《邓小平文选》第三卷，人民出版社 1993 年版，第 90、134 页。
④ 《新中国六十年统计资料汇编》，中国统计出版社 2010 年版，第 12、14 页。
⑤ 对于这一点，列宁曾经说过："规律是本质的现象。"并且认为，规律和本质是同等程度的概念。《列宁全集》第 38 卷，人民出版社 1963 年版，第 159 页。

人民是经济社会发展的决定力量。因而它必然成为不可阻挡的历史潮流。[①]

2. 经济体制改革纲领发展及其实施的历史过程

（1）改革起步阶段的纲领及其实施（1978 年 12 月~1984 年）。按照邓小平的总结："十一届三中全会制定了这样一系列方针政策，走上了新的道路。这些政策概括起来，就是改革开放。"[②] 据此可以认为，这次全会是我国改革开放时代到来的标志，是中国走向特色社会主义道路的标志。

1981 年 6 月召开的中共十一届六中全会首次明确地提出了这个阶段的改革纲领。这次全会指出："必须在公有制基础上实行计划经济，同时发挥市场调节的辅助作用。"[③] 1982 年 9 月召开的中共十二大明确概括为："计划经济为主，市场调节为辅的原则。"[④]

由于历史固有的延续作用和改革初期实践经验的局限，上述纲领还是沿用了 1956 年 9 月陈云在中共八大的提法。陈云依据 1956 年社会主义改造基本完成以后的新情况提出："在工商业经营方面，国家经营和集体经营是工商业的主体，但是附有一定数量的个体经营。这种个体经营是国家经营和集体经营的补充。"在生产计划方面，"计划生产是工农业生产的主体，按照市场变化而在国家计划许可范围内的自由生产是国家计划生产的补充"。在市场方面，"国家市场是它的主体，但是附有一定范围内国家领导的自由市场。这种自由市场，是在国家领导之下，作为国家市场的补充。"[⑤] 据此，中共八大做出了相应的决议。[⑥]

显然，中共十二大依据陈云提出的"三个为主，三个补充"的意见提出的纲领没有从根本上突破计划经济体制的框框，但在作为基本经济制度的生产资料所有制、计划和市场这三个基本方面已经在一定程度上突破了计划经济体制，并在一定程度上开始向社会主义市场经济体制迈出了步伐。在对外开放方面有更大程度的突破。这期间首次明确提出"实行对外开放，按照平等互利的原则扩大对外

---

① 关于这一点，早在战国时期，荀子就首次明确把君民关系比喻为鱼水关系，并提出"水则载舟，水则覆舟"。

②《邓小平文选》第三卷，人民出版社 1993 年版，第 266 页。

③《中国经济年鉴》，经济管理出版社 1981 年版。

④《中国共产党第十二次全国代表大会文件汇编》，人民出版社 1982 年版，第 35 页。

⑤《陈云文选》第三卷，人民出版社 1994 年版，第 13 页。

⑥《中国共产党第八次全国代表大会文件汇编》，人民出版社 1980 年版，第 84 页。

经济技术交流，是我国坚定不移的战略方针"。① 因此，可以认为这些是改革起步阶段的纲领。

在这个阶段的改革实践方面，则是在更大程度上实现了突破，这期间改革率先在农村实现了突破。1981 年初，全国实行包产到户和包干到户的生产队占生产队总数的百分比还不到 1.1%，但到 1983 年年末就急剧上升到 99.5%。这样，以承包经营责任制为基础的双层经营这种新的集体经营形式就迅速代替了原来的以农村人民公社生产队作为基础的集体经营形式。这并不是偶然发展的现象，而是经济、政治和历史等多重因素共同作用的必然结果。第一，是广大农民经济利益的强烈诉求。应该肯定，计划经济体制在其形成初期（1949~1957 年）有其建立的历史必然性，并对我国经济发展起过重要的积极作用。这主要表现在促进国民经济的迅速恢复和建立社会主义工业化初步基础方面。当前有的学者不是从我国历史实际出发，而以西方的某些经济理论为依据，根本否定计划经济体制，这显然是不对的。但同时也要看到，1958 年以后，计划经济体制越来越不适合社会生产力发展的要求，以致成为生产力发展的桎梏，必须根本改革。这种桎梏作用主要表现为严重束缚了作为生产力基本要素的劳动者的积极性，其中尤以农民为甚。这同计划经济体制必然导致的城乡二元经济社会体制的强化是有直接联系的。这样，相对来说，农民改革的积极性就更为强烈。第二，这是实现经济发展和社会稳定的紧迫需要。农业是发展国民经济的基础，在由改革前"左"的路线造成的国民经济基本比例关系严重失衡（其突出表现就是农业严重滞后于工业的发展）的情况下，发展农业显得尤为重要。农村人口占多数，是实现社会稳定的重头。邓小平说过："改革首先从农村入手。中国百分之八十的人口在农村，中国社会是不是安定，中国经济能不能发展，首先要看农村能不能发展，农民生活是不是好起来。"② 第三，这是重新确定的中共思想路线和群众路线的一次成功运用，是恢复和发扬社会主义民主的一项巨大成果。对此，邓小平多次说过："农村改革不是我们领导出的主意，而是基层农业单位和农民自己创造的。把权力下放给基层和人民，在农村就是下放给农民，这就是最大的民主。我所讲社会主义民主，这就是一个重要内容。""对这个政策有一些人感到不那么顺眼，我们的做

---

① 《中国共产党第十二次全国代表大会文件汇编》，人民出版社 1982 年版，第 26 页。
② 《邓小平文选》第三卷，人民出版社 1993 年版，第 77~78 页。

法是允许不同观点存在，拿事实说话。农村改革，开始的一两年里有些地区还根本不理睬，他们不相信这条路，就是不搞。观察了一年，有的观察了两年，看到凡是推行改革政策的都好起来，他们就跟着干了。……所以，改革的政策，人们一开始并不是都能理解的，要通过事实证明才能被普遍接受。"[1] 这些论述通俗又深刻地揭示了以社会实践为基础的马克思主义认识路线，以尊重群众首创精神为重要特征的群众路线，以人民享有经济民主权利为重要内容的社会主义民主的创造性运用。第四，相对城市改革来说，农村改革具有众多有利条件。主要有：一是在经济条件方面，生产社会化程度不高，相关联系不多，改革起来涉及的问题不复杂，解决较为容易。二是在历史条件方面，包产到户最初以小规模出现在20世纪50年代上半期的农村合作化过程中，后来又大规模地再现于60年代初的经济困难时期。但最初被"左"的思想遏制住了，后来又被"左"的路线扼杀了。这样，在中共十一届三中全会重新确立的思想路线（实事求是）、政治路线（社会主义现代化建设）和组织路线（民主集中制）的政治形势下，农民的改革积极性就像火山一样爆发出来，包干到户就以星火燎原之势迅速席卷了整个中国农村，而原有的农村人民公社制度也如摧枯拉朽一般迅速瓦解。

这个阶段国有经济主要是实现了以扩大企业自主权为特征的改革。包括先后实行的扩大企业自主权试点，全面推行经济责任制和利改税。这个阶段非国有经济有很大发展，其中集体经济和个体经济有了恢复性发展，外资经济开始有了较大发展。市场体系也开始发展，宏观经济管理体制的改革也已起步。[2]

（2）改革全面展开阶段的纲领及其实施（1985~1992年）。1984年10月召开的中共十二届三中全会做出了《中共中央关于经济体制改革的决定》（以下简称《决定》），指出："必须按照把马克思主义基本原理同中国实际结合起来，建设有中国特色社会主义的总要求，进一步贯彻执行对内搞活经济、对外改革开放的方针，加快以城市为重点的整个经济体制改革的步伐，以利于更好地开创社会主义现代化建设的新局面。"据此可以认为，以这次全会为标志，我国改革进入了以城市为重点的改革全面展开阶段。《决定》批判了把计划经济和商业经济对立起来

---

[1]《邓小平文选》第三卷，人民出版社1993年版，第155、252页。

[2] 限于篇幅，对这些问题均不能展开分析，详见汪海波等：《中国现代产业经济史》（第二版），山西经济出版社2010年版，第312~349页。

的传统观念，明确提出社会主义经济"是在公有制基础上有计划的商品经济"①。这可以看做是这个新阶段的改革纲领。

这个纲领的提出是由我国一系列的经济、政治和思想等各方面条件变化发展所决定的。第一，1979年4月党中央提出了以调整为重点的改革、整顿、提高的方针。1982年9月中共十二大决定"六五"期间继续执行这一方针。因此，在1979~1984年期间不可能全面开展改革，而只能主要在改革易于突破的农村进行。但到1984年，我国经济调整已经取得了重大进展。这就为以城市为重点的全面展开的改革创造了良好的时机。第二，我国改革的根本特点是社会主义制度的自我完善，因而是从上（领导）到下（群众）与从下到上相结合进行的。但这又是前无古人的伟大创新事业，是"很大的试验"。②这样，对领导和群众来说，其改革经验的积累都有赖于改革实践的总结，其改革信心和勇气的增强，也有赖于改革实践的成就。至于作为改革经验总结的改革纲领的发展，更有赖于实践的发展。而1979~1984年改革实践的巨大成就，既积累了改革的经验，又增强了改革的信心。邓小平多次说过："改革从农村开始，农村见了成效我们才有勇气进行城市的改革。""农村政策见效快，增加了我们的信心"。也正是基于上述的改革特点，我国改革纲领的形成还有赖于上下的共识。这种共识的形成，更是离不开实践的发展。对此，邓小平在谈到《决定》时说过："过去我们不可能写出这样的文件，写出来也不容易通过，全被看作'异端'"。③第三，开放是我国改革在对外经济关系方面的必然延伸，但二者又有区别。就1979~1984年的情况来看，二者的发展是不平衡的，相对城市的其他改革来说，开放的步子较大，取得的成就也较大。这种情况也为城市改革提供了重要经验，并增强了城市改革的动力。第四，在中共十一届三中全会以后，伴随社会主义民主的发展，我国经济学界的自由讨论趋于空前的活跃。其成果为中共十二届三中全会的决定做了很好的理论准备。比如，1979年4月在无锡召开的第二次经济理论讨论会，就有学者提出社会主义经济是商品经济（或市场经济），企业是独立的商品生产者和经营者，价值规律起调节作用，竞争是其内在机制，要发挥市场机制在社会资源配置中的

---

① 《中共中央关于经济体制改革的决定》，人民出版社1984年版，第3、17页。
② 《邓小平文选》第三卷，人民出版社1993年版，第130页。
③ 《邓小平文选》第三卷，人民出版社1993年版，第78、91、130页。

作用。1984 年 7 月，在莫干山召开的全国中青年经济学者学术讨论会，也对全面开展城市经济体制改革提出了许多有价值的建议。同月，我国已故著名经济学家、曾任中国社会科学院院长和国务院发展中心主任的马洪，上书党中央，建议把"社会主义是有计划的商品经济"这个提法写入中共十二届三中全会《关于经济体制改革的决定》中。但从我国改革开始，就一直存在着维护计划经济的观点与主张实行社会主义商品经济的观点的争论。这种争论在中共十二大报告的起草过程中也有充分的暴露。当时一种观点主张"计划调节与市场调节相结合"，一种观点主张"计划经济为主，市场调节为辅"。持有第二种观点并参加起草工作的成员给当时主管意识形态工作的党中央领导人上书，对近几年在我国经济学界占主导地位的主张实行社会主义商品经济的观点提出了批评，这位领导人批转了这封信。此后约一年时间，媒体上发表了大量批判社会主义经济是商品经济的文章，主张社会主义经济是商品经济的观点受到了压抑。[①]但由于坚持社会主义商品经济观点的学者的努力，并得到了党中央的有力支持，这种观点终于在《决定》中大体上得到了反映。邓小平在评价《决定》时高兴地说："这次经济体制改革的文件好，就是解释了什么是社会主义，有些是老祖宗没有说过的话，有些新话。我看讲清了。"[②]按照笔者的体会，邓小平这里说的"什么是社会主义"，就是指明社会主义是有计划的商品经济。第五，计划经济为主、市场经济为辅的改革纲领，显然在改革初期促进了改革的发展，从而推动了社会生产力的发展，但离适应社会生产力发展要求的社会主义市场经济体制仍相距甚远。而且，由于改革率先在农村突破，带动了农业和农村经济的大发展。这就在生产和流通等方面对工业和城市经济的发展提出了新的更高的要求。而工业和城市经济改革的滞后，并不能适应这一要求。所以，终究说来，中共十二届三中全会决定是由社会生产力发展要求而催生的。

　　中共十三大在这方面也有重大的发展。中共十三大虽然继续沿用了《决定》的上述提法，但明确指出："社会主义有计划商品经济的体制，应该是计划与市场内在统一的体制。""新的经济运行机制，总体上说来应当是'国家调节市场，

---

　　①《20世纪中国知名科学家学术成就概览》（经济学卷，第一分册），科学出版社 2013 年版，第 591~592、597 页。

　　②《邓小平文选》第三卷，人民出版社 1993 年版，第 91 页。

市场引导企业'的机制"。① 这里虽然没有明确提出社会主义市场经济的概念，但包括了这一概念的核心内容。

在上述纲领的指导下，这个阶段我国改革获得了巨大发展。在国有经济中，大中型企业普遍实行了承包经营责任制，小型企业大多实行了租赁制，并进行了股份制改革和组建企业集团的试点，国有资产监管体制的改革也已起步。非国有经济有了更大发展。其中，集体经济、个体经济得到更大发展，私有经济第一次以合法身份获得了初步发展，外资经济的发展进一步加快。同时市场体系和宏观经济管理改革也获得了进一步发展。②

（3）制度初步建立阶段的改革纲领及其实施（1993~2000 年）。1992 年 9 月中共十四大提出："我国经济体制要确定什么样的目标模式，是关系整个社会主义现代化建设全局的一个重大问题。这个问题的核心是，正确认识和处理计划和市场的关系。""实践的发展和认识的深化要求明确提出我国经济体制改革的目标是建立社会主义市场经济体制，以利于进一步解放和发展生产力。"③ 为了贯彻中共十四大精神，1993 年 11 月中共十四届三中全会做出了《中共中央关于建立社会主义市场经济体制若干问题的决定》（以下简称《决定》）。《决定》指出："在本世纪末初步建立起新的经济体制，是全党和全国各族人民在新时期的伟大历史任务。""社会主义市场经济体制是同社会主义基本制度结合在一起的。建立社会主义市场经济体制，就是要使市场在国家宏观调控下对资源配置起基础性作用。"为了实现这个目标，《决定》还从建立和发展基本经济制度、现代市场制度、全国统一的市场体系、转变政府管理经济的职能、收入分配制度和社会保障制度这六个方面构筑了社会主义市场经济体制的基本框架。④ 1997 年 9 月中共十五大又从调整和完善所有制结构，加快推进国有企业改革，完善分配结构和分配方式以及充分发挥市场机制作用和健全宏观的体系方面，进一步完善了社会主义市场经济体制的基本框架。⑤ 据此可以认为，从 1992 年起，我国经济体制改革就进入了以建立社会主义市场体制为目标的新阶段。这个目标及基本框架，也就是这个新阶

①《中国共产党第十三次全国代表大会文件汇编》，人民出版社 1987 年版，第 26~27 页。
② 汪海波等：《我国现代产业经济史》（第二版），山西经济出版社 2010 年版，第 359~394 页。
③《中国共产党第十四次全国代表大会文件汇编》，人民出版社 1992 年版，第 21~22 页。
④《中共中央关于建立社会主义市场经济体制若干问题的决定》，人民出版社 1993 年版，第 2~3 页。
⑤《中国共产党第十五次全国代表大会文件汇编》，人民出版社 1997 年版，第 21~26 页。

段的改革纲领。

这个纲领是坚持改革与坚持计划经济的思潮长期斗争的结果，是作为改革开放总设计师的邓小平在改革进退的关键时刻正确把握改革航向的伟大历史功绩。如前所述，1987 年中共十三大已经在市场取向改革方面迈出了重要步伐。但在此后，国内外发生了一系列重大事件。在国内方面，1988 年发生了经济过热，1989 年北京地区还发生了政治风波。在国际方面，20 世纪 80 年代末和 90 年代初发生了东欧剧变和苏联解体。在这种政治、经济形势下，反映和维护计划经济体制的"左"的思潮，进一步泛滥起来。在这个关系改革进退和社会主义事业成败的严重关头，邓小平在 1992 年初发表了著名的南方谈话。其要点有以下几个方面：

第一，"革命是解放生产力，改革也是解放生产力。……过去，只在讲社会主义条件下发展生产力，没有讲通过改革解放生产力，不完全。应该把解放生产力和发展生产力两个方面讲全了。

要坚持中共十一届三中全会以来的路线、方针、政策，关键是坚持'一个中心，两个基本点'。不坚持社会主义，不改革开放，不发展经济，不改善人民生活，只能是死路一条。基本路线要管一百年，动摇不得。只有坚持这条路线，人民才会相信你，拥护你。谁要改变三中全会以来的路线、方针、政策，老百姓不答应，谁就会被打倒。"

第二，"改革开放迈不开步子，不敢闯，说来说去就是怕资本主义的东西多了，走了资本主义道路。要点是姓'资'还是姓'社'的问题。判断的标准，应该主要看是否有利于发展社会主义社会的生产力，是否有利于增强社会主义国家的综合国力，是否有利于提高人民的生活水平。……"

第三，"计划多一点还是市场多一点，不是社会主义和资本主义的本质区别。计划经济不等于社会主义，资本主义也有计划；市场经济不等于资本主义，社会主义也有市场。计划和市场都是手段。社会主义的本质，是解放生产力，发展生产力，消灭剥削，消除两极分化，最终达到共同富裕。"

第四，"现在，有右的东西影响我们，也有'左'的东西影响我们，但根深蒂固的还是'左'的东西。……'右'可以葬送社会主义，'左'也可以葬送社会主义。中国要警惕右，但主要防止'左'。右的东西有，动乱就是右的！'左'的东西也有，把改革开放说成是引进和发展资本主义，认为和平演变的主要危险来自于经济领域就是 '左'。"①

邓小平南方谈话赢得了全国人民的热烈拥护。与此同时，维护计划经济的"左"的思潮也像秋风扫落叶似的从中国舆论阵地上扫除了。这样，这个谈话为中共十四大的决定扫除了思想上和政治上的障碍，奠定了最坚实的政治基础和最广泛的群众基础。当然，邓小平南方谈话之所以能够发生这样伟大的历史作用，从根本上来说，在于反映改革开放的潮流和人民的根本愿望。

在上述纲领的指引下，这期间我国社会主义市场经济体制已经初步建立。其主要标志是，以社会主义公有制为主体多种所有制共同发展的格局、现代企业制度、市场体系和宏观调控体系以及对改革开放的总体格局均已初步形成。②

（4）制度趋向完善阶段的改革纲领及其实施（2001~2011年）。1997年中共十五大提出，从现在起到2010年这个时期，建立比较完善的社会主义市场经济体制。③ 2002年，中共十六大进一步提出，本世纪头二十年改革的主要任务是，完善社会主义市场经济的经济体制。④ 2003年中共十六届三中全会做出了《中共中央关于完善社会主义市场经济体制若干问题的决定》（以下简称 《决定》）。《决定》提出完善社会主义市场经济体制的主要任务是："完善公有制为主体、多种所有制共同发展的基本经济制度，建立有利于逐步改变城乡二元经济结构的体制，形成区域经济协调发展的机制，建设统一开放竞争有序的现代市场体系，完善宏观调控体系、行政管理体制和经济法律制度，健全就业收入分配和社会保障制度，建立促进经济社会可持续发展的机制。"在谈到改革的指导思想和原则时，首次明确提出"坚持以人为本，树立全面、协调、可持续的发展观，促进经济、社会和人的全面发展。"⑤ 这里虽然没有明确提出科学发展观的概念，但却包含了科学发展观的基本内涵。这些可以看做是这个阶段完善社会主义市场经济体制的改革纲领。这样，只要把这个纲领同前三个阶段的改革纲领做一下比较，就可以清楚地看到，它体现了完善社会主义市场经济体制的这个特点。这个特点不仅是1978年以来改革经验的科学总结，而且还反映了改革已经取得的进展不能满足

①《邓小平文选》第三卷，人民出版社1993年版，第370~375页。
② 汪海波等：《中国现代产业经济史》（1949年10月~2009年）（第二版），山西经济出版社2010年版，第415~465页。
③《中国共产党第十五次全国代表大会文件汇编》，人民出版社1997年版，第20页。
④《中国共产党第十六次全国代表大会文件汇编》，人民出版社2002年版，第20页。
⑤《中共中央关于完善社会主义市场经济体制若干问题的决定》，人民出版社2003年版，第12~13页。

我国经济社会发展的迫切需要。

在这个纲领指导下，这个阶段改革持续发展。主要是：国有经济改革和农村综合改革不断深化，非公有制经济继续发展，使基本经济制度进一步完善；现代市场体系和宏观调控体系不断健全；开放型经济达到新水平，使社会主义市场经济体制趋于完善。①

（5）全面深化改革阶段的纲领及其实施（2013~2020 年）。2013 年 11 月中共十八届三中全会在《中共中央关于全面深化改革若干重大问题的决定》中提出："全面深化改革的总目标是完善和发展中国特色社会主义制度，推进国家治理体系和治理能力现代化。"并围绕深化经济体制改革、政治体制改革、文化体制改革、社会体制改革、生态文明体制改革和中共建设制度改革这六个重要方面，分别提出了它们各自领域的奋斗目标。"到 2020 年，在重要领域和关键环节改革上取得决定性的成果，完成本决定提出的改革任务，形成系统完备、科学规划、运行有效的制度体系，使各方面制度更加成熟更加定型。"② 这可以看做是这个阶段的改革纲领。

这个纲领提出的改革总目标与前四个阶段的改革纲领相比较，其总体特点有以下几点，一是全面，二是深化，三是整体。全面：就是不只是完善和发展社会主义市场经济体制，而是首次提出内涵更为广泛的完善和发展中国特色社会主义制度，并增加了推进国家治理体系和治理能力的现代化，而且囊括上述六个重要领域的改革。深化：就是每个重要领域的改革都推出了进一步发展的目标。以经济体制改革为例，其主要表现就是把市场在资源配置方面的基础作用提升为决定性作用；把公有制经济与非公有制经济一起提升为都是社会主义市场经济的重要组成部分，都是我国经济社会发展的重要基础；在开放方面提出了要构建开放型经济新体制。整体：从总体改革来说，就是以经济体制改革为重心，发挥经济体制的牵引作用，带动其他五个重要领域的改革，使整个改革成为一个系统的相互协同的整体。就每个重要领域的改革来说，也是如此。仍以经济体制改革为例，经济体制改革的核心问题是处理好政府和市场的关系，使市场在资源配置中起决

---

① 汪海波等：《中国现代产业经济史》（1949 年 9 月~2009 年）（第二版），山西经济出版社 2010 年版，第 415~454 页；《十八大报告辅导读本》，人民出版社 2012 年版，第 3 页。

② 《中共中央关于全面深化改革若干重大问题的决定》，《中共中央关于全面深化改革若干重大问题的决定辅导读本》，人民出版社 2013 年版，第 3~7 页。

定性作用和更好地发挥政府作用。围绕这个核心，在坚持和完善基本经济制度，加快完善现代市场体系，转变政府职能，深化财税体制改革，健全城乡发展一体化体制机制和构建开放型经济体制这六个关键环节上也做了密切相关的部署，使坚持和完善社会主义市场体制也成为一个系统的、相互协同的整体。

从根本上来说，这个纲领的提出是立足于我国仍将长期处于社会主义初级阶段。正是这个基本国情决定了必须长期坚持党在这个阶段的基本路线。这就意味着必须继续以经济建设为中心，以经济体制改革作为推动经济发展的根本动力，不断解放和发展生产力。

但这个纲领又反映了我国社会主义初级阶段长期发展过程中的阶段性特征。就国内来说，尽管改革以来我国经济社会发展已经取得了举世瞩目的伟大成就，但在这方面又面临着一系列突出的矛盾。诸如发展中不平衡、不协调、不可持续的问题仍然突出，科技创新能力仍然不强，产业结构失衡和生产增长方式粗放仍然存在，城乡和区域经济发展与居民收入的差距仍然较大，环境污染严重，社会事业发展仍然严重滞后，部分政府官员和国企高管的贪污腐败趋于严重等。就对外开放来说，尽管改革以来，我国在对外开放方面也取得了巨大成就，但在这方面也面临着趋于严重的不可持续的问题。其一，新世纪以来，特别是 2008 年爆发国际金融危机以来，国际产业分工的态势发生了重要变化。由于受到制造业整体成本上升的影响，作为低端产业的劳动密集型企业迅速向制造业综合成本较低的低收入国家转移。其二，经济发达国家纷纷推出"再工业化"的战略，一些高端产业又向发达国家本土回流。其三，服务业的外包和投资已成为国际分工的热点。我国原来是依靠制造业综合成本低的优势打开国际市场的，在对外经济联系中主要也是集中在这一方面，但我国已经步入中等偏上收入国家的行列，这样，主要依托制造业低成本优势拓展国际市场的优势，就难以为继了。上述情况的发生同我国处于社会主义初级阶段是有联系的，但已有改革不全面、不到位、不协调，也是一个重要原因。这样，提出一个全面的、深化的、整体的改革纲领，就十分必要了。

而且，改革以来也为实行这个纲领创造了物质基础、群众基础和经验基础。显然，没有改革以来社会生产力的巨大发展创造的雄厚的物质基础，要实现这个纲领是不可能的。而且改革以来，人民从改革中得到实实在在的好处，因此这个纲领从根本上反映了人民的利益诉求，具有广泛的群众基础。改革以来又积累了丰富的改革经验。正如中共十八届三中全会所做的精辟概括："最重要的是，坚持党的领导，贯彻党的基本路线，不走封闭僵化的老路，不走改旗易帜的邪路，坚定走中国特色社会主义道路，始终确保改革正确方向；坚持解放思想、实事求是、与时俱进、求真务实，一切从实际出发，总结国内成功做法，借鉴国外有益经验，勇于推进理论和实践创新；坚持以人为本，尊重人民主体地位，发挥群众首创精神，紧紧依靠人民推动改革，促进人的全面发展；坚持正确处理改革、发展、稳定关系，胆子要大、步子要稳，加强顶层设计和摸着石头过河相结合，整体推进和重点突破相促进，提高改革决策科学性，广泛凝聚共识，形成改革合力。"①

中共十八大以来，新的中央领导集体在改革方面已经展现了高超的政治智慧和巨大的改革勇气，具有"明知山有虎偏向虎山行"的大无畏精神，这是全面深化政策的极重要的条件。

诚然，当前我国深化改革也面临着严重困难。

第一，我国经济体制改革是史无前例的最困难的改革。即以可比性较强的资本主义经济体制改革而言，它不仅是在保持资本主义基本经济制度的前提下进行的，而且是在保持市场调节作为资源的主要配置方式的前提下进行的，所改变的只是自由放任的市场经济到有国家干预的市场经济。而我国的经济体制改革虽然也是在基本上保留社会主义基本经济制度的前提下进行的，但在所有制方面也有部分的改革，由单一的社会主义公有制转变为以公有制为主体的多种所有制。在经济体制方面则是要实行由计划经济体制到社会主义市场经济体制的根本转变，这是一种脱胎换骨的改造，其困难比原来的预想要大得多，在我国改革由易到难进入深水区的时候，这种困难就更加凸显出来。同时，与资本主义国家经济体制相比较，我国经济改革还有一个更大的困难。诚然，这两种改革都是各制度的自我完善，这一点是相同的。但在前者那里，不会导致资本主义经济制度的根本改变，不会自发地转变成社会主义制度。而我国的经济改革则不一样。我国的经济改革是要实现社会主义基本经济制度与市场经济的结合，是要建立社会主义的市场经济。因此，如果把市场经济等同于资本主义是完全错误的。在这方面，邓小

①《中共中央关于全面深化改革若干重大问题的决定》，《中共中央关于全面深化改革若干重大问题的决定辅导读本》，人民出版社 2013 年版，第 6~7 页。

平生前多次做过批判，无疑是完全正确的。但同时必须清醒看到，就是抽象了与市场经济相结合的基本经济制度的性质不说，就市场经济一般而言，其固有局限性之一，就是必然导致收入水平的差别。显然，作为客观存在的市场经济基本规律的价值规律的作用，必然导致生产经营好的企业收入水平高，生产经营差的企业收入水平低，进而就会由这种收入水平的差别导致以财产占有差别为基础的贫富差别。从这种意义上说，市场经济本身具有自发的形成贫富差别的倾向。这还只是就市场经济本身的局限性来说的，如果再联系到我国转轨时期存在的各种复杂的社会经济矛盾，那情况还要严重得多。一个发展中的社会主义国家，贫富差距达到如此严重的程度，确实到了不能不给予高度重视的时候了。这样，我国经济改革面临着一个极大难题，就是既要发展市场经济，又要遏制其自发的形成贫富差别的倾向。但如果像有的学者那样，认为市场取向改革必然导致资本主义，那也是根本错误的。因为这种观点完全忽略了我国经济改革赖以进行的根本的政治经济前提，即必须坚持社会主义的基本政治制度（主要是中国共产党领导）和基本经济制度（社会主义公有制占主要地位）。实际上，中国社会主义经济制度就是中国共产党领导全国各族人民在推翻帝国主义、封建主义和官僚资本主义的统治以后，经过建立新民主主义社会、再经过社会主义改造建立起来的。既然社会主义经济制度的建立能做到这样，为什么在坚持社会主义的基本政治制度的前提下进行改革，社会主义制度不能巩固呢？这当然不是说，政治是可以决定经济的。中国共产党已经和必将做这一点，从根本上来说，在于它适应了作为历史唯物主义基本规律的生产力决定生产关系以及人民群众是社会发展决定力量的要求。

第二，我国经济改革是在社会主义初级阶段进行的。这个阶段既是我国经济发展的良好的战略机遇期，又是各种社会经济矛盾的多发期。前者为我国发展和改革创造了有利条件，而后者又成为阻碍我国发展和改革的不利条件。从根本上说，这种矛盾多发是由我国现阶段特有的社会经济矛盾的叠加引发的。这主要是封建主义遗毒（当前盛行的官本位，就是其突出表现）和资本主义侵蚀（当前盛行的权钱交易、股市和房市过度投机以及假冒伪劣产品等就是其突出表现）的叠加，以及计划经济体制弊病和市场经济局限性的叠加。

第三，我国经济改革是采取渐进的方式进行的。其极大优点在于：有利于避免改革的重大失误，保持社会稳定和改革的顺利进行。但像任何事物一样，它也具有二重性。其消极作用之一，就是必然拉长改革的时间。再加上改革中会遇到各种难以预见的困难以及改革中的失误，就使改革时间拖得很长。这就必然形成计划和市场并存的局面，为滋生腐败和侵吞公有财产提供了温床。

第四，与改革初期相比，当前改革遇到的阻力也大大增强了。就思想阻力来说，改革初期仅只限于那些维护计划经济体制的人群。而当前由于改革中暴露的问题越来越多，越来越严重，在原来拥护改革的人群中，有的人转而对改革采取怀疑态度，甚至不赞成改革。就经济利益的阻力来说，有两种情况：一种是由改革深化引发的同计划经济体制相关的既得利益者的矛盾。这类情况在改革初期就是存在的，但改革深化会扩大这类人群。比如，即将实行的统一城市的医疗保险和养老保险（包括政府机关、事业单位、国有企业、非国有企业和城市居民等），特别是统一城乡的医疗保险和养老保险的改革，就很可能出现这种情况。另一种是由改革深化引发的同改革中新产生的既得利益者的矛盾。这里包括两类矛盾：一类是非对抗性矛盾。比如由于改革不到位形成的行业之间的收入水平的过大差别，以及国有企业高层管理人员与一般职工收入的过大差别。显然，伴随改革的深化，这类不合理的差别会趋于消失。但对上述几种人来说，改革是符合他们的根本利益的。所以，只要处理得当，矛盾是可以趋于缓解的。另一类是对抗性矛盾。比如，由计划体制和市场体制并存滋生的贪污腐败、侵吞国有资产以及其他采取非法手段而导致暴富的人群。而深化改革就是从制度上切断他们的财路。其阻力之大，不言而喻。

第五，从决策和实施层面来说，要处理各种难以想象的复杂矛盾。这不仅包括要处理好改革与发展和稳定的关系，也不仅要处理好改革各个领域和各个领域内部的各个方面的关系，而且还要处理好各类人群的利益关系。在利益主体多元化和改革对各类主体会发生不同影响的情况下，这是一件极其困难的事情。改革实践证明，改革的顺利实施是与改革的支持力成正比的关系，与其反对力成反比关系。所以，各项改革都要尽可能争取更多的支持者，尽可能减少反对者。从这方面来说，深化改革不仅需要巨大的勇气，而且需要高超的政治智慧和领导艺术。

可见，当前我国改革不仅面临着深水区，而且面临着攻坚期。但由于存在上述的物质基础、群众基础和经验基础，特别是领导方面的有利条件，这些困难又是完全可以克服的。低估这些困难或者过分渲染这些困难，都不符合实际。这里牢记中共十八大提出的坚定道路自信、理论自信、制度自信，是完全必要的。

全面深化改革纲领提出以后，尽管只有三年时间，但其施行已经取得了重大进展，并获得了显著成效（详见本书第三章）。可见，这个纲领真切地反映了我国经济社会发展规律的要求，反映了我国现阶段的客观实际，是一个科学的纲领。因此，完全可以预期，它必将成为 2020 年实现中国特色社会主义制度更加成熟更加定型目标的改革纲领，从根本上推动这期间实现全面建设小康社会的发展目标。

3. 经济体制改革的伟大成就

第一，社会主义市场经济体制已经初步建立并逐步趋向完善。其基本标志有二：一是公有经济占国内生产总值的比重由 1978 年近 100%下降到当前的 20%左右，而非公有制经济的占比由基本为零上升到 80%左右。但国有经济的主导作用不仅没有削弱，而且得到进一步加强。这表明作为社会主义初级阶段的基本经济制度的框架整体形成。二是作为市场经济核心的价格机制已经在产品市场确立了主体地位。2012 年，在社会消费品零售总额、农副产品收购总额和生产资料销售总额中，市场调节价的占比就已达到了 98%以上。[1] 在要素市场的各个领域也在不同程度上实现了市场化。

第二，改革促进了我国经济持续高速、趋于稳定和效益提高的发展。1979~2015 年，我国国内生产总值年均增速达到了 9.7%，比之前的 1958~1978 年提高了 4.3 个百分点；经济周期实现了由改革前的超强波周期（波峰年和波谷年的经济增速落差在 20 个百分点以上）和强波周期（落差在 10 个百分点以上）到中波周期（落差在 5 个百分点以上）再到微波周期（落差在 1 个百分点左右）的转变（详见本书第三章）；社会劳动生产率年均增速由 1958~1978 年的 2.8%提高到 7.7%。

第三，改革促进了我国人民生活的显著提高。1979~2015 年，我国居民消费水平年均增速达到了 7.9%（比 1958~1978 年提高了 6.2 个百分点）。[2]

---

[1]《中共中央关于全面深化改革若干重大问题的决定辅导读本》，人民出版社 2013 年版，第 79~80、85、102 页。

[2]《新中国统计资料六十年汇编》和《中国统计年鉴》(2015)，中国统计出版社 2015 年版；国家统计局网，2015 年 2 月 27 日。

第四，改革还促进了我国经济大国地位的确立，并向经济强国迈进。2010年，我国经济总量占世界经济总量比重上升到 9.2%，居世界位次已由 1978 年的第 10 位跃升到第 2 位；2015 年增长到 14.4%，[①]加强了这种地位。

总之，改革大大加快了我国社会主义现代化建设和全面建设小康社会的进程，大大提升了我国国际经济地位。这是在由邓小平理论开创的中国特色社会主义理论指导下取得的伟大胜利。完全可以相信，只要继续沿着中国特色社会主义理论指引的道路前进，中国社会主义现代化建设事业就一定能够取得完全胜利！

①《经济参考报》2016 年 5 月 16 日。

第三章 中国经济发展动力切换和形成

　　根据学者对经济发展动力的研究结果，以及中国当前实践，选择内需释放、科技创新、人力资源、制度创新、新型开放、产业升级、区域空间、城乡融合、宏观调控、金融改革 10 个中国经济潜在发展动力，运用灰色关联分析法，计算这些动力与经济发展之间的关联度。研究表明，内需释放、金融改革、投资和人力资源与经济发展之间的灰色关联度均超过 0.75，表明这是近年来中国经济发展的最主要推动力；区域空间、科技创新、新型开放与经济发展的灰色关联度介于 0.6~0.7 之间，是中国经济发展的主要推动力；而宏观调控、城乡融合、净出口、产业升级、制度创新与经济发展的灰色关联度均小于 0.6，是中国经济发展的重要推动力。可据此调整相关经济发展动力的重要程度，促进中国经济转型升级。

一、经济发展动力的国际经验

（一）欧美发达经济体的经验

　　第一次工业革命以来，以英国和美国为代表的欧美经济体都经历过繁荣、衰退、萧条和复苏的经济周期，也能在关键时刻抓住历史机遇，找到经济发展的动力，使经济保持在较高的发展水平。研究欧美发达经济体的经济发展历程，分析不同经济发展动力理论在特定经济发展阶段的实践，借鉴不同国家解决经济发展动力问题的经验，对于我们解决新常态背景下经济发展动力问题具有重要意义。

　　英国是世界经济强国之一，国内生产总值在西方国家居于前列。20 世纪末英国曾出现过经济衰退问题，但是自 1992~2007 年，英国实现了本国历史上最辉煌的增长，2007 年国内生产总值达到 29613 亿美元，甚至高于现在的经济发展水平，对这一阶段英国的经济发展动力进行研究具有独特价值。胡云超 (2006)[①]运用经济增长归因分析模型构建新经济增长理论的分析框架，围绕决定经济增长的核心要素"劳动生产率"的演变趋势，分角度考察了 30 年时间内英国经济增长的动力因素，得出以下结论：首先，英国经济增长的核心动力在于提升劳动生产率。30 年间，英国每年生产率增加达到 3.2%，成为英国经济在竞争中占据优势的重要因素。其次，物质资本深化是生产率增加的主要推动因素。20 世纪 70 年代至 20 世纪末，55% 的生产率增长份额由其物质资本深化贡献，20 世纪末期甚至高达 73%。最后，人力资本的深化对生产率增长的促进作用愈加明显。由于教育水平相对于其他发达国家较低，人力资源深化在促进生产率增长方面的作用将不断凸显。

美国是当今世界头号强国，经济发展水平也遥遥领先。但在特定的经济发展阶段，也曾面临诸多问题，受到经济发展动力问题困扰。美国是当前对于经济政策探索最多的国家之一，美国总统曾推出过很多解决经济问题的方案，如罗斯福、里根和奥巴马等，甚至形成了独特的"总统经济学"。因此，研究特定阶段美国经济发展动力问题具有重要参考价值，本书视角将对准美国经济起飞和 2008 年次贷危机后两个特定阶段。关于起飞阶段的研究中，蒲晓晔和赵守国 (2011)[②] 提出，现阶段的中国与美国 19 世纪末到 20 世纪初的经济增长规模和发展势态类似，并剖析了当时美国的动力结构特征，认为美国经济有三大动力。第一，经济增长的核心动力是投资。1860~1900 年间，不断增长的投资需求，极大地促进了美国的经济增长，工业投资额增加了 9 倍，相对应地，工业制成品的价值增长了 7 倍。19 世纪后 30 年，投资占 GDP 的比重持续增长，一度接近 30%。第二，经济快速增长的重要推动力在于对外贸易。1790~1914 年间，美国进出口贸易一直保持稳定的增长，美国经济从对外贸易中攫取到了分工与专业化生产的利益。统一后的南北市场，大大促进了美国市场的交易规模，拓展了美国和大西洋沿岸各国的贸易。对外贸易成为美国经济起飞阶段平稳增长的重要推动力。第

---

① 胡云超：《英国经济增长动力解析》，《欧洲研究》2006 年第 4 期。
② 蒲晓晔、赵守国：《经济增长动力变迁的国际比较及对中国的启示》，《经济问题》2011 年第 1 期。

三，经济增长的关键在于消费。在美国，民间消费是美国经济增长的关键，个人消费平均比重和贡献率均为70%上下（美国劳工部消费支出调查）。关于危机后经济动力的研究中，包明友和苏亮瑜（2009）[1]提出，私人投资中存货和私人消费支出的变动，促使美国经济摆脱衰退并逐步进入复苏。因而，存货和私人消费支出将成为美国经济可持续性的重要制约因素。封超年（2003）[2]提出，20世纪90年代以来，美国完成了产业结构的战略性调整，其支柱产业是以电子信息技术为代表的高新技术产业。高科技产业的利润率较高，美国依靠创新控制了这一产业，因而，国际产业转移与分工，是根据美国的利益诉求而演变的，美国从中获取了大量的利益。

（二）亚洲国家的经验

中国和日本、韩国同处东亚地区，具有相近的工业化发展模式和产业趋同的特点，三个国家都是第二次世界大战结束之后开始国家经济建设的，并且都在世界经济浪潮中成为了佼佼者，三国经济发展值得相互借鉴和学习。

第二次世界大战后，日本经济如过山车般，既取得过巨大的成功，也经历过惨痛的下滑。1955~1973年近20年间，日本经济保持年均增长9.2%的纪录，1968年成为仅次于美国的世界第二经济大国，堪称世界经济增长史上的奇迹。然而好景不长，从1974年开始，日本的经济出现了明显的下滑，1974~1991年，日本的经济年均增长率仅仅有3.7%，明显低于高速增长时期。1992~2015年，日本经济经历了"失去的20年"，年均经济增长率甚至降到1%以下。蒲晓晔和赵守国（2011）[3]对20世纪90年代之前日本的经济发展动力结构进行研究，认为投资是驱动经济持续增长的主要动力，对外贸易的迅速增长也促进经济快速发展。朱品润（2013）[4]对日本20世纪80年代之前的发展状况进行研究，提出这段时期的合理投资、提高劳动力就业、增加技术创新以及提高效率是日本经济快速发展，成功跨越"中等收入陷阱"，成为高等收入国家的主要原因。近年来，

---

① 包明友、苏亮瑜：《未来美国经济增长动力分析》，《中国货币市场》2009年第10期。

② 封超年：《以创新为灵魂　不断增强经济发展动力源——美国科技政策与实践给我们的启示》，《扬州大学学报》（高教研究版）2003年第1期。

③ 蒲晓晔、赵守国：《经济增长动力变迁的国际比较及对中国的启示》，《经济问题》2011年第1期。

④ 朱品润：《从经济增长的角度看中国如何跨越中等收入陷阱——基于日本经验分析》，《经营管理者》2013年第7期。

"安倍经济学"大行其道，主要提出利用大胆而宽松的货币政策、积极而灵活的财政政策以及旨在刺激私人部门投资的经济增长战略，来对抗经济持续低迷的现状，然而财政负担过重和通缩等问题并没有明显改善，结果差强人意。高海红和陈思翀（2013）① 认为，将货币和财政政策形成的良好预期，转化为具体的经济行为，是安倍经济学经济增长的战略关键。提高经济全要素生产率和劳动投入，有效化解企业部门的过度储蓄从而解决需求不足等方面的问题，是安倍政府面临的棘手问题，也是安倍经济学成败的关键。金京淑和马学礼（2015）② 对支撑日本经济增长的资本、劳动力和技术三要素进行分析，提出日本在资本和技术方面是具有优势的，人口老龄化问题严重造成经济发展动力不足，如何解决劳动力问题是安倍经济学成败的关键。张季风（2015）③ 在研究日本经济增长动力与潜质的过程中也同样提出，从现实来看，资本、技术和劳动力，作为拉动经济增长的三要素，尚处于良好状态，但是前景不容乐观，安倍政府必须面对并解决人口老龄化、财政债务负担等长期性问题。

韩国是"汉江奇迹"的缔造者，"亚洲四小龙"之一，经济社会发展水平都处于世界前列，是 OECD 高收入国家群体中的一员。20 世纪 60 年代至 80 年代，年均 GDP 增长率高达 8.9%，其发展经验被誉为"东亚模式"。经济起步时同为贫穷的农业国，经济水平极其落后，之后步入经济增长快车道，这是中韩两国经济发展过程中的相似之处。韩国已经跨越了"中等收入陷阱"，而我国尚处在经济转型发展的关键阶段，韩国的经济发展历程对我国具有重要的借鉴意义。吴兆威（1996）④ 认为经济科技一体化、高人力资本投入、发扬协作和创新精神等使经济科技动力成为促使韩国崛起的重要驱动力。朱灏（2007）⑤ 提出韩国经济发展的原动力经历了进口替代、出口导向，而后转向出口和内需联合驱动。在出口导向型经济发展中，产业主导又具体经历了劳动密集型、资本密集型和技术密集

---

① 高海红、陈思翀：《安倍经济学经济增长战略的目标、内容和评价》，《国际经济评论》2013 年第 5 期。

② 金京淑、马学礼：《人口老龄化困境中的"安倍经济学"——兼评日本经济增长的前景》，《现代日本经济》2015 年第 3 期。

③ 张季风：《日本经济增长动力与潜质分析》，《人民论坛》2015 年第 26 期。

④ 吴兆威：《韩国经济科技关系的演进与启示》，《南方经济》1996 年第 8 期。

⑤ 朱灏：《韩国经济的复苏及其启示》，《亚太经济》2007 年第 5 期。

型三个产业升级的阶段。姬超 (2013)[①] 运用随机前沿模型对要素进行分解分析，证实了经济增长对物质资本的依赖程度，会随经济发展水平的提高而逐渐下降，而对人力资本和劳动技能提升的依赖有所加强。经济起步阶段，韩国充分考虑国内的劣势，即市场狭小、资源短缺，利用劳动力相对丰富的比较优势，承接世界第一次产业转移，快速发展了劳动密集型产业。20 世纪 70 年代，世界第二次产业转移过程中，韩国用资本要素承接了资本密集型行业，提高了产业梯度。20 世纪 80 年代到 90 年代，韩国通过研发投入提高技术水平，发展了技术密集型产业，逐渐淘汰本国落后产业。劳动—资本—技术三种经济动力的有序切换，使其在经济发展过程中动力十足。朴馥永和黄阳华 (2013)[②] 提出以低油价、低利率和低韩元构成的"三大时代红利"、居民高消费和出口成为经济快速发展并跨越"中等收入陷阱"的三大动力。同时，自主研发 (R&D)、进口资本品积累先进技术和 FDI 的技术转移带来的生产率快速增长是这一时期韩国跳出"中等收入陷阱"的重要动力。

(三) "金砖"国家的经验

2001 年，美国高盛公司首席经济师吉姆·奥尼尔首次提出"金砖四国" (BRIC) 这一概念，其包括俄罗斯 (Russia)、中国 (China)、巴西 (Brazil) 和印度 (India)，2010 年南非 (South Africa) 加入后成为"金砖五国" (BRICS)。"金砖国家"作为新兴经济体的代表，经济发展过程中存在很多的相似点，研究这些国家经济发展历程，有利于我们吸取其中的经验教训，为我国解决经济发展动力问题提供有益参考。

俄罗斯是"金砖国家"代表，苏联解体之后，俄罗斯的经济一蹶不振，国内经济连年的负增长。然而从 1999 年开始，俄罗斯的经济开始恢复增长，历经 10 年，GDP 年平均增速在 7%左右。俄罗斯成为世界上增长最快的国家之一。叶夫根尼·雅辛 (2003) 认为丰富的自然资源、缓解的劳动压力、更新的固定资产、

---

① 姬超：《韩国经济增长与转型过程及其启示：1961~2011 年——基于随机前沿模型的要素贡献分解分析》，《国际经贸探索》2013 年第 12 期。

② 朴馥永、黄阳华：《以经济转型跨越"中等收入陷阱"——来自韩国的经验》，《经济社会体制比较》2013 年第 1 期。

充足的人力资源和潜在的创新能力是俄罗斯经济增长的动力所在。李新（2003）[①]提出俄罗斯经济增长的内生因素在增加，拉动 GDP 增长的主要因素是国内需求，是工农业生产和对消费品需求的增加。俄罗斯能源出口、普京所推行的强权政治和经济战略以及制度转型是国际社会对俄罗斯经济持续增长的三种解释。胡键（2006）[②]提出俄罗斯经济有快速经济增长和经济增长两种区分，俄罗斯的经济快速增长得益于能源出口和国际能源价格持续上涨，但是，俄罗斯经济增长的内生性因素是制度，在制度变迁走上理性的轨迹以后，俄罗斯经济增长的势头是客观存在的，能源则加速了经济的增长幅度。戚文海（2008）[③]对梅德韦杰夫时期俄罗斯创新型经济发展模式进行判断，俄罗斯经济发展模式选择的资源依据在于科技资源与人力资本，这也正是未来俄罗斯崛起或发展的重要依据。正在由军用转向民用的高精尖技术为俄罗斯提供了以高技术推动经济发展的无与伦比的动力。邢国繁和张曙霄（2012）[④]认为，经济增长对外部市场的严重依赖，造成俄罗斯经济走势出现逆转，当国际原材料价格迅速下跌时，没有替代承接产业填补价格调整后所造成的损失。国际货币基金组织（IMF）常驻俄罗斯代表比卡斯·乔希（2013）表示，"最近十年所采用的模式是基于在石油价格上涨条件下利用未被使用的生产能力，它不再有效"。俄罗斯副总理阿尔卡季·德沃尔科维奇（2013）也认为，国家投资大型项目和扶持中小型企业，只能支持几个月的经济增长，从长远来看，发展俄罗斯经济除现代化改造外，别无他路可走。要推行"新的增长方式"，即以创新经济推动经济发展和以现代化为基础的经济发展模式。田春生（2014）[⑤]提出 2008 年金融危机之后，俄罗斯经济开始缓慢复苏，然而近年来拉动经济增长的"三驾马车"却开始乏力。首先，外贸方面能源出口有所下降，原油出口数量与价格均有所下滑；其次，固定资产投资下滑明显；最后，投资需求减弱及内需下降，成为导致俄罗斯工业生产陷于停滞状态的主要原因。郭晓琼（2014）[⑥]从供给和需求两个角度分析了俄罗斯经济增长的动力：从需求方面看，

① 李新：《俄罗斯 10 年经济转轨：结果、趋势与启示》，《财经研究》2003 年第 4 期。
② 胡键：《俄罗斯经济增长的动力分析》，《东北亚论坛》2006 年第 5 期。
③ 戚文海：《对梅德韦杰夫时期俄罗斯经济发展模式的分析与预测》，《俄罗斯中亚东欧市场》2008 年第 9 期。
④ 邢国繁、张曙霄：《资源禀赋、创新经济与俄罗斯未来》，《东北亚论坛》2012 年第 3 期。
⑤ 田春生：《关于俄罗斯经济增长的分析》，《学海》2014 年第 3 期。
⑥ 郭晓琼：《俄罗斯经济增长动力与未来发展道路》，《俄罗斯研究》2014 年第 4 期。

内需对经济增长具有很强的拉动力，内需规模的重要决定因素是"出口收入"；从供给方面看，出生率低下和人口老龄化使劳动力对经济的拉动作用不强，资本对经济增长的拉动力相对稳定，而真正由技术进步、管理水平提高和制度改善等因素带来的增长非常有限。在未来发展中，俄罗斯将告别"能源之路"，走上能够激发其经济发展潜力的"创新之路"。

　　印度是世界上发展最快的国家之一，经济增长速度引人注目。中印两国的经济增长速度相近，同样是世界人口大国，但是增长动力却有所不同，印度经济增长模式在世界经济史上是一朵奇葩，对我国有重要借鉴意义。唐鹏琪（2005）[1]提出印度的经济增长动力与中国具有许多不同之处。首先，人力资本、信息技术知识和英语语言环境，共同造就了印度发达的服务业；其次，信息产业使印度积极地抓住新一轮全球化所带来的机遇，业务外包产业促进了就业、开发了人力资源，形成了低投资、低成本的增长模式；再次，焕然一新的经济增长模式，成就了低成本、高效率的经济增长；最后，政府推行的经济自由化和全球化的改革，使印度的私营企业得到蓬勃发展。康红刚等（2008）[2]认为经济增长是一个多因素综合作用的动态过程。20世纪90年代以来，制度变革推动了印度经济持续快速增长，此后又依靠低储蓄率、低投资率而持续增长。虽然影响印度经济增长的因素相当复杂，但总的来说，目前其经济增长仍是生产力、生产关系和上层建筑相互作用的结果。第一，资本形成是经济持续增长的主要动力。第二，人力资源推动经济增长。第三，技术进步在经济增长中发挥决定性作用尚需时日。第四，经济结构演进对经济增长起长期推动作用。殷永林（2010）[3]分析了印度经济持续快速增长的动力因素，提出经济制度变革是首要动力，资本形成增加发挥了重要的保障和支撑作用，国内私人消费不断增长贡献很大，技术进步起到了显著作用，人力资源开发具有重要推动作用，产业结构的调整和优化以及近年来制造业和农业的较快增长产生了积极作用。齐明珠（2013）[4]采用历史增长核算法，将经济增长分解为三个贡献要素，即劳动年龄人口规模的增长、劳动生产率的增长及劳动力利用效率的增长，结果表明中国经济增长的最主要动力是劳动生产率的

　　① 唐鹏琪：《浅析印度经济增长的动力》，《南亚研究季刊》2005年第2期。
　　② 康红刚等：《印度经济增长与人口规模相关性分析》，《全国商情（经济理论研究）》2008年第4期。
　　③ 殷永林：《印度经济持续快速增长的动力因素分析》，《东南亚南亚研究》2010年第1期。
　　④ 齐明珠：《人口变化与经济增长：中国与印度的比较研究》，《人口研究》2013年第3期。

提升，而印度经济增长的主要动力是劳动生产率的提升和劳动年龄人口增长。郭可为（2013）①从内部环境和外部环境出发，提出了印度经济增长动力仍然充足的理论。从内部环境看，首先，资本积累快速增长阶段，IT行业、金融服务业等朝阳产业在全球的优势地位十分明显；其次，其人口总量及结构仍具有很大优势，高科技人才储备丰富；最后，印度的消费市场规模日益庞大，消费意愿和能力也不断增强。从外部环境看，全球经济复苏仍是主基调，发达经济体复苏加快也为新兴经济体提供了一个相对良好的外部经济环境。这些因素在短期内不会消失或明显减弱，将继续推动印度经济增长。

综上所述，不论是西方发达国家还是发展中国家，不论是传统的经济大国还是新兴的经济体，不论是资本主义国家还是社会主义国家，在经济社会发展的过程中都会经历经济动力不足、经济发展衰退的现象，不同的国家会采用不同的经济理论应对不同时期的经济问题。总的来看，大体上分为三类经济理论，即要素投入理论、创新发展理论和制度变革理论。不同的国家都会依据各自的国情选择适合自己的理论。在这个过程中，我们的研究一定程度上忽略了理论的转换问题，不同的国家在选择新的经济增长理论时往往是有一定的国情依据的，从旧的理论转向新的理论，必然会涉及的一个关键问题就是经济动力的切换问题。我国当前正处于经济新常态的背景下，关于经济动力理论的研究也如雨后春笋般开始涌出，在这个过程中我们一方面要注重经济动力的形成研究，另一方面也应该注重经济动力的切换理论研究，将新常态背景下的发展动力切换和形成问题相统一。

二、中国经济发展动力的现状与识别

（一）经济发展动力的现状

近年来，中国的学者也从"中国经济增长动力"的主题出发做了大量的研

---

① 郭可为：《当前印度经济面临的风险与前景》，《国际研究参考》2013年第12期。

究。王小鲁（2000）[1]认为，资本形成加速是中国经济快速增长的重要动力，由制度变革引起的资源重新配置给经济增长带来了更大的贡献。若干深层体制改革和政策调整是中国今后经济保持中高速增长的重要保证。沈坤荣和李子联（2011）[2]认为工业化、城市化、市场化和经济国际化是自1978年中国市场化体制改革以来的"四大引擎"。要实现中国经济的可持续增长，就要突破资源环境、市场条件、资金资本、人才资本和体制机制等方面的条件约束，从产业结构的调整、市场竞争机制和资本市场的完善、人才计划的实施和体制机制的深化改革等方面进行政策制定，发掘经济增长的潜能和动力。胡乃武等（2010）[3]认为，中国的经济增长潜力在于产业结构优化、城镇化提升、区域发展协调、"人口红利"发挥、技术进步加快、民营经济发展、收入分配结构调整、制度变革等方面。靳涛（2011）[4]对新中国1949~2008年来的经济增长与制度变迁互动关系进行研究，认为中国要保持经济可持续发展，则必须进一步深化体制改革，完成从政府主导的市场经济向市场主导的市场经济过渡。

还有学者关注中国发展失衡和收入差距扩大等问题，提出许多挖掘、激发增长潜力与动力以实现中国经济可持续发展的理论，即包容性增长问题研究。孙翎（2010）[5]认为，包容性经济增长和发展的着力点是收入差距扩大引发的利益矛盾和冲突问题。任保平（2011）[6]研究了从包容性增长出发，通过深化改革实现经济增长转向以人为本。安宇宏（2010）[7]等分别从贫富差距、GDP崇拜、体制制约、机会不均等不同的角度分析制约包容性可持续发展的主要影响因素。周建军（2012）[8]从实现机会均等、坚持科学发展、破除GDP崇拜、提升人力资源、理顺分配机制、完善制度保障、增强政策引导等方面论述了践行包容性发展路径。

① 王小鲁：《中国经济增长的可持续性与制度变革》，《经济研究》2000年第7期。
② 沈坤荣、李子联：《中国经济增长的动力与约束》，《经济学动态》2011年第1期。
③ 胡乃武等：《中国经济增长潜力分析》，《经济纵横》2010年第10期。
④ 靳涛：《中国经济增长与制度变迁的互动关系研究——基于新中国60年经济发展经验的视角》，《厦门大学学报》（哲学社会科学版）2011年第4期。
⑤ 孙翎：《包容性增长与基本社会保障均等化》，《光明日报》2010年10月19日。
⑥ 任保平：《包容性增长的特征及其后改革时代中国的实践取向》，《西北大学学报》（哲学社会科学版）2011年第2期。
⑦ 安宇宏：《包容性增长》，《宏观经济管理》2010年第10期。
⑧ 周建军：《从"华盛顿共识"到"包容性增长"：理解经济意识形态的新动向》，《马克思主义研究》2012年第3期。

近年来，依据经济新常态的基本特征要求，一部分学者开始从新常态中国可持续经济增长与包容性发展角度出发探讨经济增长动力问题。周小亮（2015）[①]依据经济系统演化趋势去探析中国经济增长动力和增长点的历史演变及其规律与特征，特别是将新经济增长理论和新制度经济学视域内技术与制度两个增长动力的关键性变量，以及可持续发展视域内的公平变量统一起来，去解读中国经济增长具有时代特征意义的动力系统和新增长点问题，从而为新常态中国可持续经济增长与包容性发展提供一个合理的理论解释。王一鸣（2015）[②]提出新常态的重要特征是新旧动力并存。旧的动力依然强大，需要继续发挥旧动力的作用，通过技术改造实现产业重组，通过创新让旧动力焕发青春。同时也要继续培育新的动力，来逐步替代传统动力的减弱。李稻葵（2015）[③]提出，增强新常态下的发展动力，必须采取有针对性的政策措施，努力打造新的经济增长点。目前，主要可以从深化基础设施建设领域改革、促进生产能力更新和绿色化、在扩大消费上继续加力着手。范玉波和张卫国（2015）[④]提出政府主导下的要素投入驱动的经济增长动力机制已经不可持续，中国经济的增长方式存在着结构性供给不足、政府在经济资源配置过程中的主导作用与微观领域的双轨制等多重特征。在新常态背景下，调整经济增长的动力机制，主要是改变经济增长的驱动要素与结构，更加注重对供给的管理、地方政府激励转型以及重构以双轨制为特征的微观基础，重新定位政府、市场与企业的关系，回归市场机制的决定性作用。胡家勇（2015）[⑤]提出新常态下中国经济增长的动力将发生根本性转换，居民消费、创新、民营部门和中西部地区将逐渐成为经济增长的重要驱动力。其中居民消费对经济增长的拉动作用明显上升，经济增长将转向创新驱动的轨道，民营经济部门将扮演更重要的角色，中西部地区生产要素将助力发展。姜国强（2015）[⑥]认为新常态下的中国经济增长之路需要依靠内需和外需协调拉动，需求与供给管理并重，工业化与城镇化融合发展和公共投资与私人投资共同促进。

---

① 周小亮：《新常态下中国经济增长动力转换：理论回溯与框架设计》，《学术月刊》2015 年第 9 期。

② 王一鸣：《把握历史机遇转变经济增长动力》，《联合时报》2015 年 11 月 27 日。

③ 李稻葵：《促进经济发展动力转向新增长点》，《人民日报》2015 年 4 月 16 日。

④ 范玉波、张卫国：《"新常态"下经济增长动力机制转型三重解析》，《经济问题探索》2015 年第 10 期。

⑤ 胡家勇：《推动经济发展向新动力转换》，《经济日报》2015 年 3 月 19 日。

⑥ 姜国强：《新常态下中国经济增长动力协同推进研究》，《现代经济探讨》2015 年第 12 期。

（二）经济发展动力的识别

1. 经济发展动力选择

根据学者的研究，影响经济发展动力的因素众多，本书梳理中国经济增长动力源，选取 10 个经济发展的动力源。作为拉动经济增长的"三驾马车"，消费、投资、净出口对经济发展的影响不言而喻。内生增长理论认为，科技创新对经济发展具有促进作用，Griliches（1964）[1] 和 Romer（1990）[2] 通过研究，证明 R&D 可以促进生产率的增长，也将加快经济增长，而中国的经济发展动力切换，其中最为核心的就是转为创新驱动。Solow（1957）[3] 经过测算，美国人均产出的增加量中的 12.5%源于人力素质的提高，这也得到了国内学者的验证（周晓艳和韩朝华，2009[4]），因而人力资源这一要素在经济发展中也起着重要的作用。制度的优劣，会对经济发展产生关键性影响（薛宏雨，2004[5]），制度创新将是经济发展的动力源之一。实行对外开放，利用国外优质资本、先进技术、管理经验等来发展中国经济，是中国经济不断增长的重要推动力（沈坤荣和耿强，2001[6]）。产业升级可以提高企业的竞争力（任小军，2011[7]），从而也能推动经济的发展。区域协调涉及经济、政治和文化等诸多因素，如若消除地方市场分割，建立统一市场，则将促进区域经济的发展（徐现祥和李郇，2005[8]）。城镇化为经济增长的要素提供集聚平台，对经济发展产生良好效果，因而也成为中国经济发展方式转变的重心（王国刚，2010[9]）。通过政府的宏观调控，保护资源、协调经济运行、弥补并矫正市场失灵、完善经济制度，对经济发展发挥着重要的作用（秦嗣

① Griliches Z. Research expenditures, education, and the aggregate production function. American Economic Review, 1964, 54（6）: 961-974.

② Romer P M. Endogenous technological change. Journal of Political Economy, 1990, 98（2）: 71-102.

③ Solow R M. Technical change and aggregate production function. American Economic Review, 1957, 39（3）: 312-320.

④ 周晓艳、韩朝华:《中国各地区生产效率与全要素生产率增长率分解（1990~2006 年）》,《南开经济研究》2009 年第 5 期。

⑤ 薛宏雨:《制度创新在经济增长中作用的测算》,《财经问题研究》2004 年第 9 期。

⑥ 沈坤荣、耿强:《外国直接投资、技术外溢与内生经济增长——中国数据的计量检验与实证分析》,《中国社会科学》2001 年第 5 期。

⑦ 任小军:《经济增长、产业升级与技术进步的互动机制》,《经济纵横》2011 年第 8 期。

⑧ 徐现祥、李郇:《市场一体化与区域协调发展》,《经济研究》2005 年第 12 期。

⑨ 王国刚:《城镇化: 中国经济发展方式转变的重心所在》,《经济研究》2010 年第 12 期。

毅，2003[①]）。不管是推进人民币国际化，还是建设信用体系，抑或发展金融市场，都会对经济发展起正向推动作用（汪祖杰等，2004[②]）。

2. 灰色关联分析方法

灰色关联分析法（GRA）是一种多因素分析方法，其通过比较统计序列的几何关系，来研究多因素关系的紧密程度，序列之间的曲线形状越接近，则二者之间的灰色关联度越大，反之则反之。其基本步骤为：

（1）计算序列的初值。令 X_i 为多因素，则其在序号为 k 的观测值为 $X_i = ((x_1), (x_2), \cdots, (x_k))$，从而可以求得：

$$X_i' = X_i/x_i = ((x_i'(1)), (x_i'(2)), \cdots, (x_i'(n)))$$

（2）计算差序列。

$$\Delta_i(k) = \left| x_0'(k) - x_i'(k) \right|$$

$$\Delta_i = (\Delta_i(1), \Delta_i(2), \cdots, \Delta_i(n))$$

（3）计算两级最小差与最大差。

$$m = \min_i \min_k \Delta_i(k)$$

$$M = \max_i \max_k \Delta_i(k)$$

（4）计算关联系数。

$$\gamma_{0i}(k) = \frac{m + \xi M}{\Delta_i(k) + \xi M}$$

$\xi \in (0, 1)$；$k = 1, 2, \cdots, n$；$i = 1, 2, \cdots, m$

（5）计算关联度。

$$\gamma_{0i} = \frac{1}{n} \sum_{k=1}^{n} \gamma_{0i}(k)$$

3. 变量及数据

选取中国经济发展动力源后，依照学者的研究，进一步选择可量化的替代指标（李富强等，2008[③]；杨琛等，2016[④]）。需要说明的是，替代创新制度的综合指标，是市场化的综合指标，其包括财政支出占 GDP 比重、非公比重、非国有

① 秦嗣毅：《政府宏观调控在经济发展中的作用》，《黑龙江社会科学》2003 年第 1 期。
② 汪祖杰等：《金融改革与经济发展高级学术研讨会综述》，《经济学动态》2004 年第 7 期。
③ 李富强等：《制度主导、要素贡献和我国经济增长动力的分类检验》，《经济研究》2008 年第 4 期。
④ 杨琛等：《"新常态"下中国经济发展动力强弱因素研究》，《经济问题探索》2016 年第 2 期。

经济在全社会固定资产总投资中的比重、非国有单位职工占城镇总职工的比重、利用外资占 GDP 的比重、专利受理与 GDP 比值（项/亿元）、专利授权与 GDP 比值（项/亿元）、出口占 GDP 比重、进口占 GDP 比重等（见表 3–1）。

表 3–1　中国经济发展动力源的选择

发展动力源	替代指标	单位
内需释放	消费	亿元
	投资	亿元
	净出口	亿元
科技创新	研究与试验发展经费支出	亿元
人力资源	人均 GDP	元
制度创新	综合指标	
新型开放	实际利用外商直接投资金额	万美元
产业升级	第三产业对 GDP 贡献率	%
区域空间	人均 GDP 标准差	
城乡融合	城镇化率	%
宏观调控	财政收入占 GDP 比重	%
金融改革	广义货币供应量 M2	亿元

资料来源：根据学者的研究综合而得。

本书选取 2001~2014 年相关数据进行分析，所有数据均来源于国家统计局，部分占比数据通过统计局的数据计算而来，制度创新通过主成分分析法综合得到（见表 3–2）。

4. 结果与分析

根据灰色关联分析方法，以及所选择的替代指标，计算综合关联度，得到如表 3–3 所示的中国经济发展动力灰色综合关联系数。

由表 3–3 可以看出，2001~2014 年中国经济发展的动力可以分为三个层次。

第一个层次包括内需释放、金融改革、投资和人力资源，这是中国经济发展的最主要推动力。近年来，政府多次提出要积极扩大内需，特别是消费需求，这已然成为中国经济发展的长期战略与基本立足点。2014 年，最终消费支出对国内生产总值增长贡献率高达 51.6%，拉动 3.8% 的 GDP 增长，足见消费需求对经济发展的推动作用。以广义货币供应量 M2 为代表的金融改革，在所选的 10 个

表 3-2　2001~2014 年经济发展动力替代指标

年份	GDP	内需释放	投资	净出口	科技创新	人力资源	制度创新	新型开放	产业升级	区域空间	城乡融合	宏观调控	金融改革
2001	110270.40	53591.41	70903.87	-14224.88	1042.49	8670.00	-1.81	4687800.00	49.10	6517.25	37.66	14.86	158301.90
2002	121002.00	69334.15	45859.76	5808.10	1287.64	9450.00	-1.30	5274300.00	46.60	7301.03	39.09	15.62	185006.97
2003	136564.60	48890.13	95048.96	-7374.49	1539.63	10600.00	-0.65	5350500.00	39.00	8279.37	40.53	15.90	221222.80
2004	160714.40	69107.19	98517.93	-6910.72	1966.33	12400.00	-0.27	6063000.00	40.90	9765.66	41.76	16.42	254107.00
2005	185895.80	102242.69	60044.34	23422.87	2449.97	14259.00	0.17	6032500.00	44.40	10947.93	42.99	17.03	298755.70
2006	217656.60	92286.40	92068.74	33083.80	3003.10	16602.00	0.39	6302100.00	46.10	12139.76	44.34	17.81	345577.90
2007	268019.40	122752.89	116320.42	28946.10	3710.24	20337.00	0.44	7476800.00	47.40	13672.50	45.89	19.15	403442.21
2008	316751.70	142538.27	165661.14	8552.30	4616.02	23912.00	0.34	9239500.00	46.30	14939.01	46.99	19.36	475166.60
2009	345629.20	196317.39	297241.11	-147929.30	5802.11	25963.00	0.07	9003300.00	44.00	15560.27	48.34	19.82	610224.50
2010	408903.00	189322.09	266604.76	-47023.85	7062.58	30567.00	0.22	10573500.00	39.20	17153.59	49.95	20.32	725851.80
2011	484123.50	304029.56	219792.07	-39698.13	8687.00	36018.00	0.46	11601100.00	44.30	18796.78	51.27	21.46	851590.90
2012	534123.00	301779.50	223263.41	9080.09	10298.41	39544.00	0.54	11171600.00	45.40	19739.49	52.57	21.95	974148.80
2013	588018.80	283425.06	318706.19	-14112.45	11846.60	43320.00	0.74	11758600.00	47.60	20974.74	53.73	21.97	1106524.98
2014	635910.00	328129.56	296969.97	10810.47	13015.63	46629.00	0.66	11956156.00	48.10	22080.56	54.77	22.07	1228374.81

资料来源：国家统计局，其中制度创新为综合指标。

表 3-3 中国经济发展动力灰色综合关联系数

排序	关联因子	灰色关联系数
1	内需释放	0.863
2	金融改革	0.825
3	投资	0.799
4	人力资源	0.751
5	区域空间	0.665
6	科技创新	0.621
7	新型开放	0.620
8	宏观调控	0.540
9	城乡融合	0.535
10	净出口	0.507
11	产业升级	0.505
12	制度创新	0.503

资料来源：根据前文方法及数据计算得到。

动力中对中国经济发展的推动作用处于第二位，这表明中国增加货币投放也会促进经济的发展。投资对经济发展的推动作用不言而喻，尤其是为应对 2008 年金融危机，政府推出刺激经济发展的"四万亿投资计划"，使 2009 年资本形成总额对国内生产总值增长贡献率达到 86% 的超高水平。即使到 2014 年，资本形成总额对国内生产总值增长贡献率也有 46.7%，拉动 3.4% 的 GDP 增长。丰富廉价的人力资源降低了企业的经营成本，是多年来中国商品参与国际竞争的重要资本，尤其是劳动力城乡流动的人力资源优化配置，更能促进中国经济发展。

第二个层次包括区域空间、科技创新、新型开放，这是中国经济发展的主要推动力。从地理区位和经济发展水平看，中国大致可分为东、中、西三大区域，这三大区域的协调发展，有助于缩小区域间的差距，从而促进中国经济的整体协调发展。经典的经济增长理论已经表明，技术进步是经济发展的核心动力，但这一核心动力在中国经济增长动力中的作用还不是特别突出。通过对外开放，吸收引进国外的资金、先进的管理与技术，是自改革开放以来中国发展经济的重要举措。据 2015 年《世界投资报告》显示，2014 年中国直接对外投资（FDI）流入 1290 亿美元，成为第一大外资流入地，加上香港地区流入的 1030 亿美元，合计流入 2320 亿美元，远远超过美国流入的 920 亿美元。同时，2014 年中国向外流出 1160 亿美元的 FDI，与香港地区的合计值为 2590 亿美元，仅次于美国向外流出的 3370 亿美元。

第三个层次包括宏观调控、城乡融合、净出口、产业升级、制度创新，这是中国经济发展的重要推动力。政府运用财政政策、货币政策、产业政策等，调节宏观经济，促进经济不断发展。城乡融合是中国经济发展的动力之一，2015 年中国的城镇化率达到 56.1%，越来越多的农村人口转变为城镇户口，为城镇企业提供了充裕的劳动力，也产生了越来越多的需求，从而需要更多的公共投资与私人投资。改革开放以来，国际贸易便成为中国经济发展的动力之一。尤其是 2001 年加入 WTO 后，更凸显改革开放对经济发展的推动作用。货物和服务净出口对国内生产总值增长贡献率在 2006 年为 15.2%，尽管遭遇 2008 年金融危机的剧烈冲击，近 5 年来该负面影响已经逐渐减小，2014 年货物和服务净出口对国内生产总值增长贡献率由负转正为 1.7%，拉动 0.1% 的 GDP 增长。产业升级对经济发展的动力作用表现为对固定资产投资需求的拉动。当前我国经济的增长仍以工业为主，在加强农业现代化和服务业现代化建设的同时，用现代科学技术改造传统产业，发展高新技术产业和战略性新兴产业，将有利于中国经济的进一步发展。制度创新对经济发展的作用主要表现在改变资源配置方式，从计划经济向市场经济的转变，从使市场在资源配置中起基础性作用到起决定性作用的创新，中国经济不仅在量上有较大飞跃，在质上也有很大提高。

纵观 2001~2014 年中国经济发展的历史数据，可以发现，消费、投资以及货币投放、劳动力仍然是经济增长的最主要动力，但仅仅是总量上的推动，诸如消费、投资和货币投放结构的合理性、劳动力素质的高低等方面的因素并未体现出来。区域空间的协调、科技创新、新型开放是中国经济发展的主要推动力，但区域空间的潜力尚未完全释放，科技创新的能力尚未完全展现，新型开放的拉力尚未完全突出。宏观调控、城乡融合、净出口、产业升级、制度创新是中国经济发展的重要动力，但宏观调控需进一步完善，城乡融合需进一步推进，产业升级需进一步推动，净出口需进一步扩大，制度创新需进一步实施。经济发展是多种动力综合运动的结果，需对中国原有经济发展动力进行切换，以期形成中国经济发展的新动力。

三、中国经济发展动力的切换和形成

（一）经济发展动力的切换

2015 年 11 月，在中央财经领导小组第十一次会议上，习近平同志提出"在适度扩大总需求的同时，着力加强供给侧结构性改革"，这为中国经济发展动力的切换提供了总体思路。因而，需要从需求侧、供给侧、结构侧这三个方面切换中国经济发展的动力。

1. 转型需求侧

消费、投资和出口是拉动经济增长的"三驾马车"，这在中国经济发展进程中曾起到重要的作用。但随着经济规模越来越大，仅仅依靠传统的消费、粗放的投资和廉价的出口，已然不能维持经济持续发展，因而需要转型需求侧。

首先，在消费层面，2015 年全国居民人均消费支出 15712 元，比上年增长 8.4%，其中食品烟酒、居住分别占 30.6%、21.8%，基本生活需求的消费支出已经下降至一半，换句话说，居民人均消费中有近一半的支出用于交通通信、教育文化娱乐、衣着、医疗保健等其他方面。非基本生活消费能力的不断提高，对传统的模仿型、排浪式消费提出巨大挑战。消费者在满足基本生活需求后，不再满足于"从众"式的消费，而更多追求消费的个性化与多样化。

其次，在投资层面，2015 年全年全社会固定资产投资 562000 亿元，比上年增长 9.8%，其中基础设施投资 101271 亿元，占固定资产投资（不含农户）比重为 18.4%，房地产开发投资 95979 亿元，占固定资产投资（不含农户）比重为 17.4%，而高技术产业投资仅有 32598 亿元，仅占固定资产投资（不含农户）的 5.9%。可以说，当前很大一部分投资依然投向传统产业。事实上，诸如钢铁、煤炭等传统产业，已经相对饱和甚至出现产能过剩，是需要进行并购重组以"瘦身"的产业。而基础设施互联互通和一些新业态、新产品、新技术、新商业模式涌现出大量的投资机会，投资方向需从传统产业向新兴产业转型。

最后，在出口层面，受 2008 年金融危机的后续影响，中国近几年的出口情况不容乐观，2015 年出口 141255 亿元，同比下降 1.8%，2014 年货物和服务净出口对国内生产总值增长拉动仅为 0.1%，依靠"出口导向"来拉动经济增长的时代已经过去，即使较其他国家来看，中国出口的竞争优势尚存，但这种优势已经十分微弱。因而要从"出口导向"向高水平引进来、大规模走出去转型。一方面，要坚持引进来，在继续招商引资的前提下，不再仅看外资规模，而更加注重外资质量，重点引进先进的管理、知识与技术；另一方面，要坚持走出去，在"一带一路"倡议的引领下，扩大对外直接投资，尤其是"一带一路"沿线国家的投资。如图 3-1 所示。

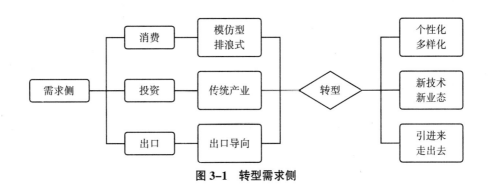

图 3-1　转型需求侧

2. 创新供给侧

改革开放三十多年，中国一直以凯恩斯的需求管理为发展经济的思路，当经济规模达到一定高度，这种思路也显露出一定的弊端。萨伊定律表明，供给创造自己的需求，一个消费者对商品的需求曲线也即是其对其他商品需求的边际成本曲线，从而也成为供给曲线。按照供给学派的思路，中国应创新供给侧。

创新供给侧包含三个方面的内容：

一是增加资金、劳动力、土地、资源等生产要素的高效投入。以往的生产要素大都以粗放型投入，重量的增加而不重质的提高，这不仅受到资源总量的约束限制，也是对现有资源的低效利用和浪费。我们应促进技术进步、人力资本提升、知识增长等要素升级，提高要素的质量，从而提高资源的利用效率。

二是培育企业、创业者、创新型地区或园区、科研院所和高等院校、创新型政府等主体。改变政府作为单一创新主体的状况，引导创新主体多元化，引导"万众创新"。此外，通过减税、简政放权、放松管制等措施，激发各主体的积极性和创造性，为多元化主体的创新提供坚实的制度保障。

三是淘汰落后产业，重组产能过剩产业。落后产业不仅消耗资源，而且拖累经济的发展，应予以坚决淘汰。产能过剩产业既是"包袱"，又是资源整合的切入点，应分类有序处置，尽可能兼并重组，严格控制增量，防止新的产能过剩。更重要的是，要从落后、过剩的产业创新中，培育有市场竞争力的新产业和新产品。如图 3-2 所示。

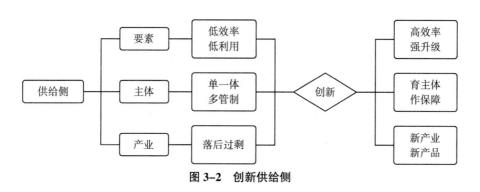

图 3-2　创新供给侧

3. 改革结构侧

中国经济发展中面临的问题，更多表现为结构性问题，因而改革结构侧，也成为切换经济发展动力的重要组成部分。

一是改革市场结构。在政府与市场的关系中，应使市场在资源配置中起决定性作用，并更好发挥政府的作用。经济发展步入新常态，要求政府与市场的关系做出这样的调整。在市场体系方面，应着手建立统一开放、竞争有序的市场体系。加快形成企业自主经营、公平竞争，消费者自由选择、自主消费，商品和要素自由流动、平等交换的现代市场体系，着力清除市场壁垒，提高资源配置效率和公平性。从建立公平开放透明的市场规则、完善主要由市场决定价格的机制、建立城乡统一的建设用地市场、完善金融体系等方面开展工作。

二是经济构成结构。在坚持公有制为主体、多种所有制经济共同发展的基本经济制度下，积极发展混合所有制经济，鼓励国有资本、集体资本、非公有资本等交叉持股、互相融合。分类推进国有企业改革，完善现代企业制度，完善国有资产管理体制，强化监督防止国有资产流失。非公有制经济是社会主义市场经济的重要组成部分，在扩大就业、促进创新、支撑增长等方面发挥重要作用，应鼓励非公有制企业参与国有企业改革，鼓励发展非公有资本控股的混合所有制企业，鼓励有条件的私营企业建立现代企业制度。

三是产业结构。中国产业集中在低附加值产业和高消耗、高污染、高排放产业，而高附加值产业、绿色低碳产业、具有国际竞争力产业的占比较少。需要加快推进科技体制改革，促进高技术含量、高附加值产业的发展；需要加快生态文明体制改革，为绿色低碳产业发展提供动力；需要通过金融体制改革、社会保障体制改革等去淘汰落后产能和"三高"行业等。

四是区域结构。区域结构问题突出表现在人口的区域分布不合理方面。目前，我国城镇化率尤其是户籍人口城镇化率偏低，且户籍人口城镇化率大大低于常住人口城镇化率。为此，需要加快户籍制度改革、福利保障制度改革、土地制度改革等，推进农民的市民化进程，提高户籍人口城镇化率。区域结构的另一个问题是区域发展不平衡、不协调、不公平。需要推进行政管理体制改革、财税制度改革、区划体制改革等，加快建设全国统一市场，解决不同区域发展不平衡问题，使人口和各种生产要素在不同地区自由流动、优化配置。

五是收入分配结构。当前，我国城乡收入差距、行业收入差距、居民贫富差距都比较大，财富过多地集中在少数地区、少数行业和少数人手中。因此，有必要加快推进收入分配制度改革、社会福利制度改革、产权制度改革和财税制度改革等，促进收入分配的相对公平，缩小贫富差距。如图3-3所示。

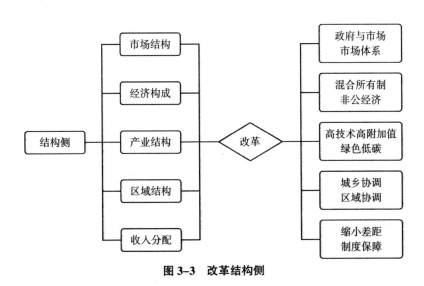

图3-3 改革结构侧

（二）经济发展动力的形成

根据学者的研究，以及前文对中国经济发展动力识别结果的分析，要形成中国经济发展的动力，应从以下 10 个方面着手。

1. 科技创新的驱动力

创新是引领经济发展的第一动力，应将创新摆在核心位置，其中科技创新的驱动力尤为突出。科技创新的驱动力主要表现在三个层面：首先是微观层面上，科技创新能够提高企业的资本产出比率和劳动产出比率，进而扩大企业规模，分摊初始成本，提高企业利润，使企业获得规模收益。其次是中观层面上，科技创新在行业与产业间产生集聚和乘数效应，创新如知识一般，都具有溢出效应，一个微观企业的科技创新，一旦外溢到行业或产业，便会形成交流、带动、激励、竞争等正面效应，从而促进整个行业或产业的良性发展。最后是宏观层面上，纵观世界经济发展的历史，从蒸汽机的产生，到电力的使用，再到信息技术的普及，每一次世界经济的突破式发展，都离不开科技创新。同样，中国经济的发展也离不开科技创新的驱动力。

2. 人力资源的原动力

劳动创造价值，劳动力是劳动的主要承担者。供给学派认为，实际收入的增长，不仅取决于有形资本、智力资本数量的积累，还取决于劳动力质量的提高。过去三十多年，中国的劳动力参加劳动更多的是为了谋求基本的物质生活。当经济发展到一定高度，收入达到一定水平，为生计而参与劳动的动力便被逐渐削弱。应激发人力资源的原动力，一方面重视智力资本，通过国民教育、职业培训提升劳动力个体的知识与思维；另一方面，改变劳动力参与劳动仅仅是为了谋求生计的现状，而形成劳动力主动地为个体、企业、社会创造价值的环境，完成从"谋生计"到"创价值"的转变。

3. 制度创新的推动力

1978 年的改革开放带来了市场化与国际化，造就中国经济发展的辉煌。由此，制度创新对经济发展的推动可见一斑。一方面，要完善产权保护制度。不论何种性质的经济财产权，只要是合法利益，均要受到保护，同时保证生产要素的平等使用、市场竞争的公平参与。另一方面，要完善市场化制度。积极发展混合所有制经济，鼓励各类资本交叉持股与互相融合；分类、分层推动国有企业的改革，使其建立现代企业制度，以管资本为主完善国有资产管理体制，建立全方位多层次的监督体系；毫不动摇地鼓励、支持和引导非公有制经济的发展，尤其是将其引入国有企业改革、特许经营领域竞争等方面。通过各类制度创新，充分激发其对经济发展的推动作用。

4. 新型开放的均衡力

2015年，习近平同志在中美商业领袖圆桌会议上提出，"中国正在建立一个新型的开放的经济体系"。这种新型开放的经济体系，注重对内对外开放的相互促进，注重高水平引进来与大规模走出去的相互结合，也即注重新型开放的均衡力。其一，放宽投资准入。统一相关法规，有序放开外资在竞争行业或领域的准入限制；同时，培育企业和个人作为对外投资的主体地位，允许自担风险以创新的方式开展境外投资合作、项目合作、兼并收购等。其二，加快国内自贸区建设。扩大自贸区的试点范围，制定准入的一般规则，研究地域、行业差异的特殊标准，开展新议题谈判。其三，扩大内陆沿边开放。创新加工贸易以促进内陆产业集群，推动内陆与沿海延边的沟通与协作；制定沿边地区关于人员流动、物流、旅游等方面的特殊政策，依托"一带一路"倡议加快同周边国家和地区的合作。从这三个方面，发挥新型开放的均衡力，促进中国经济的发展。

5. 产业升级的拉动力

2015年中国第三产业增加值占GDP比重为50.5%，和欧美日等发达国家相比，仍有很大提升空间。首先，推进农业现代化。构建现代农业的产业体系、生产体系、经营体系，创新多种经营模式；推进农业信息化与标准化，健全全过程监管体系、农业社会化服务体系。其次，提高制造业水平。实施工业强基工程，提升质量与品牌；发展战略性新兴产业，利用国家产业投资引导基金，培育战略性新兴产业；实施智能制造工程，促进新能源、新材料、新医药等产业的发展壮大。最后，发展现代服务业。放宽服务业的市场准入，促进服务业优质高效发展；推动生产性服务业向专业化和价值链高端延伸，生活性服务业向精细和高品质转变；推动制造业由生产型向生产服务型转变。

6. 区域空间的爆发力

由于地理条件和历史际遇的不同，我国自东向西的经济发展水平基本呈阶梯状。经济发展水平存在差异，也从另一方面说明区域空间的协调合作，可以产生一定的爆发力。在区域内，继续实施西部大开发战略，推动西部地区发展特色优势产业，改善基础设施；振兴东北老工业基地，促进东北老工业基地的升级转型；促进中部地区崛起，从产业政策和财税政策方面予以支持；重点扶持边远贫困地区的经济发展；继续保持东部地区的发展优势。在区际间，推动建设长江经济带，引导该区域优化产业布局，加强分工协作；鼓励东部地区与中西部地区的优势互补，带动中西部地区的发展。在城市间，推动京津冀协同发展，优化产业结构与布局，探索人口经济密集地区优化开发的新模式；保持长三角地区的辐射功能，以长江经济带为纽带，紧密联系长三角地区与中上游地区的协同发展的关系；加强珠三角地区的发展，尤其是加强该地区与港澳台地区的经济合作。从区域内、区际间、城市间这三个方面，充分发挥区域空间的爆发力。

7. 城乡融合的协调力

长久以来，我国城乡发展不平衡，作为国民经济基础的农业发展缓慢，而城市的工业却发展迅速。破除城乡二元经济结构，实现城乡融合，是中国经济发展过程中的重要课题。对城市而言，坚持工业反哺农业，城市支持农村，要鼓励工业资本到农村地区发展现代种养业，向农业输入现代生产要素与经营模式。对农村来说，加强农村自身建设。要构建新型农业经营体系，创新家庭经营、集体经营、合作经营、企业经营等共同发展的农业经营方式；要鼓励农村发展合作经济，扶持农业发展的专业化、规模化与现代化。从城乡融合来看，推动城乡一体化建设。要推进城乡要素的平等交换和公共资源的均衡配置，赋予农民更多财产权利，建立统一的城乡建设用地市场，推进城乡基本公共服务均等化；要推动与完善城镇化发展，坚持走中国特色新型城镇化道路，推进以人为核心的城镇化。

8. 宏观调控的抗逆力

不管是财政货币政策，还是产业科技政策，抑或是其他政策，都会对经济发展产生重要影响。宏观调控的一个重要目标就是促进经济发展，但并非所有的宏观调控都能达到预期目标，可能会受到诸多因素的干扰而产生逆向影响。因而，需要加强宏观调控的抗逆力。要健全以国家发展战略和规划为导向、以财政政策和货币政策为主要手段的宏观调控体系，形成制定宏观调控目标和运用政策手段的机制，加强各项政策的协调配合，提高相机抉择水平。同时，也要完善政策评估及修正机制，充分利用第三方评估的优势，借助外部专业性监督，抑制逆向影响；完善政策修正机制，当宏观调控政策未能达到预期目标，应及时对其进行调整，增强宏观调控的灵活性。

9. 金融改革的融合力

金融在经济发展中有着举足轻重的地位，金融改革可以形成经济发展的动力。要深化财税体制改革：首先，改进预算管理制度，重点审核支出预算与政策拓展，建立跨年度预算平衡机制和政府综合财务报告制度；其次，完善税收制度，提高直接税比重，推进增值税改革，调整消费税范围，改进个人所得税，加收房产税、资源税、环保税；最后，建立财权与事权相适应的制度，协调中央与地方的事权的关系，理顺中央与地方的收入划分。要强化金融监管：一方面是监管机构的改革，研究设立"大监管"机构的可行性，精简监管机构人员，提高监管水平；另一方面是风险管理，制定风险预警指标体系，动态监管经济、金融风险，尤其是地方政府债务风险、银行信用风险、房地产市场风险、资本市场风险等。借助金融改革的融合力，促进中国经济的发展。

10. 内需释放的加速力

中国的消费对经济的拉动作用尚未发挥出最大潜力，释放内需因此成为经济发展的主要动力。要推进重大基础设施建设，加强铁路、公路、机场等建设，但必须注重区域规划和资源节约。要加强农村、边远贫困地区基础设施建设，提高这些地区的公共服务水平，实现公共服务均等化。要释放城乡居民消费需求，增加城乡居民收入，以提高其消费能力；通过完善医疗、养老等社会保障制度，形成稳定有效的消费预期；促进产品升级，提升进口商品层次，进而提高居民消费的质量和水平。

实现路径

第四章 理论指导：由需求侧管理为主转向供给侧管理为主

2014 年以来，中国经济运行进入了新常态，宏观调控所依据的主要经济指标出现了不同寻常的变化，比如经济增长速度持续下行与 CPI 持续低位运行并存，居民收入有所增加但企业利润率下降，消费对经济增长的拉动作用上升而投资下降，等等。依据经典的经济学理论，当前这种情况既非传统意义上的滞胀，也不是标准形态的通缩。与此同时，我们注意到，宏观调控层面上，货币政策持续加大力度而效果不彰，投资拉动上急而下徐，旧经济疲态显露而以"互联网+"为依托的新经济生机勃勃，东北经济危机加重而一些原来缺乏优势的西部省区异军突起。简而言之，中国经济的结构性分化正趋于明显。为适应这种变动，在正视传统的需求管理还有一定优化提升空间的同时，迫切需要改善供给侧环境、优化供给侧机制，通过改革制度供给，大力激发微观经济主体活力，增强我国经济长期稳定发展的新动力。

一、改革开放以来，我国宏观调控主要是需求侧管理

（一）需求管理的基本原理

追根溯源，凯恩斯在《就业、利息与货币通论》中强调的"有效需求"是指在总供给与总需求达到均衡时有支付能力的总需求，由此而产生的经济增长"三驾马车"理论中所强调的消费、投资、出口三大动力，对应指向消费需求、投资

需求和出口需求。其基本原理是：在短期视角和三部门经济框架下，传统宏观经济学理论认为有效需求总是不足的；消费者边际消费倾向递减会导致消费需求不足，资本边际效率递减和强流动偏好会导致投资需求不足。加入开放经济的后传统宏观经济学理论在四部门经济框架下认为净出口需求受到实际汇率的影响，而影响程度则最终取决于该国出口商品在国际市场上的需求弹性和国内市场对进口商品的需求弹性。用公式表示为：

$$Y = C + I + G + NX$$

其中，Y 代表总产出，C 是消费，I 是投资，G 是政府支出，NX 是净出口。

当经济出现下滑时，需求侧理论认为这主要是由于有效需求不足所致，因此对策就是千方百计提高有效需求。在政策层面，需求侧管理的主要政策工具是财政政策与货币政策的协调配合，其中，货币政策侧重于总量调节，财政政策侧重于结构调整。依情况不同，共有紧财政—紧货币、紧财政—松货币、松财政—紧货币、松财政—松货币四种政策组合方式。

（二）需求侧管理曾为中国经济做出重大贡献

需求管理曾为我国经济增长做出过重大贡献。比如，改革开放之初，在沿海一带主要依靠来料加工、三来一补，借力的是海外需求。在国内，由于基础设施匮乏，长期依靠的是以政府投资为主进行的数轮基础设施建设。可以这样讲，相当长一个时期以来，无论是在中央还是在地方，政府拉动经济增长均主要在投资与出口两个方向上用力。需求侧管理是过去一个较长时期内我国政府在推动经济增长中，使用最多、最为熟稔的方法。

需求侧管理对推动中国经济增长曾发挥了重大作用。从 1998 年来看，我国率先走出了亚洲金融危机的阴影，从 2008 年的全球金融和经济看，我国也是在较短的时间内实现了复苏，并带动了其他国家的经济恢复。到 2016 年，我国GDP 总量已达到 76 万亿元，稳居世界第二。与此同时，我国的城市建设、基础设施建设发生了翻天覆地的变化。需求侧管理对于中国经济取得今天这样的成就功不可没。

（三）需求侧管理已不能适应我国经济形势发展变化的需要

1. 总量调控空间已经十分狭窄

但是，随着时间的推移，需求侧管理所产生的副作用正日渐明显。2008 年全球金融危机之后，美国、欧洲经济一蹶不振，外需一路下滑，已不能对中国经济形成重要支撑。由于存在诸多结构性问题，中国经济也进入了下行的通道，从 2007 年的 14.2%下降到 2016 年的 6.7%，下跌了一半。整体上看，我国经济呈现出"四降一升"的状况，即经济增速下降、工业品价格下降、实体企业盈利下降、财政收入增幅下降、经济风险发生概率上升。为保持经济稳定，政府先后通过加大投资、降息降准等，试图稳住经济下行的态势，但较之以前，以需求侧为主的管理所取得的效果日益下降，相反，为此付出的代价则越发明显。总量调控空间已经十分狭窄。

2. 需求管理难以解决中国经济的结构性问题

相对于总量问题，中国经济更多更突出的是结构性问题，需求管理对此无能为力。一是中国存在显著的城乡差距，需要解决好城镇化进程中的"三农"问题。二是中国存在显著的区域间差异，需要通过结构化、差异化的政策"对症下药"。如西部大开发、振兴东北老工业基地、中部崛起以及近年陆续出台的数十项不同区域的发展战略。三是经济发展与社会民生之间存在差距，后者已成明显的短板。为此需要增加一系列公共产品和公益服务，如义务教育全面免费、城镇基本医疗保障体系和农村合作医疗体系并轨、做实养老保险的"三个支柱"，等等。四是经济发展所依赖的后劲即科技创新动力不足，基础不牢。五是在国防、大江大河的治理等方面，仍需政策和资金重点支持。以上种种，靠需求侧的管理是无能为力的。

3. 需求管理的两大货币政策和财政政策已难以适应中国经济转型升级的需要

从政策工具的层面看，需求管理主要依据的是货币政策和财政政策。但是货币政策作为总量管理政策，难以有效解决经济中的结构性问题，如果货币政策一味"开闸放水"，还可能导致宏观经济运行面临滞胀的风险。从财政政策方面看，在经历了 2009 年的 4 万亿元的扩张性投资之后，以财政政策刺激经济的空间已也明显收窄。当然，这并不完全意味着财政政策已无作为的空间，而是要在短期措施与中长期结构优化方面相互衔接与协调，妥善利用好花钱买来的宝贵的改革空间。

二、从需求侧管理为主转向供给侧管理为主

当前和今后一个时期，在适度扩大总需求的同时，要着力加强供给侧结构性改革。从供给侧看，支持经济长期增长的要素主要有五个，即劳动力、土地及自然资源、资本、制度、创新。可用公式表示如下：

$$Y = F(L1, L2, C, I1, I2)$$

其中，Y 代表总产出，F 是一个函数形式，L1 是指劳动力，L2 是指土地和自然资源，C 是资本，I1 是指创新，I2 是指制度。也就是说，从供给角度看，经济增长取决于劳动力、土地和自然资源、资本、创新、制度五大要素的数量和质量。

供给侧管理和需求侧管理的主要区别是：

第一，前提条件不同。一般而言，需求侧管理的前提是完全竞争，即供给一侧已处于良性甚至优质状态之中，因此只需要调整有效需求即可。而供给侧管理的前提是不完全竞争，即供给一侧存在严重问题，如垄断、创新不足、体制机制不健全等，需要进行结构性改革。

第二，适用时期不同。一般认为，需求管理适用于短期，而供给管理关注长期。因此，前者可用于一个经济周期内的调整和相机抉择，而后者则适用于更加长期、更加深刻的结构性变革时期。

第三，政策工具不同。一般而言，需求管理的主要政策工具是财政政策与货币政策，而供给管理的主要政策工具则是制度变革，即通过放松政府管制、减税、降低福利、国企市场化改革等，培育和释放社会自身活力。

必须指出，供给管理并不是对需求管理的简单替代，而是不同时期、不同情况、不同条件下的不同选择。短期而言，需要根据具体情况确定宏观调整是侧重于供给，还是侧重于需求，但长期而言，供给与需求永远都是一对矛盾的两个方面，缺一不可。供给和需求绝不是非此即彼的关系，两者互为条件，相互转化，两手都得抓，但主次要分明。当前经济周期性矛盾和结构性矛盾并存，但主要矛

盾已转化为结构性矛盾。因此，必须在适度扩大总需求和调整需求结构的同时，着力加强供给侧结构性改革，把改善供给结构作为主攻方向，实现由低水平供需平衡向高水平供需平衡跃升。

（一）改革开放以来我国经济发展取得巨大成就主要是依靠供给侧的改革

过去三十多年，中国经济实现了年均近10%的高速增长，经济规模在世界各国当中的排名由第十位上升到第二位，占全球经济总量的比重由以前的不足2%上升至10%左右。2010年，我国人均GDP超过4000美元，正式进入了中等收入国家行列。近年来，我国人均GDP继续上升，2011年超过5000美元，2012年超过6000美元，2013年为6767美元，2014年达到7485美元。此种巨大规模经济体的长期高速增长，在人类经济史上罕见，堪称中国奇迹。这一成就的取得，主要是在以经济建设为中心的基本路线指导下，中国在总供给管理角度（制度供给和结构调整）开创性地实现了从计划经济向市场经济转轨的变革，极大地释放了供给潜力（当然同时也较有效地对总需求进行了管理）。回顾历史，我国改革不断深化的进程正是不断调整落后、僵化的生产关系以适应不断发展变化的生产力的过程，正是不断自觉进行供给端改革，释放经济社会发展活力的过程。自20世纪80年代以来，我国经济体制改革进程中已召开过数次意义重大的"三中全会"。1984年10月召开的十二届三中全会作出的《经济体制改革的决定》，阐明了经济体制改革的大方向、性质、任务和各项基本方针政策，富有远见地断言，"改革是为了建立充满生机的社会主义经济体制"，并指出，"为了从根本上改变束缚生产力发展的经济体制，必须认真总结我国的历史经验，认真研究我国经济的实际状况和发展要求，同时必须吸收和借鉴当今世界各国包括资本主义发达国家的一切反映现代社会化生产规律的先进经营管理方法。中央认为，按照党历来要求的把马克思主义基本原理同中国实际相结合的原则，按照正确对待外国经验的原则，进一步解放思想，走自己的路，建立起具有中国特色的、充满生机和活力的社会主义经济体制，促进社会生产力的发展，这就是我们这次改革的基本任务"。1993年11月召开的十四届三中全会作出《建立社会主义市场经济体制的决定》，提出了建立社会主义市场经济体制的总体思路，利用有利的国际环境来加快国内的改革发展，是当时强调"战略机遇"的主要着眼点。20世纪90年代以来中国在加快内部经济改革的同时，努力融入国际社会和世界经济，逐步建立一整套基本市场经济制度，也为此后十多年的经济高速增长提供了良好的制度条件。2003 年 10 月召开的十六届三中全会作出《完善社会主义市场经济体制若干问题的决定》，是进一步深化经济体制改革的纲领性文件，为全面建设小康社会奠定了坚实基础。2013 年，中共十八届三中全会做出《关于全面深化改革若干重大问题的决定》，是在新时期、新形势下进一步释放经济社会活力的重大举措，也为供给管理注入了新时代下的新内容。

（二）当前我国经济面临严重的"供给约束"与"供给抑制"，亟须供给侧改革

已有的经济理论认为，支持经济长期增长的要素主要有五个，即劳动力、土地及自然资源、资本、制度和创新。结合我国当前的实际情况，这几个方面都存在明显的"供给抑制"与"供给约束"，需要通过全面的制度改革，以释放经济社会活力，提高经济增长潜力。

1. 人口红利下降，劳动力成本上升

我国人口总量世界第一。改革开放以来，以农民工为代表的农村人口向城市、向工业的巨量转移是支持我国获得当今经济发展的主力贡献因素之一。但是，据学界测算，在 2011 年前后，我国劳动力转移的"刘易斯拐点"已经出现，以数量为特征的劳动力转移对于中国经济的贡献度颓势已现，近年在各地不断出现的民工荒、招工难以及劳动人口工资明显上升，对此就是明证。与此同时，我国人口结构已呈现明显的老龄化。有研究表明，在未来十多年间，我国将步入老龄化社会，速度之快，超过日本，超过我国经济发展的速度。通观全球人口与国力的变化史，人口基数与结构的变化对国力、国运长远而言有着决定性的作用。以此而言，我国自 20 世纪 70 年代以来执行的以控制人口数量为目标的人口政策已到了非调整不可的关口。

2. 土地管理制度僵化，自然资源消耗过多过快

由于种种原因，我国土地及相关自然资源管理方面存在的供给抑制十分明显。随着城镇化的发展，大量邻近城市的农村土地（包括集体建设用地和宅基地等）通过各种形式转化为城市发展用地，这本是城市化的题中应有之义。但是，由于现行土地制度管理过于僵化，导致大量农村土地在转为城市用地的过程中，

利益天平过多偏向地方政府和房地产开发商，引发诸多激烈的社会冲突与群体性事件。在这种情形下，另一种以保护农村、保护农民为口号的声音，阻止市场与工商力量向农村的扩散，又从另一个角度延误了农村在现代化大潮中应有的发展，使我国本来就十分巨大的城乡差距迟迟得不到弥合。归根结底，这与现行土地管理制度缺乏在城市化背景下的走向判断有密切关系，与土地制度本身涉及各相关群体的巨大利益调整高度相关，是制度供给滞后的另一个例子。除土地之外，我国其他各类自然资源方面，也存在着定价机制缺失以及政府发展经济的强烈动机之下的粗放使用，已经造成了近年来各方面有深切感知的、公众意见十分强烈的各类水、土、气污染问题以及资源能源过多过快消耗等严重问题。

3. 金融抑制明显，对实体经济支持不足

无论是从外汇储备还是国内储蓄上看，我国都是世界上"最有钱"的国家。但从资本的使用效率以及从实体经济得到资金滋养的程度上看，我国金融领域存在的供给抑制与供给约束居全世界之冠。一是利率市场化到现在仍然只走了三分之二的路程。二是金融市场主体"大小不均"，主体国有比重过大而民资外资比重过低、超级银行占比过大而中小型金融机构占比过小。三是资本市场结构不合理，主板市场占比过大而创业板、新三板、场外股权交易市场高度不发育。这些是导致长期以来我国对经济增长贡献最大、对就业贡献最大的广大中小企业得不到合理的融资支持，实体经济升级"突破天花板"得不到支持，"三农"领域的金融支持始终盘桓于政策倡导层面而实质性进展十分缓慢的主要原因。

4. 科技教育体制僵化，创新"驱不动"

各方公认，当前我国经济增长的动力机制应当而且必须转向创新驱动。早在中共十六大文件中，就提出了建设创新型国家。但从进展上看，科技与经济"两张皮"的格局还未得到根本扭转，一方面我国科研人员的论文发表数、专利申请数快速增长、名列世界前茅，另一方面科技成果向产业、市场的转化率不到10%。究其原因，还是因为激发科技人员、企业创新研发的体制机制不畅通。一是科技成果转化的激励机制明显滞后；二是知识产权保护不力；三是人力改善供给机制被行政化、被违反规律的落后制度机制扼杀，创新人才还未充分涌现；四是狭窄的部门利益的阻碍，这在今年以来互联网在与传统产业结合过程中，各类磕磕绊绊的事例中特别明显。

5. 政府管理与改革不到位，制度供给严重滞后

政府是垄断性供给制度的主体。改革开放以来我国经济社会获得的巨大增长与政府管理理念的调整、方式的转化、体制机制的不断优化有着极其密切的关联。但是，随着改革进入深水区，各类利益纠葛日渐复杂，当下政府在以供给改革为取向的系列制度方面已经大大滞后。一是关键功能不到位，市场经济条件下，政府的主要功能如市场监管、公共服务与社会管理等远未到位，目前各地一再呼吁的"多规合一"始终未有实质性进展。2015 年 6、7 月以来震惊国内外的"股灾"就是其中的典型事例。二是关键领域改革不到位，如上文提及的土地改革、金融改革、国企改革、收入分配改革、人口战略调整等慢于社会预期。三是政府支持经济发展手段方式陈旧，仍然习惯于替代市场，习惯于以"政"代"经"，以"补贴""优惠"代替扎实的市场环境与市场基础建设。近期在政府主推的棚改、中心市区交通体系等方面就可以清楚地看到。四是"简政放权、放管结合、优化服务"的质量与效果还有待提升，大众创业、万众创新面临的实质性门槛仍然比较高。

三、实施供给侧管理的主要框架

（一）供给侧改革的重中之重是制度创新

制度经济学代表人物之一、美国著名经济学家舒尔茨说过，"任何制度都是对实际生活中已经存在的需求的响应"。随着中国经济进入转型升级的新阶段，一些制度体系已严重滞后，进而提出了创新制度供给的迫切需求。所有这些需求加起来，可以概括为一句话，即发挥市场配置资源的决定性作用与更好地发挥政府的作用。这主要是因为，虽然我国实行社会主义市场经济体制已有三十多年了，但迄今为止仍然只能称为"半拉子"市场经济，在影响经济增长至关重要的土地、劳动力、资本、创新等要素方面，还存在着十分明显的供给抑制与供给约束。现在的制度结构、生产结构已经不能满足庞大中等收入家庭升级换代后的各类新需求，不利于中国潜在经济增长率释放的全面小康目标的实现。正是在这个

意义上，中共十八大五中全会才提出了"释放新需求，创造新供给"的号召。

首先，居于制度创新之首的，应当是政府管理经济、社会方式的创新。具体表现在深入推进"简政放权、放管结合、优化服务"的行政审批制度改革，以管住、管好政府这只"看得见的手"。通过严格规范政府的行权方式，做到廉洁、高效、透明、公平、公正、公开，一方面优化合法经营、公平竞争、高度法治的市场环境，另一方面也要加强政府对市场的监管和规范，增加公共产品和公共服务的提供。目前，行政审批制度改革已进入深水区，诸多系统性、基础性问题正在浮出水面，进一步深化改革不仅需要决心与勇气，更需要改革的系统设计与专业化的技术解决方案。政府在这方面可以作为的空间还很大。当前最重要的是明确政府的权力边界，以自我革命的精神，在行政干预上多做"减法"，把"放手"当作最大的"抓手"，同时切实履行好宏观调控、市场监管、公共服务、社会管理、保护环境等基本职责。

其次，深入推进财税改革，形成政府与公民、中央与地方之间稳定的经济关系以及规范的政府财政管理制度。财政是国家治理的基础与重要支柱。两年来，财税改革的力度很大，也取得了一些进展。但在当前经济下行、财政收入增速放缓的情况下，推进财税改革的外部环境正在变得现实而严峻。今后一个时期，财政改革既要兼顾与其他改革之间的协调配合，自身更要向纵深推进，需要啃下多个"硬骨头"，如房地产税改革、个人所得税改革、中央与地方事权改革、地方收入体系重构、预算管理基础制度建设、PPP 等。这些都是十分复杂而牵动全局的改革，但对提升国家治理体系与治理能力现代化都具有十分重要的意义，是制度创新的重要内容。

在"管住权""管住钱"的同时，还要积极推进国有企业改革、收入分配制度改革、社会保障制度改革等，以营造良好的市场竞争环境，促进社会的公平正义。结合中国的实际情况，当前供给侧改革的重中之重是对要素市场进行全面改革，以真正发挥市场在配置资源方面的决定性作用，全面释放经济社会活力。

（二）供给侧改革的主战场是要素市场改革

长期而言，要素的数量和质量，从根本上决定着一国经济增长的效率。目前，我国五大关键要素都面临着制度陈旧、不适应市场经济发展需要的情况，需要进行深入改革。

第一，立即调整人口政策，从控制人口数量转向实施人力资本战略。人是经济增长最根本的因素。随着我国人口红利的消失，老龄化社会的阴影正在逼近。必须尽快、果断地调整我国人口政策。一是在五中全会宣布全面放开"二孩"后，还应动态推进，后续优化，严密监控政策效果，做好应对不同情况的政策储备。二是切实将以计划生育为核心的人口控制，过渡到以优生和提高人口质量为核心的人口战略，并进一步改写为教育和提升创新能力为核心的人力资本战略。三是促进人口流动、适当吸引移民也应当成为我国人口政策的重要内容。四是尽快完善与人口流动密切相关的户籍制度改革、社会保障制度改革等，真正形成全国统一的劳动力市场。

第二，审慎推动土地制度改革，建立城乡统一的土地流通制度。土地制度是国家的基础性制度，是供给管理的极重要内容。当前，土地制度改革的焦点主要集中在农村土地方面。要积极落实十八届三中全会《决定》中的有关精神，明确农村集体经营性建设用地入市的范围和途径；建立健全市场交易规则和服务监管制度，积极总结借鉴重庆等区域以"地票"制度处理远离城市中心区的农民在农地"占补平衡"框架下分享城镇化红利的经验。全面推动农民承包土地使用权的确权、流通、转让、租赁制度，保护农民的合法权益。探索农民住房保障在不同区域户有所居的多种实现形式。应充分重视深圳特区"先行先试"环境下形成的"国有平台，整合分类，权益求平，渐进归一"土地制度改革经验，在逐步建立城乡统一的土地产权框架和流转制度过程中形成兼顾国家、单位、个人的土地增值收益分配机制。土地征收中严格界定公共利益用地范围，规范程序，公开信息；建立对被征地农民的合理、规范、多元的补偿和生活保障、生产引导机制。

第三，深化金融改革，全面解除"金融抑制"。金融是现代经济的核心。目前，我国金融市场结构失衡、功能不全，"金融抑制"比较明显，应全面推进金融改革。一要进一步深化金融机构特别是国有控股商业银行改革，适当降低国家持股比例，提升社会资本持股比例。二要加快民营银行的发展，积极发展一大批社区银行、村镇银行，以形成结构合理、功能互补的银行业生态体系。三要大力发展多层次资本市场，在继续完善主板、中小企业板和创业板市场的基础上，积极探索覆盖全国的各类产权交易市场、"大资产管理公司"等。四要全面放开存贷款利率管制，实现资本市场化定价。五要改革金融业监管体系，加强不同监管部门的统一领导与相互协调，合理界定中央和地方金融监管职责，实施分地域、分层监管。六要积极推动人民币国际化。

第四，全面实施创新驱动战略，建设创新型国家。创新是五中全会提出的"五大理念"之首。对于今日之中国，其重要性无论怎么强调都不过分。当务之急是科技创新和产业创新，努力实现科技与经济的融合，在高端"买不来的技术"领域靠原始、自主创新艰难前行，在中高端依靠全面开放和"拿来主义""引进、消化吸收再创新"与"集成创新"结合，最终建成"创新型国家"。与此同时，还必须改革科技管理体制、科研成果转化办法、加快高等教育改革，为创新培养更多人才。切实加强知识产权保护，提供强大的创新激励。

第五，切实以改革为企业经营创业活动"松绑""减负"，激发微观经济活力。结合当前企业的实际情况，应以"负面清单"原则取向，创造"海阔凭鱼跃、天高任鸟飞"的高标准法治化营商环境。一要以自贸区为标杆，进一步简政放权，降低门槛、减少准入控制，同时改革监管方式，优化服务，推动全国统一的行政审批标准化改革，建立覆盖所有法人、自然人的全国性信息信用系统，执行统一的市场监管规则，以此最大限度地减少社会交易成本，为企业创造良好的经营环境。二要适度降低我国社保缴费率，同时加快推进实施基本养老社会保障全国统筹步伐；建立全国统筹的社保体系可结合调入国资经营收益等机制。三要进一步清理收费，降低企业实际综合负担特别是税外负担，在深化财税改革厉行结构性减税的同时，应注重彻底切断行政审批与收费之间的利益关联，分类重建收费管理的体制机制，将"准税收"性质的收费、基金尽快调入一般公共预算，"使用者付费"性质的收费、基金应在基金预算中加强成本核算与信息公开，行业协会、中介组织所提供的服务收费应打破垄断、增强竞争、压低负担水平，对"红顶中介"、设租寻租所强加的企业负担，更应结合反腐倡廉来有效消除。

（三）近期供给侧改革要打好五大歼灭战

推进供给侧结构性改革，战略上要着眼于打好持久战，坚持稳中求进，把握好节奏和力度；战术上要抓住关键点，致力于打好歼灭战。近期供给侧改革在战略上要坚持稳中求进、把握好节奏和力度，战术上要抓住关键点，主要是抓好去产能、去库存、去杠杆、降成本、补短板五大任务。

第一，积极稳妥化解产能过剩。要按照企业主体、政府推动、市场引导、依法处置的办法，研究制定全面配套的政策体系，因地制宜、分类有序处置，妥善处理保持社会稳定和推进结构性改革的关系。要依法为实施市场化破产程序创造条件，加快破产清算案件审理。要提出和落实财税支持、不良资产处置、失业人员再就业和生活保障以及专项奖补等政策，资本市场要配合企业兼并重组。要尽可能多兼并重组、少破产清算，做好职工安置工作。要严格控制增量，防止新的产能过剩。

第二，帮助企业降低成本。要开展降低实体经济企业成本行动，打出"组合拳"。要降低制度性交易成本，转变政府职能、简政放权，进一步清理规范中介服务。要降低企业税费负担，进一步正税清费，清理各种不合理收费，营造公平的税负环境，研究降低制造业增值税税率。要降低社会保险费，研究精简归并"五险一金"。要降低企业财务成本，金融部门要创造利率正常化的政策环境，为实体经济让利。要降低电力价格，推进电价市场化改革，完善煤电价格联动机制。要降低物流成本，推进流通体制改革。

第三，化解房地产库存。要按照加快提高户籍人口城镇化率和深化住房制度改革的要求，通过加快农民工市民化，扩大有效需求，打通供需通道，消化库存，稳定房地产市场。要落实户籍制度改革方案，允许农业转移人口等非户籍人口在就业地落户，使他们形成在就业地买房或长期租房的预期和需求。要明确深化住房制度改革方向，以满足新市民住房需求为主要出发点，以建立购租并举的住房制度为主要方向，把公租房扩大到非户籍人口。要发展住房租赁市场，鼓励自然人和各类机构投资者购买库存商品房，成为租赁市场的房源提供者，鼓励发展以住房租赁为主营业务的专业化企业。要鼓励房地产开发企业顺应市场规律调整营销策略，适当降低商品住房价格，促进房地产业兼并重组，提高产业集中度。要取消过时的限制性措施。

第四，扩大有效供给。要打好脱贫攻坚战，坚持精准扶贫、精准脱贫，瞄准建档立卡贫困人口，加大资金、政策、工作等投入力度，真抓实干，提高扶贫质量。要支持企业技术改造和设备更新，降低企业债务负担，创新金融支持方式，提高企业技术改造投资能力。培育发展新产业，加快技术、产品、业态等创新。要补齐软硬基础设施短板，提高投资有效性和精准性，推动形成市场化、可持续的投入机制和运营机制。要加大投资于人的力度，使劳动者更好适应变化了的市场环境。要继续抓好农业生产，保障农产品有效供给，保障口粮安全，保障农民收入稳定增长，加强农业现代化基础建设，落实藏粮于地、藏粮于技战略，把资金和政策重点用在保护和提高农业综合生产能力以及农产品质量、效益上。

第五，防范化解金融风险。对信用违约要依法处置。要有效化解地方政府债务风险，做好地方政府存量债务置换工作，完善全口径政府债务管理，改进地方政府债券发行办法。要加强全方位监管，规范各类融资行为，抓紧开展金融风险专项整治，坚决遏制非法集资蔓延势头，加强风险监测预警，妥善处理风险案件，坚决守住不发生系统性和区域性风险的底线。

总之，我们认为，中国经济社会发展已经到达了一个关键关口，仅有短期管理为主旨的需求管理已不能完全适应需要，应当及时、全面引入以"固本培元"为主旨、以制度供给为出发点、以改革为核心的新供给管理，针对中国经济沉疴，中西医结合、多管齐下，共收疗效。应适应中国新一轮经济发展的总体要求，针对当前和今后一个时期面临的突出问题和矛盾，以改革统领全局，着重从供给方入手，促进总供需平衡和结构优化、增长方式转变，释放经济社会活力，提高中国经济的潜在增长率，实现中华民族伟大复兴的中国梦。

第五章 宏观调控：从相机抉择向预期管理转型

科学有效的宏观调控是社会主义市场经济体制的重要组成部分。创新和完善宏观调控方式，加快构建科学规范、运转高效、实施有力的宏观调控体系，是适应、把握和引领经济发展新常态的根本要求，是促进"十三五"时期经济社会平稳健康发展的强有力保障。

一、宏观调控的新理念

（一）新型市场—政府关系与宏观调控理念的转变

中共十八届三中全会明确提出处理好政府与市场的关系是经济体制改革的核心问题。能否在体制机制上保证市场在资源配置中起决定性作用和更好发挥政府作用，是经济体制改革能否顺利推进的关键。这是未来全面深化改革的重点，是对市场的地位和作用的重新定位，是一次重大的理论突破。科学的宏观调控，有效的政府治理，是发挥社会主义市场经济体制优势的内在要求。创新宏观调控方式，不断完善宏观调控体系，是不断提高宏观调控水平的重要制度保障，对于加快完善社会主义市场经济体制、全面建成小康社会具有重要意义。

纵观中共十一届三中全会召开以来的改革历程，就是对政府与市场关系的认识不断深化的过程。从 1978 年中共十一届三中全会、1982 年中共十二大、1992 年中共十四大、2003 年中共十六届三中全会、2012 年中共十八大到 2013 年中共十八届三中全会，党对政府与市场关系的认识经历了从"应该坚决实行按经济规律办事，重视价值规律的作用""发挥市场在资源配置中的辅助性作用""要使市场在国家宏观调控下对资源配置起基础性作用""要在更大程度上发挥市场在资源配置中的基础性作用""要在更大程度、更广范围发挥市场在资源配置中的基础性作用"到"使市场在资源配置中起决定性作用"的深化和飞跃，尤其是十八届三中全会提出的"让市场在资源配置中发挥决定性作用"这一论述，为未来我国经济改革指明了方向。

在宏观调控理念上，进一步明确了宏观调控是在"市场在资源配置中发挥决定性作用和更好地发挥政府作用"的理念下进行的，是在市场决定和企业主体基础上的宏观调控。所以在宏观调控当中面临的许多问题，不能再延续过去简单地、更多依赖行政的办法，由政府直接去组织资源，干预经济生活的各个方面，而是遵循市场规律，发挥政府应有的作用。从资源配置模式和宏观调控方式来看，一方面，过去依靠政策刺激经济的方式已经不可持续；另一方面，产能过剩现象的出现也表明过多的政府干预经济会带来很多恶果。因此，必须全面把握总供求关系新变化，科学进行宏观调控。

（二）经济新常态背景下的宏观调控

新时期的宏观调控是在社会主义初级阶段和经济发展进入新常态背景下的宏观调控，更需要理论创新和方式创新。

1. 准确把握我国经济发展的阶段性特征

从我国的基本国情看，我们仍然处于社会主义初级阶段，人均 GDP 即使上升得很快，但是还低于世界平均水平 20% 多。现在全世界 GDP 总量为 79.54 万亿美元，有 73.8 亿人口，人均 GDP 为 1.08 万美元。[①] 我国 2016 年 GDP 总量为 74.4 万亿元，约合 10.73 万亿美元（按 2016 年 12 月 30 日银行间外汇市场人民币兑美元中间价），人均 GDP 为 5.4 万元（总人口数按 13.83 亿人计），[②] 约合 7784 美元，已经初步步入中等收入国家，但是距离发达国家 3.7 万美元的水平仍然有一定距离。这就是我国经济最大的问题。也就是说，虽然我国的经济总量上去

---

① 国际货币基金组织（IMF）：《World Economic Outlook Database October 2016》，http://www.imf.org/external/datamapper/NGDPD@WEO/OEMDC/ADVEC/WEOWORLD。

② 国家统计局：《中华人民共和国 2016 年国民经济和社会发展统计公报》，http://www.stats.gov.cn/tjsj/zxfb/201702/t20170228_1467424.html，2017 年 2 月 28 日。

了，但平均而言每个家庭和个人并不富裕，居民个人消费能力和国家整体消费水平仍然偏低，所以我们的初级阶段没有改变。对我国而言，发展仍然是宏观调控最重要的任务，是整个经济工作最重要的任务，保持经济在一定水平上稳定增长仍是经济工作的中心任务。

2. 经济新常态对宏观调控的新要求

当前，我国正处在经济增速放缓、经济结构优化和经济增长动力转换的新常态下。这一新常态不是一个短时间的过渡期，而是我国未来很长一段时期的常态。换言之，经济增速由高速下降为中高速已经不可避免、产业结构转型升级的任务也迫在眉睫、经济增长的投资动力转化为新的动力也必须进行。在这种背景下，必须坚持创新、协调、绿色、开放、共享新发展理念，积极培育新经济、新动能和新发展模式，从而保持经济的可持续健康发展。

（1）加快盘活财政资金存量，提高资金管理效率。作为宏观调控两大政策工具之一的财政政策，其政策着眼点应从长期以来偏重增量规模扩张，转向偏重投资质量、结构和效率。这是我国经济进入新常态、财政收入增速放缓背景下，确保政府对实现稳增长、调结构、惠民生宏观目标的财力支持的客观需要。

（2）调整货币政策取向，加大对实体经济支持力度。根据宏观经济形势的变化，应继续实施定向降准等政策，不断创新政策工具，提高金融机构的放贷能力，引导资金流向，满足实体经济对信贷资金的需求。要特别关注各项政策体系的完整性、协调性，以更好地发挥各项政策的协同效应。

（3）调整宏观调控目标，实现经济中高速增长，迈向中高端水平。除了经济增长、物价稳定、就业充分和国际收支平衡四个传统目标外，经济新常态对宏观调控还提出了新的要求。比如，2015年增加了结构性的目标，或者说提质增效的目标。提质增效的目标有的可以用数量来表述，比如居民收入要跟经济增长同步，要提高全要素增长率，这是一个综合的经济效益指标。同时也提出要增加研发投入，这也是有指标考核的，在五年规划当中都有明确的指标。此外，还增加了绿色发展的目标，就是把节能减排从分项目标提升到宏观调控的组合目标。我们不仅要关注总量的预期目标，还要看结构性指标，甚至居民增收的目标。

整体来看，这是如何在经济新常态下创新宏观调控方式的问题。在我国经济进入新常态之前，每当经济增速出现波动，尤其是当经济增速放缓之时，政府首先会采取刺激投资的"宽松"财政或货币政策，加快社会资金投放量，以稳定经济增速。但近年来，我们在宏观调控方式上，更多地采取微调、预调以及定向调控的手段来控制经济增速下滑。由此表明，我们已基本形成宏观经济求稳、短期反波动调控服从中长期结构引导调控的基本思路。从更深刻的背景来看，解决中国经济发展面临的问题，不是一个简单地靠传统宏观调控措施能"一调了之"的事，更需要把反周期的宏观调控与全面深入的经济治理结合起来，甚至要更多地强调以全面经济治理为主。

二、宏观调控的新思路与基本原则

（一）宏观调控的新思路：区间调控、定向调控、相机调控与供给管理

中共十八大以来，经济增速压力加大，国内外局势错综复杂，党和政府保持战略定力，坚持宏观政策要稳、微观政策要活、社会政策要托底的总体思路，不断地创新宏观调控思路和方式，保持宏观政策连续性和稳定性，先后创新实施区间调控、定向调控、相机调控，适时适度预调微调，有效地稳定了市场信心和社会预期，有力地促进了经济稳定运行和结构优化升级。

1. 调控目标向"区间调控"转变

2013 年，中央提出"区间调控"的概念，区间调控改变了传统调控模式设置单一调控目标值如设置一个具体的经济增速值这种做法，转而根据客观经济情况，在设置调控目标时，选择更为科学和合理的区间值作为宏观调控目标。

区间调控既包括速度上下限的概念，又包括了速度、就业和物价的组合目标的上下限，是两个上下限、两个区间。仔细深入分析，区间调控跟潜在增长力密切相关。只要在上下限之内稳增长、调结构、促改革、惠民生、防风险的措施都不太一样，政府工具箱的运用和市场调节的放宽这个组合也不一样。当然，我们更看重的是速度、就业和物价上下限的组合。它的理论背景，即所谓菲利普斯曲线，也是有理论背景的，值得深入研究。这几年来，咱们虽然速度高一点、低一

点，但是就业和物价的情况总的来看都是比较稳定的，所以说经济运行处在合理区间。区间调控非常重要，还需要进一步探索，这对我们当前宏观调控具有重要的指导意义。

2. 调控手段向"定向调控"与"相机调控"转变

总量调控，是指通过传统的财政政策和货币政策的调整，对整个市场的资金规模、流动性进行控制，进而引导所有市场主体的投资决策取向发生改变，以达到调控目标。但因为总量调控的作用力是针对全社会而言，其中竞争力相对国有企业较弱的民营企业、小微企业就处于不利地位，无论是扩张型政策还是收缩型政策，民营和小微企业在获得资金支持方面都是最后受益而最先受控的。对产业而言，相对于新兴产业，尤其是互联网企业，传统农业和制造业在总量调控政策下往往得不到足够的资金支持。由此可见，宏观调控必须从偏重总量控制转向注重结构调整，即有针对性地向弱势的、一段时期需要大力扶持发展的产业和企业进行政策倾斜。

2014 年，中央进一步提出要在坚持区间调控的基础上，注重实施"定向调控"，也就是要用"喷灌""滴灌"的方式取代"大水漫灌"的调控模式，要用长期的整体政策取代短期的刺激政策，要用关键领域和关键环节的政策取代全面政策。定向调控实际就是结构性调控，不仅是总量的调节，它确实是在运用总量政策的同时，注入结构性的因素，比如说减税，增值减税它是总量的政策工具，但是我们理解这几年更多用的是结构性减税。降准降息是定向降准，一方面，采取包括减税降费、"营改增"试点方式全面降低企业运行成本；另一方面，采取包括定向降准、定向再贷款、非对称降息等措施，扶持经济社会发展薄弱环节力度。

2015 年，提出要更加精准有效地实施"相机调控"，强调要把握好政策调控的时机和提高政策应对的及时性。

2016 年，提出要创新宏观调控方式，加强区间调控、定向调控、相机调控，统筹运用财政、货币政策和产业、投资、价格等政策工具，采取结构性改革尤其是供给侧结构性改革举措，为经济发展营造良好环境。

2017 年，提出要在区间调控基础上加强定向调控、相机调控，提高预见性、精准性和有效性，注重消费、投资、区域、产业、环保等政策的协调配合，确保经济运行在合理区间。

3. 调控重点从"需求管理"向"供给管理"转变

通常，需求管理是针对投资、消费和净出口三方面而进行的总量管理，根据经济总量的变化予以总体政策上的逆周期或者顺周期操作；而供给管理主要针对生产要素，即劳动力、土地和自然资源、资金、技术和制度等方面，进行激励或约束，更多地着眼于整体经济的结构优化与协调。

供给侧结构性改革并不是减少供给，一方面，供给侧结构性改革强调的是减少无效供给，比如当前严重过剩的部分产能；另一方面，供给侧结构性改革更多的是强调增加有效供给的数量与质量，这就需要提高生产体系的全要素生产率。[①]

2015 年年底的中央经济工作会议提出，要继续保持经济运行在合理区间，着力加强结构性改革，适度扩大总需求，同时要更加注重提高供给的质量和效率，提高投资的有效性和效益，加快培养经济增长的内生动能和持续动力，推动我国生产力整体水平和国际竞争力的稳定提高。

2016 年年底的中央经济工作会议强调，虽然我国目前经济发展所遇到的问题有总量性问题，但是根源在于结构失衡。因此，必须坚持供给侧结构性改革，充分认识改革开放 30 多年来已经大幅度提升的消费能力，要深究市场需求所在；要在细分市场需求的基础上，提供与需求结构相匹配的高质量、多品种、个性化的丰富产品；要减少无效供给，扩大供给的有效性和适应度，提升整个供给体系质量和效益。根本上，就是要进一步深化改革，让市场机制真正在资源配置中起决定性作用，健全要素市场，使价格机制真正起到引导资源配置的作用。

从"区间调控""定向调控"到"相机调控"再到"供给侧结构性改革"，体现了中央创新和完善宏观调控方式的新思路和新实践，为"十三五"时期进一步提高宏观调控水平、促进经济行稳致远奠定了坚实基础。

（二）宏观调控方式创新的基本原则

"十三五"时期，新形势新任务对创新和完善宏观调控方式提出了新要求。宏观调控也需要创新，具体而言可以从以下几个方面着手。

---

① 周艾琳：《供给侧改革要点全解析：提高全要素生产率为核心》，第一财经网，www.yicai.com，2016年1月5日。

1. 坚持总量调节和定向施策并举

总量与结构、整体与局部是宏观调控的两大组成部分。一方面，新形势下的宏观调控需要重视总量指标，重视总量平衡，对供给关系的变化趋势需要及时作出反应；另一方面，宏观调控政策也必须重视结构指标，重视结构优化，要重视定向调控、结构性调控，针对经济、社会、产业发展过程中的不协调、不平稳、不可持续问题，精准发力，尽快地实现关键环节突破和短板提升。

2. 坚持短期和中长期结合

宏观调控既有短期属性，也有长期属性，因此，新形势下的宏观调控需要坚持长期与短期相结合。一方面，宏观调控需要强调宏观调控的及时性，对经济发展过程中出现的问题应该具备及时应对的能力，比如突发的临时性事件，剧烈的经济波动等。另一方面，宏观调控也需要坚持长期属性，任何宏观调控不仅需要治标，还需要坚持治本，在一次又一次的治理短期经济问题的过程中不断奠定长期可持续发展的基础。

3. 坚持国内和国际统筹

当前全球经济一体化程度已经达到很高水平，我国作为世界第一大进出口贸易国，自身的宏观经济发展不可避免地会受到世界经济和其他主要国家的影响，在这种背景下，宏观调控必须既注重国内形势，也强调国际形势，更需要注意两者的结合。一方面，国内形势变化是宏观调控的基础，针对国内经济、社会、产业发展所出现的问题，宏观调控必须尽快地予以解决；另一方面，当国际形势发生变化时，宏观调控也必须考虑国际经济形势和世界主要贸易大国经济政策变化可能会对国内经济形势产生的影响并作出应对。

4. 坚持改革和发展协调

宏观调控另外一个需要注意的原则是要坚持改革与发展协调。一方面，保持宏观经济健康可持续发展是宏观调控的根本目标，宏观调控的目标、手段都应该强调发展的重要性；另一方面，我国仍然处于全面深化改革过程中，各个领域如经济发展、政治体制、社会治理、产业转型等多个领域仍然面临诸多问题，这些问题不可能完全依靠宏观调控解决，但是宏观调控可以在调控过程中局部地实现部分领域的改革。因此，新形势下的宏观调控需要坚持发展与改革协调。

三、"十三五"时期宏观调控的政策要求与主要任务

（一）宏观政策要稳

2015 年年底召开的中央经济工作会议提出，当前和今后一个时期，要在适度扩大总需求的同时，着力加强供给侧结构性改革，实施"五大政策支柱"，即宏观政策要稳、产业政策要准、微观政策要活、改革政策要实、社会政策要托底。

2016 年年底召开的中央经济工作会议又进一步强调，要坚持以提高发展质量和效益为中心，坚持宏观政策要稳、产业政策要准、微观政策要活、改革政策要实、社会政策要托底的政策思路，坚持以推进供给侧结构性改革为主线，适度扩大总需求，加强预期引导，深化创新驱动，全面做好稳增长、促改革、调结构、惠民生、防风险各项工作。

宏观政策要稳，就是要为结构性改革营造稳定的宏观经济环境。要坚持积极的财政政策和稳健的货币政策，但重点和力度有所调整。积极的财政政策要加大力度，对企业实行减税，并用阶段性提高财政赤字率的办法弥补收支缺口。稳健的货币政策要灵活适度，主要体现在为结构性改革营造适宜的货币金融环境，降低融资成本，既要防止顺周期紧缩，也绝不要随便放水，而是针对金融市场的变化进行预调、微调，保持流动性合理充裕和社会融资总量适度增长。

1. 稳住宏观政策为何重要

宏观政策要稳，从政府经济管理的宏观层面来看，是指政府通过相对稳定的财政和货币政策工具对国民经济进行干预，以保证宏观经济稳定运行。财政政策与货币政策是宏观调控的"左膀右臂"，两者实施主体不同、分工各有侧重，同时又有着密切的关联性，具有内在的协作逻辑。通过综合协调财政政策与货币政策，可以有效地提高政府调控水平，更好地实现宏观调控目标。当前和今后一个时期，宏观政策上强调一个"稳"字，目的就是营造稳定的宏观经济环境，以宏观政策之"稳"保结构性改革之"进"。稳住宏观是基础，宏观政策稳，预期就稳；宏观政策稳，增长就稳。如果宏观政策时不时"猛踩油门""急打方向盘"，

势必影响来之不易的结构调整机遇和成效。市场主体最需要持久稳定的预期，如果因为经济有一些波动，政府就立刻出手、动辄干预，就有可能造成市场扭曲，助长"政策依赖症"。

无论货币政策还是财政政策，宏观调控的政策目标都是经济增长、物价稳定、就业充分和国际收支平衡。由此不难看出，这些政策目标更为看重月度、季度和年度的经济运行状况，更为看重短周期内总量变化和相互平衡。而经济结构性指标，如产业结构、需求结构、收入分配结构、区域结构和城乡结构等，其内在结构的不断优化和日趋合理则是长周期的经济目标。实际上，这也正是需求管理和供给管理的不同侧重所在。只有各项总量指标稳定在目标区间内，才可能为结构调整奠定基础，营造环境、拓展空间，从而实现增长稳定、结构合理、协调持续发展的长期目标。

2. 当前货币政策和财政政策的基本取向

宏观政策内涵很广泛，既包括产业政策、社会政策、税收政策、投资政策、对外经济政策等具体领域宏观政策，也包括货币政策、财政政策等全局性政策。在当前的五大政策体系中，宏观政策特指货币政策与财政政策。

（1）稳健的货币政策。所谓货币政策，是指中央银行为实现特定的经济目标而采取的各种控制和调节货币供应量或信用量的方针和措施的总称，包括信贷政策、利率政策和外汇政策。

稳健的货币政策，是指货币政策随着经济环境的变化而变化，连续性高，波动不大，其主要目的在于维护经济发展的稳定，减少经济运行中的各种不确定性。除了宏观调控的四大目标外，本届政府给货币政策加了一个调结构的目标，通过定向调控加大对"补短板"的金融支持力度，如对"三农"和"小微"等信贷业务和金融机构实行可以更大幅度地"降准"和"降息"。

（2）积极的财政政策。所谓财政政策，是指政府为实现总供求的均衡，侧重于总需求的变化，对财政收支关系进行调整的准则和措施。换言之，财政政策是指政府通过变动税收和支出等手段影响总需求进而影响宏观经济的政策。财政政策的主要工具包括，预算、税收、国债、购买性支出和财政转移支付等。从对经济总量和总体结构的调节功能看，财政政策可区分为扩张性财政政策（又称为积极的财政政策）、紧缩性财政政策（又称适度从紧的财政政策）和中性财政政策（又称稳健的财政政策）。

积极的财政政策，是指在经济趋紧的时期，政府通过增加支出、增加投资的方式，扩大社会总需求，以熨平经济周期，保持宏观经济稳定的经济政策。具体到政策工具上，主要有减税、增加政府支出、发行政府债券三个方面。

1998年以来，我国已实行过两轮积极的财政政策：第一轮是在1998~2002年，共四年；第二轮是从2009年至今。几年来，我国的财政支出增长很快，债务规模不断增加，另外还推行了"营改增"、小微企业减免税、清理不合理收费等减负措施，对于"稳增长"立下了汗马功劳。但随着各方面情况的变化，积极财政政策已呈现出边际效应递减的趋势。

当前继续选择积极的财政政策，其原因主要有以下几个方面：一是经济进入新常态后，要遏制经济增长下滑过急过快的趋势，急需财政政策加力增效，特别是在货币政策连续"降准""降息"后仍然效果不彰的情况下。二是2020年全面建成小康的刚性要求。按照有关方面的测算，要在2020年达到GDP总值较2010年翻一番的目标，在整个"十三五"期间，年均GDP增长率不能低于6.5%。三是全面深化改革的需要，全面深化改革需要在一个平稳发展的环境中进行，而该环境的维持需要积极的财政政策托底。

3. 如何做到"宏观政策要稳"

（1）稳健的货币政策要适度灵活。从货币政策视角看，我国目前的固定资产投资占GDP的比重已经超过45%，投资边际收益率正在逐渐下滑，投资效率偏低，持续放松货币政策对经济的刺激效果已经下降。事实上，如果不跳出"三驾马车"式的传统"需求拉动"的思维方式，不从较长期的供给端去思考，不转变经济增长方式，提高效率和创新，即使政府进一步放松银根，对经济的刺激效果也不会明显，甚至有落入流动性陷阱的风险。

2015年中央经济工作会议提出，稳健的货币政策要灵活适度，为结构性改革营造适宜的货币金融环境，降低社会融资成本，保持流动性合理充裕和社会融资总量适度增长，扩大直接融资比重，优化信贷结构，完善汇率形成机制。

"去产能"是2016年经济工作的重点任务之一，淘汰一批"僵尸企业"是"去产能"的必要手段。从此角度看，货币政策必须坚持稳健，不能过于宽松。如果货币政策过于宽松，将不利于产业结构转型，正所谓"不破不立"。

2016年1月上旬召开的中国人民银行工作会议提出，要实施稳健的货币政策，营造适宜的货币金融环境。央行明确指出，要灵活运用各种工具组合，保持银行体系流动性合理充裕；继续运用抵押补充贷款、中期借贷便利、信贷政策支持再贷款等货币政策工具，支持金融机构扩大国民经济重点领域和薄弱环节的信贷投放，引导降低社会融资成本。

2017年的政府工作报告指出，货币政策要保持稳健中性，广义货币M2和社会融资规模余额预期增长均为12%左右。要综合运用货币政策工具，维护流动性基本稳定，合理引导市场利率水平，疏通传导机制，促进金融资源更多流向实体经济，特别是支持"三农"和小微企业。[①]

（2）积极的财政政策要加大力度。财政政策需要从以下几个方面着手：

一是切实为企业减负，打出减税、减费、减基金、降社保等的"组合拳"。近一个时期以来，社会上要求为企业减税的呼声十分高涨。理论上讲，在经济下行的时期，通过减税为企业降低负担，保证企业度过经济寒冬，存活到下一个繁荣期的到来，是宏观调控的题中应有之义。但具体到怎么减税，则必须结合实际情况，深入研究、审慎考虑。按照中央经济工作会议的精神，2016年的减税更准确的表达是"降成本""减负担"，主要集中在六个方面：降低制造业增值税税率；进一步正税清费，清理各种不合理的收费；降低社会保险费，精简归并"五险一金"；降低企业财务成本；降低电力价格；降低物流成本。其中，清理不合理的收费、政府性基金仍然是重中之重。

二是借力PPP，努力放大政府投资支出的效应。通过增加政府支出、加大政府投资而扩大有效需求，是积极财政政策的传统方式，也是传统宏观调控的经典做法。但与过去不同，2016年政府投资的方向将更加集中到有利于全局、长期、基础、中高端的方面上。例如，增加城市特别是中小城镇的基础设施、市政设施建设支出；增加重大科技项目和重大创新支出，进一步落实创新驱动发展战略；增加环境保护与生态修复方面的支出，积极支持能源升级、设备更新、大力发展环保产业等；加大扶贫支出，未来五年要解决7000万人的脱贫问题，需要投入6000亿元的巨额支出，用于产业建设、移民安置和最低生活保障等方面；加大各类补短板的支出，配合"去产能"，支持相关企业兼并重组、安置职工下岗、转岗培训等；继续增加棚户区改造、社保、就业、城乡社区、医疗卫生

①《政府工作报告》，http://www.gov.cn/premier/2017-03/16/content_5177940.htm，新华社，2017年3月16日。

等方面的支出。

三是阶段性提高财政赤字率，释放可用资金空间。理论研究表明，在任意一个时点上，增支、减税、控制债务这三个目标是不可能同时实现的，这就是财政分配上的"不可能三角"理论。长期以来，我国中央财政赤字率总体而言是控制得比较好的。按照《马约》中关于赤字率不超过 3%、债务率不超过 60% 的警戒线，即使实行了 6 年的积极财政政策，各个时期的赤字率有所上升，但到目前为止，我国的赤字率和债务率两个数值仍在安全线以内。通过阶段性提高财政赤字率，进一步释放可用资金空间，可以为稳定经济增长，推进供给侧结构性改革创造更好的条件和更大的空间。

2016 年是供给侧结构性改革的攻坚之年，从这一年的实践看，供给侧结构性改革的五项任务取得了较好成绩，为供给侧结构性改革的继续深入与经济可持续发展奠定了基础。

2017 年财政赤字率拟按 3% 安排，财政赤字 2.38 万亿元，比 2016 年增加 2000 亿元。安排地方专项债券 8000 亿元，继续发行地方政府置换债券。财政预算要更加重视补短板工作，在增加均衡性转移支付和困难地区财力补助的同时，压缩不必要支出。[①]

宏观政策要稳，内涵丰富，包括积极的财政政策要加大力度、稳健的货币政策要灵活适度等。按照中央经济工作会议的要求，从实行减税政策，到阶段性提高财政赤字率，从优化信贷结构，到完善汇率形成机制，一系列"稳"字当头的宏观政策必将为结构性改革撑起广阔的施展空间。

（二）创新宏观调控方式的主要任务

中共十八届五中全会从宏观调控实施依据、创新调控思路和工具、完善调控政策体系和运用大数据技术等方面入手，提出了"十三五"期间创新和完善宏观调控方式的重点任务。

1. 依据国家中长期发展规划目标和总供求格局实施宏观调控

国民经济和社会发展中长期规划是对我国国家发展做出的整体性安排，涉及

---

①《政府工作报告》，http://www.gov.cn/premier/2017-03/16/content_5177940.htm，新华社，2017 年 3 月 16 日。

诸多领域，也是我国所有领域发展的根本指导性方针，里面提到的任务与目标都应该在宏观调控中得到重视。一方面，宏观调控应该以国家中长期发展规划中所指定的各种目标为操作方针，根据这些目标制定出既能解决短期问题，又符合长期利益的宏观调控计划。另一方面，宏观调控要具备一定的全局思维，对不同领域的发展问题应该综合考量，协调好不同领域的发展难题，最大限度地实现发展的效率最大化。

2. 继续创新调控思路和政策工具

宏观调控本质上要求与时俱进，这是因为宏观调控遇到的都是现实经济活动中出现的问题，随着国内外形势的变化会衍生出更多的不同问题，这就要求我国的宏观调控能够坚持创新思维，不断创新出新的符合实际情况的调控手段与思路。中共十八大以来，我国的宏观调控思路形成了包括精准调控、区间调控、相机调控等一大批新思维和新思路，在实际调控过程中也取得明显成效，随着全面深化改革与经济改革的推进，未来肯定会遇到更多的发展难题与矛盾，而宏观调控无疑是解决这些难题与矛盾的重要手段。在具体的创新过程中，我国的宏观调控应该坚持"以我为主、实事求是"的宗旨，针对新问题、新矛盾，不能盲目信从某一派理论或者某一位专家，而应该始终从实际情况出发，实事求是地制定出科学的、符合我国发展最大利益的调控计划。

3. 进一步完善宏观调控政策体系

财政政策、货币政策为主，产业政策、区域政策、投资政策、消费政策、价格政策协调配合的政策体系是宏观调控的主要内容。政策实施质量与政策体系质量对宏观调控质量具有重要意义，想要提高宏观调控的质量必须做好以下三方面工作。一要加强政策研究基础工作，任何政策的出台都不可能是拍脑袋拍出来的，一方面应该就不同的政策设定不同的机构进行专门研究，另一方面也应该委派一些综合性的机构进行不同政策协调研究以及现实情况模拟研究。二要规范政策的实施程序，要对重要政策的出台程序、实施标准、要素支撑作出明文规定，保障政策的效果。三要完善政策效果的评估机制。在当前我国的政策体系中，一个明显的不足是缺乏对相关政策实施效果的事后评估，这严重影响了政策的实施效果，同时也不利于后续政策的配套实施，因此，强化政策效果的评估机制意义重大，必须尽快予以完善。

4. 运用大数据技术提高经济运行信息的及时性和准确性

宏观调控的精确性很大程度上取决于决策部门对宏观经济形势的准确认识，而这种认识又取决于对宏观经济数据的准确把握程度。实际上，在当前产业分工程度如此之复杂的情况下，如何获取准确的数据信息和数据变化趋势已经成为影响宏观调控精确性的重要因素。大数据技术是互联网时代的新型技术，该技术能够通过互联网和计算机技术获取海量的经济、社会、产业、人口等数据，并作出客观的判断，为宏观调控的精准性奠定基础。

第六章　中国制造：从生产型制造业向生产服务型制造业转型

　　制造业的资源整合与产业结构优化升级为工业化快速发展注入强大内生动力。信息技术在制造业产业中的广泛应用使制造业价值链环节发生结构性的重组并夸大了产业结构之间的差异。在技术和服务成为制造业独立的环节和强大竞争力的同时，高附加值环节基于生产要素的集中和效率提升而向产业链的上下两端迅速转移。技术和服务在制造过程中所占的比重越来越大使"生产型制造"的利润空间受到挤压，因此制造业正在从"生产型制造"向"生产服务型制造"转变。[1]"生产服务型制造"是产业分工更加科学和专业化高度发展的结果，信息技术的快速发展为以客户为主导的时代的来临奠定了基础，也成为倒逼制造业从"生产型制造"向"生产服务型制造"转变的内生动力。

　　信息技术的广泛应用逐渐消除了制造业与服务业之间的固有界限。处于产业链高端的服务业集中制造企业的生产要素和技术，从个性化或独特性向批量生产靠拢。而处于价值链低端的制造业企业为了实现功能和价值的双重集成，不断向价值链上游延伸。由于制造业和服务业产品特色功能界限以及组织特征等方面的弱化，从而出现了制造业与服务业在发展中相互融合的趋势[2]（如图6-1所示）。

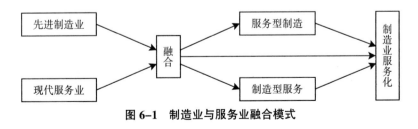

图6-1　制造业与服务业融合模式

① 慧聪网，http://roll.sohu.com/20120518/n343524116.shtml。
② 胡国良等：《现代服务业与先进制造业融合研究》，《科技进步与对策》2012年第10期。

随着企业规模的扩大和国际市场竞争加剧，全球制造业正在从"生产型制造"向"生产服务型制造"转变。制造业企业将一系列以前由内部提供的生产性服务活动进行垂直分解，实施外部化，将研发、设计、内部运输、采购等活动外包给生产性服务企业。制造企业将非核心的服务性经济活动外包给专业的服务商来做，不仅提高了效益，提升了效率，而且在提升企业核心竞争力的同时，带动生产性服务业的发展，达到了"双赢"。基于制造和服务模式的密切互动，生产服务型制造已经占据着越来越重要的地位。

2008 年的经济危机使以美国为首的发达国家重新审视原有的经济发展政策，从金融、服务型经济发展模式转变为以实体经济尤其以制造业为主导。一方面，处于"微笑曲线"顶端的高端制造领域出现向发达国家"逆转移"的态势。基于经济结构的调整和拉动经济增长的需要，发达国家重新制定以振兴制造业为核心的再工业化战略。美国发布《先进制造业伙伴计划》《制造业创新网络计划》，德国发布《工业 4.0》，日本在《2014 制造业白皮书》中重点发展智能制造产业，英国发布《英国制造 2050》等。如苹果在本土设厂生产，松下、TDK、夏普的部分产品生产也从中国转移到日本。另一方面，发展中国家为了本国经济的快速发展，也从国家层面出台了各种政策来支持实体经济特别是制造业的发展。尤其越南、印度、菲律宾等一些东南亚发展中国家依靠资源、劳动力的比较优势，在中低端制造业的承接上出台更加优惠的政策，以更低的成本承接跨国企业劳动密集型制造业和过剩产能的转移。如微软将东莞的部分设备和业务转移到越南河内，耐克、三星、富士康等企业也在东南亚和印度开设新厂。发达国家高端制造的回流和其他发展中国家对低端制造的争夺，对我国制造业形成"双向挤压"，廉价劳动力和低劳动成本已经不再成为我国发展制造业的优势。面对这种局面，中国生产型制造业更需要加快向生产服务型制造业迈进的步伐，推动中国实体经济的增长。

一、生产型制造业向生产服务型制造业转型的合理逻辑

信息全球化打破了制造业和服务业之间的传统界限。传统制造业有形产品受消费者所需要的产品和无形服务的捆绑观念的冲击，导致产品+服务成为生产型制造业发展的基本趋势。[①]

（1）不断虚拟化、网络化、外包化的企业生产方式要求生产型制造业提升服务比重。在一个虚拟化的框架之中，企业把自己的非核心业务外包从而更加专注于自己的核心业务，有利于充分发挥企业的比较优势，提升企业的竞争力。IBM就是一个典型的从生产穿孔卡片设备起家到计算机、服务器、硬盘，以及集成电路制造等多个领域，再到产业重点从硬件制造转向软件和服务，实现了从生产型企业到生产服务型企业的华丽转身的案例。[②]

（2）商业模式的创新迫切要求产业从生产型制造业向生产服务型制造业转型。制造业的产业价值链出现从以产品为中心向以服务为中心的发展趋势后，制造企业逐步将注意力从产品的生产转移到注重以消费者的消费、服务需求为导向的研发和售后服务领域。企业成为提供产品+服务的"集合体"。随着"互联网+产业"的纵深推进，这方面的加速越来越快，迫切要求生产企业加速从生产型制造向服务型制造转变。全球最大的飞机引擎和汽油涡轮机制造商罗尔斯—罗伊斯，不仅为客户提供质量可靠的产品，还提供高价值的服务，在服务业务中获取的巨额收入，成为公司收入的重要组成部分。[③]

（3）日益激烈的国际竞争市场要求生产型制造业向生产服务型制造业转型。随着国际化程度的不断加深，众多跨国企业通过整合产业链上下游生产与服务资源，实现了从规划、咨询、安装、维修到教育培训一整套全面"产品服务的综合

---

① 安筱鹏：《从生产型制造到服务型制造转变成全球制造业发展新趋势》，《经贸实践》2009 年 4 月 1 日。

② 安筱鹏：《推动"两化融合"的战略举措：从"生产型制造"到"服务型制造"》，《中国信息界》2009年第 4 期。

③ 安筱鹏：《服务型制造：制造业崛起的必由之路》，《中国电子报》2009 年 8 月 4 日。

体"。同时，跨国企业特别是制造企业将产业价值链重构，实现产品和服务的"捆绑销售"，提供以技术、知识为基础的服务，实施差异化竞争战略，从而在满足消费者需求的同时将目标转移到获取价值更多的服务环节，将传统的短期购买接触变为持续的多次服务甚至是终身服务，实现了从一次性交易向长期服务方式转变。美国的 GE 公司就是典型代表。

（4）生产型制造业向生产服务型制造业转型符合我国制造业的发展要求和满足生产企业加快企业内涵创新、提升竞争力的产业大环境的需要。德勤公司《基于全球服务业和零件管理调研》的研究报告显示，在其调查的 80 家制造业公司中，服务收入占总销售收入的平均百分比超过 25%，有 19% 的制造业公司的服务收入超过总收入的 50%。综观我国的企业，由于各种各样的原因，我国的生产型企业普遍存在生产同质化、产品质量不高、竞争力偏弱的问题。国际金融危机发生后，发达国家纷纷实施"再工业化"战略，重塑制造业竞争新优势，加速推进新一轮全球贸易投资新格局，以期走出经济发展疲软困境。同时，金融危机对我国实体经济也造成了巨大的打击，出现低端制造产能过剩和高端制造发展乏力等问题，凸显出我国生产型制造业的诸多顽症。加之我国正处于工业化加速期，由于经济结构调整等因素，制造业发展面临新挑战，调整结构、转型升级、提质增效刻不容缓。因此，从生产型制造业向生产服务型制造业转型不仅是实现"四化同步"的现实需要，也是实现我国经济结构调整、产业转型升级的重要途径。

二、从生产型制造业到生产服务型制造业的历史变革

生产服务型制造业并不是与制造业一起产生。制造业的规模化和集约化使生产服务型制造业从传统制造业当中逐渐分离并成为一个相对独立的产业环节。发达国家的生产服务型制造业都经历了从无到有并逐渐发展壮大的历程。而中国的生产服务型制造业也在艰难的产业环境中逐步转型发展。

（一）美国从生产型制造业到生产服务型制造业的进程

美国在 20 世纪初逐步建立的产业优势是依靠领先的技术创新能力而形成的。在这一过程中，美国制造业企业通过技术方面的优势先于其他国家企业开发出新产品，并依靠技术不断创新保持先于其他国家竞争对手的产品更新速度。然而，到了 20 世纪 70 年代末至 80 年代初，美国制造业在技术方面出现产品开发速度慢、质量不稳定、不注意生产技术改进等方面的问题。[①] 与此同时，欧日各国制造业实力大幅提升，其产品在与美国产品的竞争中开始具备一定优势。面对其他国家制造业的挑战，里根政府在 20 世纪 80 年代强调制造业的重要性，大力加强对新技术的科技支持，通过新技术对传统产业的改造，使这些产业的劳动生产率得到提升，同时促进以航空、医药、信息业为代表的高新技术产业成为制造业中的主导产业，使美国制造业产业结构得到调整，向高级化转变。针对高技术产业高投入、高风险和高回报的特点，美国在金融方面进行创新，依靠风险投资推动高技术产业高速发展，重新占据了世界制造业的领先地位。在这一过程中，美国制造业的增速一直高于整体经济增速。1980~2000 年其制造业劳动生产率以年均 3.5% 的增速持续增长，这一增速明显高于其他产业的水平。[②]

美国制造业自 20 世纪 90 年代以来的转变体现了新经济时代技术创新是经济发展的根本动力。技术进步来源于大规模的研发活动。美国政府一直重视从基础研究到技术应用的全方位研发工作，通过加大研发投入和多种对科技创新的扶植措施，使技术进步成为美国制造业发展的驱动力。与此同时，美国作为一个发达大国，拥有巨大的国内市场，强大的需求能力为高技术产品提供了充足的商业化机遇，给高技术产业的发展提供了广阔的空间。

进入 21 世纪后，美国经济发展不振，被美国人称作"美国脊梁"的制造业至今仍欲振乏力。最近几年，虽然制造业占 GDP 的比重大体稳定在 12.5% 左右，[③]但制造业就业人数占总就业人数的比重仍然呈现降低趋势。随着国际分工的发展，美国制造业中劳动密集环节外移，本国企业着重对研发、品牌、营销等高附

① 吴彤、李建庄：《对美国制造业重振雄风的政策认知过程的系统透视》，《清华大学学报》（哲学社会科学版）2003 年第 2 期。

② 陈宝森：《变革中的美国制造业》，《世界经济与政治论坛》2004 年第 2 期。

③ 刘戒骄：《美国再工业化及其思考》，《中共中央党校学报》2011 年第 2 期。

加值的关键环节的控制。与此同时，美国更加注重发展服务业、金融业等第三产业，"虚拟经济"空前发展。2008年的金融危机使美国各界再次意识到了制造业的重要性，认识到服务业的发展必须依托坚实的实体经济为基础，制造业是一个大国发展的持久动力。当前，再工业化成为美国经济发展的重要举措。同时，再工业化缓解了美国经济发展乏力问题，提升了就业率，为其经济走出低谷注入了强心剂。再工业化战略实施后美国制造业的发展水平开始提升，制造业发展的变化增强了产业间的互动，实现了生产型制造向生产服务型制造的转变，改变了美国经济的发展路径。[①]

（二）德国从生产型制造业到生产服务型制造业的进程

德国的工业革命同样是与科技革命密切相关的。工业革命初期，德国利用其科学界在化学方面的科研成果，使其石化业得到快速发展，在第二次产业革命中占据了有利地位。到19世纪末，德国发展成为工业化国家。而德国的机器制造业在19世纪末开始高速发展，到20世纪初，德国超越英国和美国成为全球工程机械生产的第一大国。工业全面超越英国，成为新的世界制造中心。值得注意的是，德国在工业化过程中不同于英美以民间自发为主的发展方式，而主要是靠政府的推动。德国政府除了在土地改革、关税同盟建立中发挥重要作用外，还直接投资建设工业和交通运输业（如加大铁路拨款，修建国有铁路），并通过干预教育（如开办技术大学）和技术研发推动工业发展。这段时间以生产型企业生产为主。

第二次世界大战后，德国通过扶植广大企业发展技术，迅速成长为世界经济强国的同时也成为制造业强国，其精密机械、汽车等工业制成品在国际市场上占有重要份额，"德国制造"成为高品质产品的代表。然而，在20世纪70年代，由于德国未能把握住产业发展的方向，忽视了电子信息技术的发展，其制造强国的地位被日本替代。在发现自身的不足后，德国迅速致力于产业结构调整，通过赶超战略发展高技术产业，到20世纪90年代，德国已成为世界领先的高技术出口国。[②]德国在发展高技术产业的同时，其传统产业一直保持着强劲的竞争力。

---

① 刘毅、周春山：《再工业化背景下美国制造业发展变化及影响研究》，《世界地理研究》2013年第4期。
② 斯特凡·泰尔：《众厂之厂——德国制造业制胜全球化时代》，《装备制造》2008年第4期。

作为德国支柱产业的汽车制造业一直占据着世界汽车业的高端。这与其良好的售后服务是分不开的。

在"德国制造"的背后是完备的研发和创新体系。德国人性格中的严谨性在其制造业发展中的体现是全方位的标准体系和高素质的工人队伍。正是因为拥有这些标准和能够严格执行标准的员工，才打造出高品质的产品，高品质也成为德国制造业竞争力的保证。德国认为人才是制造业发展的持续动力，为了维持高素质的制造业人才队伍，德国一方面建立了完备的职业教育体系，以保证人才的供给；另一方面则通过优厚的福利待遇保持人员的稳定，在德国，制造业工人的收入甚至要高于办公室白领。这种状况和这种"工匠精神"为生产型制造业到生产服务型制造业的发展奠定了良好的基础。

（三）日本从生产型制造业到生产服务型制造业的进程

明治维新使日本开始全面学习西方发达国家经验，引进先进技术，发展现代工业。19世纪末，日本发生了产业革命，经历了交通运输—冶金—轻工业的工业化历程，形成了较强的制造能力。第一次世界大战后，日本突出发展以军工为重心的重化工业，到第二次世界大战开始前夕，日本制造业中重工业比重超过轻工业比重，工业比重超越农业比重，初步完成了工业化。但在第二次世界大战前日本只是初步实现了工业化，第二次世界大战后才真正发展成为发达的工业化国家，其战后工业化经验尤其值得后发国家借鉴。第二次世界大战后，日本采取了以对外贸易为主的战略推动工业化发展。

第二次世界大战后，日本在经济发展初期并没有选择发挥劳动力优势的劳动密集型工业作为重点发展产业，而是通过政策扶植发展钢铁、石化、汽车等重化工业，选择以重化工业为主的发展道路。其具体发展过程是先集中人力、物力将煤炭、钢铁、电力等基础工业作为重点发展对象。然后在工业原材料和能源有了保障后，日本开始通过技术引进的方式复兴第二次世界大战前的造船业等传统制造业，同时开始发展电子、石化等新兴制造业。到20世纪50年代中期，日本制造业全面复兴。70年代，日本制造业通过应用型研发，发展了汽车制造、机电制造和半导体业等制造业。80年代，日本的汽车、机床、造船业产量占据世界首位，90 年代日本又成为集成电路的最大制造国，[1] 从而成为新的世界制造工厂。20 世纪末期，国际经济环境发生变化，日元大幅升值，对日本出口产生了不利影响；加上日本自身未能及时调整产业结构，缺乏新的经济增长点，从而陷入"失去的十年"。21 世纪以来，日本大力发展资本密集型产业，将高技术产业作为重点发展产业，利用新技术改造传统制造业，制造业进入上升通道。

面对人口密度高、资源匮乏的现实，日本在制造业发展中非常注重发挥技术的作用。在追求工业化过程中日本始终坚持认为，制造业既是经济发展的基石，也是技术创新的发源地。他们将技术当做是服务的一个重要方面。为了促进制造业升级，日本采取了许多政策措施：通过税收、财政等政策支持技术能力的提升和促进新技术新产品的产业化；通过改善工作环境、待遇，加强职业技能培训，在现有教育体系中加大制造业技术普及，从而实现稳定劳动力的供给，提升劳动力的素质。近年来，日本制造业的增幅、收益、出口都有所提升，日本制造业的发展带动了日本经济的恢复。[2]

（四）中国从生产型制造业到生产服务型制造业的进程

中国制造业在 15 世纪以前一直执世界牛耳，特别是丝绸和陶瓷让"中国制造"享誉全球。古丝绸之路和海上丝绸之路，不仅加强了中国与外国经济文化相互交流融合，而且见证了中国制造业的崛起、繁荣和衰落。

第一次鸦片战争以后，西方列强以工业化的坚船利炮敲开中国的大门。欧洲产业革命后的军事、公共、民用产品纷纷抢占中国市场，不断挤压以小农经济为基础的中国商业市场，中国的经济状况日趋恶化。封建统治阶级中的有识之士相继提出"师夷之长技以自强"的主张，以及"中学为体，西学为用""经远略""强国富民"等理念、政策，先后推行"洋务运动"和"实业救国"。中国制造业在民族危难中开始了漫长的觉醒、挣扎和艰难发展。由于当时统治阶层以及国家制度层面的失误，中国的制造业发展举步维艰，"实业救国"没有取得明显的成效。

---

① 丁庆蔚：《战后日本制造业兴衰对中国制造业科学发展的启示》，南京信息工程大学 2011 年。
② 李毅：《当前日本制造业的产业政策动向与制造企业的调整和变革》，《日本学刊》2005 年第 6 期。

新中国成立后，基于国际国内政治、军事形势的逼迫，以毛泽东为代表的第一代领导集体以实现国家工业化为目标，使中国制造业得到长足的发展，从而奠定了中国工业化的初步基础。国家第一个国民经济五年计划从苏联引进的 156 个重要项目，也全部与制造业相关。

改革开放以来，随着东部沿海地区经济特区的建立，我国制造业在引进国外先进的生产设备和管理经验后，制造业开始快速崛起，走上了轻型化、市场化、国际化的道路。2002 年中共十六大报告中明确提出"大力振兴装备制造业"，为装备制造业的发展提供了有力的政策支持。2006 年国务院出台的《关于加快振兴装备制造业的若干意见》中系统提出了振兴装备制造业的目标、原则、主要任务等，明确了振兴装备制造业的工作方向，提出加强中国制造业的自主创新能力。2007 年中共十七大提出，"发展现代产业体系，大力推进信息化与工业化融合，促进工业由大变强，振兴装备制造业，淘汰落后生产能力"。2011 年国务院颁布的《工业转型升级规划（2011~2015 年）》中明确提出，"加快推进服务型制造是加快工业转型升级的重要支撑"。2012 年中共十八大提出："用信息化和工业化深度融合来引领和带动整个制造业的发展。"这既是我国制造业发展所要占据的一个制高点，也是从中国制造向中国创造华丽转身的现实需要。中共十八大以来，党中央提出加快信息化、工业化、新型城镇化和农业产业化四化同步的要求和"一带一路"发展倡议，为制造业发展注入了新的内涵，提供了新的思路和动力。

目前，中国已经进入工业化中后期的历史节点，人民消费需求、各产业部门发展的装备需求、国内国际竞争和经济建设发展的需求，在生产装备技术水平、消费品品质提升、公共设施设备供给、重大技术装备产权自主等方面，都对制造业提出了新的要求。一个正在形成的 13 亿多人口的超大规模国内消费市场，是我国制造业所拥有的最大优势。①

然而，基于国际国内市场变化和我国制造业追赶超越的严峻形势，服务型制造业发展仍然十分缓慢。2011 年英国剑桥大学 Andy Neely 教授将服务型制造企业与本国制造企业总数相比较，统计的结果：美国 58%、芬兰 52%、马来西亚

---

① 《〈中国制造 2025〉解读之三：我国制造业发展面临的形势和环境》，新华网。

45%、荷兰 40%、比利时 37%、中国 2.2%。[1] 由此可见，我国的服务型制造业发展任重而道远。

三、我国发展生产服务型制造业的现实困惑

进入 21 世纪，随着经济全球化和加入 WTO，我国生产服务型制造业借鉴国外先进发展理念，加快自主创新能力，不断推动制造业产业结构细化和优化，生产服务型制造业发展取得了长足进步，但是也面临着以下困惑。

（1）市场对资源配置的决定性作用还没有充分释放出来，生产服务型制造业发展动力不足。一是我国市场经济的发展还没有完全摆脱密集型生产要素的制约和行政行为的影响。市场在资源配置中的基础性作用转变为市场对资源配置的决定性作用的潜在阻力依旧存在。比如 2013 年集中凸显的产能过剩问题就是产业低端产出无序化与相对的行业垄断成本之间矛盾的集中爆发。一些制造业企业在技术创新、产品研发和技术服务上的投入不足，导致了低端产出的批量和无序化，服务理念陈旧也损失了潜在的产品和消费市场。而不以市场为主导的行业资本以及资源的相对垄断又为制造业的转型变革增加障碍，因此生产服务型制造业发展空间和动力被削弱。二是支撑生产服务型制造业的生产性服务业发展所需的市场活力不够。随着产业结构的优化，生产性服务业从工业内部独立出来，成为一种专门的产业形态，这既是我国工业发展的必然趋势，也是走新型工业化道路的重要环节。生产性服务业的关键在于提高专业化的服务质量和提升生产服务型制造业的生产效率。但是，目前服务业领域受政策以及行业限定的影响，难以充分发挥其市场自主选择和调节作用，对产业发展构成了明显的束缚和抑制作用。

（2）生产服务型制造业市场化程度较低，导致生产性服务需求不足。生产服务型制造业的发展离不开生产性服务业的强力支撑。由于受市场化程度偏低的影响，我国生产性服务业发展缓慢，对生产服务型制造业的发展没有形成强大的支撑作用。一是制造业竞争模式还是以传统的劳动密集型产业和产品为主要的成本

---

[1] 陈锦华：《论制造业》，《人民日报》2012 年 2 月 20 日。

和价格的初级竞争。企业产业链过于侧重实体产品的生产，没有注重科技附加值的提升，材料消耗占产品成本比重较大。外包项目主要以产品生产为主，外包服务涉及面窄且水平不高，资金、人力资源、外购信息技术等占全部支出的比重偏小。资料显示，我国制造业中间投入中生产性服务所占比重远低于美国、德国和日本。而国有及国有控股企业，由于劳动用工体制僵化，业务调整和人员精简还面临着高昂的交易成本，技术进步、产品开发和产业升级的速度较为缓慢导致对外包服务需求不足，也束缚了生产服务型制造业的发展。二是本地生产性服务业与外资制造业互动不足。20世纪八九十年代以来，受国际跨国公司在世界各地尤其是发展中国家开拓生产、销售市场的影响，在迅猛的国际产业转移趋势中，很多地区充分利用密集的劳动力资本和区位优势，开始大量承接外资制造业在本地的投资和生产，产业规模和经济总量迅速扩大。但是外资制造业中加工、出口、生产型企业居多，生产性服务则主要是国外企业在本土做，因而产品线和产业链延伸处于封闭且断层当中，对于本地的生产性服务业的发展几乎没有带来机会。三是本地经济产业与外资企业关联薄弱，无法形成互利。受政策和机制的影响，本地经济产业游离于外资企业的生产销售活动之外，外资企业产品则通过跨国公司营销体系直接进入市场流通。外资企业所需的信贷、法律、物流、广告策划、市场调研等技术与商务服务，本地金融机构又难以有效供给，制造业与服务业之间内在的产业关联被割裂，产业链向服务业增值部分的延伸受到抑制，因而双方难以在发展中互惠互利。

（3）生产服务型制造业的科研创新和产业发展路径结构单一。生产服务型制造业为主导的经济结构转型升级对科研创新和产业的生产销售、服务的依赖性全面增强，但是目前生产服务型制造业的科研创新与产业发展之间没有形成有效的相互促进效应。一是科技创新资源配置难以实现市场化。科技资源分布模式的相对集中和不均衡使科研人员、科研项目、科研成果、科研费用都远离市场需求，造成了科技与经济难以实现互助效应。二是企业和产业的发展路径依赖结构单一。传统的产供销模式对市场、销售、融资成本、政府支持和劳动力的依赖过高。要实现国内、国外两个市场的创新增长，从企业角度而言，缺乏经验、人才和积极性。而政府在统一市场、物流体系、投融资渠道、人才培养等方面缺乏相应的支撑保障条件和法治政策环境。

（4）生产服务型制造业人力资源储备匮乏，可持续发展动力不足。生产服务型制造业的产业链价值增值更多地建立在管理人员、专业技术人员在行业领域高效的管理运营模式、先进的技术和科研创新的高素质基础之上。我国在这方面的管理人员、技术人员、培训人员等都非常缺乏。现阶段千军万马挤过高考独木桥的现状仍然没有改变，立体式的包括研究生、本科生和职业教育等多层次的专业教育还没有建立，在职教育也没有跟上，即使有，实践应用和实际操作为主的也相对较少。而决定生产服务型制造业做大做强的一个关键因素就是企业以及产品的后续服务能否与客户建立良好的生产与消费的互动和售后交流沟通。这在一定程度上决定着生产服务型制造业可持续发展的前景。由此可见，我国的服务型制造业发展仍然有很长远的进步空间。

四、我国发展生产服务型制造业的路径选择

进入 21 世纪，以信息技术、新材料、生物技术、新能源和 3D 打印等为代表的科技革命引发了新一轮工业革命。美国、德国、日本等生产服务型制造业发达国家在核心技术产业、智能制造、互联网经济等方面已经提早部署和发展。发达国家在技术、产业方面的领先优势使他们长期占据高端制造价值链顶端。如何打破这种困局，使我国生产服务型制造业在新一轮工业革命中实现突破发展，是一个必须直面和亟待解决的问题。可以说，新一轮工业革命对我国生产服务型制造业发展既是机遇，也是挑战。

（1）加大政策扶持，提高国家层面的支持力度，保障生产服务型制造业良好的产业发展环境。从国家战略层次将扶持发展生产服务型制造业纳入国家战略规划，从顶层开始设计，提升战略品位。一是加快对生产服务型制造垄断性行业的改革步伐，国家层面给予政策支持，合理引导民营资本和外资资金参与国有企业改组改造，推进资源配置由政府主导为主向市场调节为主转变。二是以政府为主导建立公开透明、高效规范的市场监管体制，加强对产业发展的总体规划和统筹管理，积极推进产业标准化制定、管理、引导等工作，提高服务质量，规范服务行为。三是加大生产服务型企业对内和对外开放力度，广泛利用各种渠道和手段吸引众多有利产业要素的流入，提高市场的竞争力，推动产业升级提档。四是建

立健全行业机制，积极引导行业协会发挥自身职能，从制度层面上减少和避免无序竞争。从发达国家生产服务型制造业发展的经验来看，强有力的行业协会能够促进行业之间健康有序发展。在政府引导下行业协会不仅能协助政府做好物流规划、协助制定符合实际的可行性政策、规范市场竞争秩序，同时还可以开展物流研究，指导行业发展，举办交流活动，提供信息咨询服务和各种专业培训。同时，行业协会建设也是加强和完善生产服务型制造业市场必不可少的关键环节。

（2）增强产业耦合度，构建生产服务型制造业特色鲜明、生产高效的产业链。一是进一步完善生产服务型制造业的上下游产业链，打造合理有效的供应链，淘汰不适应市场的低端产品。二是以核心竞争优势提升企业的竞争力。引导和推动企业管理创新和业务流程再造，逐步将发展重点集中于技术研发、市场拓展和品牌运作，实现核心竞争的"马太效应"。三是实行"主辅分离"，大力发展产业内部的专业化分工体系，将一些非核心的生产服务环节剥离交给社会化服务公司进行外包，提高产业的生产效率。四是围绕提升耦合度要求，有针对性地吸引关联性服务业进入，变单纯的制造业集聚为集成制造与服务功能的产业链集聚，扩大辐射带动效应。五是鼓励规模大、信誉高、服务质量好的企业集中化、大型化、组织化发展，支持实施跨地区、跨行业的兼并重组，围绕核心企业服务。六是打造信息中介共享体系，推动企业间信息、资源以及生产消费的共享合作，实现社会化服务与制造环节的"无缝式对接"。同时，要大力规范和健全服务业竞争秩序，降低服务外包的合作风险和成本，打造生产服务型制造业与关联产业合作共赢的一体化产业链。

（3）支持自主创新，增强生产服务型制造业产业核心竞争力。IBM等跨国公司的经验表明，要想实现利润最大化，必须将产品的生产、研究和服务一体化才能创造更高产品附加值。因此，我国的生产服务型制造业企业要根据自身的特点，建立健全技术创新机制，鼓励生产服务型制造业企业增加科技投入。一是政府提供投资与企业出资相结合，给予企业资金支持，使企业成为研究开发投入的主体，支持企业组建各种形式的战略联盟，在关键核心领域形成具有自主知识产权的核心专利和技术标准，增强企业的产品定价话语权。二是增强企业技术集成与产业化能力，促进企业的市场竞争力的提升，广泛普及和应用先进技术，加快电子化、自动化、人工智能等高科技的应用，用信息化改造传统服务业。三是鼓励大型、特大型生产服务型制造业企业以商标、专利等知识产权优势为纽带，进行跨地区、跨行业兼并和重组。引导中小企业灵活采用品牌特许经营、品牌租借、贴牌与创牌并行等方式，使自身的劳动力成本、营销渠道、客户资源等优势与知名品牌有机结合，走"借鸡下蛋"成长的道路。四是要创建创新性技术服务团队，拓宽人才建设渠道，既要做到重视人才引进，又要做到企业自身人才的培养成长，让人才做到效用最大化。实践证明，发达国家在建立了多层次的人才培训体系的同时，更是把科学的人力资源开发利用体系摆在了重要的位置，以保证为生产服务型制造业的发展提供大量的专业人才。五是充分利用产学研资合作，引入金融资本，建立"政策+创新+产业基金+VC 和 PE"机制，为科技成果的快速产业化提供全方位服务与支撑，保证科技成果产业化整个链条的通畅以及产业发展对科研的反哺。

（4）优化产业布局，推进生产服务型制造业高效集约发展。一是按照规模经济理论，通过规划布局、政策引导和必要的财政支持等形式，引导、扩大生产服务型制造业进行产业聚集区规划，形成支撑产业发展的规模经济和范围经济效应。二是以功能区、产业集聚区建设为载体，实现园区化管理、专业化服务和社会化、市场化运作机制，增强企业生态链的结合度，最大限度地降低成本、提升品质。三是消除针对服务型制造业的政策性歧视，营造良好的产业发展环境。对生产服务型制造业在用水、用电和用地上实行与制造业同等政策，采取减免税收、减免土地出让金等方式加大对生产服务型制造业的支持力度。发达国家生产服务型制造业的专门法规或专业资格认证程序，从制度上给予了从事生产服务型制造业的从业人员素质、水平、规范化程度、违约责任等一系列的保障，发达国家这些相对完善的相关法律法规体系，对促进制造服务业发展起到了非常关键的作用。我国目前这方面的法律法规还不够完善，有些地方甚至还是相对缺失的，在这个方面还应当加快立法步伐，确保相关行业的发展有法可依，产业发展环境秩序良好。

从 2011 年英国剑桥大学 Andy Neely 教授将生产服务型制造企业与我国制造企业总数相比较结果来看，中国目前所占比为 2.2%，不仅与美国的 58% 相差甚远，甚至与芬兰的 52%、马来西亚的 45%、荷兰的 40%、比利时的 37% 也相差太远。因此优化制造业产业布局，推进生产服务型制造业高效集约不仅是经济转型升级的内在要求，也是制造业从生产型制造向生产服务型制造转型的现实需要。

（5）抓好供给侧结构性改革的机遇，实现生产服务型制造业的追赶超越。2016 年中央经济工作会议明确提出，"推进供给侧结构性改革，是适应和引领经济发展新常态的重大创新，是适应国际金融危机发生后综合国力竞争新形势的主动选择，是适应我国经济发展新常态的必然要求"，要"推动我国社会生产力水平整体改善"。这是党中央适应和引领经济发展新常态的重大创新。一是结合政府提出的"互联网+装备制造"的科技发展新契机，引入互联网思维方式模式，打造"互联网+"状态下的全球生产服务型制造新模式。二是基于互联网基础，加强网上网下两个领域的全球营销及服务能力融合，打造智慧制造，加强风险内控能力及安全运行能力建设，以智慧工厂转型为目标，增强人工智能等科技含量，构建智慧研发平台和智慧生产平台，提高协同创新、精益化和自动化水平，实现用智能化方式增加生产制造型企业的产品科技含量，推动企业高效"裂变"。三是以供给侧结构性改革为契机，大力促进生产性服务业发展。"十三五"是我国从"中国制造"走向"中国智造"的关键时期。从国际经验看，制造业的转型升级离不开研发、物流、销售、信息等生产性服务业的快速发展。因此，加快生产性服务业发展是实现生产型制造向生产服务型制造的重要保障。

（6）依托产业技术联盟提高生产服务型制造业的国际竞争力。产业技术联盟可以成为推动生产服务型制造业崛起、面向国际竞争的强大动力。生产服务型制造业发展需要信息产业、新能源、生物技术、新材料运用等高新技术产业的支撑拓展发展空间，创造新的投资增长点和生产制造增长点。现代工业化进程使产业技术联盟与企业的关联已经密不可分。随着产业技术联盟的介入，企业的生产、销售、服务以及未来发展格局出现新的变化和调整，同时国内、国际竞争也更加激烈。依托产业技术联盟面向国际市场，围绕生产服务型制造业技术创新、原材料应用、核心知识产权自有等关键环节开展合作与资源共享，突破生产服务型制造业发展的区域格局限制。

2015 年 5 月，国务院正式印发了我国实施制造强国战略的第一个十年行动纲领——《中国制造 2025》。之所以被称为行动纲领，是因为这是党中央国务院在综观国际国内制造业竞争与发展、缩小国际国内制造业差距、提升我国制造业发展水平的基础上，从增强我国综合国力、提升国际竞争力、保障国家安全的战略高度出发所做出的一项长期重大战略部署。其核心是加快推进我国制造业创新发展、提质增效，实现制造业的转型升级，使我国从制造大国向制造强国转变。历史证明，制造业结构的优化与不断升级、制造技术与制造装备的重大突破，都深刻影响了世界强国的竞争格局，制造业的兴衰关系着世界强国的兴衰。作为实现中华民族伟大复兴的重要历史节点，生产服务型制造业既是关系国民经济发展的命脉产业，更是关系到提升我国综合国力的战略性产业。我们必须要抓住信息化、工业化这个有利的历史时机，实现生产服务型制造业制造体系和制造能力现代化，以制造业的繁荣和强大，托起中华民族伟大复兴的"中国梦"。

第七章 发展方式：从学习模仿到创新驱动

1978 年以来，中国走上了改革开放的崭新道路，充分发挥比较优势，积极向世界先发国家学习，可将其概括为"学习模仿"型发展模式。这一模式既驱动了中国不断赶超，实现了 30 多年的高速增长，同时也带来了极大的负面效应。经济发展进入新常态后，这一模式的弊端越发明显，不可持续。我们必须找到新的发展道路，迈向创新驱动之路。创新是引领发展的第一动力，我们必须紧紧抓住和用好新一轮科技革命和产业变革的机遇，把创新驱动发展作为面向未来的一项重大战略落到实处。

一、创新驱动：一种更高层次的增长方式

创新驱动是依靠知识资本、人力资本和激励创新制度等无形要素实现要素的新组合，是创造新的增长要素。它不仅可以通过创新解决长期增长中的要素报酬递减和稀缺资源制约问题，而且为经济持续稳定增长提供可能，同时还能在日益激烈的国际竞争中占据竞争优势，以避免传统增长模式带来的各种贸易摩擦。创新驱动的经济增长是比集约型增长方式更高层次、更高水平的增长。

著名管理学家迈克尔·波特将一个国家的经济发展划分为四个阶段，即从低到高依次是要素驱动、投资驱动、创新驱动和财富驱动。第一阶段是要素驱动阶段，经济增长的基础主要是依靠土地、资本、劳动力等生产要素的大量投入来驱动。换言之，该阶段对健康廉价的劳动力、适合农作物生长的自然环境、自然资源等依赖程度较高。在这一阶段，具有竞争力的主导型产业是煤炭、石油等资源

密集或劳动密集型产业。该阶段具有明显的粗放型增长方式的特征。第二阶段是投资驱动阶段,主要靠大规模投资来促进经济增长。企业通过投资等手段获得先进技术,进入高附加值产业环节,从而提升竞争力。企业吸收、改良技术的能力较要素驱动阶段有显著提高。在这一阶段,具有竞争优势的主导型产业是钢铁、制造等重化工业。该阶段是粗放型向集约型增长的过渡阶段,兼具大规模要素投入和全要素生产率提高的特征。第三阶段是创新驱动阶段,主要依靠知识的应用,提高企业自主创新能力,从而驱动经济长期、稳定增长。全民教育素质的不断提高,人力资本投资的持续增加,高效的产品及要素市场,良好的创新生态系统和创新文化是创新驱动增长的基础。创新不仅仅表现在技术领域,在制度、组织、体系、环境等多个方面也具有较强的创新能力,企业更多地依靠自主创新建立技术或产品的差异,并在国际市场形成一定的竞争优势。IT、新能源、生物医药等技术密集型产业占据主导地位。该阶段创新取代要素投入成为经济增长的主要推动力,经济增长表现出典型集约型增长方式的特征。第四阶段是财富驱动阶段。在这一阶段,产业升级到相对较高的水平,金融、房地产等行业挤占了大量的社会财富,商务成本大幅度上升,实业投资和创新行为受到冷落。企业乐于通过资本运作减少竞争来增强企业运营的稳定性,这反而削弱了企业的创新力,并不能从根本上增强企业的竞争优势。一国进入财富驱动阶段后,产业竞争力开始走下坡路,逐渐衰退。

根据经济学一般原理和先发国家的实践,经济增长呈现出阶段性的特点,在不同的经济增长阶段,经济增长的动力各不相同。从表 7-1 可以看出,在要素驱动阶段,要素投入贡献率高达 60%,创新的贡献率仅为 5%。进入创新驱动阶段后,创新的贡献率上升到 30%,而要素投入的贡献率下降到 20%。在四个阶段中,前三个阶段尤其是创新驱动阶段是保持国家竞争优势的主要力量,创新驱动阶段越长,通常会带来越久的经济繁荣。

表 7-1　不同阶段不同要素的贡献率

单位:%

	要素投入的贡献	提高效率的贡献	创新的贡献
要素驱动阶段	60	35	5
投资驱动阶段	40	50	10
创新驱动阶段	20	50	30

资料来源:The Global Competitiveness Report, 2013. World Economic Forum.

20世纪以来，世界上许多国家的发展印证了波特的理论。创新对于经济增长的贡献及对于国家的重要性受到越来越多国家的重视。尤其是进入21世纪以后，随着经济全球化的深入推进，国际竞争的加剧和互联网的兴起，各国都在通过实施创新战略提升本国竞争力。

我们认为，中国式创新驱动是指经济发展主要由科技进步推动，以知识和人才为依托，不再依靠传统的土地、资源、劳动力等初级要素实现发展，而是体现资源节约和环境友好的要求。创新驱动具有四个鲜明特点：一是物质资源消耗少；二是经济增长质量高；三是生态环境绿色化；四是持续发展能力强。

二、必须迈向创新驱动

创新始终是推动一个国家、一个民族向上发展的最关键力量，实施创新驱动发展战略决定着中华民族的前途命运。打造中国经济升级版，传统的发展模式显然不可持续，我们必须高度重视创新驱动，切实抓住和用好新一轮科技革命和产业变革的机遇，不再重蹈与前几次产业革命擦肩而过的历史覆辙。

（一）从科技创新到创新驱动的历史梳理

中国始终高度重视科技进步和创新。早在1956年1月，毛泽东同志发出"向科学进军"的号召。1978年3月18日，邓小平同志在全国科技大会开幕式上提出"科学技术是生产力"。1988年9月15日，邓小平同志在会见捷克斯洛伐克总统时提出：马克思说过，科学技术是生产力，事实证明这话讲得很对。依我看，科学技术是第一生产力。1995年5月6日，中共中央、国务院颁布实施《关于加速科学技术进步的决定》。由此可见，科教兴国成为国家发展的重大战略。1995年5月26日，江泽民同志在全国科学技术大会上正式提出实施"科教兴国"战略。中国开始谋求建立自己的创新体系，以此铺就民族复兴之路。2006年1月9日，胡锦涛同志在全国科技大会上提出提高自主创新能力，建设创新型国家的重大战略目标。中共十七大强调，提高自主创新能力、建设创新型国家是国家发展战略的核心、提高综合国力的关键，必须坚持走中国特色自主创新道路，把增强自主创新能力贯彻到现代化建设各个方面。

2012 年 6 月，胡锦涛同志在两院院士大会上再次强调：把推动科技创新驱动发展作为重要任务，推动中国经济社会发展尽快走上创新驱动的轨道。2012 年 7 月，党中央、国务院召开全国科技创新大会，对深化科技体制改革、加快国家创新体系建设作出全面部署，提出了创新驱动发展的战略要求。2012 年 10 月，实施创新驱动发展战略写入中共十八大报告。这是中国共产党在中国改革发展的关键时期作出的又一次重大抉择，开启了中国加快建设创新型国家和迈向科技强国的新征程。中共十八大报告指出，科技创新是提高社会生产力和综合国力的战略支撑，必须摆在国家发展全局的核心位置。到 2020 年，"科技进步对经济增长的贡献率大幅上升，进入创新型国家行列"。

2013 年 3 月 4 日，习近平同志在看望出席全国政协十二届一次会议的委员们并参加讨论时强调，实施创新驱动发展战略是立足全局、面向未来的重大战略，是加快转变经济发展方式、破解经济发展深层次矛盾和问题、增强经济发展内生动力和活力的根本措施。在日趋激烈的全球综合国力竞争中，必须坚定不移走中国特色自主创新道路，增强创新自信，深化科技体制改革，不断开创国家创新发展新局面，发挥科技创新的支撑引领作用，加快从要素驱动发展为主向创新驱动发展为主的转变，加快从经济大国走向经济强国。2013 年 9 月 30 日，中央政治局第九次集体学习时，习近平同志对实施创新驱动发展战略进行了系统的阐述。

2014 年 6 月 9 日，习近平同志在两院院士大会上讲话时指出："一个国家是否强大不能单就经济总量大小而定，一个民族是否强盛也不能单凭人口规模、领土幅员多寡而定。实施创新驱动发展战略，最根本的是要增强自主创新能力，最紧迫的是要破除体制机制障碍，最大限度解放和激发科技作为第一生产力所蕴藏的巨大潜能。面向未来，增强自主创新能力，最重要的就是要坚定不移走中国特色自主创新道路，坚持自主创新、重点跨越、支撑发展、引领未来的方针，加快创新型国家建设步伐。"[1] 2016 年 1 月 4 日，习近平在重庆考察时指出，创新作为企业发展和市场制胜的关键，核心技术不是别人赐予的，不能只是跟着别人走，

---

[1] 习近平：《在中国科学院第十七次院士大会、中国工程院第十二次院士大会上的讲话》，《人民日报》2014 年 6 月 10 日。

而必须自强奋斗、敢于突破。[①]

中国的工业化现代化与西方国家工业化现代化相比一个非常大的区别在于：西方国家工业化现代化是一个历时数百年的"串联式"发展过程，而中国走的是"并联式"的发展道路，在几十年内实现农业现代化、工业化、城镇化和信息化等目标，挑战多、压力大。在经济步入新常态后，创新驱动的作用显得更加重要。中国高投入、高消耗、高污染换来的是低产出、低效益、低科技含量、低端市场，核心技术受制于人，在全球价值链被嵌入"低端"环节。迈向创新驱动是形势所迫，大势所趋。

（二）传统红利渐行渐远

改革开放初期，相对低廉的土地、劳动力等要素支撑了经济快速增长，学术界称为"红利因素"。如人口红利、[②] 全球化红利、成本红利[③] 和体制转轨红利[④] 等。以人口为例，从 1982 年到 2011 年，中国适龄劳动人口占比从 61.5%上升至74.4%，总抚养比重从 62.6%下降至 34.4%，充沛的劳动力供给和低抚养比重形成的高储蓄率有力地支撑了中国经济的高速增长。但是，这种"红利"正在发生变化，正在离我们越来越远：中国逐步进入老龄化社会，加上生育率的下降，适龄劳动人口占比也出现了下降，人口结构禀赋出现了新变化，劳动力无限供给的状况基本消失。"中国制造"的比较优势不再明显。我们需要在维持原有优势的同时，抓紧迈向创新驱动，让产业结构调整更多地建立在知识、技术等复杂和高级要素上，培育出新的竞争优势。

（三）产业结构亟待升级

中国发展存在不平衡、不协调和不可持续的问题，其中产业结构的问题尤为

---

① 习近平：《落实创新协调绿色开放共享发展理念　确保如期实现全面建成小康社会目标》，《人民日报》2016 年 1 月 7 日。

② 1997 年，一些外国学者首次提出"人口红利"（Demographic Bonus）概念。1998 年开始，人口红利被联合国人口基金会在每年出版的《世界人口现状》中正式使用，也逐渐为国际社会所认同。所谓"人口红利"，是指一个国家的劳动年龄人口占总人口比重较大，抚养率比重较低，为经济发展创造了有利的人口条件，整个国家的经济形成高储蓄、高投资和高增长的局面。

③ 成本红利指的是中国相对低廉的土地成本、劳动力成本及环境保护成本等。

④ 体制转轨红利指的是中国经济体制领域的改革或调整，如建立社会主义市场经济体制、分税制等。

突出。其实，产业结构问题与创新能力不足密切相关，中国的创新能力、创新结构"锁定"了中国经济结构。在制造业领域，中国面临"三明治陷阱"带来的双重压力——前面有发达国家在高端制造里"围追堵截"，后面中低端产业许多国家在追赶竞争。2001 年，中国生产的耐克鞋占全球市场 40% 的份额，越南占13%，但到 2010 年，越南已经超过中国上升到 37%，中国则下降到 34%，正面临越来越多的"同质竞争"（见表 7-2）。

表 7-2 2001~2010 年耐克鞋加工订单分布

单位：%

年份 \ 国别	越南	中国	印度尼西亚	泰国	其他
2001	13	40	31	13	3
2005	26	36	22	15	1
2010	37	34	23	2	4

资料来源：耐克集团。

在此背景下，中国的出路共有两条：一是与各国正面进行"同质竞争"。这必然要求我们在同类产品、同类产业上比别人更具竞争优势，需要我们依靠科技加大传统产业的改造升级力度。二是努力创造"差异化"优势。这也要求我们在战略性新兴产业的发展上尽快取得重大突破，这显然有赖于重大的科技创新。在高端领域，中国制造既有"心脏病"也有"神经病"。也就是说，中国的发动机技术和控制技术都较为落后。比如，广泛应用于电脑、手机以及电力、水利等公共设施和军事装备上的芯片，大部分需要从发达国家进口，已经成为影响中国经济安全的"命脉"所在。据统计，全球 54% 的芯片出口到中国，为此每年需消耗2000 多亿美元外汇，成为中国第一大进口商品。麦肯锡全球研究院认为，中国的国内生产总值在 2025 年前如果要保持 5.5%~6.5% 的年均增速，则这种增长中必须有 35%~50% 的比重来自于生产力的提升，而这基本上需要靠创新来实现。

（四）资源生态约束日趋强化

中国是世界上最大的发展中国家，人口多、底子薄、人均资源相对不足是基本国情。目前人均资源量总和排名仅列世界第 120 位，环境可持续指数在 146 个国家和地区中列倒数第 14 位。无论是煤炭、石油、天然气和可再生资源，中国和世界平均水平相比都有一定差距。中国人均可再生淡水资源拥有量仅为世界平均水平的 1/3 左右，人均石油、人均天然气可开采储量均不到世界平均水平的 1/10（见表 7-3）。

表 7-3　中国人均资源拥有量与世界平均水平的比较

	年份	中国	世界平均	占比（%）
人均煤炭可开采储量（吨）	2012	84.8	122.2	69.4
人均石油可开采储量（吨）	2012	1.78	33.46	5.3
人均天然气可开采储量（立方米）	2012	2295	26581	8.6
人均可再生淡水资源拥有量（立方米）	2011	2092.8	6122.6	34.2
人均可耕地面积（公顷）	2011	0.08	0.20	41.5

资料来源：国家统计局。

据专家估计，按照目前的资源消耗能力，如果中国经济总量达到美国水平，则将消耗全球 124% 的原煤、120% 的铁矿石、108% 的钢材、160% 的水泥、100% 的氧化铝。中国很多地区的环境容量已接近饱和，以现有的环境承载支持繁荣的发展方式不可持续，难以为继（见表 7-4）。因此，中国经济发展要突破资源、环境及生态"瓶颈"约束，必须迈向创新驱动。

表 7-4　2012 年世界主要国家能源消耗情况

	GDP 占世界份额（%）	消耗煤炭占世界份额（%）	消耗石油占世界份额（%）	一次能源消耗总量占世界份额（%）
中国	11.5	50.2	11.7	21.9
美国	21.9	11.7	19.8	17.7
日本	8.3	3.3	5.3	3.8
德国	4.7	2.1	2.7	2.5

资料来源：国家统计局。

（五）市场换技术已经失灵

改革开放后，中国在多个产业领域推行"以市场换技术"的策略，通过让渡部分国内市场来换取国外先进技术和管理经验。这种策略在部分领域取得了一定成效，但许多行业却未达到预期目标。常见的情况是，中国的市场让出去了，但技术尤其是核心技术并没有换来。从另一个角度讲，在 20 世纪 80 年代，中国各方面技术都落后，处于"技术洼地"，发达国家淘汰的技术我们拿过来可以用很多年，现在我们从"追赶者"变成了"并行者"，在有些领域甚至成为"领跑者"。在这种情况下，发达国家愿意给我们的技术我们不需要了，我们想要的技术他们却不愿意卖给我们。

新形势下，全球经济深度调整，我国经济发展进入新常态，创新驱动发展战略是在调整中占据主动、适应引领新常态的重大战略。依靠科技创造先发优势、从要素驱动转向创新驱动、提高发展的质量和效益，符合我国发展历史演进的逻辑，是我国发展的重大系统性变革，是我们的必然选择。

（六）外部挑战日益严峻

2008 年金融危机以来，世界经济走势持续低迷，发达国家为重振经济纷纷采取应对措施，俄罗斯、印度、巴西、南非等新经济体不断崛起，中国面对的国际竞争日趋激烈。全球科技创新呈现出新的发展态势和特征，新一轮科技革命和产业变革蓄势待发。各国力图通过科技创新培育新的经济增长点、抢占未来发展制高点。一些关键技术已经出现了革命性突破的先兆，与中国经济转型升级形成了历史交汇。

世界主要发达国家都将科技创新战略作为国家发展的核心战略，提前部署面向未来的科技创新计划和行动。美国 2014 年发布《振兴美国制造业和创新法案》，2015 年制定和实施新的国家创新战略。欧洲着力打造"数字欧洲"和"资源效率型欧洲"，确立精明增长、可持续增长和包容性增长三大重点。《欧洲 2020 战略》要求，欧盟研发（R&D）投入占 GDP 的比例应提高至 3%。德国 2014 年颁布《高技术战略——创新为德国》（被誉为"高技术战略 3.0 版"），是继 2006 年和 2010 年以来德国第三次颁布的《高技术战略》，在德国史无前例。日本不断促进产业结构从"器物制造型"向"价值创造型"转换。

应清醒地认识到，世界上国家之间在政治、军事、经济领域中的竞争，归根结底是民族创造力的竞争，是国家创新能力的竞争。所有这些迫使我们必须尽快转入创新驱动的发展轨道，把科技创新潜力更好地释放出来。

（七）世界大国崛起的启示

从世界大国成长历史看，大国崛起一般呈现"科技强国—经济强国—政治强国"的历史规律（万钢，2015）。葡萄牙、西班牙和荷兰相继掌握先进航海技术，经由地理大发现走出了美洲航线、南亚航线和非洲航线，大量征服殖民地，成为16世纪和17世纪的强国。但由于未能建立依靠科技的现代制造业经济结构，被第一次科技革命后建立完整的科技体系和具有持续创新能力的英国所超越，英国由此成为具有世界影响力的强国。近现代以来，少数国家成功抓住了科技革命的重大机遇，崛起成为世界大国、强国。英国在以蒸汽机为代表的第一次科技革命后崛起，取代葡萄牙、西班牙、荷兰成为世界上第一个工业化国家。德国在以内燃机和电气化为代表的第二次科技革命后崛起成为工业化强国。美国抓住以电子信息等为代表的第三次科技革命机遇成为世界头号强国；日本、"亚洲四小龙"（中国香港、新加坡、韩国、中国台湾）实现赶超成为发达经济体。

三、中国迈向创新驱动的可行性分析

经过多年高速增长，中国科技整体水平显著提升，部分重要领域已经跻身世界先进行列，正成为具有重要影响力的科技大国。客观评价，中国已经拥有了迈向创新驱动比较好的基础。

（一）经济实力大幅提升

经过 37 年的改革开放，中国经济总体竞争力提升，经济增长年均增速保持在 9% 以上，连续超越多个经济大国，成为经济总量仅次于美国的世界第二大经济体。中国的发展水平从 1978 年的人均 GDP 155 美元，排名全球倒数，提升到 2015 年的 8000 美元左右，进入中等收入国家行列，人均 GDP 世界排名到达 80 多位。1978 年，中国外汇储备仅 1.67 亿美元，居世界第 38 位，人均只有 0.17 美元。2015 年外汇储备 3.3 万亿美元。中国物质条件显著改善，资金相对充裕，具备实施创新驱动战略的财力基础。

（二）拥有相对完善的产业体系

长期以来，中国发挥劳动力资源丰富、工业门类齐全等比较优势，积极利用全球资源，迎接国际产业转移，劳动密集型产业迅速发展壮大。轻工、纺织、电子等行业成为具有国际竞争力的产业。目前，中国已是世界制造业大国，多种产品产量居世界前列，产业门类比较齐全。中国制造业的规模和全面能力已达到这样一个阶段——可以对产品进行逆向工程并在数月内将新产品线辅助大规模生产。这得益于中国领先的工业中心所具有的研发和制造能力，为一个充满活力的创新体系奠定了基础。[①]

（三）研发投入稳步增加

经济的增长使科研的投入不断增加。自 2006 年以来，中国科技投入呈现持续大幅度增长态势。国家财政科技拨款发挥杠杆作用，有效撬动社会资金加大科技投入。2013 年，全国研发投入达到 1.19 万亿元，占 GDP 比重已经上升至 2.09%，首次超过日本，居世界第二位。2014 年全国研发共投入 1.3 万亿元，比 2013 年增长 9.9%。

（四）人力资源优势正在显现

中国 2014 年高校毕业生高达 727 万人。其中，工程类应届毕业大学生的规模在 200 万左右；科学家和技术人员的数量，从国外留学回国的学生和人才都在逐年增加。目前，中国研发人员总量达到 360 万人，超过美国的 193 万人，连续 7 年居世界之首。2013 年中国科技论文总量居世界第 2 位，科技论文数不断攀升。SCI 论文数量世界第二，仅次于美国，是排名第三英国的 2 倍。国内发明专利申请量占世界总量的 44.1%，连续四年居世界首位。

（五）国内市场规模优势明显

中国拥有 13.6 亿人口的庞大国内市场，能够吸引跨国公司和大批创新者。

[①] 世界银行、国务院发展研究中心：《2030 年的中国建设现代、和谐、有创造力的社会》，中国财政经济出版社 2013 年版，第 191~192 页。

中国已经将本国产业体系嵌入全球化链条中，本土企业能够同时利用国内国外两个市场，其创新能够获得规模经济效应，并能够形成集群，增强竞争力。同时，中国中等收入阶层规模未来十年将会翻一番，中国跨越"中等收入陷阱"后，其市场规模更是令人期待。再者，中国正在实施的新型城镇化战略，将为中国在城市规划、公共交通、绿色技术等领域创造巨大的创新空间，与之相伴生的消费结构和产业结构的升级，基础设施建设、社会事业发展、生态环境保护都蕴含着巨大的市场需求和发展空间，这也是中国的潜在优势。

四、中国迈向创新驱动的主要掣肘

中国既不是资源依赖型国家，也走不通对外依附的道路。中国除必须走创新驱动型发展道路外，别无他途。尽管前文对中国迈向创新驱动的比较优势已进行了分析，但也应看到，中国目前的创新能力与世界先进水平相比还存在较大差距（见图 7-1）。

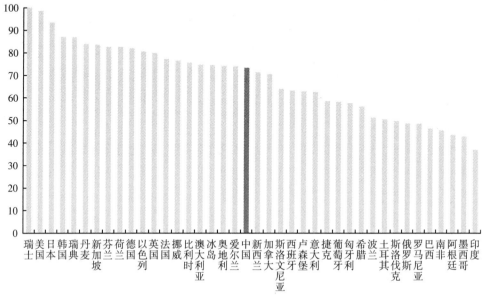

图 7-1　各国国家创新指数排位（2011 年）

资料来源：中国科学技术发展战略研究院：《国家创新指数 2012》。

（一）企业创新能力羸弱

中国企业对创新不够重视，创新投入低。有些企业动力不足，不愿意创新；有些企业能力太弱，不会创新；有些企业担心风险过大，不敢创新。规模以上工业企业设立研发机构的仅占总数的 25%，研发投入占销售额的比重不足 1%，发达国家企业相应的数据则为 80% 和 5% 以上。多数企业创新存在持续投入能力差、消化吸收再创新能力弱、自主知识产权产出少、新产品贡献率低等问题。汤森路透集团公布的"2012 全球创新企业百强"榜包括 47 家美国企业、21 家欧洲企业、32 家亚洲企业（日本 25 家、韩国 7 家），而中国企业无一上榜，这表明中国企业的创新能力和全球先进企业相比还有较大差距。

当然，企业创新能力差的原因并不仅仅在于企业本身，也在于要素价格和资源配置扭曲，政府对企业的不当干预和市场竞争的不充分致使企业普遍缺乏创新的内在动力。比如，在国家科技计划项目配置和银行贷款等方面，民营企业处于相对弱势地位。

（二）专利比较少，轻视消化吸收

世界知识产权组织显示，2013 年中国的国际专利申请量达到 21516 件，申请量仅次于美国和日本，成为《专利合作条约》①体系中的第三大用户。同年美国申请量达到 57239 件，中国仅为美国的 37%。中国虽然总量不少，但无线电传输、移动通信、半导体等高技术领域专利的 80% 为国外持有。中国高技术产品出口总量虽占世界第一，但 80% 以上是外资企业的产品，72% 是加工贸易产品。自主品牌出口不足 10%。

中国引进技术后消化吸收投入不足。科技部门曾经做过测算，日本、韩国用 1 美元引进技术，投入 7 美元进行消化吸收再创新。中国用于消化吸收的费用只相当引进费用的 7%，与日、韩相比差距悬殊。

---

① 1970 年 6 月 19 日，35 个国家在华盛顿签订国际专利合约（PCT），1978 年 6 月 1 日开始实施，现有成员 60 多个，由世界知识产权组织管辖。

（三）政府偏好不合理影响创新

偏好 GDP 的增长方式导致政府行为异化。市长和市委书记都成为企业化和公司化特征的代理人，各个地区都在谋求短期经济增长。部分地方政府行为短期化倾向明显，有的地方领导认为创新和科技是未来的事情，不是他们工作首要考虑的问题。部分地方政府采取零地价和减免税等措施吸引外来投资，竭力在短期内扩大 GDP 规模，同时扭曲了资源配置。显然，这种投资激励政策极不利于鼓励创新。[①]

（四）研发投入虽在提高，但仍相对不足

从研发投入占 GDP 的比重来看，美国研发支出占 GDP 的比重 2000 年为2.71%，2008 年则上升到 2.79%。中国这一指标 2000 年仅为 0.9%，2008 年提高到 1.47%，2013 年达到 2.09%，如果只进行纵向比较，中国的进步非常影响，但是横向比较，中国仍达不到世界平均水平，与发达国家存在较大差距（见图 7-2）。

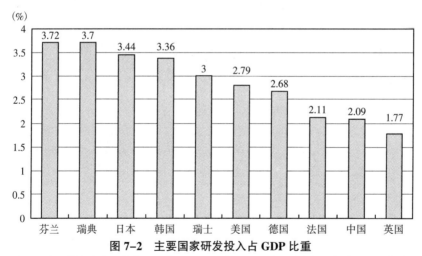

图 7-2 主要国家研发投入占 GDP 比重

资料来源：中国数据来自于中华人民共和国 2013 年国民经济和社会发展统计公报，其他数据来自《中国科技统计年鉴 2011》。

---

① 在 2013 年博鳌亚洲论坛上，美国经济学家费尔普斯建议，中国目前最重要的改革，是把中国的高储蓄的很大部分，从建设摩天大楼等项目中转移出来，重新把资金用于建设中国公司的创新项目，尤其是新兴公司，鼓励本土自主创新。

（五）技术对外依存度高，成果转化率低

中国技术对外依存度高达 50%，而美国和日本在 5% 左右。中国 95% 的高档数控机床、80% 的集成电路都依赖进口。中国科技成果转化率不足 10%，真正产业化的不到 5%，而发达国家科技成果转化率高达 40%~50%。比如，早在 20 世纪 60 年代，中国就率先实现了人工合成胰岛素，该成果获得国际同行很高的评价，但遗憾的是，由于各种原因，这项成果一直没有实现向产业转化。目前中国每年超过 250 亿元的胰岛素市场 95% 以上被外企垄断。[①]

五、创新驱动战略的国际比较及借鉴

世界上公认的创新型国家有 20 个左右。这些国家的共同特征是：创新综合指数明显高于其他国家，科技进步贡献率在 70% 以上，研发投入占 GDP 的比例一般在 2% 以上，对外技术依存度指标一般在 30% 以下。此外，这些国家所获得的三方专利（美国、欧洲和日本授权的专利）数占世界数量的绝大多数。研究这些国家的成长道路，对中国实施好创新驱动发展战略具有一定的借鉴价值。

（一）美国：创新驱动引领世界潮流

美国是世界上公认的第一科技强国，是世界上实力最强，最具竞争力的国家，更是典型的创新驱动型国家。美国创新驱动的主要做法可概括为以下五个方面：

1. 重视投入

美国政府认为，政府应投入大量的研发资金支持单个企业、科研机构或整个产业无法进行的探索性研究活动。美国是世界上研发投入最大的国家。据统计，美国研发投入占经合组织国家总支出的 40% 以上，约为第二大投入国日本的 2.7 倍。2013 年美国研发投入为 4500 亿美元，远高于欧洲 34 国的 3490 亿美元。高投入自然会有高回报，美国在主要科学与工程期刊上发表的论文数量一直居世界

---

① 罗永章：《转化型创新人才不能再稀缺》，《光明日报》2014 年 8 月 2 日。

首位。政府积极探索科技投入的有效方式，建立有良好回报的科技投入机制。政府主动介入自主具有"公共产品"性质的科研活动，保证国家关键科技研究开发项目。政府通过组织研究机构和企业组成技术开发研究中心，共同参与国家关键技术的研发活动，既分担了创新的风险，又保证了开发目标的实现。这一做法还有助于维持私营企业和科研机构开发新技术的连续性，帮助企业在商业上获得成功，最终增强美国的科技实力和国家竞争力。

2. 吸引与培养创新人才

美国高度重视创新人才的引进和培养工作。第二次世界大战结束后，美国一直把引进科技创新型人才作为其引进移民的重要工作。1946 年，美国制定了吸引外国留学生的富布莱特计划。20 世纪 60 年代，美国推出国际教育，为外国留学生取得永久居留权，加入美国国籍打开了大门，每年发给外国留学生和高技能人才的签证超过 70 万个。美国还多次修改《移民法》，不断放宽对技术移民的限制。美国的科学家和工程师约有 1/3 来自国外。正是得益于源源不断的创新型人才的"输血式补充"，美国长期屹立于创新前沿，成为世界经济发展的"领跑者"。

在培养人才方面，美国建立了一套以政府、企业、高校和非营利机构为主体组成的教育科学研究体系。美国拥有世界上最好的大学，将世界上最优秀的人才吸引到美国。现任总统奥巴马承诺，确保学生掌握 21 世纪需要的世界一流的知识和关键技能，建立一个有助于每个孩子在新的全球经济中取得成功的教育体系。计划到 2020 年时，恢复美国高校毕业生人数占总人口比例位居世界第一的地位。

3. 完善的法律保障体系

美国建立了保护知识产权、版权和商标以及能维护相关权利的法官、法院和法律系统，保护创新主体的权益，提高国家创新竞争力。如《拜杜法案》《史蒂文森—威德勒技术创新法》《国家合作研究法》等。美国允许国家投入形成的知识产权授权转让给个人或企业，使一批前沿学术研究成果能够迅速实现产业化。美国通过建立世界上最完备的科技法律体系，为美国走创新驱动发展道路营造了良好的法律环境，同时也维护了美国的利益。

4. 发达的资本市场

美国拥有世界上最发达的资本市场，为促进创新发展营造了良好的金融环境。借助资本市场，新建企业可以快速获得资金支持，这也促进了社会化的科技创新体系的形成与完善，弥补了金融系统中间接融资与科技创新无法有效结合的制度缺陷。

5. 一流的国家创新体系

在 19 世纪中期，美国的国家创新体系就已见雏形。经过 100 多年的补充完善，美国形成了以企业和科研部门为基础，以创新社会环境为辅助的国家创新体系。其特点是，政府的职责在于营造良好的鼓励竞争的外部环境，在基础性、前沿性研究领域发挥"驱动"作用；企业是技术创新和产业化的主体，在国家创新体系中居于核心位置，与高校、科研机构、政府和中介组织之间保持良好的互动。

（二）韩国：创新驱动实现赶超

韩国在 20 世纪 50 年代是一个相当落后的国家，1953 年人均 GDP 仅为 67 美元，1963 年人均 GDP 上升到 163 美元，10 年仅增加不足 100 美元。60~70 年代，韩国抓住美、日等国将劳动密集型产业转移到发展中国家的机遇，发挥本国劳动力资源优势，实施出口导向型发展战略，创造了"汉江奇迹"，成为"亚洲四小龙"之一。进入 80 年代以后，世界经济格局发生重大变化，西方国家受能源危机的影响转向奉行贸易保护主义，极大地冲击了韩国出口导向型经济。同时，西方国家开始了新一轮技术革命，大力推进产业结构转型升级。韩国政府意识到，必须及时转变发展方式，从出口导向的劳动密集型经济转向创新驱动型经济。经过持续的创新赶超，韩国已成功从中等收入国家行列跻身高收入国家行列。其许多做法值得中国研究借鉴。

1. 注重顶层设计

韩国在 20 世纪 80 年代初确立了"科技立国"战略，力图通过利用先进技术改造提升传统产业，发展知识密集型产业。1985 年，韩国颁布《产业发展法》，重点强调市场在产业发展和经济运行中的作用，极大地释放了市场力量，为产业优化升级创造良好的外部环境。进入 90 年代后，韩国进一步深化"科技立国"战略，加大对本国高新技术产业的支持力度，并逐步从模仿创新转向自主创新。1998 年，韩国提出"设计韩国"战略，大力发展文化创意产业，从制造国家转身为设计创新国家。在顶层设计指引下，韩国的自主创新能力大幅度提升，三星、LG 等成为全球著名大公司。

2. 加大研发投入

政府对研发的投入是衡量一国重视科技与否的标志之一。韩国高度重视加大财力投入与有效的激励，通过提升技术进步在经济增长中的贡献，实现由低成本优势向创新优势的转型。1962 年韩国研发投入（R&D）仅占 GDP 的 0.28%，1980 年达到 0.56%。从 20 世纪 80 年代开始，韩国加大对研究开发（R&D）的投入强度，研发投入规模每年增长 10% 以上。2008 年韩国研发支出占 GDP 比重达到 3.3%，超过日本、美国、德国等发达国家。美国国家科学基金会（NSB）理事会公布的《2012 年科学和工程学指标》（*Science and Engineering Indicator* 2012）中，韩国是"世界研发支出七大国"之一，投入总规模列世界第 6 位，仅次于美国、中国、日本、德国、法国。据统计，2006 年韩国每千人中的研发人员达到 4.8 人，而陷入"中等收入陷阱"的阿根廷则仅有 1.1 人，韩国是后者的 4.4 倍。

3. 极端重视人才

韩国对培养人才可谓是不遗余力。政府为优秀高中生设立"总统科学奖学金"，鼓励他们报考国内外名牌大学，培养世界级科学家。无论是考取国内大学还是国外大学都会颁发额度不等的奖学金。对在韩国投资的外国高科技企业，政府鼓励在韩国设立研发中心，如果研发中心雇用韩国的科技人才，韩国政府还会给予一定的资金支持。韩国目前总人口中每万人有研发人员近 40 人，处于世界领先水平。同时，韩国注重加强技能培训，培养大批能够满足创新活动需要的各类技术工人。

4. 科技法律支撑

韩国通过立法为企业从事技术创新活动提供制度保障。自 20 世纪 60 年代起，韩国陆续颁布实施了《科学技术促进法》《科学家教育法》《技术开发促进法》等科技法律。进入 90 年代后，韩国以进入高科技国家为目标，制定了一系列强化政府科技管理的法令。2001 年颁布的《科技框架法》涵盖法律多达 29 种，形成一整套较为完备的促进创新的科技法律体系，为韩国的科技创新活动提供重要的法律支撑，有效促进韩国创新活动的开展。

5. 发挥企业主体性

韩国将企业视为创新的主体，韩国企业尤其是大企业充当了创新驱动的主力军。韩国政府支持企业设立研发机构，在政府政策引导下，韩国的企业研究所、产业研发中心、企业技术开发中心等快速成长，成为韩国创新的主要力量。据统计，韩国政府投资的研发机构仅有 20 多家，而企业研究机构已经超过 1 万多家，许多大企业拥有多个研发部门。三星电子公司的研发所多达几十家，研发人员占员工的数量达到 40%，正是依靠强大的研发力量，韩国企业在世界市场的影响力在不断加大。

6. 政府采购扶持

实践表明，政府采购对于本国高新技术发展能起到一定的扶持作用。韩国支持创新的一条重要经验是通过立法强制政府对本国高新技术产品进行采购。韩国法律规定，政府机关和公共事业单位年度预算的采购计划中，必须含有购买本国中小企业产品的内容；各部门可以按高于国外同类产品的价格优选采购本国产品。为扶持民族工业发展，韩国政府 2004 年以 10 倍于同类进口汽车的价格采购数百辆现代公司新研制的清洁燃料汽车，政府采购国产软件的份额更是占到国内市场的 50% 以上。

（三）芬兰：小国家大创新

芬兰是一个面积仅有 33 万平方公里、人口 540 万的北欧小国，多次被世界经济论坛评为世界上最具竞争力的国家之一。其奥秘在于，从 20 世纪 80 年代开始，芬兰就着力推动经济从要素驱动、投资驱动向创新驱动转型，从"以资源为基础"的增长模式成功升级为"以创新为驱动"增长的模式。经过多年的探索与完善，芬兰建立了适合本国经济发展的创新机制，现已形成从教育研发投入、企业技术创新、创新风险投资到提高企业出口创新能力等一整套完整的国家创新体系。对于正迈向创新驱动增长的中国而言，芬兰的很多做法值得我们借鉴。

1. 打造世界一流的国家创新体系

所谓国家创新体系，是指政府、大学、企业、研究院所、中介机构等为一系列共同的社会和经济目标，通过建设性的相互作用而构成的机构网络，其主要功能是配置创新资源，协调国家的创新活动。芬兰是世界上首个将国家创新体系用于构建科技创新产业政策的国家。

在这一体系中，议会、内阁、科学与技术政策理事会组成首要政治机构，属于顶层设计部门，决定着芬兰创新发展的方向。教育部、贸易与工业部等政策制定部门属于第二层级的政策解析与描述机构，负责将抽象的战略、政策、理念转化为能够落地实施的具体措施。第三层级的创新机构包括隶属教育部的芬兰科学

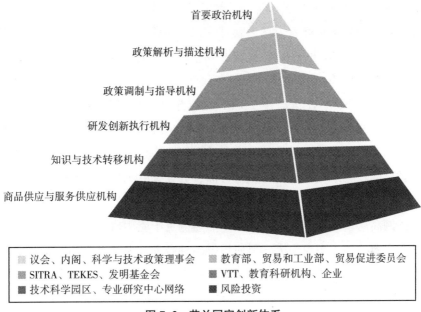

首要政治机构

政策解析与描述机构

政策调制与指导机构

研发创新执行机构

知识与技术转移机构

商品供应与服务供应机构

▨ 议会、内阁、科学与技术政策理事会	▩ 教育部、贸易和工业部、贸易促进委员会
▨ SITRA、TEKES、发明基金会	▩ VTT、教育科研机构、企业
▨ 技术科学园区、专业研究中心网络	■ 风险投资

图 7-3　芬兰国家创新体系

院、直属国家议会的 SITRA（芬兰创新基金会）与就业与经济部下辖的 TEKES（芬兰国家技术创新局），这是芬兰创新机构体系中的政策调制与指导机构，是推动科技成果向现实生产力转化的重要载体，实现了政府意志与市场运作的有机结合。以 TEKES 为例，其使命主要是通过制度和政策来促进创新的迅速推进，使国家创新事业走在"开放式、多层次、跨领域、实用化"的系统发展轨道上。TEKES 还为具有高风险性和创新性的研发项目提供无偿资助或低息贷款，提供资助的形式取决于研发项目的性质，是企业和研究机构进行重大科研和产品研制项目的资助者和促进者。企业、VTT（芬兰技术研究中心）、行业协会、大学等属于第四层级的研发创新执行机构。企业既是技术创新的重要参与者，也是技术成果的直接受益者，是芬兰创新体系中最积极和活跃的部分。VTT 主要负责执行和开展技术开发和应用研究，提供高端科技解决方案和创新服务。行业协会能够把政府、企业和各种社会资源整合起来，共同围绕某一个产业发展的目标，组成一个集群，进行研究开发、生产组织和市场开拓。第五层级是知识与技术转移机构，其主要完成者是芬兰的企业、科技园区、商业园区和孵化器。第六层级是商品供应与服务供应机构，其主要支持和推动创新与资本的融合。（如图 7-3 所示。）

2. 以教育引领创新

芬兰政府长期重视教育，认为教育是芬兰的竞争力，是保障芬兰创新驱动发展的关键环节。从 20 世纪 60 年代起，芬兰政府就把普及基础教育置于国家政策的重心，每年在教育方面的支出在国家预算中居第二位，仅次于社会福利开支。芬兰教育支出占 GDP 比重高达 7.5%，远远超过世界平均水平。在基础教育方面，芬兰实行 9 年义务教育，其目标是提高学生所需基本知识和技能，消除人们因社会背景不同所造成的差异，努力使学生能成为乐于探索，有道德并能接受更高层次教育的社会成员。在高等教育方面，芬兰是欧洲教育体系最完善的国家之一，约有 1/5 的人口接受高等教育。全国拥有 20 余所大学，人均拥有大学和图书馆的比例高居世界前列。在芬兰，企业多侧重于应用研究及开发，基础研究几乎全部由大学承担，政府为大学科研提供各种服务，大学则为国家源源不断地培养创新人才。芬兰从 20 世纪 90 年代开始设立技术学院，以职业为导向，培养具有高级技能的人才为目标。目前芬兰共有 20 多所技术学院，成为芬兰高等教育的主要组成部分，为企业输送了大批创新型人才。不得不提的是，芬兰的创新能力高很大程度上也得益于男女能平等享受各类教育。政府非常注意保护和鼓励女性的求知欲和学习热情。在最近 20 多年获得博士学位的人数中，女博士所占比例约在 1/2 左右。

3. 合理发挥政府在创新驱动中的作用

创新驱动需要治理。在创新驱动中政府扮演何种角色是个值得深入研究的问题。芬兰政府巧妙发挥"看得见的手"与"看不见的手"的协同作用，成功实现了创新驱动经济发展的战略目标。政府定位清晰，目标明确，充当了"创新服务者"的角色，主要是服务于市场和企业，注重激发企业和市场的活力。政府将科研机构、大学、公司企业同政府主管科技事业的教育部、贸工部等部门联系起来，制定直接支持企业进行研究开发的政策，通过宏观指导和协调，引导企业、高等院校和研究机构密切合作，推动技术开发及科技成果的转化，使科技成果快速转化为生产力。在基础研究领域，政府着力打造"创新生态圈"，专门成立了许多理事会、委员会、论坛等，为不同领域、不同背景的研究者提供交流思想和观点的平台，有效地调动了各方积极性，同时促使研发活动更贴近市场，更符合企业需求。同时，芬兰政府认为，人才是芬兰第一资源。基于此，政府一方面营造良好的创新创业环境，为创新人才提供施展才华的舞台，形成人才集聚效应；

另一方面，政府制定法律法规，从制度上防止本国创新人才外流给原有企业造成巨大经济损失。

4. 保持对科技开发的高强度投入

芬兰之所以在世界创新领域拥有一席之地，是与其在科技研发领域持续不断的高强度投入分不开的。20 世纪 70 年代早期，芬兰主要是通过大规模的要素投资带动经济增长，研发领域的投入极少。进入 80 年代之后，芬兰研发领域投入快速提高，1981 年研发经费占 GDP 比重是 1.17%，1985 年上升到 1.55%，到 1991 年则突破 2%，2000 年达到 3.4%，此后有的年份达到 4% 左右，远远超过欧盟不足 2% 的平均水平，也超过了美国的投入水平，是世界上投入水平最高的国家之一。我国现在的研发经费占 GDP 比重刚超过 2%，仅相当于芬兰 90 年代初的水平。此外，政府还以免税的方式鼓励企业资助大学和研究机构的技术研发活动。政府将重大科技发展项目纳入国家计划，与企业联合投资，成果则归企业使用。在政府的示范影响下，芬兰研发经费投入中私营部门的比重已达到 70%。

5. 设立高科技产业园区

芬兰成为世界一流创新驱动型国家的成功秘诀还包括设立高科技产业园区。在 20 世纪 90 年代，芬兰选择以产业集群带动经济发展，通过设立高科技产业园区提高产业发展的关联性，一举实现战略转型。芬兰的高科技产业园区一般建在当地著名高校和科研机构周围，以州为依托，把科研、生产和产品销售紧密结合在一起，使科研成果迅速产业化，企业可以充分利用大学和科研机构的图书资料和实验设备等公共资源，同时也能从高校或科研机构中获得最新科研成果。芬兰高科技园区一般规模不大，但都符合当地经济发展特色和大学的人才优势，非常有力地促进了技术创新和高技术企业的融合发展，可谓是因地制宜、量体裁衣的典范。各个园区有相对明确的发展方向，逐步形成了各具比较优势和特色的产业结构。同时，芬兰发达的风险投资公司为创新提供充足的资金支持。通过发挥园区的平台作用，芬兰打通了科研成果从研发到转化的相关环节，实现了创新驱动经济发展的目标。

六、以创新驱动打造中国经济升级版

打造中国经济升级版，必须深化供给侧结构性改革，改变对传统增长动力的过度依赖，从要素驱动、投资驱动转向创新驱动，从外生性增长转向内生性增长。当前，最为紧迫的重点任务是要进一步解放思想，破除一切束缚创新驱动发展的观念和体制机制障碍，让一切有利于创新驱动的活力源泉充分涌流，培育打造中国经济升级版的强大新引擎。

（一）加强国家创新体系建设

"十三五"期间，要打造促进经济增长和就业创业的新引擎，构筑参与国际竞争合作的新优势，推动形成可持续发展的新格局，促进经济发展方式的转变，为进入创新型国家行列提供有力保障。首要的任务是建立国家创新体系。如前文所述，无论是美国，还是芬兰，其共性之处是都建立了一流的国家创新体系。需要重点做好以下几项工作。

1. 培育一批具有竞争力的企业创新主体

促进创新资源向优势地区的优势企业集聚，加快培育一批创新型企业，使其率先成长为真正的技术创新主体。我国区域经济发展差异较大，研发资金投入、技术积累和创新人才总体不足，如果采用平均的"撒胡椒面"式发展思路必然效果不佳。应通过单点突破的办法，先认定一批"国家自主创新示范城市"和"国家自主创新示范企业"，而后将国家重点实验室、国家工程技术（研究）中心、国家级企业技术中心等更多地布局到这些城市和企业中，将高新技术产业化示范项目、技术改造等项目更多地安排到上述城市和企业中。促进创新资源向优势地区及其优势企业集聚，造就一批掌握核心技术并具有技术溢出能力的创新型跨国企业。

2. 发挥政府在创新驱动中"看得见的手"引导作用

作为一个后进的技术追赶型大国，在发展的过程中面临着"围追堵截"多重挑战。那些事关经济命脉、国家安全和未来经济技术竞争制高点的技术，国外不会轻易卖给我们，无数实践已经证明这一点。而且，研发此类的技术资金投入大、组织难度大、失败风险大，政府必须发挥引导作用，组建一批以国家实验室为引领的创新基础平台，夯实自主创新的物质技术基础。[①]

3. 构建公益性、网络化、高水平的科技中介服务体系

各创新主体之间缺乏联系和互动是影响我国创新驱动发展的一大短板，为促进创新活动高效推进，充分发挥科技中介服务机构的作用显得十分必要。建议把国家历年来支持的科研活动获得的科技信息资料，包括研究目的、方法、过程、技术内容、中间数据以及经验教训，交由第三方集中整理，建立全国科技信息数据库，尽可能向公众开放共享。应鼓励发展集融资顾问、研发服务和技术转移于一体的商业性技术服务机构。同时，应通过鼓励建立和发展技术转移服务联盟等方式，进一步提高生产力促进中心、大学科技园、科技企业孵化器、技术市场、技术转移机构等科技中介服务机构的服务功能和服务水平。

（二）强化企业在创新驱动中的主体地位与主导作用

企业强则科技强、产业强、经济强、国家强，创新型企业既是创新驱动发展的主要载体，也是提升国家竞争力的重要基础。中国企业创新能力近年来在快速提升，但真正依靠科技创新在世界竞争中占据主导优势的企业并不多。"十三五"期间，实施创新驱动发展战略，必须强化企业创新的主体地位和主导作用，形成一批具有国际竞争力的创新型领军企业。[②]

1. 强化企业在技术创新中的主体地位

企业创新能力是一个国家竞争能力的重要体现。必须发挥大型企业创新骨干作用，充分调动中小企业创新活力，着力推进应用型技术研发机构市场化、企业化改革。务必使企业真正成为技术创新决策、研发投入、科研组织和成果转化应用的主体，促进科技成果向现实生产力转化，以增强企业在市场竞争中的核心竞争力为目标来提高企业技术创新水平。强化对企业技术创新的源头支持，鼓励企业围绕市场需求建立研发机构，引导企业加大研发投入力度，健全组织技术研发、产品创新、科技成果转化的机制，支持企业推进重大科技成果产业化。构建

---

① 国家实验室已成为主要发达国家抢占科技创新制高点的重要载体，诸如美国阿贡、洛斯阿拉莫斯、劳伦斯伯克利等国家实验室和德国亥姆霍兹研究中心等，均是围绕国家使命，依靠跨学科、大协作和高强度支持开展协同创新的研究基地。

② 《中共中央关于制定国民经济和社会发展第十三个五年规划的建议》2015年。

技术创新公共服务平台，引导中小微企业走"专精特新"的发展道路。

企业自身应该不断加大创新投入，努力通过发展动力创新、发展路径创新、发展内涵创新以及商业模式创新等，在市场竞争中不断做大做强。企业应选择符合企业自身比较优势的自主创新道路。充分发挥企业科技人员在新技术引进、新产品开发、新工艺运用方面的主动性、积极性。促进资本、管理和技术等生产要素参与分配，激发科技人员创新活力。

2. 组建产业技术创新战略联盟

推进技术创新、商业模式创新和管理创新，逐步提高企业技术创新开放合作水平。企业根据自身条件可与科研院所、高校等共建研发机构，从而实现优势互补、成果共享、风险共担。推动企业技术创新由重引进向重消化吸收的转变，走出"引进—落后—再引进—再落后"的怪圈，推动企业实现更高层次的创新。

3. 推进开放式创新

目前，全球创新要素开放性流动显著增强，为中国有效利用国际创新资源、提高创新起点提供了有利条件。中国企业必须以全球视野谋划和推动创新，学会整合全球创新资源，立足全球发展建立海外研发中心，优化完善其创新网络。同时，按照国际规则并购、合资、参股国外创新型企业和研发机构，通过向高手学习，与高手竞争，提高中国创新能力。

（三）彻底扫除影响创新驱动发展的制度障碍

迈向创新驱动发展道路离不开相应的制度安排，而制度设计的合理与否将直接影响"十三五"期间创新驱动发展的最终效果。因此，务必坚决清除影响创新驱动战略实施的制度障碍，打通科技和经济转移转化的通道，为创新驱动发展提供有效保障。

1. 知识产权制度

知识产权的价值在于防止侵权，激励创新，促进竞争。健全的知识产权制度是保障创新者经济效益的基础，能保证充足的创造发明供应市场，从而刺激经济持续增长。知识产权制度的核心——专利制度对于创新尤为重要。在美国人看来，专利制度就是将利益的燃料添加到天才之火上。美国等发达国家持续的创新是与其以专利制度为主的知识产权制度设计密不可分的。中共十八届三中全会明确提出，加强知识产权的运用和保护，健全技术创新激励机制，探索建立知识产权法院，这是对创新驱动发展的重要支撑。通过加强知识产权的运用和保护，引导科技成果转化，各类主体建立利益共享、风险共担的知识产权利益机制，从而促进创新要素的高效流动和有效配置。

2. 协同创新制度

协同创新是指通过突破创新主体间的壁垒，促进创新资源和要素有效汇聚，充分释放彼此间"人才、资本、信息、技术"等创新要素活力而实现深度合作。形成以网络化、非线性、开放性为特征，以多元主体相互联合与协同互动为基础的协同创新模式。换个角度来讲，协同创新就是打通企业、政府、高校、科研、金融机构之间的各种梗阻，围绕产业链部署创新链，围绕创新链完善资金链，营造开放协同高效的创新生态。企业出题目，政府引导高校、科研部门研究相关内容，协同进行技术攻关，促进研究能力和产业需求无缝对接。下一步应深化科研院所改革和高校科研体制改革，推动建立权责清晰、优势互补、利益共享、风险共担的产学研合作机制。

（四）做好培养创新人才这篇大文章

创新驱动实质上是人才驱动。没有强大的人才队伍作后盾，创新驱动就成为无源之水、无本之木。新加坡前总统李光耀曾说，英国和法国曾为其殖民地制定过 80 多部宪法，这些宪法、制度、权力制约与平衡都没有什么问题，但这些社会没有出现有能力运作这些制度的优秀领导人……结果爆发了骚乱、政变或革命，他们的国家失败了，政体也崩溃了。[①] 由此可见，人才直接关系到国家治理水平的高下。诺贝尔经济学奖获得者、美国经济学家舒尔茨 20 世纪 70 年代在其人力资本理论中提出，人力资本的积累是社会经济增长的源泉，现代经济发展必须依靠增加脑力劳动者的比例来代替传统的生产要素。富有创新精神、勇于追求真理的高层次创新型人才，是推动科技进步、经济社会发展最重要的力量。

20 世纪下半叶以来，随着科学技术影响力的日益增强，高层次创新型人才已成为一个国家核心竞争力的重要标志。因而，要实施好创新驱动发展战略，必须加快形成一支规模宏大、富有创新精神、敢于承担风险的创新型人才队伍。充分调动起广大科技人员的积极性，创新成果才会源源不断涌现。应在创新活动中

---

① 李光耀：《李光耀论中国与世界》，中信出版社 2013 年版，第 38~39 页。

培育人才、创新实践中发现人才、在创新事业中凝聚人才，推动中国从人口大国迈向人才大国、人力资源强国。

1. 培养高素质人才队伍

关注创新型科技人才队伍建设，培养一批科技领军人才和创新团队，引导其成为创新驱动的中坚力量。提高普通从业人员的技术、管理和劳动技能。营造优秀人才脱颖而出和尊重知识、尊重劳动、尊重创造的环境，让全社会创新的涌流不断迸发。

实施创新驱动发展战略既需要科学家和技术开发人才，也需要高素质的管理人才和其他类型人才。应该看到，中国高技能人才，如高级技工储备不足。从某种程度上说，高技能人才在一定程度上已经成为中国实施创新驱动发展战略的短板。为此，要不断加大高技能人才的培养力度，采取学校教育培养、企业岗位培训、个人自学提高等多种方式，大规模开展技能人才培训。

2. 完善人才评价

以创新实绩、同行评价、市场评价作为人才评价的重要参考指标，而不是以领导认可、人际关系作为评价标准。不断完善体现创新成果的人才评价体系，形成更为科学的人才评价制度。

3. 大力吸引、选拔人才

以全球化视野谋划和推动创新必须拥有大批全球化人才。如前文所述，美国成为世界科技实力最强的国家奥秘之一在于吸引了世界大批顶尖的科学家与工程师。据统计，全球技术移民总数的40%到了美国，外国科学家和工程师占全美科技人员总数的20%左右。中国虽然拥有数量居于世界前列的科技人力资源，但尖端人才和一流科学大师严重匮乏。应大力引进海内外高层次创新人才、创新团队和各学科的领军人物，以高层次人才推动高水平创新。借助第三方力量开展创新人才评选活动，不断加大对专业技术拔尖人才及创新创业人才激励的力度。

破除人才流动和使用中的体制机制障碍，促进高校和科研院所的创新人才向企业流动。鼓励创新型人才向企业集聚，注重发挥企业家创新才能。搭建集聚多层次人才的活动平台，促进跨行业、跨学科领域的人才资源流通。

4. 重视青年科技人才

青年科技人才最有创造力，是一个国家能否持续保持创新发展的关键。但坦白说来，中国青年科技人才的工作、成长环境并不好。青年人才因为职称较低等原因，待遇普遍偏低，晋升职称压力很大，难以全身心投入创新活动中去，这已是高校、科研院所的普遍现象。再者，现行科研管理体制、科研经费分配存在"马太效应"，在争取项目和科研经费支持上青年人才处于劣势地位。

（五）培育创新驱动发展的文化土壤

实现创新驱动发展既需要正式制度的规范和引导，也需要非正式制度的激励。文化作为非正式制度的重要内容，对于创新的影响也是极为深刻的。创新文化既是社会成员的创新能力和习惯的表现，也是社会共有的关于创新的观念和制度的设置。应该承认，中国现在全社会创新氛围不浓、创新文化不足，当前存在一些不利于创新的地方，严重阻碍了自主创新能力的提升。比如，士农工商重本抑末的传统文化，应试式、填鸭式的教育文化，等级式、官位式的权力文化，重立项轻绩效、重收入轻产出的科研文化等。只有创新的文化才能孕育出创新的事业。

1. 形成崇尚科学、追求卓越、尊重人才的社会氛围

政府应注重宣传普及科学知识、科学方法、科学精神，在全社会形成创新的良好风尚。在科研领域提倡科学精神：求真务实、诚实公正、怀疑批判、协作开放。坚持尊重劳动、尊重知识、尊重人才、尊重创造。改进考核评价制度，改变当前科研评价体系中只重数量不管质量，不评估科技成果本身的创新性和贡献的做法。大力宣传献身科技事业并做出重大贡献的科学家、工程师以及将科技成果成功转化的企业家。

2. 善于吸收人类文明成果

培育创新文化绝非故步自封，而是既要大力继承和弘扬中华文化的优良传统，又要吸收国外文化的有益成果。在当今世界，任何一个国家都不可能也没有必要完全依赖自有技术推动发展。我们应以全球视野谋划和推动创新，这也是创新文化的组成部分。

3. 培育创新文化需要制度保障

创新文化并不是自然形成的，制度安排也不可或缺。比如，通过改进教育体制，培养广大青少年的创新意识，提高其实践能力。再如，加快建立健全国家科技报告制度、创新调查制度、国家科技管理信息系统，大幅度提高科技资源开放共享水平等，都有助于形成良好的创新文化。

七、相关配套举措

任何良好的制度都离不开有效的配套举措来支撑。实施创新驱动发展战略，打造中国经济升级版，必要的配套举措不可或缺，当前可在以下几个方面有所突破。

（一）深化科技体制改革

中共十八届五中全会提出，深化科技体制改革，引导构建产业技术联盟，推进跨区域、跨行业协同创新，促进科技与经济深度融合。要通过深化科技体制改革，最大限度地解放和激发科技第一生产力蕴藏的巨大潜能。畅通科研成果转换渠道，着力挖掘创新供给和创新需求两方面的潜力，完善科技成果处置权和收益权制度，打通科技与经济之间的"肠梗阻"。创新科研管理体制，完善基础研究支持机制，鼓励科研人员进行原始创新。加强针对重点产业、新兴产业和重点产业集群的共性技术攻关与服务。加快完善大型科技工程与设施、科技数据与信息平台、自然科技资源服务平台及国家标准、计量和检测技术平台等科技基础设施，鼓励骨干企业和产业联盟建设工程数据库，建立科技基础条件平台的共享和开放机制。

"十三五"期间要加快改革科研项目管理机制，去掉繁文缛节，让科技人员把更多精力用到研究上。建立健全竞争性经费和稳定支持经费相协调的投入机制，优化基础研究、应用研究、试验发展和成果转化的经费投入结构。加快改革科技成果产权制度、收益分配制度和转化机制，激发科技人员持久的创新动力。

（二）优化支持创新的财税金融政策

创新驱动发展并不意味着资金投入的减少，财税政策支持不可缺位。逐步将国家对企业技术创新的投入方式转变为以普惠性财税政策为主。发挥财政资金"四两拨千斤"的杠杆作用，研究企业所得税加计扣除政策，完善企业研发费用计核方法，调整目录管理方式，扩大研发费用加计扣除优惠政策适用范围。完善高新技术企业认定办法，重点鼓励中小企业加大研发力度。建立健全符合国际规则的支持采购创新产品和服务的政策体系，研究扩大促进创业投资企业发展的税收优惠政策。形成主要由市场决定要素价格的机制，促使企业从依靠过度消耗资源能源、低性能低成本竞争，向依靠创新、实施差别化竞争转变。

强化金融支持创新驱动的功能。加大对企业技术创新的融资支持，鼓励金融机构开发支持企业技术创新的贷款模式、产品和服务，引导更多社会资本进入创新领域。建立新型科技创新投融资平台，为不同发展阶段的科技企业提供多样化的投融资服务。创新符合科技型中小企业成长规律和特点的新型科技金融产品、组织机构和服务模式。扩大科技支行、科技担保、科技小贷、科技保险等科技金融专营服务机构规模。

"十三五"期间应推动修订相关法律法规，开展股权众筹融资试点，积极探索和规范发展服务创新的互联网金融。建立知识产权质押融资市场化风险补偿机制，简化知识产权质押融资流程，真正发挥金融对创新驱动的支撑作用。

（三）建立健全有助于创新的科研评价制度

科研评价对科研人员犹如高考对学生，具有指挥棒的功效，直接影响科研人员的行为取向。受社会大环境影响，科研人员也存在"科研GDP"倾向，部分科研人员将主要精力用于跑项目，应付检查和评审，对于科研活动本身投入不足，学风问题和学术不端行为较为突出。因此，应改进现行科研评价制度，从重视数量转向重视质量，不能单纯地以论文论英雄，要更多关注科技成果本身的创新性和对社会的贡献。减少科研评价的"功利化"色彩，激励科研人员做出一些原创性研究成果，让更多优秀人才脱颖而出、一展身手。

改进对高等学校和科研院所研究活动的考核办法。尊重科学与创新规律，对基础和前沿技术研究突出中长期目标导向，推行同行评价，评价重点要从研究成果的数量转向研究质量、原创价值和实际贡献。对公益性研究强化国家目标和社会责任评价，定期对公益性研究机构开展第三方评估，将评估结果作为财政支持的重要依据。

从另一个角度来看，现行评价制度是科研组织部门对科研人员进行评价，科研组织部门是裁判员。下一步改革能否将对科研人员的评价改为对科研组织者的评价？考核科研组织管理部门，考核相关科研组织单位花了多少纳税人的钱，形成多少有价值的研究成果？如果这么做，就会给科研组织部门带来真正的压力，把科研中的泡沫和水分挤掉，发挥科研最大的效应。

（四）推动政府职能从研发管理向创新服务转变

严格来说，创新的源泉在市场、在社会、在广大科技人员和企业家身上。实施创新驱动发展战略，着力推动科技创新与经济社会发展紧密结合，完善创新治理，转变政府职能不可或缺。

处理好政府与市场在创新驱动发展中的关系。政府要创造让市场发挥决定性作用的条件，首要的一点是从经济建设型政府转向公共服务型政府，将政府职能定位在宏观调控、市场监管、社会管理、公共服务与环境保护五个方面。加大简政放权力度，取消不必要的行政审批事项，减少政府干预微观经济活动造成市场信号的失真和扭曲，最大限度地激发企业活力。建立公平的市场准入规则，消除玻璃门、弹簧门、旋转门等不公正现象，促进公平竞争。政府要相信市场，尊重市场。凡是市场和企业能做的都交给市场和企业，进而激励创新。加快资源价格和税收制度改革，建立健全反映资源稀缺性和环境影响的资源价格体系和税收政策，利用市场机制倒逼企业开展创新活动。总之，通过深化改革，彻底打通科技和经济社会发展之间的梗阻，让市场真正成为创新资源配置的决定性力量。

发挥政府的创新服务职能。众所周知，科学和技术研究具有较强的外部性。无论是在发达国家还是在新兴国家，都存在科技创新失灵的问题。因此，在创新驱动发展中，发挥市场机制作用的同时，政府应在企业不愿意投入或无力投入的领域发挥其功能，在体现国家意志的战略领域和市场失灵的公共领域有所作为，起到对市场的引导和补充作用。作为公共产品的提供者，政府要从注重管理转向创新服务，瞄准世界科技前沿与国家重大需求及国民经济主战场，支持前沿技术、重大共性关键技术、公益技术等具有"公共产品"属性、具有外部性的科学和技术产品与服务，促进科技创新政策和产业政策的融合，集中力量抢占制高点，为科技创新提供源源不断的动力。

营造良好的创新生态。创新是有规律的，支持创新是必须尊重创新规律。创新不同于发明、创造，它是一个新技术转化成为新产品、新产业的实现过程。在这一过程中，创新活动是由一系列环节组成的创新链，包括孵化器、公共研发平台、风险投资、围绕创新形成的产业链、产权交易、法律服务、物流平台等。政府的重要职责是围绕创新链营造良好的创新生态。通过消除创新链条中的障碍，最大限度地降低企业的创新成本，激发广大科技人员创新内生动力，形成"大众创业，万众创新"的良好局面。

第八章 国际贸易：从贸易大国向贸易强国转型

经过三十多年的改革开放，我国从一个贸易小国跃升为全球第一大贸易体，对外贸易实现了跨越式发展，为我国经济增长做出了巨大贡献。同时我们也要看到，在金融危机后经济全球化发展的新趋势，区域主义与服务贸易的兴起给我国对外贸易带来的挑战，我国对外贸易面临转型升级。本章立足国际贸易理论，分析我国对外贸易现状，全面剖析我国对外贸易面临的挑战，通过国际比较研究发现工业化中后期服务业的迅速发展是发达经济体的共同特征，最后给出我国从贸易大国向贸易强国转型升级的路径选择。

一、国际贸易理论

国际贸易理论是国际经济学中非常重要的一个部分，其基础是微观经济学。可以说，国际贸易理论是开放条件下的微观经济学。国际贸易理论研究的范围不仅包括商品和服务的国际流动，也包括生产要素的国际流动和技术知识的国际传递。生产要素和技术知识一方面作为某种特殊商品有其本身的国际市场，另一方面作为要素投入对商品和服务的生产起着重要作用。国际贸易理论研究商品、服务和生产要素国际流动的原因和方向，也研究流动的结果。这些结果包括对各国生产、消费、商品价格和社会各集团利益的影响。

与商品、服务、生产要素的国际流动及技术知识的国际转移有关的各种商业、产业和消费政策也都是国际贸易理论研究的对象。商业或贸易政策直接影响贸易的数量和价格，产业政策和消费政策则通过对国内的生产和消费的干预间接地影响贸易。国际贸易研究还包括经济增长、技术变动对贸易的影响，即从动态上分析国际贸易变动的原因与结果。

国际贸易的基本理论主要研究三个方面的问题，即贸易的基础、贸易的影响、贸易与经济发展的相互作用。

1. 关于国际贸易的基础

研究国际贸易的基础，也就是讨论贸易发生的原因。各国之间为什么发生贸易？各国在什么情况下才发生国际贸易？为什么一些国家出口纺织品而另一些国家出口电视机？是什么因素决定一国的进出口模式？这些就是国际贸易的基础问题。国际贸易的基本原则是低价进口、高价出口。所以，只有当产品在国家与国家之间存在价格差异时才会发生贸易。

那么，各国之间的物价水平为什么会不一样呢？简单地说，那是因为各国的市场上有着不同的供给与需求。我们知道，产品的国内市场价格是由各国国内的供给与需求决定的。不同的供给曲线反映了不同的生产成本，不同的生产成本又反映了不同的生产技术和要素价格。不同的需求曲线则反映了各国收入的不同、对产品偏好的不同以及各国市场结构的差异。那么，各国之间的产品价格差异究竟是怎样产生的呢？对这些问题的不同解释就形成了不同的国际贸易理论模型。

大部分的国际贸易理论模型是从供给方面即生产成本上解释国际贸易的基础，包括古典的斯密模型和李嘉图模型、新古典经济学中的赫克歇尔—俄林模型，以及当代的"规模经济"模型等。

（1）用技术的差异来解释贸易基础的斯密模型和李嘉图模型。国际贸易古典模型的两位代表人物是著名的亚当·斯密和大卫·李嘉图，他们最早提出了自由贸易的理论。在他们的理论中，劳动是最主要的生产投入。因此，他们认为产品的成本由劳动生产率决定，而劳动生产率又由生产技术决定。斯密和李嘉图建立了以技术差异来解释贸易基础的古典贸易模型。斯密的绝对优势模型和李嘉图的比较优势模型为这方面的研究奠定了基础。

（2）用资源的不同配置来解释贸易基础的赫克歇尔—俄林模型。瑞典经济学家赫克歇尔和俄林提出，各国的资源储备情况决定了他们产品生产的相对成本，即一国的资源储备相对丰裕程度决定了该国不同产品的生产成本。他们认为，生产产品需要不同的生产要素而不仅仅是劳动力。资本、土地和其他生产要素也都在生产中起了重要的作用。并且，不同的商品生产需要不同的生产要素配置，各国生产要素储备比例的不同造成各国产品成本的差异。因此，产品生产的相对成本可以由技术差异决定，但更主要是由生产中使用的要素比例和一国的要素稀缺程度决定的。赫克歇尔和俄林模型被称为要素配置模型或资源禀赋模型。

（3）用市场和生产规模不同来解释贸易基础的"规模经济"贸易模型。怎样解释在资源禀赋和技术相近国家之间的成本差异呢？经济学家发现，在当代经济中，一个产品的生产规模大小是决定产品成本的重要因素。当代经济中，制造业和高科技产业已日益成为主要产业，而这些产业的特点是固定投资巨大，所以存在着规模经济和不完全竞争。当产品的市场越大，生产规模越大，平均成本就越低，反之就高。所以，由于生产规模不同，即使要素和技术相似，各国之间也会存在生产成本的差异。这一理论的主要贡献者有保罗·克鲁格曼等。

（4）解释成本优势动态变动的产品周期理论。各国的成本优势并不是一成不变的。各国在产品中的成本领先是在不断变化的。许多发达国家最早生产了纺织品、钢铁、家用电器、汽车等，后来却逐渐丧失了在这些行业的领先地位，从原来的净出口国变成了净进口国。产品周期理论从产品生产技术的变化出发，强调不同要素在不同阶段的作用来解释这种贸易基础的变化。这一理论主要是由弗农提出的。

从需求方面解释贸易基础的主要有：

（1）用偏好不同解释贸易模式的需求模型。除了考虑不同的生产成本造成不同的供给曲线对价格的影响以外，一些经济学家还从需求的角度来讨论贸易模式。给定相同的技术、相同的要素配置和相同的生产规模，两个国家可能有完全相同的生产能力和成本函数，但是，这两个国家仍然可能会有不同的产品价格从而进行贸易。其中一个原因就是各国消费者的偏好不同。美国和日本都生产大米，假定两国生产大米的成本一样，但日本人对大米的偏好大于美国人，日本的大米就有可能比美国贵，日本就有可能从美国进口大米。

（2）用收入不同解释贸易模式的林德模型。如果各国的偏好也相似，贸易仍有可能吗？经济学家林德则从各国收入的不同来解释贸易模式。我们知道，收入不同会造成不同的需求曲线。收入较高，消费者愿意支付的价格就较高。一般来说，如果偏好和成本相同的话，同样的产品在发达国家的绝对价格会比在发展中国家高。这不仅部分解释了为什么发达国家的产品主要向其他发达国家出口（发达国家之间的贸易占全世界贸易总量的将近 50%），也解释了为什么发展中国家的产品也更愿意进入欧美市场而不是其他发展中国家。

2. 关于贸易产生的影响

国际贸易理论不仅解释贸易为什么会发生，还分析自由贸易产生的各种影响。虽然从总体上说，自由贸易会给各国都带来利益，但这种利益有多大？利益的分配如何？有没有一些利益集团受到损失？贸易对本国的生产和消费会带来多大影响？短期影响是什么，长期又有什么影响？经济学家从不同的情况出发对自由贸易所产生的影响作了全面的分析。

（1）对本国经济的影响。需要考察的本国经济指标主要包括：国内市场价格或相对价格，本国进口产品和出口产品的生产量，本国进口产品和出口产品的消费量。

（2）对本国社会福利的影响。本国的社会福利包括生产者的利益、消费者的利益、整个社会的净利益。在生产者中，还要进一步分析不同的要素拥有者的利益，如劳动者的利益，资本所有者的利益，土地拥有者的利益等。

（3）对国际市场和外国贸易伙伴利益的影响。具体来说，国际贸易理论还分析贸易对别国经济（价格、生产量、消费量等）和对别国各阶层利益（生产者、消费者、各种要素的拥有者等）的影响，以及对国际市场价格的影响。

对国际贸易影响的分析既有对局部市场的，也有对整体经济的；既有一国总体的，也有全球整体的；既有对短期影响的分析，也有对长期影响的分析。

3. 国际贸易的动态变动

国际贸易研究的第三个方面是贸易模式和贸易量的动态变化。在前面的模型中，一般都假设技术不变和资源储备不变。但在现实中，技术在不断进步，资本和劳动力资源在不断增加，技术变动和资源增长会对贸易产生什么影响？要素的国际流动（移民、国际投资等）会怎样影响一国的经济与贸易？反之，国际贸易的发展又会怎样影响经济增长和技术进步？近年来，贸易理论在这方面的研究有很多成果。

表 8-1 简要概括了国际贸易主要理论模型的主要代表人物、关键假设和主要因素。

表 8-1　国际贸易的主要理论模型

主要理论模型		主要理论贡献者	关键假设	决定贸易模式的主要因素
古典贸易理论	1. 绝对优势贸易模型	亚当·斯密	劳动是唯一的要素投入 固定的产品边际成本 完全竞争的商品和要素市场 固定的规模报酬（无规模经济）不考虑需求	生产技术绝对不同（绝对劳动生产率差异）
	2. 比较优势贸易模型	大卫·李嘉图		生产技术相对不同（相对劳动生产率差异）
新古典贸易理论	1. 资源配置贸易模型	赫克歇尔 俄林	两种或两种以上要素投入产品边际成本递增 完全竞争的商品和要素市场 固定的规模报酬（无规模经济）	资源禀赋不同
	2. 特殊要素贸易模型	保罗·萨缪尔森		
当代贸易理论	1. 规模经济贸易模型	保罗·克鲁格曼	产品生产具有规模经济 不完全竞争的商品市场 竞争的要素市场	生产规模不同
	2. 产品周期贸易模型	雷蒙·弗农		生产技术的不同阶段

二、我国对外贸易的现状

中国在全球化进程中，能够成为一个受益较多的发展中经济体，这得益于在全球化进程中采取了正确的开放战略和得力的对外开放措施。改革开放以来，我们顺应全球产业分工不断深化的大趋势，充分发挥比较优势，积极承接国际产业转移，使外来投资者将他们的技术、管理、国际销售渠道同中国低成本的劳动力、土地等要素相结合，创造了一个双赢局面，跨国公司通过产业转移获得了丰厚的利润，同时解决了我国制造业没有国际竞争力的问题，中国的开放消除了制约中国工业化的外汇缺口，我国通过鼓励出口及吸引外资，在贸易项下与资本项下的常年顺差，为我国积累了大量的外汇储备。自金融危机后，我国海外投资呈"井喷式"增长，海外有 3 万多家中国企业，开放型经济实现了迅猛发展（见表 8-2）。

表 8-2　1978 年和 2015 年中国对外贸易、投资及外汇储备情况

	1978 年	2015 年
对外贸易额（亿美元）	206	3.9 万
出口占世界比重（%）	0.7	13.4
利用外资（亿美元）	2	1263
对外投资（亿美元）	0	1180
外汇储备（亿美元）		3.3 万

（一）从经贸小国转变为经贸大国

三十多年的对外开放，中国在全球分工中的地位实现了一个跨越，即从依靠初级产品出口的经贸"小国"，成为制成品出口的大国。所谓"经贸小国"，从规模上看，改革开放之初，我们的对外贸易，无论是进口还是出口，在全世界都排在第 32 位，落后的原因是跟我们此前在计划经济体制下自我封闭发展密切相关。今天，中国已经变成世界上最大的出口国、第二大货物贸易进口国，进口和出口加在一起，也是世界最大的贸易体。2014 年，中国吸引的外商直接投资超过美国，成为世界上最多的国家，中国对外投资，也变成了世界第三大国。在全球贸易体系中，中国是日益重要的经济贸易体，对世界经济贸易体系的影响越来越大。国际金融危机以后，中国的经济增长贡献了全球经济增长的 40%，而发达国家普遍陷入了经济低迷。这样，无论是贸易投资还是经济增长，甚至是金融，我们对全球的影响是越来越大，这是一个规模性的变化。

（二）从初级产品出口为主转变为制成品出口为主

在全球分工体系中，我国的货物贸易出口结构原来是靠初级产品，现在是靠制成品。直到 1985 年，中国的出口中有 50.3% 是初级产品（见表 8-3），也就是说"靠天吃饭"，制造业没有国际竞争力，进口的主要是制成品。今天的中国从出口结构看，现在 60% 左右是机电商品出口，30% 是高新技术商品出口。中国出口商品结构在 20 世纪 80 年代实现了由初级产品为主向工业制成品为主的转变，到 90 年代实现了由轻纺产品为主向机电产品为主的转变，加入世界贸易组织以来，中国积极参与国际竞争，不断融入国际分工体系，充分发挥比较优势，促使劳动力的优势和已有的产业基础潜能得到了充分释放，以 IT 产业为代表的高新

技术产品出口快速增长,出口产品结构不断优化,对外贸易竞争力指数显著提升。以电子和信息技术为代表的高新技术产品出口比重不断扩大。2008 年,我国工业品出口超过德国,成为世界第一大工业制成品出口国。2001~2010 年,我国机电产品出口从 1188 亿美元增长到 9334 亿美元,增长了近 8 倍,年均增速达到 25.7%,占全球市场的份额从 3.9% 提高到 13.8%;纺织服装类产品的比重则由 20.1% 降至 13.1%,虽比例下降,但竞争优势明显增强。截止到 2009 年年底,中国纺织业、电器机械及器材制造业、交通运输设备制造业、通信设备及电子设备制造业的国际竞争力大幅上升,竞争力评价指数皆达到 102.0。外贸经营主体除了国有企业外,还包括外商投资企业、民营企业等,后二者的进出口总额目前均已超过国有企业。这二三十年,我们的出口结构发生了极大变化,从一半以上靠初级产品出口到今天 95% 是制成品,只有 5% 是初级产品,这是个巨大的飞跃。

表 8-3　1980~2014 年中国出口商品结构

单位:亿美元,%

	1980 年		1990 年		2000 年		2010 年		2014 年	
	金额	比重	金额	比重	金额	比重	金额	比重	金额	比重
出口商品总额	181.2	100.0	620.9	100.0	2492.1	100.0	15777.5	100.0	23427.4	100.0
初级产品	91.1	50.3	158.9	25.6	254.6	10.2	817.2	5.2	1127	4.8
工业制成品	90.1	49.7	461.8	74.4	2237.5	89.8	14962.2	94.8	22300.4	95.2
化学品及有关产品	11.2	6.2	37.3	6.0	121.0	4.9	875.9	5.6	1345.9	5.7
按原料分类制成品	40.0	22.1	125.8	20.3	425.5	17.1	2491.5	15.8	4003.7	17.1
机械及运输设备	8.4	4.7	55.9	9.0	826.0	33.1	7803.3	49.5	10706.3	45.7
杂项制品	28.4	15.7	126.9	20.4	862.8	34.6	3776.8	23.9	6221.7	26.5
机电产品	13.9	7.7	110.9	17.9	1053.1	42.3	9334.3	59.2	—	—
高新技术产品	—	—	—	—	370.4	14.9	4924.1	31.2	—	—

注:机电产品和高新技术产品中包含部分相互重叠的商品。

资料来源:中国海关统计。

(三)经营主体活力增强,对外贸易效益明显提升

中国对外贸易形成了国有企业、外资企业、民营企业三大经营主体联动发

展、各有侧重的格局。外资企业以出口自主知识产权和品牌产品为主，国有企业以出口部分高端制造业和大型机电产品为主，民营企业则多数以出口轻纺和日用品为主。在国有企业和外商投资企业进出口持续增长的同时，民营企业进出口市场份额迅速扩大，成为推动外贸增长的生力军。2001 年，三大经营主体进出口额占中国对外贸易总额的比重分别为 42.5%、50.8% 和 6.6%，而 2010 年则分别为 20.9%、53.8% 和 25.3%，可以看出民营企业在出口中的作用明显上升。随着我国对外贸易管理体制的进一步完善，外贸企业整体素质不断提高，企业的产品质量、自主创新能力等核心竞争力明显有所改变。通过利用外商投资，引进技术，促进产业结构升级，提高了我国产品在全球价值链中的地位。中国加工贸易的增值系数由 2001 年的 1.57 上升到 2010 年的 1.78，表明加工贸易创汇水平和质量显著提高，贸易创造效应增强。

（四）形成全方位和多元化进出口市场格局

改革开放后，中国全方位发展对外贸易，与世界上绝大多数国家和地区建立了贸易关系。贸易伙伴已经由 1978 年的几十个国家和地区发展到目前的 231 个国家和地区。欧盟、美国、东盟、日本、金砖国家等成为中国主要贸易伙伴。21世纪以来，中国与新兴市场和发展中国家的贸易持续较快增长。2005~2010 年，中国与东盟货物贸易占中国货物贸易比重由 9.2% 提高到 9.8%，与其他金砖国家货物贸易所占比重由 4.9% 提高到 6.9%，与拉丁美洲和非洲货物贸易所占比重分别由 3.5% 和 2.8% 提高到 6.2% 和 4.3%。

（五）顺差规模有所减少，贸易平衡逐渐改善

中国正处于工业化中期，生产配套能力较强，具有承接国际产业转移的良好基础，因而成为跨国公司首选的制造业投资基地。1990 年以来，随着大规模承接国际产业转移，参与国际分工体系，工业制成品竞争力不断增强，出口增长速度超过进口，中国对外贸易由总体逆差转变为顺差。2005 年，中国对外贸易顺差首次突破 1000 亿美元，2008 年达到 2986 亿美元历史高点。此后顺差逐渐收窄。2009 年和 2010 年，中国对外贸易顺差分别为 1961 亿美元和 1831 亿美元，比 2008 年分别下降 34.4% 和 38.6%。2010 年中国对外贸易顺差与出口总值之比为 11.6%，与国内生产总值之比为 3.1%，在全球贸易差额最大的 10 个国家中，

我国对外贸易顺差与国内生产总值之比属中下水平。从图8-1中可以看出，中国自2012年以来，进出口增长率明显下降，顺差进一步收窄。中国对外贸易顺差主要源于美国、欧盟等终端消费市场，而与日本、韩国、东盟等工业中间品生产国的贸易则长期为逆差。中国对外贸易顺差是制造业比较优势的体现，也是参与国际分工的必然结果。

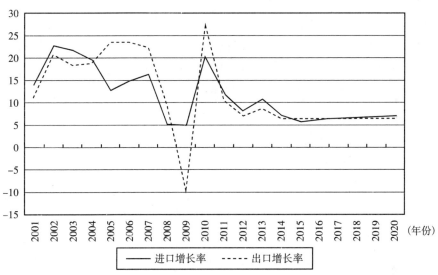

图8-1 中国2001~2020年进口增长率与出口增长率

资料来源：IMF。

三、我国对外贸易面临的挑战

（一）全球自贸协定如火如荼，我国的自贸协定目前集中在周边，跨洲际协定数量有限

随着经济全球化的发展，世界经济格局不再是以世界贸易组织（WTO）为标志的多边贸易体制独占鳌头，而且WTO多哈回合谈判困难重重，各国为拓展出口市场，强化国家整体竞争力，将贸易政策的重心转为推动签订双边或多边自由

贸易协议（FTA）或经济合作协议（ECA）。根据 WTO 统计，截至 2012 年年底，已有 329 个 FTA 或 ETA 生效实施，其中，10 年内生效实施的协议共有 229 个，超过前述总数的一半；而经由 FTA 协议所进行的跨国贸易，已超过全球贸易总额的 50%。区域经济一体化已经形成了一股对世界经济和国际贸易越来越有重大影响的浪潮，并焕发出勃勃生机。可以说近年来，自由贸易区与多边贸易体制并行成为推动全球贸易投资自由化的"两个轮子"。从谈判难度看，自贸协定具有对象可选、进程可控的特点，是一种以局部带动整体、风险较小的开放。从开放程度看，自贸协定成员之间享有比世贸组织最惠国待遇更高水平的开放，如零关税产品至少要涵盖 90% 以上的税目数和贸易量，实践中该比例多数接近100%。在自贸区成员之间的"贸易创造"效应相当可观。主要大国成为自贸区扩张的有力推手。

近年来，主要经济体纷纷将商谈自贸区作为重要战略推动，自贸协定已成为大国开展地缘政治和经济博弈的重要手段。先后有美国—韩国、欧盟—韩国、日本—印度、韩国—印度等"重量级"自贸协定诞生。近年来，美、欧正积极推动高标准的"下一代自贸协定"，不仅要求开放部门多、程度高，还力图在其重点关注的政府采购、知识产权、投资、人权、劳工、环境等领域制定和形成新的规则，为未来全球各种自贸区谈判树立新的"标杆"，形成所谓的"二十一世纪"新议题。同时美国主导的 TPP（跨太平洋伙伴关系协定）则使中国陷入"两难"境地。美国之所以大力推动跨太协定，政治上是奥巴马政府充实亚太战略、强化与传统盟国关系、扩大在东亚地区影响力的重要举措；经济上是美国希望通过主导亚太地区贸易投资自由化进程，服务美国"出口倍增"和"扩大就业"的需要；战略上更蕴含着美国通过树立一套新的自贸区谈判规则，达到遏制中国进而影响全球经贸格局的意图。跨太协定无疑将影响亚太经济一体化进程的节奏和路径，深刻改变亚太乃至世界经贸格局。在此形势下，只有主动出击，推进更高标准自由贸易区网络的形成，才能增强中方话语权，避免陷入被动。这些新的变化，将使我国下一步签署自贸协定面临更多压力，目前我国已经签署了14 个自由贸易协定，但与发达国家相比，总体水平不高，规模有限（见表 8-4所示）。

表 8-4   中国 FTA 实际进展情况

	自由贸易区	贸易占比（%）
已签协议	中国内地—香港（2003）、中国内地—澳门（2003）、中国—东盟（2004）、中国—巴基斯坦（2006）、中国—智利（2005）、中国—新加坡（2008）、中国—新西兰（2008）、中国—秘鲁（2009）、中国—哥斯达黎加（2010）、中国大陆—台湾地区（2010）、中国—冰岛（2013）、中国—瑞士（2013）、中国—韩国（2015）、中国—澳大利亚（2015）	37
正在谈判	海湾合作委员会（2004）、中国—挪威（2008）、中国—南部非洲关税同盟（2004）、中日韩（2013）、RCEP（2013）、中国—斯里兰卡、中国—马尔代夫、中国—格鲁吉亚	17

（二）我国服务贸易长期处于逆差，服务贸易缺乏国际竞争力

服务的跨境交易（进出口）就是服务贸易，一个国家发达的服务业是扩大服务出口的基石。在现代，服务贸易是服务产业国际化的具体体现，反映了一个国家的经济结构及国际竞争力。近些年来，服务贸易的发展在经济全球化进程中的作用日益受到各国政府或跨国企业的重视，并正影响着产业资本的投资行为与投资环境。随着 20 世纪 80 年代开始的经济全球化进程的深化，服务贸易也发展迅速，服务贸易占贸易总额的比重从 1980 年的 14.5%上升至 2011 年的 20.4%。从服务贸易增速与货物贸易增速的关系分析，发现货物贸易增长是服务贸易增长的基础，表现了服务贸易依托于货物贸易的本质特征。就目前来看，货物贸易占世界贸易的比重在 80%左右，但是全球的贸易结构正随着全球经济结构调整发展的方向而在向服务贸易倾斜，经济发展的服务化趋势也正逐渐明显和清晰。随着产品生产国际化分工的深化，产品生产碎片化带来了对全球产业价值链的整合协调的服务需求（Grossman and Esteban，2008）。同时为了提高货物产品的竞争力，服务产品在全球化进程中一直在逐渐嵌入与复合进入货物贸易过程中，随着服务的水平与质量成为货物产品竞争力的重要组成部分，服务贸易发展也就成为未来国际贸易的一个值得注意的新趋势与特征。

发达经济体服务业已有多年历史，具有技术优势和制度优势，无论是在商务、金融、运输、通信，还是在教育、健康、娱乐文化、建筑、环境、旅游等各类服务行业领域均处于领先地位，表现其在服务贸易领域的国际竞争中也具有明显的比较优势。在服务贸易越来越具有影响货物贸易竞争力的情况下，发达国家必然会试图通过加强其对服务贸易的主导地位来实现并强化其对全球化静态红利

的分享，对于像中国这样的产业承接国而言，如果服务贸易领域缺乏竞争力，将会弱化其在货物贸易领域发挥自身要素禀赋的比较优势。

我国服务业发展虽已取得长足进步，但总体滞后，主要表现在服务业产值占GDP比重较低，从表8-5可以看出，我国服务业产值占GDP比重常年徘徊在40%以上，而像美国、英国、法国、日本这样的发达经济体服务业产值占GDP的比重一般年份都在70%以上，即使像印度这样的制造业严重不发达的国家，其服务业产值对GDP的贡献也常年超过50%；服务业滞后造成价值链地位低下，我国由于在研发、知识产权等方面缺乏全球竞争力，在品牌、服务、营销等方面缺乏区域竞争力，造成我国长期处于微笑曲线底部；服务业从业人口占比严重落后，从图8-2的中美服务业就业人数比较，可以看出我国服务业就业占比不及美国一半；多数服务部门RCA指数偏低（见表8-6）；服务贸易长期逆差，差额扩大，从表8-7可以看出，我国服务贸易长期处于逆差，并且有不断扩大趋势，中国的服务贸易的逆差主要集中在交通服务、旅游服务、运输服务以及专有权利使用和特许费等行业。而类似于商业服务、建筑服务、计算机通信和信息服务则出现较大的顺差数据。来自商务部的数据显示，2013年，我国仅旅游逆差就达到了200多亿美元，并且存在扩大态势。美国的服务贸易常年是巨幅顺差，我国服务业国际竞争力整体较弱。

表8-5　世界主要国家/地区服务业产值占GDP比

单位：%

年份	中国	美国	英国	德国	法国	日本	韩国	中国香港	印度	新加坡
2005	41.40	76.87	76.05	69.84	76.62	70.65	59.36	91.26	53.06	67.58
2006	41.89	76.58	76.08	69.10	77.05	70.71	60.15	91.72	52.87	68.24
2007	42.94	76.74	76.73	68.64	77.14	70.64	60.28	92.76	52.71	70.61
2008	42.91	77.22	77.07	69.04	77.64	71.32	61.21	92.69	53.93	72.63
2009	44.45	78.81	78.52	71.46	78.49	72.79	60.73	92.83	54.50	72.09
2010	44.20	78.51	78.48	69.12	78.62	71.28	59.26	92.83	54.64	72.33
2011	44.32	78.08	78.35	68.61	78.33	72.70	59.10	92.98	48.09	73.56
2012	45.50	78.15	78.56	68.43	78.49	72.76	59.47	92.88	49.56	73.29
2013	46.92	78.05	78.02	68.90	78.65	72.58	59.25	92.74	50.87	74.86
2014	48.11	80.30	78.36	68.99	78.89	74.30	59.42	92.67	52.08	75.02

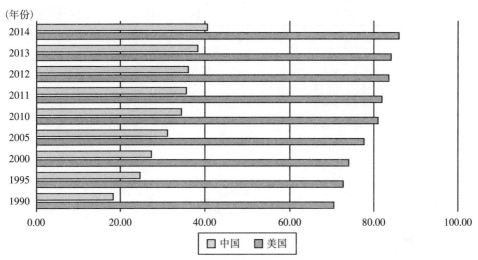

图 8-2　中美服务业就业人数比较

表 8-6　我国服务业各部门 RCA 指数普遍较低

年份	2005	2006	2007	2008	2009	2010	2011	2012	2013	2014
运输	0.79	0.86	0.98	1.03	0.83	0.95	0.94	0.89	0.93	0.86
旅游	1.27	1.20	1.05	1.04	1.14	1.10	1.08	0.95	1.00	0.99
建筑服务	1.62	1.26	1.78	2.60	2.67	3.82	3.71	2.61	2.41	3.07
保险及养老服务	0.25	0.18	0.24	0.33	0.39	0.39	0.60	0.60	0.74	0.75
金融服务	0.02	0.01	0.02	0.02	0.03	0.09	0.05	0.11	0.18	0.23
知识产权使用费	0.03	0.03	0.04	0.06	0.05	0.08	0.06	0.08	0.07	0.05
通信、计算机和信息服务	0.35	0.42	0.48	0.58	0.61	0.72	0.88	0.86	0.91	0.95
其他商业服务	1.13	1.05	1.12	1.15	1.25	1.20	1.19	1.10	1.27	1.32
个人、文化和娱乐服务	0.17	0.15	0.27	0.32	0.08	0.09	0.08	0.07	0.08	0.08
政府服务	0.26	0.24	0.19	0.23	0.35	0.31	0.23	0.26	0.36	0.29

注：RCA 指数=（一国某商品出口额/该国出口总额）/（世界该商品出口/世界出口总额）。RCA>2.5 表示该行业具有极强的国际竞争力；RCA=1.25~2.5 表示该行业具有较强的国际竞争力；RCA=0.8~1.25 表示该行业具有中等的国际竞争力；RCA=0.1~0.8 表示该行业具有较弱的国际竞争力；RCA<0.1 表示该行业不具有国际竞争力。

表8-7　我国服务贸易长期逆差

单位：亿美元

年份	中国	德国	日本	美国
2005	-92.6	-505.23	-370.52	685.53
2006	-89.1	-435.94	-320.61	755.73
2007	-76.1	-478.44	-370.98	1158.21
2008	-115.5	-474.15	-379.36	1237.64
2009	-295.1	-277.76	-348.40	1259.18
2010	-219.2	-359.92	-303.27	1540.19
2011	-549.1	-455.67	-350.71	1920.15
2012	-897	-458.43	-477.15	2043.99
2013	-1184.6	-592.86	-354.80	2241.89
2014	-1599.2	-519.56	-292.24	2331.41

（三）传统比较优势逐步削弱，出口产品仍处于全球价值链低端

我国人口结构和劳动力供需形势正在发生深刻变化，适龄劳动人口逐步接近峰值，"人口红利"正在接近拐点。劳动力作为支撑我国对外贸易增长的基础因素之一，其低成本优势正在逐步削弱。2017年以来，沿海及内陆省市很多外贸企业面临用工成本上升和用工缺口问题，熟练工人工资平均涨幅在20%~30%。沿海地区不少企业尽管上调了工资水平，但仍面临用工难问题，工资上涨压力依然存在。而我周边国家，如孟加拉、越南、柬埔寨等劳动力成本优势正进一步显现。这些现象表明，我国对外贸易难以继续依靠劳动力低成本的优势发展。

我国对外贸易总额位居全球第一，但在国际分工价值链中，我国仍基本集中在中低端，获取的贸易利益比较少。出口产品主要依赖劳动力密集、技术含量较低、附加值不高的加工组装环节，附加值和技术含量高的研发、设计、营销等环节仍主要掌握在发达国家手中。机电产品和高新技术产品虽出口额分别占59.2%和31.2%，已成为我国出口商品的主体，但具备自主知识产权、自主品牌、自主营销渠道的产品比重低。据测算，我国自主品牌产品出口金额比重不足10%。多年以来，我国对外贸易虽然规模增长快，但质量和效益不高，核心竞争力不强，这种"高投入、低收益"的局面难以长期持续。

四、我国从贸易大国向贸易强国转型升级的路径选择

（一）增强参与全球治理和区域治理的能力，努力营造一个互利共赢的国际经贸环境

这包括在多边层面、在区域层面上参与全球的治理。我国要更加积极主动地参与二十国集团等多边国际组织活动，把我国日益增长的经贸实力转化为制度性权利。特别要在气候变化、能源安全、粮食安全、贸易金融体系改革等全球性议题上，主动提出新主张、新倡议和新行动方案，增强我国在全球经贸议题设置和规则制定中的主导能力，提升我国为全球提供公共产品和履行大国责任的能力，树立中国负责任大国形象，化解"中国责任论"舆论压力。同时，继续深化"金砖国家"等新兴大国的合作，充实经贸合作内容，巩固和扩大发展中国家共同利益阵营。"一带一路"是我国一个重大的区域经济贸易合作倡议，共建"一带一路"是国际合作以及全球治理新模式的积极探索，将为世界和平发展增添新的正能量。中国经济在工业制造与海外承包具有很强优势与国际竞争力，同时拥有充裕的国民储蓄与外汇储备，通过"一带一路"建设，可以与沿线国家实现互惠共赢。

"一带一路"重点合作内容则体现为"五通"。第一，加强政策沟通是共建"一带一路"的前提。加强政府间合作，积极构建多层次政府间宏观政策沟通交流机制，深化利益融合，促进政治互信，达成合作新共识。沿线各国可以就经济发展战略和对策进行充分交流对接，共同制定推进区域合作的规划和措施，协商解决合作中的问题，共同为务实合作及大型项目实施提供政策支持。第二，基础设施实现互联互通是"一带一路"的优先领域。沿线国家宜加强基础设施建设规划、技术标准体系的对接，共同推进国际骨干通道建设，逐步形成连接亚洲各次区域以及亚欧非之间的基础设施网络；加强能源基础设施互联互通合作，共同维护输油、输气管道等运输通道安全，推进跨境电力与输电通道建设，积极开展区域电网升级改造合作；共同推进跨境光缆等通信干线网络建设，提高国际通信互联互通水平，畅通信息丝绸之路。加快推进双边跨境光缆等建设，规划建设洲际

海底光缆项目，完善空中（卫星）信息通道，扩大信息交流与合作。第三，实现贸易畅通是"一带一路"建设的重点内容，消除投资和贸易壁垒，构建区域内和各国良好的营商环境，积极同沿线国家和地区共同商建自由贸易区，激发释放合作潜力，做大做好合作"蛋糕"。改善边境口岸通关设施条件，加快边境口岸"单一窗口"建设，降低通关成本，提升通关能力。加强供应链安全与便利化合作，推进跨境监管程序协调，推动检验检疫证书国际互联网核查，开展"经认证的经营者"（AEO）互认。降低非关税壁垒，共同提高技术性贸易措施透明度，提高贸易自由化便利化水平。第四，资金融通是"一带一路"建设的重要支撑。深化金融合作，推进亚洲货币稳定体系、投融资体系和信用体系建设。扩大沿线国家双边本币互换、结算的范围和规模。推动亚洲债券市场的开放和发展。共同推进亚洲基础设施投资银行、金砖国家开发银行筹建，有关各方就建立上海合作组织融资机构开展磋商。加快丝路基金组建运营。深化中国—东盟银行联合体、上合组织银行联合体务实合作，以银团贷款、银行授信等方式开展多边金融合作。支持沿线国家政府和信用等级较高的企业以及金融机构在中国境内发行人民币债券。符合条件的中国境内金融机构和企业可以在境外发行人民币债券和外币债券，鼓励在沿线国家使用所筹资金。第五，民心相通是"一带一路"建设的社会根基。传承和弘扬丝绸之路友好合作精神，广泛开展文化交流、学术往来、人才交流合作、媒体合作、青年和妇女交往、志愿者服务等，为深化双多边合作奠定坚实的民意基础。

（二）提升出口结构，从全球价值链的中低端向中高端转型升级

改变我国出口产品在国际分工价值链中仍基本集中在中低端的现状。当前，我国出口产品主要依赖劳动力密集、技术含量较低、附加值不高的加工组装环节，附加值和技术含量高的研发、设计、营销等环节仍主要掌握在发达国家手中。

随着我国比较优势的变化，必须使中国在资本和技术密集的产业和生产环节上形成新的国际竞争力，形成以技术、品牌、质量、服务为核心的出口竞争新优势，促进加工贸易转型升级。可以借鉴竞争优势理论，通过制定配套的实施政策促进对外贸易的转型升级。竞争优势理论是美国经济学家迈克尔·波特于20世纪80年代提出的，该理论指的是一个国家在国际市场竞争中实际显现的优势，是

生产力发展水平的标志。竞争优势可细分为产品、企业、产业和国家竞争优势四个层面，值得我们借鉴和研究。特别是在当前我国对外贸易面临转型升级的关键时期，有效借鉴竞争优势理论，全面提高我国企业和产业的国际竞争力是非常必要的。政府应努力为企业创造良好的外部环境，重视科技和人力资本，努力寻求企业、产业和政府的联动机制，从而提升我国在研发、知识产权方面的全球竞争力，在品牌、服务、营销等方面的区域竞争力，并使这些联动机制能经受住国际化的考验，从而促使中国对外贸易进一步适应新形势下的国际竞争环境。

（三）加快传统服务贸易向新兴服务贸易转型，提升服务贸易国际竞争力

1. 工业化中后期服务业的迅速发展是发达经济体的共同特征

配第在 17 世纪曾经预言，就业人口将从农业转向工业，再从工业转向商业。英、美等国 20 世纪初期的情况却是，劳动和资本在继续流入工业的同时，以更快的速度流入商业和物流、教育和科研、旅游和娱乐、文化艺术、保健以及政府的公共服务等服务业。先行工业化国家的服务业（包括一般服务和政府的公共服务）在就业方面和在增加值方面都很快超过了工业，成为国民经济中份额最大的产业。研究发现，英、美等工业化"第一梯队"国家在进入工业化的后期阶段时，即在 19 世纪和 20 世纪之交，服务业的增长明显加快，其增长速度很快超过了工业；到了 20 世纪中期，服务业不论是在就业份额方面还是在产值份额方面都超过了工业，成为国民经济中占比重最大的部门（见表 8-8、表 8-9、表 8-10）。

表 8-8 英国和美国的就业结构（1700~1998 年）

单位：%

年份	三产	英国	美国
1700	农业	56	
	工业	22	
	服务业	22	
1820	农业	37	70
	工业	33	15
	服务业	30	15

续表

年份	三产	英国	美国
1890	农业	16	38
	工业	43	24
	服务业	41	38
1998	农业	2	3
	工业	26	23
	服务业	72	74

资料来源：麦迪森：《世界经济千年史》，伍晓鹰等译，北京大学出版社 2004 年版，第 87 页。

表 8-9　英国工业化进程中三次产业产值比重变化情况

单位：%

年份	1831	1851	1871	1881	1891	1901	1924
农业	23	20	14	10	9	6	4
工业	34	34	38	38	38	40	40
服务业	42	45	48	52	53	54	56

资料来源：Phyllis Deane and W.A.Cole（1967），British Economic Growth 1688-1959, Cambridge University Press. 转引自任旺兵：《我国服务业现状的国际比较研究》，载国家发改委产业发展研究所：《产业研究报告》2004 年第 13 期。

表 8-10　美国工业化进程中三次产业产值比重变化情况

单位：%

年份	1799	1839	1859	1869	1879	1889	1900
农业	40	35	41	34	30	24	29
工业	13	16	16	22	20	28	25
服务业	48	50	43	44	50	48	46

资料来源：Seymour E.Harris（1961）：American Economic History, McGraw-Hill Book Company；V.R. Fuchs（1969）：Production and Productivity in the Service Industries, NBER；Colin Clark（1940）：The Conditons of Economic Progress. London, Macmillan. 转引自任旺兵：《我国服务业现状的国际比较研究》，载国家发改委产业发展研究所：《产业研究报告》2004 年第 13 期。

作为工业化"第三梯队"的日本，其服务业的增长较之英、美等"第一梯队"国家更快。在工业化中期阶段（20 世纪 50 年代），服务业就超过了工业，其后，第三产业一直是国民经济中占优势地位的产业。近三十年来的发展，使日本的产业结构进一步向服务业倾斜，目前，第一、第二和第三产业的结构与美国大体类似（见表 8-11）。

表 8-11　日本工业化进程中三次产业就业比重和产值比重变化情况

单位：%

年份	就业比例			国内生产总值		
	第一产业	第二产业	第三产业	第一产业	第二产业	第三产业
1950	48.5	21.8	29.6	—	—	—
1955	41.1	23.4	35.5	19.2	33.7	47.0
1960	32.7	29.1	38.2	12.8	40.8	46.4
1965	24.7	31.5	43.7	9.5	40.1	50.3
1970	19.3	34.0	46.6	5.9	43.1	50.9
1975	13.8	34.1	51.8	5.3	38.8	55.9
1980	10.9	33.6	55.4	3.5	36.5	60.0
1985	9.3	33.1	57.3	3.1	35.1	61.8
1990	7.1	33.3	59.0	2.4	35.7	61.8
1995	6.0	31.6	61.8	1.8	30.3	67.9
2000	6.0	29.5	64.3	1.3	28.4	70.2

资料来源：Statistics Bureau，MPHPT（Ministry of Public Management，Home Affairs，Posts and Telecommunications），Cabinet Office：http：//www.stat.go.jp/english/data/handbook/c03cont.htm cha 3-1 Table 3.2.

20 世纪晚期经济学的新突破更为讨论服务业发展的效率效应提供了新的理论依据。新制度经济学提出了总成本是制造成本和交易成本的总和的原理。根据这一原理，就能清楚地说明服务业发展对降低成本、提高效率的意义。随着分工的深化，分工参与者之间的交易会越来越频繁，交易的范围也会越来越广阔，因此用于交易的资源也会越来越多。诺斯指出，到 20 世纪 70 年代，美国国民收入里近一半用于交易。服务业正是处理交易活动的，所以服务业的发展不但有利于降低制造成本，更为重要的作用在于降低交易成本。

生产性服务业的首要功能，是为市场交易提供基础设施。随着先行工业化国家的经济发展，早期市场经济逐步成为现代市场经济，市场制度变成日益精巧和复杂的系统。市场交易需要一定的基础设施，包括交通运输、邮电通信、批发贸易、金融、合同和治理结构的安排以及与之相关的律师、会计师等中介机构等来支撑。以上这些活动，都属于服务业的内容。所以市场经济越是发达，市场也就越能更有效地运转。

2. 发展服务业是我国经济未来的主要增长点

我国现在处于工业化的中后期，从上述论述中，可以得出发达经济体都走过了工业化中后期服务业迅速发展的规律，我国也不例外，未来我国服务业的发展与增长空间巨大，发展服务业是我国经济未来的主要增长点。合理而优化的服务贸易结构才能提升国际竞争力。服务技术的发展为新兴服务业提供了良好的发展条件，使全球服务业的结构朝着科技型、知识型方向转变。高附加值和新兴的服务行业，在国际服务贸易中的比例越来越大。

发展服务业是我国经济未来的主要增长点，我国新兴服务行业发展缓慢，以高附加值为特征的高科技服务相对落后，服务贸易的发展仍然处于一个不发达的阶段。我国传统服务贸易占服务贸易总额的比重较大，如旅游业、交通运输业、建筑和其他劳动密集型和资源密集型行业，而高附加值和科技含量较高的保险、金融、咨询、广告、通信等领域发展仍滞后。无法在服务贸易中占据较大的比重，这些都反映出我国服务贸易的结构不合理。我国在十八届三中全会中明确提出"推进金融、教育、文化、医疗等服务业领域有序开放，放开育幼养老、建筑设计、会计审计、商贸物流、电子商务等服务业领域外资准入限制"。中国对服务贸易的限制在全球属于较高水平。根据世界银行服务贸易限制数据库数据，中国服务贸易总体限制指数达到 36.6，远高于欧盟的 26.1、日本的 23.4 和美国的 17.7 的水平（见图 8-3）。分行业来看，中国在金融、电信和专业服务方面都有较强的管制，而这些恰恰是在全球产业链上产业升级所需要的高端生产性服务业，因此需要我国有序放开国内服务业市场，引进外资，扩大服务业对外开放试点，通过自贸试验区、服务业扩大开放综合试点（北京市）、服务贸易创新发展试点（天津、上海、海南、深圳、杭州、武汉、广州、成都、苏州、威海和哈尔滨新区、江北新区、两江新区、贵安新区、西咸新区等省市（区域），将大大提高服务业开放水平。在上海自由贸易试验区选择了 6 大领域 18 个行业扩大开放，暂停或取消投资者资质要求、股比限制、经营范围限制等准入限制措施共 23 项进行先行先试。我国在大力发展服务贸易时，一方面要稳定旅游、运输等传统服务出口，提升我国传统服务贸易的科技含量，促进传统服务行业的优化升级，实现由比较优势向竞争优势的转变；另一方面要努力扩大技术、文化、中医药、软件和信息服务等新兴服务出口，增加国内短缺的服务进口，加快从全球加工装配基地向研发、先进制造和服务基地转变。我们可通过世贸组织和双边自贸谈判进一步扩大服务业开放水平，推进各种所有制企业公平准入，提升我国服务业的国际竞争力和发展活力。加快推进服务贸易的发展，可以促进我国对外贸易由粗放型增长方式向集约型增长方式的转变，有利于推动我国从贸易大国向贸易强国发展的步伐，加快传统服务贸易向新兴服务贸易转变的步伐。

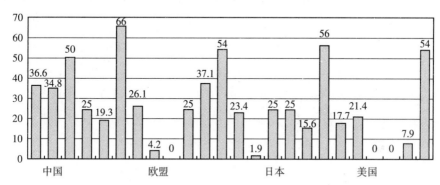

图 8-3 中国、欧盟、日本和美国的服务贸易限制

资料来源：世界银行服务贸易限制数据库（STRD）。

（四）加快自贸区建设，推进区域全面经济伙伴关系协定谈判和亚太自由贸易区建设

在 2015 年 5 月 5 日发布的《中共中央国务院关于构建开放型经济新体制的若干意见》中，再次明确提出建立高标准自由贸易区网络。加快实施自由贸易区战略，坚持分类施策、精耕细作，逐步构筑起立足周边、辐射"一带一路"、面向全球的高标准自由贸易区网络，积极扩大服务业开放，加快推进环境保护、投资保护、政府采购、电子商务等新议题谈判，积极推进国际创新合作。积极落实中韩、中澳自由贸易区谈判成果，打造中国—东盟自由贸易区升级版，推进中国与有关国家自由贸易协定谈判和建设进程，稳步推进中欧自由贸易区和亚太自由贸易区建设，适时启动与其他经贸伙伴的自由贸易协定谈判。未来我国应进一步加快自由贸易区的发展，"十三五"规划明确提出"加快实施自由贸易区战略，推进区域全面经济伙伴关系协定谈判，推进亚太自由贸易区建设，致力于形成面向全球的高标准自由贸易区网络"。

1. 推进区域全面经济伙伴关系（RCEP）协定谈判

区域全面经济伙伴（RCEP 是英文 Regional Comprehensive Economic Partnership 的缩写），它是东盟国家近年来首次提出，并以东盟为主导的区域经济一体化合作，是成员国间相互开放市场、实施区域经济一体化的组织形式。RCEP 的主要成员国计划包括与东盟已经签署自由贸易协定的国家，即中国、日本、韩国、澳大利亚、新西兰、印度。RCEP 的目标是消除内部贸易壁垒、创造和完善自由的投资环境、扩大服务贸易，还将涉及知识产权保护、竞争政策等多领域，自由化程度将高于东盟与这 6 个国家已经达成的自贸协议。RCEP 拥有占世界总人口约一半的人口，生产总值占全球年生产总值的 1/3。RCEP 已经历五轮谈判，在 2015 年 11 月 21 日举行的东盟与中日韩（10+3）领导人会议上，李克强已提出倡议，强调区域经济融合发展既是不可阻挡的时代潮流，也是地区各国的共同利益所在。中方愿与各方共同努力，力争 2016 年结束 RCEP 谈判，努力建成世界上涵盖人口最多、成员构成最多元化、发展最具活力的自贸区。

目前亚太地区的自贸区，包括"区域全面经济伙伴关系"（RCEP）、"跨太平洋伙伴关系协定"（TPP），还有其他多边和双边自贸区。TPP 是美国主导的亚太再平衡战略，毫无疑问会影响东亚一体化的进程。从 2010 年初启动，目前已有 12 个成员国，分别是美国、澳大利亚、加拿大、智利、墨西哥、新西兰、秘鲁、新加坡、文莱、马来西亚、越南和日本。2012 年年底 RCEP 启动，推动以东盟为主导的区域经济一体化合作，成员包括东盟 10 国及东盟已经签署自由贸易协定的中国、日本、韩国、澳大利亚、新西兰、印度。根据国际货币基金组织的测算，2015 年 RCEP 生产总值占全球年生产总值的 1/3，超过 TPP 成为目前亚太地区乃至全球最大的自贸区。在人口总数上，RCEP 远胜于 TPP，RCEP 的 16 国商品贸易总值占全球比重接近 30%，远高于 TPP 的 21%。

中国已连续 5 年成为东盟的第一大贸易伙伴，东盟是中国的第三大贸易伙伴，中国与东盟的贸易互补性非常强，RCEP 一旦建成，对于中国统筹双边、多边、区域和次区域开放合作，增强抵御国际经济风险的能力意义重大。

2. 推进亚太自由贸易区（FTAAP）建设

全球金融危机爆发以来，包括亚太地区各国在内的新兴经济体表现抢眼，世界政治经济格局也逐渐发生变化。亚太经合组织（APEC）成立于 1989 年，现有 21 个成员，是亚太地区机制最完善、层级最高、影响最大的经济合作组织。目前，APEC 21 个成员的经济总量占世界经济总量的 57%，人口占世界总人口的 44%，对外贸易额占世界总量的 46%，直接投资占世界投资总量的 45%。亚太地区经济连续多年成为世界经济增长的重要引擎，成为全球经济最具潜力和活力的发动机，成为全球经济的重心和聚焦点。在推动全球经济增长、自由贸易体制发展和下一代新贸易规则构建的进程中，起着至关重要的作用。

2014 年 APEC 在中国举办，可以说 2014 年既是 APEC 中国年，也是中国深化改革的元年。2014 年 11 月 11 日下午，国家主席习近平出席 2014 年亚太经合组织（APEC）领导人非正式会议记者会并讲话。习近平说，会议决定启动亚太自由贸易区进程，批准了亚太经合组织推动实现亚太自由贸易区路线图，这是朝着实现亚太自由贸易区方向迈出的历史性一步，标志着亚太自由贸易区进程的正式启动，体现了亚太经合组织成员推动区域经济一体化的信心和决心。这是一个载入史册的决定，将把亚太区域经济一体化提升到新的更高水平，也将使太平洋两岸处于不同发展阶段的经济体广泛受益，为亚太经济增长和各成员发展注入新活力。

中国与亚太经合组织成员的贸易额占对外贸易额的 60%，实际利用外资的 83% 来自亚太经合组织成员，对外直接投资的 69% 流向亚太经合组织成员。在中国 19 大贸易伙伴中，有 8 个是亚太经合组织成员。对中国这样从区域大国迈向全球大国的国家来说，主动推进亚太自由贸易区建设进程具有更大的战略利益。与世界其他经济组织相比，APEC 提出启动亚太自由贸易区建设具有四大优势：一是成员国具有广泛性和多样性，推进自贸区建设受惠者众多。该组织是全球最大的区域多边合作框架之一，遍及北美、南美、东亚和大洋洲，包括发达经济体、新兴经济体、发展中国家、欠发达国家。各成员的社会文化、宗教信仰各不相同，差异性极大，成员共同利益是 APEC 存在的基础，也是制定一切纲领所要优先考虑的前提。推进亚太自贸区进程已得到广泛认可。启动这一进程可以使成员国普遍受益。二是亚太地区是全球价值链分布最广的地区之一，对启动和建设自由贸易区有内在需求。推进亚太地区经济一体化，有利于打通亚太地区产业链和供应链链接的阻塞点，深化全球价值链合作，降低交易成本、加快全要素自由流动。构建亚太地区全方位互联互通格局和开放融合的大市场，有利于贸易自由化和经济技术合作"两个轮子"一起转动。三是亚太地区拥有全球最多的自贸区组织，设计合理可以使之整合为地区新优势。据统计，从 2002 年到 2013 年初，亚太地区双边自由贸易区从 70 个猛增到 257 个，其中签约 132 个，生效 109 个，谈判中的 75 个，有意向的 50 个。各个自贸协定使用不同标准的原产地条款，使

"意大利面碗效应"开始出现。启动亚太自由贸易区（FTAAP），整合 APEC 内部的自贸区，减少交易成本，便利贸易和投资，日益成为 APEC 成员关注的问题。四是亚太地区较低的关税为进一步推进自贸区建设奠定了基础。APEC 从成立之初的 16.9%的平均关税下降到 2011 年的 5.7%，低于 10.3%的世界其他地区平均水平。

亚太自由贸易区有望成为自贸协定的典范。道理也很简单，FTAAP 与 TPP 和 RCEP 不是竞争关系，是繁荣共生的合作伙伴关系，因为 FTAAP 更具包容性，更加注重通过建设一体化的基础设施为发展中国家提供贸易上的便利往来，FTAAP 无疑是该地区的发展中国家的最佳选择。因此 FTAAP 建成之后，非常有可能成为全球自贸协定的典范。

第九章　对外直接投资：由大国迈向强国

进入 21 世纪以来，中国的对外直接投资进入一个快速发展的阶段。2002 年，我国的对外直接投资仅仅是 27 亿美元。此后快速上升，2016 年达到了 1701 亿美元（指非金融类对外直接投资）。[①] 在短短 15 年时间里，上升了 60 多倍。截至 2016 年年底，中国的对外直接投资流量居世界第 2 位，存量则为世界第 7 位。从数字上看，中国已经成为对外直接投资大国。而早在 2015 年，我国实际上已成为资本净输出国。[②] 2016 年，继续保持资本净输出。

自 2000 年起，十多年里，中国的对外直接投资取得了令人欣喜的成绩，也遇到了不少阻力。在成为资本净输出国的现在，我们应该进一步思考对外直接投资的战略和策略，促使中国在对外直接投资上不断提高竞争力。

一、我国对外直接投资已从"试水"到快速发展

1. 中国已经进入对外直接投资快速发展的阶段

自 1978 年改革开放以来，中国经济开始了快速融入全球的进程。这一进程大概分为三个鲜明的阶段。其中，第一个阶段是以引进外资为主要特点。早期中国还处于缺资金、缺技术、缺管理的短缺时代，外资的引入直接给中国带来了"新鲜血液"，促使中国经济快速发展起来。截至 2014 年，中国引进外资流量达

---

① 中国商务部：《中国对外直接投资公报 2016》。
② 根据中国商务部 2015 年 1 月 23 日发布的数据。

到约 1200 亿美元，成为世界第一大外资引进国。

第二个阶段是以国际贸易为主要特点。对外贸易是中国经济增长不可缺失的一个重要引擎。从 2001 年 11 月 10 日中国加入世界贸易组织，到 2013 年的短短 12 年间，中国的进出口总额已达到 4.16 万亿美元，成为世界第一大贸易国家。在中国的内需不足，消费需求乏力的情况下，国外市场为中国过剩的储蓄和生产能力提供了空间。如图 9-1 所示。

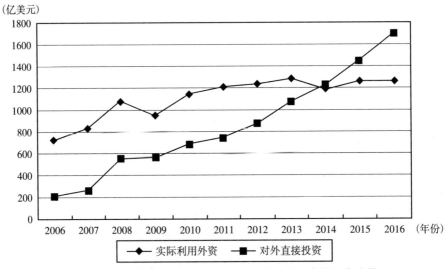

图 9-1　2006~2016 年中国实际利用外资和对外直接投资流量

2010 年后，中国的引进外资和出口贸易先后出现了减速的趋势。2011~2014 年，我国引进外资的平均增速为一位数，出口贸易的平均增速也低于 10%。2016 年，我国引进外资和出口贸易的增速接近 0 甚至为负。与之相对应的是，过去十多年时间里，中国的对外直接投资发展迅猛，2016 年更是成为世界第二大对外投资国。

不断增长的引进外资和国际贸易，表明中国已经越来越深入地融入全球经济之中。开展对外直接投资意味着中国企业已具有一定的竞争力，能够到国际舞台上与其他国家的企业展开竞争。一国企业进入他国进行生产与经营，需要从融资到原料采购，从人员聘用到经营管理，从了解市场到适应并引导市场，这都意味着更高的难度，更多的不确定性，当然也包括随之而来的投资机遇。

对外直接投资的发展水平，反映了一个国家在国际经济中的竞争实力：

一是一国对外直接投资的水平体现了该国企业的竞争能力。对外直接投资的主体是企业。美国就是因为拥有一批具有强大竞争力的跨国公司，才成为当之无愧的对外直接投资第一强国。这些跨国公司不仅在海外市场获取资源、生产要素，还将本国优势技术与东道国市场、低成本劳动力结合起来，创造巨大的财富。同时还能把美国的价值观、文化、意识形态等输出到其他国家，对其他国家的政治、经济、社会、文化等各方面起到潜移默化的作用。

二是体现了一国的资源整合能力。一个企业开展对外直接投资，不仅可以扩大自己的上游产业（也包括获取资源），还能够扩大自己的下游产业。更重要的是避开本国市场的束缚，进入全球市场中，获取经济全球化的红利。例如，美国高科技企业和高端制造企业向中国投资，主要看重的是中国庞大的消费市场；而中国企业向一些资源富集国进行投资，看重的则是急需的资源能源。企业能够成功"走出去"，意味着该企业以及该产业能够在全球视野中，将上中下游产业整合起来。充分利用不同国家的比较优势，合理布局产业，建立完整的价值链。

三是体现了一国在国际市场的规则制定能力。对外直接投资是一个越来越引人注目的国际经济现象。它必然受到相关国际规则的约束。各国围绕规则制定权的争夺是激烈的。这不仅是综合国力的竞争，还需要更多的政治谋略和政治智慧。因此对外直接投资大国为了扩大自己的国际生存机会和空间，都会不同程度地围绕国际投资规则进行博弈。对于中国这一新兴经济体来说，最初是争夺国际规则发言权；随着国际地位的不断提升，将争夺国际规则的制定权和主导权。作为国际对外直接投资市场上的"新兵"，中国在争夺规则制定权上将面临重重困难。

2. 中国与美国在对外直接投资上仍有较大差距[①]

（1）中美对外直接投资的流量和存量比较。2015 年，中国对外直接投资流量为 1456.7 亿美元，同比增长 18.3%。截至 2015 年年底，中国 2.02 万家境内投资者到国外进行对外直接投资，共设立企业 3.08 万家，分布在全球 188 个国家（地区）。年末境外企业资产总额达到 4.37 万亿美元，对外直接投资存量达到 10978.6 亿元。如图 9-2、图 9-3 所示。

---

① 由于其他国家数据尚未更新，仅有 2014 年或 2015 年的数据。这里采用的是 2014 年或 2015 年的数据。

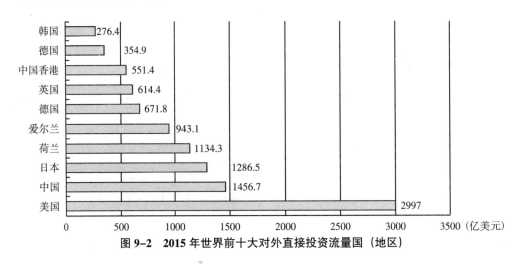

图 9-2　2015 年世界前十大对外直接投资流量国（地区）

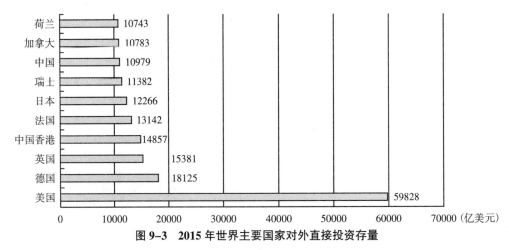

图 9-3　2015 年世界主要国家对外直接投资存量

（2）中美对外直接投资的区域比较。^①2013 年年末，中国对外直接投资分布在全球的 184 个国家（地区），占全球国家（地区）总数的 79%。2013 年年末，中国在亚洲地区的投资存量为 4474.1 亿美元，主要分布在中国香港、新加坡、哈萨克斯坦、印度尼西亚等国。其中在中国香港的投资占到亚洲存量的 84.3%。中国在拉丁美洲的存量为 860.9 亿美元，占 13%。主要分布在开曼群岛、英属维尔京群岛、委内瑞拉、巴西等国。其中开曼群岛和英属维尔京群岛占到对拉丁美

---

① 因为未能查到美国 2014 年的数据，为了方便进行中美比对，这里都选用了 2013 年的数据。中国数据选自《2014 年中国对外直接投资公报》，美国数据选自美国国家经济研究局的网站。

洲地区投资存量的 88.5%。中国在亚洲和拉丁美洲的投资存量占总数的 80.7%。对发达经济体的投资存量为 937 亿美元，占 14.2%，其中欧盟 401 亿美元，占对发达经济体投资存量的 42.8%，美国占到 23.4%。如图 9-4 所示。

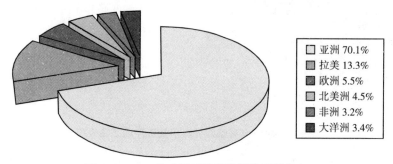

图 9-4　2013 年中国对外直接投资区域分布

欧洲是美国最大的投资对象。截至 2013 年年底，美国在欧洲的投资累计达 26072 亿美元 [1]（本部分美国数据来自美国经济分析局 BEA，是基于历史成本的统计），占美国全部海外直接投资存量的 56% 左右，主要集中在荷兰、英国、卢森堡等国。美国对拉丁美洲的投资达 8844 亿美元，主要集中在巴西、智利、委内瑞拉等国。此外，美国在百慕大、英属加勒比群岛的投资也很可观。亚太地区也日益成为美国资金投资的目标区域。截至 2013 年，美国对亚太地区的直接投资为 6952 亿美元，集中在日本、澳大利亚、新加坡等相对发达的经济体。总之，美国的对外直接投资中，70% 以上集中在发达国家。这和美国的产业结构相对高端、发达国家市场相对成熟规范有较大关系。如图 9-5 所示。

比较发现，中国绝大部分对外直接投资集中在发展中国家，而美国的投资则主要集中在发达国家。同时，两个国家在非洲和拉丁美洲的投资比例都不高，很大程度上是因为这些国家的经济发展程度不高，市场不太完善。另外，中美两国的对外直接投资都侧重地理上接近的国家和地区，例如美国大部分投资在欧洲和加拿大，中国则侧重于亚太地区。可见在对外直接投资上，重力定理成立。

（3）中美对外直接投资的产业比较。[2] 2013 年年末，中国对外直接投资覆盖

---

① 郝红梅：《美国对外直接投资流量分析》，《国际贸易》2013 年 6 月。
② 为了方便中美之间的比对（美国 2013 年的数据比较齐全），这里选用的都是 2013 年的数据。

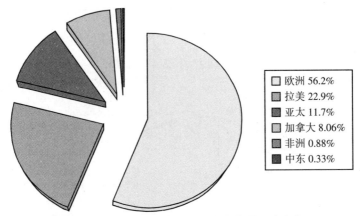

图 9-5　2013 年美国对外直接投资存量区域分布

了国民经济所有行业类别。排名前五的分别是租赁和商务服务业、金融业、采矿业、批发和零售业、制造业，这五大行业累计存量达 5486 亿美元，占总额的 83%。其中租赁和商务服务业占 25.1%，金融业占 14%，采矿业占 23%，主要分布在石油和天然气开采业、黑色金属、有色金属矿采选业等。批发零售也占到 13.6%，制造业占到 6.7%。如图 9-6 所示。

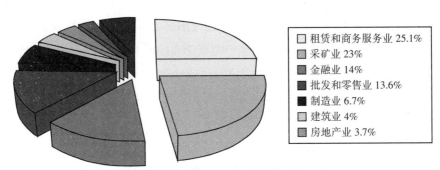

图 9-6　2013 年中国对外直接投资存量产业分布

美国对外直接投资的产业方向经历了不断高级化的历程。第二次世界大战后，美国企业对外投资主要以矿业石油业为主，后来制造业的比重不断提升。20世纪 90 年代，美国进入长达十年之久的"新经济"时期，信息产业和服务业获得极大发展。这也使美国在海外直接投资的产业结构不断升级，服务业取代制造业，成为美国对外直接投资的最大产业。美国发达的金融、保险及商业服务，需要投资接受国的经济足够发达，能够承接这些产业。2013 年美国金融保险业对外直接投资 264 亿美元，其中绝大多数流向欧洲。

体现在数据上，美国 2013 年年底对外直接投资存量分类如下：[①] 对控股公司（非银行）投资 1700.13 亿美元，占 50.25%。制造业达到 677.36 亿美元，占 14.2%；对于矿业投资比例较低，仅 231.65 亿美元，占 4.5%；批发贸易 176.36 亿美元，占 4.7%；其他行业 149.59 亿美元，占 4.42%；信息产业 115.54 亿美元，占 3%。如图 9-7 所示。

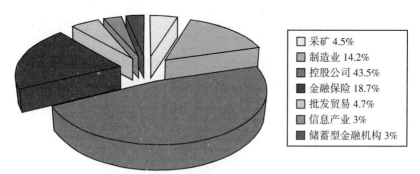

图 9-7　2013 年美国对外直接投资存量产业分布

以上数据显示，中国的对外直接投资在采矿业上的占比很高。尽管中国是世界工厂，但在制造业上的直接投资并不高。而在金融业、信息产业的对外直接投资上，中国与美国相比差距很大。

（4）中美对外直接投资主体比较。中国对外直接投资的主体是国有企业。尽管近些年国有企业所占比重逐年下降，但截至 2013 年，国有企业占比仍然超过 50%（见图 9-8）。国有企业得到国家在政策各方面的支持，体现出较强的融资实力，但也存在明显的缺陷：一是自身体制相对僵化，竞争力并不强；二是可能存在道德风险；三是可能受到投资东道国的"特殊"对待，遭遇重重阻挠。

美国的国有企业数目很少，且大多数在国内，从事一些非竞争性行业的经营。在对外直接投资中，几乎没有国有企业，都是在市场上激烈竞争的各类私营企业。另外，美国的跨国公司国际化程度很高。一些公司甚至绝大部分的资产以及利润都来自于海外市场，这些海外利润有助于这些国家多元化地分散经营风险，做到此处亏损彼处补。

---

① 郝红梅：《美国对外直接投资流向分析》，《国际贸易》2013 年 6 月。

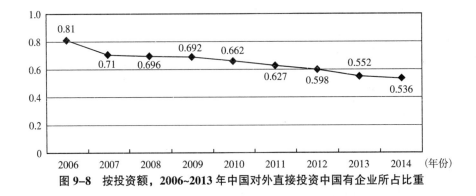

图 9-8　按投资额，2006~2013 年中国对外直接投资中国有企业所占比重

表 9-1　2012 年中国海外资产前 12 位跨国公司的跨国指数

名称	海外资产 （百万元）	海外销售额 （百万元）	海外员工 （人）	跨国指数 （TNI）
中信集团	78602	9561	25285	17
中远公司	43452	19139	4400	49
中海油	34276	21887	3387	19
中石油	19284	11296	31442	3
中化集团	14704	55555	9828	43
联想集团	11962	19335	8092	50
中国移动	8349	4445	—	3
中国电子	7784	6841	34825	27
中粮集团	5952	—	45330	19
中石化	5030	110734	1000	9
五矿集团	4885	8239	62100	26
中铁建设	3761	2682	21932	6

表 9-2　2012 年美国海外资产前 12 位跨国公司的跨国指数

名称	海外资产 （百万美元）	海外销售额 （百万美元）	海外员工 （人）	跨国指数 （TNI）
通用电气	338157	75640	171000	60
埃克森美孚	214349	301840	46361	78
雪弗龙	158865	132743	31508	58
沃尔玛	92494	35900	56841	29
福特汽车	84045	126752	800000	76

名称	海外资产 （百万美元）	海外销售额 （百万美元）	海外员工 （人）	跨国指数 （TNI）
Conoco 菲利普斯	76945	57834	89000	48
通用汽车	71624	29066	4837	59
保洁公司	70341	65319	106000	61
IBM	64221	51045	92418	67
强生制药	58419	68237	332213	69
卡夫食品	57149	37394	74926	56
卡特彼勒	42819	41796	72002	62

从表 9-1 和表 9-2 的比较可以看出，美国前 12 位的跨国公司，其跨国指数约是中国样本公司的 3 倍。

（5）中美保护境外财产安全的能力比较。首先，美国是世界第一大军事强国，在世界上多个国家有驻军，其不仅可以保卫在驻军国美国财产的安全，还能对周边国家形成威慑。这使一些国家的政府，即使出现了强行对他国资产实行国有化的情况，往往也不敢对美国企业的财产轻率处置，担心遭到美国的军事报复。

其次，美国通过签订双边投资协定和区域自由贸易协定等方法保护海外资产。[①] 美国政府为了协调国家间的私人国际投资行为，加强对海外投资的保护，往往同资本输入国签订双边投资保护协定（Bilateral Investment Treaty）。截至 2015 年年底，美国已同 100 多个发展中国家订立了投资保护协定。近些年来，美国政府加强了对国家间自由贸易协定的谈判。自由贸易协议的签署及其网络的构筑，为美国跨国公司的海外投资提供了一个较为安全和便利的外部环境。

美国在对外投资保护上还有完善的组织安排，其中最具代表性的是美国海外私人投资公司。[②] 它是一种涵盖投资保险的综合性服务机构，可以为对外投资提供各类保险。美国海外投资政治风险的投保范围包括外汇险、征用险和战乱险。一旦发生政治性风险事故，投保企业就可按照法定程序索赔。海外私人投

①② 甄炳禧：《新形势下如何保护国家海外利益——西方国家保护海外利益的经验及对中国的启示》，《国际问题研究》2009 年 11 月。

资公司还提供投资保证、投资信贷、投资鼓励以及各类专业活动。除此之外，美国还建立了促进贸易投资的内部协调机制，为美国海外资产安全提供全方位的保护。

中国在海外军事能力方面与美国相去甚远。在投资保护协定以及相应的组织制度安排方面尽管有了较大的进步，但仍不够完善。将来应该侧重于运用国际规则，并从法治和组织安排上进一步提升对海外资产安全的保护能力。

（6）中美国际投资规则制定权比较。美国自19世纪末期成为世界第一大经济体后，就开始了国际领导权的争夺。1945年，随着第二次世界大战的结束，美国顺利取代英国，成为全球领袖。其所主导的WTO规则成为世界主要国家所遵守的贸易规则，所倡导成立的IMF成为维护世界金融秩序和金融安全的重要机构。美国与欧洲是WTO、IMF以及世界银行等国际机构的领导国。

随着中国经济实力的快速提高，尤其是国际贸易量不断增大，对于国际贸易规则的发言权越来越大。中国已经是超过100个国家的最大贸易伙伴国，不少国家对于中国需求具有较大的依赖性。中国对国际投资规则的竞争主要体现在三个方面：一是与其他新兴国家一道，争取对IMF和世界银行进行改革，提高发言权。二是联合金砖国家一起，建立共同的经贸和金融机构。金砖国家银行、金砖国家储备机制等就是合作的成果。三是力争在亚太地区主导建立有利于自己的贸易投资规则。2014年在北京召开的APEC会议上，中国力推的亚太自贸区路线图得以通过。加上亚洲基础设施投资银行以及丝路基金，中国争夺规则权的举措卓有成效。

美国不会轻易放弃在国际贸易投资规则上的领导权。它已经达成的TPP（2017年特朗普就任美国总统后宣布退出这一协定）和力争达成的TTIP，都是希望通过更自由、更高标准、更具排他性的新规则，来巩固以自身为首的发达国家的主导地位，对中国进行制约。现在看来，中国对于国际投资规则的竞争还不具有充足的实力，还需要通过深度的国内改革才能适应越来越自由的国际市场。不过，无论是TPP还是TTIP，都不是一蹴而就的事情，而时间对中国显然是有利的。

（7）中美对外直接投资的主要目的比较。邓宁（1993）的国际折中理论认为，企业对外直接投资具有四种类型的动机，分别是资源获取型、市场获取型、效率获取型和战略资产获取型。根据中国对外直接投资现阶段的观察，我们认为，中国企业对外直接投资的动因主要是市场驱动型、资源驱动型和学习驱动型，通过参与国际市场，在竞争中不断学习以提升国际竞争力。当前我国不少企业对外投资动因不在于获得高额的投资利润，而是以学习为主要目的，这与美、日等国跨国公司资本输出有着显著的区别。

美国企业对外直接投资的理论基础是美国经济学家斯蒂芬·海默和 C.P.金德尔伯格提出的"垄断优势理论"。该理论认为，现实市场的不完全性使跨国企业拥有垄断优势，具有比东道国企业更有利的竞争优势，因此能获得比当地企业更多的垄断利润。这是美国对外直接投资的根本动因和主要目标。日本学者小岛清在分析美国海外直接投资时指出，美国企业对外投资的主要特点就是"*依靠新产品的技术差距，为获取垄断利润而进行海外投资。*"

可见，中国对外直接投资的发展水平与美国有很大的距离。对外直接投资是一国国际竞争力的综合体现，将会随着一国综合国力的提升而提升。即便中国的对外直接投资流量追赶上甚至超过了美国，就像中国未来某一时刻，GDP 可能超过美国一样，也并不意味着中国的对外直接投资实力就此超越了美国。真正的较量存在于这些数据背后的企业、产业竞争力乃至规则竞争力。

二、世界各国对外直接投资的主要模式及中国特色

国际市场上的对外直接投资始于发达国家的跨国公司。这些跨国公司在其他国家的市场中，通过发挥自己在技术、资金、产品和营销等方面的优势，占有较大的市场份额，获得高额的利润。由此产生了对外直接投资的垄断优势理论。随着日本经济快速崛起，日本的跨国公司也开始向其他发展中国家进行大规模投资，日本经济学家从中总结出了边际产业转移理论。进入 1990 年以后，很多新兴市场国家也开始了资本跨境投资，经济学家们从中提炼出了"学习"理论。不同的对外直接投资理论代表着不同的投资模式。

1. 垄断优势模式：代表国家为美国

垄断优势理论（Monopolistic Advantage Theory），又称所有权优势理论或公司特有优势理论，是由美国麻省理工学院海默（Stephan Hymer）于 1960 年提及，

后经其老师 C.P.金德尔伯格整理提炼后正式提出。海默对当时美国跨国公司进行对外直接投资的动因进行研究，认为研究对外直接投资应从"垄断优势"的视角着眼。

这一理论认为，跨国公司之所以进行直接投资，主要是为了规避市场的缺陷。首先，在国际市场上，一些公司由于先发优势等原因，在市场上居于垄断或寡占地位，可能通过同时拥有并控制多家企业而牟利。其次，在同一产业中，不同企业的经营能力相同。当企业拥有生产某种产品的优势时，就会通过跨国经营将优势转化为利润。海默指出，跨国公司之所以进行对外直接投资，它们起码具有足以抵消东道国当地企业的优势。金德尔伯格则把美国的垄断优势概括为：①实行横向一体化和纵向一体化的优势。相比大多数企业而言，跨国公司具有在全球市场布局产业链，主导产业链的优势。②拥有更广阔市场的优势。如获得营销技术、专利、商标等优势。③在生产和管理技能、方式上的绝对优势。跨国公司往往资金雄厚、技术先进，在全球性经营战略指导下，可以将这些优势更好地发挥。④向发展中国家投资，使其具有获得廉价劳动力的优势。⑤实行某些限制政策的优势。美国作为世界贸易和投资领域国际规则的最主要领导者，有机会和能力将一些有利于自己的限制性政策（如知识产权保护政策）注入国际经济规制之中。

美国的对外直接投资史，很好地支持了垄断优势理论。第二次世界大战之前，世界各国之间（尤其是发达国家与发展中国家之间）的经贸往来，因为缺乏行之有效的国际法规的约束，较多地体现为利益掠夺。比较有代表性的是英国在全世界大肆建殖民地，进行掠夺式对外直接投资。这种投资不是建立在互惠互利基础之上的，是一国对另一国经济利益赤裸裸的侵犯。随着第二次世界大战进入尾声，1944 年，由美国为首的发达国家协商成立了 GATT（WTO 的前身），对世界各国之间的经济贸易和投资行为进行了法律的约定，从而建立了一个由美国主导的国际贸易投资规则体系。当时的美国经济独步全球，其企业在所处产业层次、规模、技术水平等各个方面都要领先于世界其他国家。不仅仅优于发展中国家，对于欧洲的发达国家来说，其竞争力优势也是非常明显的。

1947 年，美国主导实施的"马歇尔"计划，一方面实现了战后欧洲国家的快速复苏，促进了美国和欧洲国家的经济发展，另一方面也为美国带来了巨大的政治利益，进一步巩固了其世界霸权国家的地位。

20 世纪 60 年代以后，亚非拉地区民族主义和民族独立运动高涨，一些国家政局不稳，政变频仍，导致美国在发展中国家的投资风险增加。美国跨国公司的投资重点逐渐转向西欧。1962 年，美国对西欧的投资额首次超过拉美，1969 年又超过加拿大，跃居第一位。据美国《现代商业概览》资料，1982~1986 年，美国对西欧各国的直接投资中，利润再投资达 53%，而拉美和加拿大分别为 15.4% 和 18.9%，日本更低。这说明美国在西欧投资的利润高于其他地区，这也是美国增加对西欧国家直接投资的主要原因。

从 20 世纪 70 年代开始，美国在国际投资市场上继续保持绝对的优势。美国制造业对外直接投资增加较快的领域包括工业机械设备、电子和其他用电气设备以及交通设备等。美国凭借其在制造业领域的整体技术优势和强大的创新动力，在电子信息、通信、生物制药、航空航天、新材料、新能源等领域具有绝对的竞争优势。在技术领域，美国在很多方面远远领先于同属于发达国家阵营的欧洲国家。20 世纪 90 年代，美国进入长达十年之久的"新经济"时期，信息产业和服务业获得极大发展，使美国在海外直接投资的产业方向也不断升级。服务业取代制造业，成为美国对外直接投资的最大产业。

2. 边际产业转移模式：代表国家为日本

20 世纪 70 年代末，日本中小企业对发展中国家的直接投资迅速增加。以日本跨国企业对外直接投资情况为背景，日本学者小岛清（Kiyoshi Kojima）运用赫克歇尔—俄林的资源禀赋差异导致比较优势原理，把贸易与对外直接投资结合起来，提出对外直接投资的边际产业转移理论。其基本思想是对外直接投资应该从本国已经处于或即将陷入比较劣势的产业——边际产业开始，将其投向东道国具有显著比较优势或潜在比较优势的同类产业。由于投资与贸易之间是互补关系而非替代关系，这样能更好地促进双方贸易发展。

以日本家电产业向中国转移为例。日本家电产业最初承接了美国的技术，结合自身较强的技术创新能力和制造能力，一度在国际家电市场上极具竞争力。随着日元升值和国内劳动力成本日益提高，日本家电企业开始被迫选择向中国、中国台湾、韩国等周边亚洲国家转移。他们最先转移的是技术水平相对较低的生产线，并通过所获得的利润，加强研发，不断开发出新技术和新产品。日本的重化工业也是如此，通过向周边相对落后国家转移产能使自身的利益最大化。

边际产业转移模式的不足之处在于：全球化导致技术要素的流动性不断提

高。落后国家不仅能获得具有技术比较优势国家的技术和产品，还能直接向具有更先进技术的国家进行学习，从而迅速缩短技术差距。这决定了边际产业转移的过程将是短暂的、易变的。作为日本家电企业的巨头之一，松下于 1987 年在北京成立了第一家合资企业。公司于 1989 年 7 月投产运行，主要生产各种型号彩电用彩管和背投彩电用彩管。紧接着，数家日本家电企业在中国内地进行投资，利用中国庞大的消费市场赚取了巨额利润。但中国企业也凭借强大的学习能力，利用技术和管理的外溢性，快速地成长起来，成为日本家电企业的强大竞争对手。2013 年，松下关闭了在上海的等离子电视工厂。而松下现在在中国唯一的电视工厂山东厂已于 2015 年年初停产，该工厂年产液晶电视 20 万台。松下将对该工厂进行清算，近 300 名员工失业。继松下之后，曾经生产出日本第一台彩电的东芝公司宣布，由于电视业务持续亏损，将逐步停止研发和销售面向海外市场的电视机。之前，三洋电视被国美电器在中国买断经营权；先锋电器也被苏宁电器拿到品牌授权；夏普把北美市场的品牌授权给百思买，在欧洲市场授权给电视制造厂 UMC；索尼公司更早就启动了电视去制造化。近年来，日本家电企业不断收缩在中国的业务。他们曾占据着中国市场的大片江山，现如今已全面败退。

3. 学习模式：代表国家为韩国①

经济学家 Mathews（2006）研究了新兴市场国家的跨国企业，提出了 LLL 理论（Linkage-lever-learn）分析框架。该框架指出，与发达国家企业相比，新兴市场国家企业的国际化进程是后发的，具有一定的劣势。新兴市场国家企业在对外直接投资的过程中应通过资源联系、杠杆效应和学习过程来获取竞争优势。根据这一理论，新兴市场企业为获取外部资源支持，必须首先与跨国公司建立战略联盟，从而充分利用杠杆效应，利用内部和外部资源。学习在这个过程中加速了企业与外部资源的联系，增强了杠杆效应的发挥。

韩国企业在对外直接投资中，体现出"LLL 理论"的三阶段特点。以三星公司为例。三星公司于 20 世纪 70~80 年代开始，通过在日本投资，向日本学习家电生产技术。90 年代后，三星公司将投资重点转向美国，学习美国先进的电子和信息技术，并积极招揽美国优秀的技术人才，研发新技术和新产品，从而不断

---

① 徐杰：《商业银行借力"一带一路"战略走出去：三个问题》，《经济研究参考》2015 年 3 月。

提高其在国际市场上的竞争力。近些年，它为了强化自身的技术优势，不断增加在美国的投资。它于 2013 年在美国硅谷增设了两个研发中心、扩增四幢大楼，并推出了创业公司加速器计划。三星电子还宣布在美国建立两个风险投资基金，总计 11 亿美元。这两个基金将主要专注于互联网设备、移动健康、人机界面、云数据中心方面的投资。这些正是硅谷当下的研发和投资热点。

4. 比较优势+学习模式：代表国家为中国

中国作为快速崛起的新兴经济体，其经济中呈现出一些突出的非对称特点。正是这些非对称，使中国的对外直接投资兼具比较优势模式和学习模式的内容。

一是总量与人均不对称。中国作为世界第二大经济大国，具有仅次于美国的经济规模。截至 2014 年，中国的 GDP 占世界总量的 10%以上。相比较其他对外投资大国，如日本、英国、德国等国家而言，中国在经济总量上已经超过了他们。但在人均 GDP 上，中国还有很大的差距。体现在对外直接投资上，中国对外投资的数量尽管快速上升，但是在产业布局和跨国公司竞争力上，还有较大的差距。

二是产业之间不对称。中国的产业竞争力总体而言并不高，大多数产业还处于国际的中低端水平。当然，在重型机械制造、高铁、对外工程承包等方面具有较为突出的优势。产业之间发展的不对称，使中国在不同产业的对外投资上，需要采取不同的对策。

三是国有企业和民营企业不对称。中国的国有企业在对外直接投资方面的能力明显高于民营企业。

根据以上分析的经济非对称性，可见中国的对外直接投资，具有一部分边际产业转移的特色，也具有一部分向发达国家学习的色彩。中国可以向广大拉美、非洲等发展中国家或新兴国家进行产业转移。中国目前在基础设施建设相关产业以及高铁等装备制造产业方面具有较为突出的比较优势。在向欧美等发达国家进行投资中，中国企业主要遵循的还是学习理论。

学习理论主要包括三个阶段：一是联系（linkage），二是杠杆化（leverage），三是学习（learning）。第一个阶段可以解读为企业第一次到国际市场上试水，对于东道国的市场环境、顾客乃至政治、社会、文化等并不熟悉，首要目的是与东道国产生联系。只有先接触才能开始慢慢了解，进而站稳脚跟，最终获得利润和长期发展的空间。

第二个阶段指企业充分利用东道国的现有资源，通过相对较少的初期投入，来实现投资目的。例如，可以通过先少量入股的方式，进入目标公司或目标项目里，一边经营一边学习，逐步熟悉一些必要的知识和技巧。还可以充分利用东道国市场上的中介资源，包括投行机构、律师事务所、会计审计所、咨询机构等。可以和东道国的一些投资机构或者本行业的优秀国际化企业一起，联合起来进行并购或投资新的项目。

第三个阶段指企业在投资的初期，注意吸取国际同行和国内同行的成功经验和失败教训，学习在东道国进行经营所需要的市场、技术、标准等知识，熟悉东道国的政治、社会、文化、法律环境等。学习同行业标杆企业在技术、品牌、商业模式、知识产权等方面的经验，并力争通过溢出效应来缩小与领先企业之间的差距。

三、提升我国对外直接投资全球竞争力的路径

我国的对外直接投资处于快速发展阶段。如果能够确定科学的路径，并动员各方力量形成合力，沿着这一路径走下去，将会提高我国对外直接投资的全球竞争力，有助于我国成为对外直接投资的强国。

确定对外直接投资的路径，需要考虑以下四个要素：

第一，中国需要什么（即经济利益和政治利益）。中国最需要的是未来经济发展的空间，具体包括开发企业经营的新市场，转移国内市场饱和的产业和技术，获得更好的技术，进行优势产业的全球布局，提高外汇储备的使用效率。当然，中国还有强烈的政治需求，包括提高自身的国际经贸规则制定权，在国际政治经济格局中的影响力，以及国际社会中的软实力。

第二，中国有何优势。一是产业优势，即具有一定竞争力的企业和产业。最具有比较优势的是装备制造业（高铁、核电、特高压等）和基础设施产业（水泥、重型机械等）。二是资金优势。中国目前拥有3万多亿美元的外汇储备，每年的回报收益偏低，而且受制于美国货币政策不确定性的风险，需要通过对外直接投资获得合理收益。

第三，东道国存在何种机遇。包括发展周期、劳动力成本、市场潜力、政策优惠、资源能源、技术、产业合作、贸易壁垒规避等。

第四，东道国存在何种风险。包括政治风险、政策风险、种族风险、社会风险、法律风险、环境风险、文化风险等。其中，政治风险是最大的风险。它包括政府更换、汇率风险、战争风险等。

当前，我国在对外直接投资路径选择上，可确立以下原则：以"一带一路"为重心、非洲拉美为两翼、欧美为中期目标、亚太自贸区为远景。

1. "一带一路"为重心

"一带一路"沿线国家多达 60 多个，其中绝大多数国家与我国有着较为长期的经贸往来，政治、文化认同度较高。不少国家具有非常良好的合作潜力，一方面具有较为稳定的政治社会环境，一定的工业基础，相对完善的法律制度；另一方面不少国家制定了未来经济增长的规划，希望能够分享中国经济增长的红利。相对于这些国家，中国具有比较优势的产业主要是高铁、核电、电信设施等装备制造类产业和水泥、建筑机械等基础设施类产业。应充分利用上合组织、中国—中东欧领导人会晤等平台，进行更深入具体的产业合作。

"一带一路"沿线国家将是未来中国对外直接投资的重点区域。这些国家大多是发展中国家，在经济发展水平上大多落后于中国，而且基础设施投资上具有很大的潜力。中国可以按照比较优势的原则，在互惠互利的基础上，把本国的优质富余产业转移到这些国家。

作为"一带一路"倡议中的两个重要地区，东南亚和俄罗斯应是战略重点。东南亚目前是中美政治、经济博弈的重心。东盟包括十个国家，人口约 6.2 亿。截至 2015 年，人均 GDP 刚超过 4000 美元，上升很快。近年来，东盟国家对外贸易年均增长接近 10%，高于世界平均增速；东盟的对外贸易额排在中国、美国、德国之后，居世界第四。[①] 东盟国家经济基本面较稳健，储蓄率高，企业融资需求大，经济发展充满活力。一些亚太国家在中美之间采取平衡政策，乐于看到中美之间较力，希望能够从中受益。当美国开始倡议 TPP 时，他们会积极争取，希望能够获得更大机会。当中国提议进行一对一双边谈判时，他们也会基于

---

① 史本叶等：《中国对东盟直接投资：区位选择、影响因素及投资效应》，《武汉大学学报》2015 年5 月。

本国经济发展现状考虑而同意。东南亚地区的政治经济状况比较复杂而敏感，因此当前主要采取的措施是以民间、分散投资为主，进一步加强中国对这些国家的经贸吸引力，最终通过这些国家对中国经济依赖度的加大而提高影响力。需要注意的就是中国的国际物资运输通道的安全。

俄罗斯也是"一带一路"沿线的重要国家。曾经俄罗斯对于来自中国的投资是不甚欢迎的。一方面是因为俄罗斯的经济社会还算稳健，没有出现大的问题；另一方面是因为俄罗斯政府和民众对于中国人仍有心理优越感，不愿意看到中国商人在俄罗斯赚钱。现在的情况是，俄罗斯经济陷入严重低迷状态之中，亟须中国在经济和政治上的支持，同时在心理上也已经接受中国快速增长的现实。中俄之间具有较为一致的政治利益。未来，中国与俄罗斯之间应该能在能源、产业合作上进行更加深度的合作。

2. 培育非洲市场

中国对非洲的投资具有较好的历史基础，应从文化培育的角度建立长期稳定的投资关系。可以在基础设施领域进行更加深入、高层次的合作，包括打造连接非洲主要国家的高铁网络。

非洲共约 54 个国家（还有两个国家存在争议），人口 11 亿人，分为北非、中非、西非、东非、南非五个部分，各部分经济发展程度不等。2014 年，整个非洲人均 GDP 刚超过 1000 美元，总体而言相对贫穷。当然近些年来，毛里求斯、安哥拉等国展现出较好的发展势头。

非洲国家整体的市场发育水平低，法治环境不尽如人意。不少国家的货币制度并不稳健（如津巴布韦）。即便是经济相对发达的南非，尽管是金砖国家之一，工业化程度较高，也存在社会不平等加剧、政策不确定性增加等经济和社会问题。未来十年，非洲可能仍是全世界经济发展水平最低、政治动荡风险最大的区域，但其将是中国最大的政治利益来源，是中国的票仓。非洲长期以来被发达国家所忽视，美国在非洲的直接投资不足总投资额的 1%（如图 9-9 所示）。

根据非洲发展水平低、劳动力低廉等特点，中国应加强对非洲国家的投资。东非、南非适合中国中低端产业（例如纺织业、鞋业、五金加工、中低端金属冶炼等）和基础设施产业（例如住房、公共建筑、公路、铁路等）。

中国在非洲的投资目前遭到一定阻力，将来应该调整策略，朝着更包容、法治和可持续发展的方向发展。包容意味着要和东道国共同发展，与其他国家共同

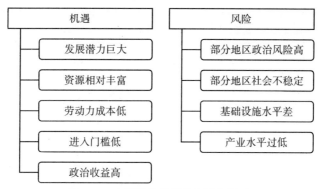

图 9-9　中国投资非洲的机遇与风险

分享在非洲的投资机会。法治意味着要进一步完善与非洲国家签订的投资协定，同时变政治合作为法律合作。可持续发展是联合国贸发组织 2014 年度国际对外直接投资报告的主题，倡导对外直接投资应更多地关注东道国的环境与民生，多投资基础设施建设。

3. 开发拉美市场

拉美各国与中国经贸往来历史较短，且是美国的后院，存在地缘政治敏感性。拉美各国有一定的制造业水平，但是效率较低。劳动力成本较高，资源相对富集，尤其是原油、土地、粮食、铁矿石等。拉美各国对我国的政治利益不会很大，但具有共同的经济利益。

中国投资拉美地区存在的风险：

风险之一是较大的政治和政策风险。在拉美地区，政府换届、总统选举都会引发政局不稳。新的国家领导人上任，其对外国投资的政策可能发生改变，从而带来较大的风险（见图 9-10）。2013 年 5 月，委内瑞拉总统查韦斯的去世，引起不少在委投资的外国企业和政府的担心，他们担心如果反对党上台，将对外资政策进行大的调整。2017 年 7 月，委内瑞拉将进行新的一轮选举，相信外资会再次对自身投资的安全感到担忧。

风险之二是来自拉丁美洲的资源民族主义的阻碍。拉美国家在引资中更重视资源和环境的保护。2012 年 4 月 16 日，阿根廷政府决定对西班牙雷普索尔公司控股的子公司、阿根廷第一大石油公司雷普索尔 YPF 实行国有化，引发外界强烈反应。2007 年 10 月 12 日，厄瓜多尔突然颁布总统令，宣布对在该国投资的外国石油公司征收 99% 的高额暴利税。这些都是对外资所有权的肆意侵犯。

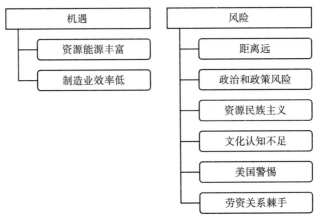

图 9-10　中国投资拉美的机遇与风险

风险之三是美国对中国在其"后院"的投资一直保持警惕的态度。拉丁美洲一直被认为是美国的"后院",中国介入对拉美的投资,让美国心存芥蒂。美国不欢迎外来政治势力进入拉美地区,更何况是对美国的全球霸权造成巨大冲击的中国。

风险之四是中国对拉丁美洲的文化认知不足。拉丁美洲的文化非常多元化,既有源自欧洲的殖民文化,也有遗留的印第安文化,更有天主教文化等。这些和我国的文化传统都有较大的差异,在文化的认知和融合上难度较大。

风险之五是拉美国家有强大的工会组织,劳资关系成为一个棘手问题。拉美很多国家中,工会组织对工人的要求有求必应,对工人的保护程度很高。在这些国家进行投资,必须与工会组织进行有效的沟通,否则将遇到重重挫折。

拉美地区还有着复杂的地缘政治。巴西是拉美第一大国,并希望成为拉美的领导者。但美国为了控制拉美地区,选择性地支持阿根廷,冷落巴西,巴西一直在为争夺拉美主导权而努力。中国企业对拉美进行投资,也需要对拉美的地缘政治格局有所了解。目前不少拉美国家越来越重视与中国的经贸关系,中国未来可能成为拉美非常重要的贸易伙伴。

对拉美的直接投资战略主要有:经济效益为主;深化与巴西等大国之间的往来;将更多优势产业和中端富余产业转移出去(例如三一重工、五矿集团、中粮集团等)。目前应通过政府间的密切沟通协商,为高铁、核电等"走出去"做好铺垫。先小规模、分阶段进入,了解并熟悉其政治、经济、社会环境,积累经验。

4. 美国、欧洲市场为中期目标

由于中低端产业大多转移到周边的其他国家，美国出现了严重的产业"空心化"。1950 年，美国制造业增加值占国内生产总值的比重为 27%，制造业从业人数占美国就业总人口的 31%。到 2010 年，这两个比重分别下降到 12% 和 9%。从 1992 年的数据可以看出，当时美国高技术产品出口额占进口总额的比重为33%，在世界各国中占据首位。紧随其后的是日本和英国，占比为 24%，中国的高技术产品出口仅为 9%。到了 2009 年，格局发生了巨大变化。美国的高技术产品出口下降到 23%，与英国、法国相当，中国则上升至 31%，位居世界第二，仅次于韩国。产业"空心化"使美国的高端制造业缺少配套产业，也失去了产业互动所带来的大量创新机会。当前美国各州都在采取积极的招商引资政策，吸引美国其他州以及外国的企业到本州进行投资，以搞活本地经济，创造新的就业机会。

美国的基础设施也急需投资。根据世界经济论坛发布的《全球竞争力报告》，在基础设施质量方面，美国居全球第 19 位，排在西班牙、葡萄牙和阿曼之后。盖勒普世界调查指出，相对于其他 OECD 国家，美国人对于本国的基础设施系统相当不满。美国人对公共交通系统的满意度在 32 个 OECD 国家中排名第 25 位。在公路和高速公路方面的满意度稍微好一些，排在第 17 位。美国持续多年对于基础设施投资的忽视，已经影响到了美国的竞争力。美国商务部的一份研究也指明，长期基础设施投资不足，严重影响到了美国及其产业在全球市场上的竞争力。美国民用工程学会（ASCE）在其年度基础设施成绩单上给美国的打分是D+，认为美国在 2020 年之前需要投入大约 3.6 万亿美元来改善基础设施。

中国对美国进行直接投资可以提高双方经济和政治融合度。这些年来，中美双方能够了解彼此在所有重大问题上的立场，进行广泛的相互交流。最高级别的领导人会晤相对频繁，每年两国政府机构会举行 60 多场政府间对话。但是，以往的交流经验和广泛的交流活动，却未能使任何一方建立对对方长远目标的信任，相反，甚至可以说缺乏互信的问题正日趋严重。这导致中美作为世界上最大的两个经济体，互相之间的直接投资比例并不高。开发两国企业互相投资的潜力，促进彼此经济合作的进一步深化，将能够使双方通过经济上的互惠互利，密不可分，从而促进政治上的相互尊重，合作共赢。

中国对美国进行直接投资，遇到的最大风险是外商投资安全审查风险。2012

年，在对美投资提议因国家安全因素受审查国家榜单上，中国首次登上榜首。当年，CFIUS（美国外商投资委员会）审查了 23 笔中国公司提出的交易。一贯在审查名单上名列榜首的英国紧随其后，达到 17 笔，加拿大为 13 笔。《外交学者》杂志指出，接受审查的数量增多与中国对美投资的总体增长情况不成比例。究其原因，可能与 2012 年美国举行总统选举有关。美国政府希望通过对中方的直接投资采取更强硬的态度来迎合选民。近些年，美国政府利用美国外国投资委员会制度，阻挠了多起中国企业在美国的绿地投资或兼并的活动，成为中国企业在美国遭遇的最大的政治风险。

深化中美双方的经济融合，进一步便利投资，对于两国都有巨大的经济利益。中国与美国之间的双边投资谈判，从 2014 年年底结束文本谈判之后，开始进入负面清单谈判阶段。这将是一场持久而艰难的谈判。但尽管面临很多障碍，中美双边投资协定的签署对于中国与美国来讲都意味着巨大的商业机会，一旦最终签署，双边的投资将更为畅通，且受到必要的保护。

根据上面的分析，中国企业在美国进行投资，可以选择部分中低端制造业和基础设施产业。同时，投资高技术产业和金融等高端服务业，学习经验。当前至关重要的是促成中美投资保护协定谈判完成，力争打开基础设施、高技术和服务业领域。

5. 亚太自贸区为远景

未来十年，东亚地区既是世界经济增长的主要动力区，也将是海洋战争和战略战争较为激烈的地区。东亚地区将成为世界中心。中国在 2050 年之前取代美国，成为世界的政治经济领袖的可能性并不大。届时，中国比较有可能在亚太地区发挥至关重要的影响力。

尽管当前亚太地区局势比较敏感复杂，但十年后局势会有所改变，一些阻力减少，但会增加另一些阻力。减少的阻力体现在美国的经济优势相对下降，日本的 GDP 可能相当于中国的 1/2。中国在亚太地区的经贸重要性进一步提高，很多贸易伙伴对中国的贸易依赖度会提高。增加的阻力在于，中国的实力越是与美国接近，来自美国的阻力可能会越粗鲁，遏制中国的动机和动作越大。总体来说，中国推进亚太地区投资规则一体化的可能性会提高。

"一带一路"中的海上丝绸之路可以在亚太自贸区建设中做实。具体步骤可分为两步走：第一步是加快完成国家之间的双边自贸区谈判，与亚太区域的一些经济规模较大的国家达成协议。第二步是随着中国负面清单的逐步削减，主导建立涵盖广泛的亚太自贸区。后者的目的主要是获得更大的政治利益，同时节约契约执行成本。届时随着中国与美国在综合国力上的接近，中国将摆脱目前被TPP倒逼的被动地位，开始更加平等的规则博弈。

另外，在对外直接投资中，不能忽视与金砖国家之间的合作。作为世界上公认的一支新兴力量，金砖五国近些年逐步加强政治、经济合作，国际影响力越来越大。中国应该充分利用金砖国家这张牌，将自身对于国际规则改革的主张通过这一渠道表达出来。从争夺现有国际投资规则的发言权，到争夺新型国际投资规则的主导权，金砖国家集团都是一个很好的发声平台。

但金砖国家同质性不高。这是因为这些国家一是地理位置相对分散，二是政治体制差异性较大，三是宗教文化差异性很大，四是相互之间经贸往来并不是非常紧密。只是因为自国际金融危机之后，这几个国家表现出远比发达国家优异的经济增长，因此被高盛认为是代表一个群体，但这些国家的发展轨迹会各不相同。我国可以将金砖国家作为一个政治平台，围绕对外直接投资等经贸领域，争取应该属于发展中国家和新兴国家的权力。另外，可以利用中国的外汇储备，以及这些国家较大的经济体量，构建金融稳定器，实现金融稳定性作用。

第十章 农村土地制度改革：从两权分离到三权分置

新中国成立以来，我国农村土地① 产权关系经过三次变革，② 逐步形成了家庭联产承包责任制，实现了集体所有权与家庭承包经营权的"两权分离"。经过三十多年的发展，我国农村发展的宏观环境和微观基础都发生了深刻变化，农村土地的产权关系也作出了相应的调整，即在"两权分离"的基础上，逐步将承包经营权进一步分离出承包权和经营权，结果形成了集体所有权、承包权和经营权"三权分置"的局面。从"两权分离"到"三权分置"是新形势下农村土地的新一轮变革，是我国农业改革发展"第二次飞跃"的重要抓手。

一、"两权分离"是我国农民的伟大创造

（一）"两权分离"改革及其制度红利

从 1978 年安徽凤阳小岗村率先实行大包干，到 1983 年年底全国农村基本实行包干到户，我国农村建立了统一经营与分散经营相结合、以家庭承包为主要形式的联产承包责任制。家庭联产承包责任制的推行，意味着土地的集体所有权与

---

① 按用途分类，我国农村土地分为农地和建设用地两大类，其中 90%以上是农地，而农地中 90%以上是承包地，三权分置改革主要针对的是农村土地中的承包地。
② 第一次是变封建的土地所有制为农民土地所有制，实现了"耕者有其田"，即"私有私营"；第二次是变农民土地所有制为集体所有制，即"公有公营"；第三次是废除人民公社体制，实行家庭联产承包责任制，实现集体所有权与家庭承包经营权"两权分离"，即"公有私营"。

农户承包经营权发生了"两权分离"。"两权分离"是我国农民的伟大创造,被认为是家庭联产承包责任制最重要的特征。

但在初期,集体所有权仍包括发包权、生产经营计划权、统一经营权、收益分配权,农民只获得有限的生产经营自主权,如自由处置交足国家和集体后剩余的生产经营收益、自由支配劳动时间。从 1984 年开始,土地的占有、使用、收益、处分四大权能开始在集体所有权和承包经营权之间进行新的分割,总趋势是收缩前者的权能、扩大后者的权能,土地各项权能不断地由集体让渡给承包者。在 30 多年的不断分割让渡过程中,农村土地制度实现了三个重大转变,即土地承包关系实现了从合同约定向国家赋权的重大转变,家庭承包经营实现了从生产经营责任制改革向产权制度改革的重大转变,以及土地承包经营权实现了从生产经营自主权向用益物权的重大转变,从而土地所有权与承包经营权分离的制度框架基本定型。

"两权分离"是我国农业改革与发展的第一次飞跃,激发了农民的积极性,极大地促进了农村生产力的发展。承包制使 1980~1984 年间农业劳动生产率提高了 20 个百分点。有学者在分析 1978~1984 年间我国农业增长的原因时,发现制度创新的贡献高达 42.89%。目前,我国的粮食、棉花、油料、水产品等产品总量均居世界首位,主要农产品的人均占有量也超过世界平均水平,使我国用不到世界 1/7 的耕地,生产出了世界 1/4 的粮食,养活了世界 1/5 的人口。

(二)"两权分离"改革形成了我国特有的小农经济

以"两权分离"为特征的农村土地制度虽然使农村人口人人有地种,人人有保障,但同时也造成了承包者的合法权益难保护、土地流转困难、经营规模不大的小农经济。而小农经济会导致农业生产技术发展缓慢、农产品价格的波动和偏高、增加农民向非农产业转移的机会成本、耕地利用效率偏低等弊端。[①]

1. 小农经济损失了规模经济,减缓了农业生产技术的发展

相对于小农经济,适度规模生产的好处是显而易见的,如易于实现生产机械化,有利于节约生产经营成本;有利于促进分工和专业化;有利于新技术的研发和应用,促进农业生产技术的发展;有利于提高劳动生产率。

---

① 肖鲁伟、周文:《浅谈我国现行农村土地制度的弊端》,《中国集体经济》2012 年第 6 期。

2. 小农经济导致农产品价格的波动和偏高

在物资紧缺时期，国家以相对稳定的价格收购农民的农产品（主要是粮食），确实释放了小农经济的生产力。但随着国家逐渐放开农产品价格，使其市场化，就必然导致农产品市场价格波动频繁，使农民承受很大的市场风险。为规避风险，农民会选择与当地的龙头企业签订购销合同。然而，市场价格的不稳定使合同的履约率很低，违约率可能高达 80%。[1] 高违约率导致的受伤害者往往是农民而不是龙头企业。无法规避的风险极大地挫伤了农民的生产积极性。

此外，相对于规模生产和专业化经营来讲，小农经济还会造成农产品价格偏高。因为小农经济由于生产效率不如专业化生产高，平均成本就要高一些，农产品价格自然也高一些；加之小农经济自身也难以有效率地组织生产，也会进一步拉高平均成本，推高价格。

3. 小农经济导致土地利用效率偏低

一方面，小农经济下，农民的土地缺乏流动性，无法使土地配置到种田能手手中，造成土地的低效率使用；另一方面，小农经济损失了规模经济，造成农产品价格的波动，挫伤了农民生产的积极性，这都会降低土地的利用效率。

4. 小农经济阻碍了农民向非农产业转移

在"两权分离"的农村土地制度下，土地承包者不仅以低廉的价格承包土地，而且承包的土地也难以流转。以低廉的价格承包土地，对农民来讲无疑相当于一种补贴。加之土地难以流转，使土地的价值远低于土地的潜在价值，这必然降低农民向非农产业转移的能力。作为一种补贴和长期不变的福利，它还增加了农民向非农产业转移的机会成本，从而降低了农民向非农产业转移的意愿。农民向非农产业转移受阻，无益于我国城镇化进程和人口城乡结构、产业结构的调整。

（三）"两权分离"改革的制度性缺陷

"两权分离"改革的不完善、不彻底导致农村土地产权主体虚置、农民土地权益受损、土地管理主体重叠和土地流转缓慢等[2] 比较严重的制度性缺陷。

---

① 刘凤芹：《不完全合约与履约障碍——以订单农业为例》，《经济研究》2003 年第 4 期。
② 汪东升、李继明：《当前我国农村土地制度的效应分析》，《求实》2010 年第 1 期。

1. 农村土地产权主体虚置

我国法律对农村土地所有权作出了相应规定。如《宪法》第10条规定："农村和城市郊区的土地，除法律规定属于国家的以外，属于集体所有；宅基地和自留地、自留山，也属于集体所有。"《民法通则》第74条规定："集体所有的土地依照法律属于村农民集体所有，由村农业生产合作社等农业集体经济组织或村民委员会经营管理。已属于乡（镇）农民集体经济组织所有的，可以属于农民集体所有。"《土地管理法》第10条除了类似规定以外还规定："已经分别属于村内两个以上集体经济组织的农民集体所有的，由村内各该农村集体经济组织或者村民小组经营、管理；已经属于乡（镇）农民集体所有的，由乡（镇）农村集体经济组织经营、管理。"1995年国务院批转的农业部《农业部关于稳定和完善土地承包关系的意见》第二条规定："村民小组依法可以拥有集体土地所有权。"

从上述法律规定可以看出，我国农村土地所有权的主体可以是村民小组，也可以是村集体，还可以是集体经济组织。国家将农村土地所有权界定为集体所有，但同时政府仍保留了土地征用权、土地使用总体规划权和宏观管理权，这使政府拥有了比所有权主体更大的实际控制权，结果使土地所有权的实质主体变得极其复杂。我国的行政村、乡镇和地方合作经济组织差异很大，组织形式复杂，基本上仍处于分散化、无序化与不规范、不断变动状态之中，由此决定了土地所有权主体的混乱，从而导致了土地产权关系的模糊性与随意性，这使我国目前的土地制度有效性大打折扣。

2. 土地产权的残缺，致使农民土地权益受损

"两权分离"条件下，土地的承包经营权归农民，但它包含哪些权利，其内涵和外延都需要进一步明确。产权不清晰致使农民合法权益不断受到各种侵蚀。如农地的频繁无序调整就是农民土地权益受损的具体表现之一。既然农地集体所有，集体范围内就必然人人有份，家庭承包经营就是按人头平均分配，所以家庭承包经营的土地经常处于调整变化之中，农户经营预期无法保障，合法权益受到各种侵蚀。

3. 土地管理主体重叠，管理不规范

在所有权和承包经营权"两权分离"条件下，很多主体对农地拥有管理权，如自上而下有乡政府、村委会、村乡集体经济组织、村民小组等，这些主体相互间职责重叠不清，必然导致种种不规范的管理行为。农地集体所有，意味着所有

权主体对农地拥有发包权、管理权、监督权，这就为农村基层政权等所有权主体不规范的管理行为创造了条件，如任意出卖土地，乱占耕地，以租代征，对农户的经营行为进行非理性干预等。在城镇化进程中，土地权力"寻租"频频发生，包括官员的个人寻租和集体的寻租。据统计，在领导干部以权谋私案件中，涉及土地批租问题的约占 1/3。在征地补偿分配中，补偿费用被层层截留，被征地农户反而所剩不多。

4. 土地流转缓慢，影响了土地适度规模经营

"两权分离"下的家庭联产承包责任制以平均主义为原则。考虑到土地有优劣之分，在承包地分配过程中往往会将同等条件的土地平均分配，结果造成家庭承包耕地碎片化的情形。2000 年，全国农户户均经营的土地分成 9.5 块，面积 8.33 亩，块均面积仅为 0.87 亩。这种情况之所以长期存在，主要是由我国农村土地制度决定的。过去农村土地承包经营权的流转主要通过集体调整和农民的相互转包来实现，基本排除了土地流动属性和引入市场机制的可能性。市场交易必须以产权明晰为前提，土地产权不清，就很难出现规范的土地市场交易，就难以建立起有效的土地流转机制，土地流转具有较强的行政性、不完整性、低偿性，导致土地流转缓慢，难以形成效益原则要求的适度规模经营的局面。

二、"三权分置"改革是农村土地制度的新一轮改革

（一）"三权分置"改革的动因

农村土地制度改革与经济社会的发展阶段，特别是与城镇化、工业化的发展阶段紧密相关。[①]"两权分离"改革的制度性缺陷使我国农村土地规模经营并没有随农业劳动力转移而同步推进。目前，需求因素已上升为我国农业发展最主要的

---

① 张红宇：《工业化、城镇化需要土地流转、规模经营土地流转问题》，《农业工作通讯》2013 年第 18 期。

推动因素，但农产品质量和安全问题却日益突出，农业竞争力提升在很大程度上受到小规模、细碎的土地经营方式的阻碍。在加快推进农业现代化的宏观战略下，如何推动农地流转，促进农地适度规模经营，已成为当前农村发展亟须解决的一个紧迫问题。

就我国实际情况而言，实现土地适度规模经营，就必须重点突破土地产权制度，探索更加规范有序的农村土地流转新模式，在保护农民利益的前提下为农业现代化奠定必要的土地制度基础。实际上，我国工业化、城镇化的加速推进也带来了用地需求的不断增长，甚至不少地方的快速城镇化浪潮使土地供求失衡的矛盾日趋严重，这也在客观上强烈地体现了深化农地制度改革的内在需求。①

工业化把农民转变为工人，城镇化把农民转变为市民，在这一过程中农业剩余劳动力大量转移，这要求对"集体所有、家庭经营"这一农村土地基本制度和模式的内涵进行新的解释。从一些国家和地区发展经验看，第二次世界大战以来，日、韩和中国台湾地区的土地制度在城镇化、工业化过程中发生了巨大变化，虽然土地所有制始终是私有制，但经营制度都经历了从"农地农用农民用"到"农地农用全民用"的变化过程，即农业土地专用于农业生产并由农民经营，逐步演变为农业土地专用于农业生产但经营主体可以由农民拓展为多元主体。由"农民用"至"全民用"，其实质是农村土地经营方式和制度的深刻变革。我国与日、韩等国具有基本相似的资源禀赋与经营规模，城镇化、工业化也发展到了相应的阶段，农业经营方式面临着很多共通性的问题。在我国，农业现代化明显滞后于工业化、城镇化和信息化，农业是"四化"中的短板，要提高农业生产率，推进农业现代化，就要从农业经营方式、体制入手，优化农业资源配置方式，完善农村土地制度。

家庭承包经营责任制确立后，我国农村土地制度形成了以所有权与承包经营权"两权分离"为特征的制度架构，即农地所有权归农民集体所有，土地承包经营权归农户所有。当前，农业外部环境、土地资源配置状况和农业经营主体都发生了巨大变化，承包经营权越来越需要创新。一方面，承包经营权包含占有、使用、收益、处置等多重权能，这些权能，特别是占有权和经营权既可以集中于同一主体，也可以在不同主体之间进行分割；另一方面，在实践中，土地承包权和

---

① 郭晓鸣：《中国农村土地制度改革：需求、困境与发展态势》，《中国农村经济》2011年第4期。

经营权"两权分离"的现象日益普遍。同时，随着包括种养大户、家庭农场、农业合作社、龙头企业等在内的新型经营主体的迅速发展，农地经营权日益拓展到家庭经营类、互助合作类、公司企业类等多元化的经营类型。所以，现行"两权分离"的土地制度有必要进一步完善，明确把承包经营权分离为承包权与经营权，构建"三权分置"的新型土地制度，以实现农村土地"集体所有、家庭承包、多元经营"的制度安排。

（二）"三权分置"的制度内涵

如何理解"三权分置"的制度内涵？从产权特性看，"三权分置"体现了产权的可分割性，其中的承包权具有准所有权性质，"三权分置"实质上仍然是所有权和使用权的分离；从产权关系看，"三权分置"是在土地集体所有这一制度约束下，所有权、承包权、经营权适当分离，最终目的是实现经营权的自由流转；从制度变迁看，"三权分置"是在农村发展改革过程中由具体矛盾引起的制度"自下而上"和"自上而下"相互作用而变迁形成的。总体而言，在"三权分置"制度安排中，承包权要给承包者带来财产收益，经营权可以带来农业生产率的提高，并产生出除传统家庭经营以外的新型经营主体。在此前提下，所有权、承包权和经营权的内涵是有所区别的。[①]

首先，所有权属性不变。在相当长的一个时期，农村土地集体所有制是符合中国国情的，因而是最正确、最有效率的制度安排。这是因为，如果国有，则意味着公权力可以无限扩张，可能会对农民利益造成损害；如果私有，则意味着在市场机制作用下，极易造成土地兼并，形成大量失地农民；而集体所有，则能更好地兼顾国家、集体和农民的利益，是符合我国国情的"中间制度"，是成本最低、效率最高的最佳制度安排。但是，坚持土地集体所有制并不意味着所有权在任何情况、任何地区的重要程度完全一致。改革开放三十多年来，我国区域经济发展呈现越来越明显的差异性，集体所有权对所有者的重要性在不同区域就表现出很大的差异。在大城市的城中村、郊区农村和发达地区的农村，集体经济比较发达，农民拥有资产、资源和资金的增值及其分配权益，因此这类地区的土地集

[①] 张红宇：《工业化、城镇化需要土地流转、规模经营土地流转问题》，《农业工作通讯》2013年第18期。

体所有具有极端重要性。而更广大中西部地区，集体经济很薄弱，土地集体所有的意义就相对有限得多，有时甚至是虚置的。

其次，承包权属于典型的用益物权。用益物权表现为在所有权人所有的前提下拥有的占有权、使用权、收益权和处分权。承包权具有准所有权的属性，在大部分地区充当了所有权的角色，体现为承包农户对承包地的实际占有。在承包权和经营权合一的情况下，承包经营权拥有经营、流转、收益、入股、抵押、继承、处分、退出等多项权利。其中经营和处分是两项特别有意义的权利，在承包权、经营权分离情况下，继承权和退出权是承包权两个最重要的体现。承包权能够为承包农户带来土地资源的财产性收益。

最后，经营权分离是多元经营的基本前提。土地经营权只有在城镇化快速发展，农业剩余劳动力大量转移的背景下，以及与承包权相分离的情况下，才会单独存在并独立发挥作用，其表现为经营、收益以及衍生的入股、抵押等其他多重权利。然而，经营权与承包权的分离具有重大经济意义，如它是形成土地规模经营的前提和基础，其有利于提高农业劳动生产效率和资源配置效率，有利于发展多种形式的新型经营主体，培养新型职业化农民。

（三）"三权分置"改革的政策演化

"三权分置"改革是在土地流转制度的逐步完善中提出的。早在 1984 年的中央一号文件《关于 1984 年农村工作的通知》中规定："社员在承包期内，因无力耕种或转营他业而要求不包或少包土地的，可以经集体同意后进行转包。"该文件虽然还没有从法律上明确规定承包地可以进行流转，但它第一次从制度上承认并支持了土地流转，是土地流转制度的萌芽。1988 年，在宪法修正案中，农村土地流转第一次从法律高度得以明确规定："任何组织或者个人不得侵占、买卖或者以其他形式非法转让土地。土地的使用权可以依照法律的规定转让。"从而从法律层面上承认了土地流转制度，并给予土地流转制度的实施以法律保障。1993 年，党的十四届三中全会进一步完善了土地流转制度，确认在保持土地集体所有的前提下，可以有偿转让土地。2003 年颁布实施的《农村土地承包法》从法律上确认了土地承包经营权流转的具体形式，"通过家庭承包取得的土地承包经营权可以依法采取转包、出租、互换、转让或者其他方式流转"。国家一系列关于土地流转法律法规的相继出台，为完善我国土地流转制度提供了强有力的支持，对我国"三权分置"改革具有极其重要的意义。

新时期，我国农村土地流转制度在获得新发展的同时，"三权分置"改革越来越被明确为我国农村土地制度改革的方向。在中央正式提出"三权分置"改革之前，学术界已经对土地承包权与经营权分离问题有诸多探讨，但一直采用的是"三权分离"的概念。[①] 2008 年《中共中央关于推进农村改革发展若干重大问题的决定》中对新时期土地流转制度作了一些新规定：要求在加强和完善土地承包权管理服务体系的同时，建立健全农村土地承包经营权流转市场，"允许农民以转让、出租、转包、互换、股份合作等多种灵活的方式流转其土地的承包经营权，从而发展出多种形式的土地规模化管理和经营。"这一规定为我国农村土地制度的发展注入了新动力。首次较完整地体现"三权分置"思想的中央文件是 2014 年的中央一号文件，即《关于全面深化农村改革加快推进农业现代化的若干意见》。该文件提出"在落实农村土地集体所有权的基础上，稳定农户承包权、放活土地经营权，允许承包土地的经营权向金融机构抵押融资"，"鼓励有条件的农户流转承包土地的经营权，加快健全土地经营权流转市场"。该文件在一定程度上采纳、包含了土地所有权、承包权、经营权"三权分置"的基本思想，但还没有明确提出"三权分置"这一概念。

在 2014 年 9 月 29 日召开的中央全面深化改革领导小组第五次会议上，习近平总书记明确提出了农村土地所有权、承包权、经营权"三权分置"，这是中央首次提出"三权分置"的概念。随后，2014 年 11 月 20 日，中共中央办公厅、国务院办公厅印发了《关于引导农村土地经营权有序流转发展农业适度规模经营的意见》，从而首次以中央文件的形式正式提出了"三权分置"的概念，并且对"三权分置"权利配置的基本格局作了原则性的表述，如"坚持农村土地集体所有，实现所有权、承包权、经营权三权分置，引导土地经营权有序流转""坚持农村土地集体所有权，稳定农户承包权，放活土地经营权"。至此，农村土地"三权分置"的改革方向正式确立。

（四）"三权分置"改革的重大意义

"三权分置"孕育于我国国情，着眼于解决农村现实问题，是家庭承包经营

---

① 宋志红：《农村土地"三权分置"改革：风险防范与法治保障》，《经济研究参考》2015 年第 24 期。

制度适应经济社会发展而不断变革的结果，它开启了我国农村土地制度的新一轮改革和又一次重大创新。①

第一，"三权分置"创新了农地产权制度，拓展了农地集体所有制的实现形式。土地集体所有制是宪法明确的农村基本经济制度。改革开放之前，土地的集体所有权和经营权合二为一，土地集体所有、集体统一经营。改革开放之后，根据当时的农业生产力和资源禀赋实际，实行了家庭联产承包责任制，逐步确立了土地的集体所有权和农户承包经营权的"两权分离"这一制度框架，赋予承包农户长期的土地占有权、使用权等权能，极大地调动了广大农民的生产积极性，解决了农民的温饱问题。现阶段，随着城镇化、工业化持续深入推进，农业剩余劳动力大量涌入城镇，相当一部分农户理性地选择了土地流转，承包主体与经营主体出现分离，客观上农民已经很早就自发地使承包经营权分解为承包权和经营权。截至 2016 年 6 月底，全国农村土地流转面积 4.6 亿亩，流转比例超过承包耕地总面积的 1/3。实行"三权分置"，是对农地产权的细分和丰富，新的制度安排既坚持了土地集体所有，又强化了对承包者土地承包权的有效保护，还顺应了农村土地要素合理有序流转、提高农业规模经营效益和农业竞争力的需要。

第二，"三权分置"丰富了双层经营体制的内涵，体现了农村基本经营制度具有持久的活力。以家庭经营为基础、统分结合的双层经营体制是我国农村的基本经营制度。改革开放实践证明，这项制度既维护了我国农村土地的集体所有，同时又赋予了承包者相对独立的承包经营权，通过"两权分离"、"统和分"两个层次（集体统一经营和农户承包经营）得以形成。随着大量农业剩余劳动力转移，承包农户逐渐分化，催生了种养大户、家庭农场等新型经营主体，实现了"集体所有、农户承包经营"的双层经营逐步向"集体所有、农户承包、多元经营"的新格局转变，从而从"统"和"分"两个层次上共同构成了立体式复合型现代农业经营体系，提高了我国农业生产经营专业化、集约化、组织化、社会化的程度，为我国农村基本经营制度注入了持久的活力。

第三，"三权分置"顺应了适度规模经营的要求，为特色新型农业发展开辟了新路径。邓小平同志曾指出：中国社会主义农业的改革和发展，从长远的观点

---

① 韩长赋：《土地"三权分置"是中国农村改革的又一次重大创新》，《农村工作通讯》2016 年第 3 期。

看，要有两个飞跃。第一个飞跃是废除人民公社，实行家庭联产承包为主的责任制。第二个飞跃是适应科学种田和生产社会化的需要，发展适度规模经营，发展集体经济。改革开放初期，"两权分离"的制度安排，兼顾了效率和公平，打破了"大锅饭"，调动了农民的积极性，解决了我国的温饱问题。在当前的新形势下，深化土地制度改革，要着眼于农业现代化，促进农业资源最优化配置和发展适度规模经营。实行"三权分置"，在保护农民承包权的基础上，赋予新型主体更多的权能，有利于促进土地经营权的优化配置，提高经营规模和农业生产率，从而为走出一条产出高效、产品安全、资源节约、环境友好的中国特色的新型农业现代化道路开辟了新的路径。

第四，"三权分置"是"三农"理论的重大创新，为协调城乡发展、全面建成小康社会提供了理论支撑。"三权分置"继承和发展了"两权分离"，实现了集体、承包者、经营者对土地权利的共享，让承包者因转让土地经营权而增加财产收入，让经营者实现规模经营收益。此外，"三权分置"还有利于促进农业剩余劳动力转移，加快城镇化进程，实现城乡、工农协调发展，是具有鲜明中国特色和内涵丰富的理论创新。

三、"三权分置"改革的基本思路和主要措施

（一）"三权分置"改革的基本思路

"三权分置"改革，就是要按照"坚持农村土地集体所有权，保护土地承包权、放活土地经营权"的思路，明确土地集体所有权、承包权、经营权的边界，界定"三权"的实现形式。

所谓"坚持农村土地集体所有权"，即是要坚持集体对土地的所有权，包括占有权和最终处分权。"坚持农村集体土地所有权"，一是应保证稳定集体所有权，防止集体土地所有权的平调问题；二是不能假借公共需要的名义，随意低价征用和征收农村集体土地，对征地拆迁补偿不到位；三是禁止农户擅自更改农村集体土地的农业用途，撂荒承包地以及侵害集体土地所有权。

所谓"保护土地承包权",即是在明确土地集体所有权的基础上,确认集体成员的土地承包权,明确承包权权利边界,确保承包权长久保持不变。如何"保护土地承包权"?一是要保证承包权的起点公平。有些地区土地承包关系变动频繁,土地承包关系中权属不清。这就需要尊重既成事实,尽快确定土地承包关系,使承包户形成对承包权的稳定预期。二是应该明确农村土地承包权的年限,如可以与城镇住宅用地的使用期限一致为 70 年。三是规范农村土地承包权继承。要特别防止因土地细分影响到土地经营规模,对于户口仍在农村的子女,可以依法继承父母拥有的承包权。四是探索土地承包权退出机制。对于常年不在农村、土地撂荒的家庭,应根据其自愿的原则,集体可以有偿收回其土地承包权,并组织重新发包。五是集体不能私自增加或强制收回农户的承包地,也不能收取不合理的费用。

所谓"放活土地经营权",即是要尊重和鼓励土地承包权和经营权的分离,支持和保护经营者的经营权和经营活动,让从事农业生产经营活动的经营者真正得到实惠。首先,对于流转的时间问题,应鼓励长期流转,使经营土地的农民或其他经营者形成长期稳定的预期,以便更好地促进农业基础设施投入,提高土地肥力及增加农业经营收益;在经营权利用方面,应鼓励经营者不侵犯农民承包权的前提下,优化和整理土地,合理配置小块零乱土地,以利机械化作业;对土地经营者的补贴务必足额到位,以鼓励土地向种田能手、农业大户集中,促进土地适度规模经营;积极探索土地经营权抵押,使土地经营者有更多融资渠道,切实解决融资难题。

(二)"三权"在经济上的实现形式及对策

1. 土地集体所有权在经济上的实现形式及对策

农村土地集体所有权包括占有、使用、收益、处置等一组权利束,是农民集体依法享有对土地的支配性权利,它决定了集体土地的使用、收益与处置等运作规程。只有农村集体土地的占有权、收益权与处分权得到充分实现,土地所有权才能真正得到实现。其中,农村集体土地处置权包括土地的流转、出租、抵押、继承等权利。但是,无论是土地的出租、流转还是继承,都不能改变土地用途。再则,农村集体土地最终处置权属于村级集体或村民小组,尽管农民享有集体土地的用益物权,但不享有集体土地最终处置权。这样的制度安排,既有利于促进农民群众利用土地从事农业生产经营活动的积极性，又不会造成农村土地私有化而可能导致两极分化的风险。

当前，农村集体土地所有权产权要在经济上得到实现，需要解决好一系列问题。一是要从法律上进一步明确土地集体所有权的权利主体是村级集体或村民小组。二是农村集体土地所有权要与国有土地所有权在权利上平等，政府征用农村集体土地的程序与方式应进一步优化。三是村级集体或村民小组要能够真正代表村民维护对土地所有权的利益，村级集体和村民小组的负责人要由村民选举产生，真正做到利益共享、信息公开。四是依法依规协调好土地监督和管理机制，既要保障农村集体土地承包者、经营者对集体土地的占有、利用，又要保障集体土地所有权不受侵害，不改变土地用途等。五是在保持农村集体土地承包权长久不变的同时，国家要进一步支持农村集体经济组织的发展，逐步壮大农村集体经济的实力，让农村集体土地所有权有更加雄厚的根基。

2. 土地承包权在经济上的实现形式及对策

土地承包权指的是农民对村级集体或村民小组所授权的土地合法使用和收益的权利。目前我国农村集体土地制度的最大特征是集体土地的"公有私用"。即集体土地的所有权归村级集体或村民小组，承包权归农户，经营权的主体多元化。集体土地承包权从承包经营权分离出来以后，农村集体土地所有权被"虚化"，[①] 土地承包权就形成为类似于集体土地准所有权的一种权能。拥有集体土地承包权的农民，可以选择自己耕种，也可以选择保留承包权前提下，将土地经营权流转，将村级集体或村民小组让渡给自己的地租变现为承包者的财产性收益。也即土地承包权不仅具有农业生产要素功能，也具有财产与价值功能。从而"资本化地租的表现形式为土地价值，其正如其他商品一样可以进行买卖"。[②] 同时，随着土地承包制度的深化，土地承包权的财产性质日益凸显。中共十五届三中全会明确提出，享有土地承包经营权的农地可以有偿流转。这表明，土地承包权已成为一种用益物权。此外，土地承包权作为一种财产权利，具有与资本相似的特征，也即承包地作为一种生产要素，能够为其承包者带来相应收益。[③] 在实践中，

---

① 曲福田、田光明：《城乡统筹与农村集体土地产权制度改革》，《管理世界》2011 年第 6 期。
② 马克思：《资本论》（第二卷），人民出版社 2008 年版。
③ 杨继瑞、杨博维、马永坤：《回归农民职业属性的探析与思考》，《中国农村经济》2013 年第 1 期。

土地承包权已出现资本化趋势，承包者将自己的承包权作为生产要素进入土地流转市场，就能够获得资本化收益。

我国农村土地产权制度应构建以土地集体所有权为基础、以承包权为核心、以经营权为动力的新制度体系。在《物权法》《农村土地承包法》的基础上，坚持土地集体所有权，保证承包权，活跃经营权，形成以土地承包权为核心的农村集体土地产权制度，只有这样，才能保证农村基本经营制度的顺利运行，使土地承包权在经济上得到实现。以土地承包权为核心的农村土地产权制度，就是一种以土地承包权为核心的"三权分置"的农村集体土地产权制度安排。拥有土地承包权，实质上就拥有了作为集体成员所应享有的集体土地权利，使农村集体土地所有权看得见、摸得着，从而找到了在社会主义市场经济条件下农村土地集体所有权的有效实现形式。

3. 土地经营权在经济上的实现形式及对策

土地经营权是从土地承包经营权分离出来的一项权能。《物权法》已经明确地将承包经营权视作用益物权。在土地承包权和经营权没有分离的情况下，土地承包经营权具有对土地相当部分的占有、经营、收益、处置等权利。在土地承包权和经营权分离后，承包权体现为部分占有、收益、处置、继承、退出等，经营权主要表现为直接对土地的使用、经营、经营收益及其他延伸收益等，在经济上的实现形式，主要表现为通过在土地上进行劳动、资本等投入所获得的收益，其实质是对土地经营利润的分享。经营者获得土地经营权之后，依靠在土地上的投入和劳动，获得农业经营收益。同时，土地经营者还可以将土地经营权进行抵押。土地经营权抵押并不影响土地承包人承包权的实现。土地抵押后，即使经营者无法按期偿还债务，土地的承包权也不会发生变化，债权人只能通过土地经营收益而优先得到清偿。可见，土地经营权从土地承包经营权分离出来之后，集体土地抵押的公平和效问题得到进一步厘清。

土地经营权从承包经营权分离出来后，其主体资格范围得以扩展，远远大于土地承包经营权或承包权的主体资格范围。我们知道，对土地承包权拥有者有严格限制，必须是本村级集体成员或村民小组，而经营权的拥有者资格要宽松得多，跨村、跨乡的农民甚至城镇居民和社会组织、企业都可以通过土地流转，依法依规获取农村集体土地的经营权，这有助于更大范围内优化土地资源配置，提高农业集约化程度及生产率。因此，必须着力放活土地经营权，推进土地经营权的多元化和新型农业经营主体的多元化。包括采取培育职业农民，加大对经营权主体的财政、金融、税收支持力度，允许土地经营权抵押融资，稳定土地承包权等方式，为农业现代化和适度规模经营创造必要条件。[①]

（三）"三权分置"改革的配套措施

1. 构建培育新型农业经营主体的政策体系

"三权分置"改革，涉及多元新型农业经营主体的培育。[②]完成这项任务，既要切实维护好普通农户的土地承包权，充分考虑他们的利益；又要积极构建有利于促进新型经营主体发展的体制机制，鼓励他们科学种地养地，防止掠夺式的经营行为。为此，一要努力提升普通农户的经营水平。如激励农户增加资本、技术、装备等生产要素投入，帮助农户采用先进生产科技和手段；大力发展社会化服务，引导农户加强合作与联合，提高经营的组织化、专业化、集约化水平。二要积极培育多元化的农业新型经营主体。包括培育以家庭成员为主要劳动力，以农业为主要收入来源，从事专业化、集约化、适度规模经营的家庭农场；引导农民通过多种方式开展专业合作，积极参与产业化经营；鼓励和引导工商资本参与到适合企业化、规模化经营的种养业，投资开展土地整治和高标准农田建设，开发农村"四荒"资源。三要大力培育新型职业农民。要完善新型职业农民培养、认定和扶持的政策体系，打造高素质的现代农业生产经营者队伍；支持农业领域的创新创业行为，完善户籍、社保、财政、金融等激励政策，吸引优秀大中专毕业生、返乡农民工、退伍军人等各类人才扎根农村从事生产经营活动。

2. 财税体制改革

"三权分置"改革的核心是政府要退出土地市场，这就需要着力解决地方政府面临的财政缺口，所以配套的财税体制改革必须要跟上。一要继续完善分税制财政体制。主要是要从地方事权与财权相统一，从财政收支两方面一并考量来完善我国分税制度。在2015年财政总收入大盘中，中央政府和地方政府分别约占45%和55%；而在支出结构中，中央政府所占的比重不到15%，地方政府则占

---

① 杨继瑞、薛晓：《农地"三权分离"：经济上实现形式的思考及对策》，《农村经济》2015年第5期。
② 韩长赋：《土地"三权分置"是中国农村改革的又一次重大创新》，《农村工作通讯》2016年第3期。

85%以上。因此，有必要建立和完善财权与事权相统一的分税制度，保障地方政府的财权，调整中央和地方在当前分税制下增值税的分成比例，消除房地产税在地方政府中"一税独大"的状况。二要健全地方税制。中央早在2003年已经提出了物业税，但直到现在依然没有全面开征，仅在上海、重庆等城市试点。如果开征物业税，使之成为地方主体税，将大大缓解地方财政紧张问题，也有利于从土地财政转向公共财政。

3.完善土地立法

只有在完善耕地保护、土地价格、土地利用规划和土地用途管制等制度并切实执行的基础上，才能开放农村土地市场，发现农村土地资产价值，避免耕地流失和"圈地运动"等行为的发生。当前，由于农地法定估价原则的缺失和农地地价体系的不完整性，农地价格严重扭曲，农地非农化趋势加速，导致耕地锐减。所以，要完善各项土地法律制度，根据土地真实价值修正土地征收和流转的价格，消除政府用地牟利冲动。

4.健全农村社会保障制度

土地的社会保障功能，既不利于土地经营权的流转，也不利于农村现代社会保障制度的建立。要通过完善农村社会保障体系，剥离土地的社会保障功能，让土地流转更加自由。健全农村社会保障制度，关键是要提高农村社会保障的水平和覆盖面，并与城镇社会保障体系对接，增强社会保障在全国范围内的流动和衔接。

第十一章 区域成长：从多极化增长 走向协调发展

区域发展不平衡是世界各国普遍存在的现象，也是中国的一个基本国情。由于不同区域在影响经济发展的自然资源、区位优势、生产要素、产业结构、历史文化背景等众多方面存在着不均衡性，区域发展差异成为中国发展历程上不可避免的客观事实。对于中国这样一个幅员辽阔、人口众多、资源相对不足的发展中大国来说，区域发展的不平衡性，是在发展中必须经历的过程，也是构成基本国情的一部分。《2009~2010 年度中国人类发展报告》指出，[①] 中国地区间人类发展总体水平差距明显，北京、上海、浙江、江苏等东部发达地区的人类发展水平已相当于葡萄牙、捷克等高人类发展指数的国家，而贵州、西藏等西部地区的人类发展水平则仅相当于非洲的纳米比亚和刚果等国家，形成"一个中国、两种世界"的分化局面。

地区差距成为我国区域协调发展的重大制约因素。在全面建成小康社会的步伐中，怎样实现区域协调发展，引导我国将不均衡经济增长的成果转化为全国整体人类发展水平的提高，既是中国在 21 世纪必须解决的一个重大理论问题，也是一个不可回避的重大实践问题。

---

① 联合国开发计划署：《2009~2010 年度中国人类发展报告》，中国对外翻译出版社 2010 年版。

一、我国区域发展的成效与挑战

（一）我国区域发展取得的显著成效

1. 我国区域发展的多极化版图逐渐成形

"十一五"以来，中央完整地提出了实施西部大开发、振兴东北地区等老工业基地、促进中部地区崛起、鼓励东部地区率先发展的区域发展总体战略。在这一战略指导下，国家批准实施了一系列重大区域规划和区域性政策文件，区域政策体系不断完善，并日益呈现出细化、实化和差别化特征，推动形成了我国区域发展生动活泼的良好局面。尤其是 2009 年以来，国家新一轮的区域发展规划，从南到北、由东向西、从沿海到内地，对"四大板块"进行细化，在我国区域经济版图中初步勾画出"八大经济圈"：①泛长三角经济圈，以长三角城市群为核心，范围涵盖上海、浙江、江苏三省（市）的行政区域，辐射带动长江经济带的发展；②泛珠三角经济圈，以珠三角城市群和海南国际旅游岛为核心，范围涵盖广东、香港地区、澳门地区、海南四省（区）的行政区域，辐射带动"三南"（西南、华南和中南）地区的经济发展；③泛环渤海经济圈，以京津冀城市群和山东半岛城市群为核心，范围涵盖北京、天津、河北、山东四省（市）的行政区域，辐射带动"三北"（西北、华北和东北）地区的经济发展；④东北经济圈，以辽中南城市群为核心，范围涵盖辽宁、吉林、黑龙江三省的行政区域，辐射带动内蒙古东部地区的经济发展；⑤海峡经济圈，以海峡西岸城市群和台北为核心，范围涵盖福建全省和广东、江西、浙江三省的部分地区以及台湾地区；⑥中部经济圈，以武汉城市圈、长株潭城市群和中原城市群为核心，范围涵盖江西、湖南、湖北、安徽、河南、山西六省的行政区域，辐射带动我国中部地区的经济发展；⑦西南经济圈，以川渝城市群为核心，范围涵盖广西、四川、重庆、云南、贵州、西藏六省（市、区）的行政区域；⑧西北经济圈，以关中—天水经济区为核心，范围涵盖新疆、青海、甘肃、陕西、宁夏、内蒙古六省（区）的行政区域。

2. 以城市群为核心的空间发展局面基本形成，区域发展呈现多极带动的新格局

城市群是工业化和城市化发展到一定阶段的产物，是一种集约、高效的空间组织形式。它通过调动、控制、管理和优化区域资源，带动更大区域的发展。自20世纪90年代以来，东部沿海地区完成新一轮产业布局，我国城市化进入加速期，形成了一批新的区域经济增长极，辐射带动能力进一步增强，如长江三角洲、珠江三角洲地区加速产业结构调整，综合实力不断增强，京津冀地区迅速崛起。长三角、珠三角和京津冀三大城市群已成为我国经济发展的"龙头"，新的城市群不断涌现。广西北部湾、成渝、关中—天水、中原经济区加快发展，成为引领中西部地区持续快速增长的重要支撑。这些城市群或城市圈的形成，促进了城市群或城市圈内部区域经济一体化进程，有助于推进形成多极化的、辐射带动力强的区域增长极，主导区域甚至全国经济的发展格局。根据现有发展基础和"四大板块"发展规划，我国有条件加快发展的大都市圈或城市群（带）主要有长三角城市圈、珠三角城市圈、京津冀城市圈、辽中南城市群、山东半岛城市群、海峡西岸城市带、武汉城市圈、中原城市群、长株潭城市群、皖江城市带、成渝城市圈、关中—天水城市群等（见表11-1）。目前，全国经济增长重心区从南到北、由东向西不断拓展，主要城市化地区集中全国大部分人口和经济总量，以"两横三纵"为主体的城市化战略格局基本形成。

表 11-1　2009 年中国城市群比较

城市群	面积（万平方公里）	人口（百万人）	GDP（百亿元）
环渤海地区	32.30	138.87	633.50
京津冀	21.59	94.42	372.56
辽中南	5.92	22.15	123.44
山东半岛	4.79	22.30	137.50
长三角地区	11.01	84.51	599.79
珠三角地区	5.50	29.67	321.47
冀中南地区	8.38	49.48	102.56
太原	6.74	14.80	35.04
呼包鄂榆地区	17.53	9.56	72.76
哈长地区	27.01	38.20	123.77

城市群	面积（万平方公里）	人口（百万人）	GDP（百亿元）
东陇海地区	2.41	17.34	41.96
江淮地区	7.20	28.87	65.68
海峡西岸经济区	26.25	86.87	209.91
中原经济区	5.42	39.33	104.11
长江中游地区	21.17	91.02	226.13
北部湾地区	8.38	30.49	59.29
成渝地区	13.39	57.02	132.52
黔中地区	5.16	14.88	20.74
滇中地区	6.97	14.16	36.68
藏中南地区	6.16	8.44	29.95
关中—天水地区	8.97	30.00	58.29
兰州—西宁地区	16.09	7.09	18.54
宁夏沿黄经济区	5.10	4.84	11.78
天山北坡地区	7.65	5.34	23.24
全国	960.00	1334.74	3405.07
21个城市群比重（%）	25.92	59.99	85.98
十大城市群比重（%）	14.80	42.37	69.05
三大城市群比重（%）	3.97	15.63	38.00
优化开发区域（%）	5.08	18.96	45.66
重点开发区域（%）	20.83	41.04	40.32

注：以上21个城市群区域划分来源于《全国主体功能区规划》。其中，长三角地区包括上海、南京、杭州、苏州、无锡、常州、扬州、镇江、南通、泰州、嘉兴、湖州、绍兴、舟山、宁波、台州16个城市，即"长三角核心区"；三大城市群指的是长三角城市群、京津冀城市群与珠三角城市群；优化开发区域与重点开发区域的划分来源于《全国主体功能区规划》，优化开发区域包括长三角城市群、环渤海城市群与珠三角城市群。

资料来源：根据历年《城市统计年鉴》与各省市历年统计年鉴整理后获得。

3. 区域经济增长重心北上西进，地区发展差距扩大的势头得到有效遏制

改革开放以来，我国实施沿海地区率先发展战略，区域经济发展的重心在东部沿海地区，东部的发展速度始终领先于中西部地区。近年来，由于随着东南沿海经济的扩张和投资报酬递减规律的作用，珠三角、长三角等地区进一步发展面

临土地、能源等生产要素日益紧缺、劳动力成本上升以及环境压力提高等一系列难题，面临着产业结构调整的紧迫压力，亟须向中西部地区转移一批劳动密集、高耗能及资源型产业。由此，凸显了中西部地区劳动力价格和要素成本相对较低的优势，跨区域产业转移和重组势头显现，中西部地区发展速度明显加快。目前，投资"北上"主要集中在环渤海地区，特别是天津滨海新区。我国正处于重化工业阶段，北部尤其是环渤海地区重化工业基础雄厚，环渤海地区的钢铁、石化、煤电、装备制造以及港口和现代物流业将获得前所未有的发展，滨海新区还是以金融创新为重点的综合改革试点区，有重化工业腾飞的条件；西部大开发实施以来，西部经济快速发展，基础设施得到巨大改变，各地丰富的区域资源正亟待转变成市场和产业优势，投资"西进"尽管目前总量较小，但随着东部地区的产业转移，将呈现加快发展趋势。改革开放初期形成的东部地区"一马当先"的增长格局，自"十一五"以来逐渐被打破。2007 年，西部地区经济增速首次超过东部地区：西部地区经济增长速度达到 14.6%，超过东部地区 0.2 个百分点；2010 年，东部、中部、西部和东北地区生产总值分别增长 12.3%、13.8%、14.2% 和 13.6%，中部、西部和东北地区增速分别比东部地区高出 1.5 个、1.9 个和 1.3 个百分点。2008~2011 年，中部、西部和东北地区经济增速连续 4 年超过东部地区，区域增长格局发生重大变化。

4. 区域合作广度和深度不断拓展，区域经济一体化进程大大加快

（1）地方区域合作层次多样。长三角、珠三角、泛长三角、泛珠三角、京津冀、东北老工业基地以及西南三角经济带等区域开始步入加速有组织、有制度保证的实质性一体化和区域整合的新阶段。陕甘宁川的区域合作、南宁—贵阳—昆明等各具特色的经济区，成为推动西部大开发的重要力量。区域经济合作和生产要素大规模区际流动，增强了区际互动发展关系，各区域板块将呈现出加速整合、协同发展的图景。长三角地区积极贯彻《长江三角洲地区区域规划》，大力推进一体化进程，推动在综合交通、科技创新、市场体系、生态环保、公共服务等重点领域实现联动发展，加快区域内通勤就业、产业布局的同城化进程。珠三角地区加快推进"深莞惠""珠中江"及"广佛肇"三个经济圈建设，大力推动珠三角 9 个城市从基础设施到要素流动、环境保护、社会管理的一体化，特别是广州和佛山，正在朝着实现同城化的目标迈进。京津冀地区在战略规划、产业发展、政策法规等方面积极沟通和衔接，不断加快合作步伐。泛珠三角、泛长三

角等各类跨行政区的区域一体化加快发展，合作形式和内容越来越丰富。以泛珠三角（9+2省市区）为代表的省级高层领导定期会晤、以京津冀和长三角城市群为代表的大中城市政府领导定期联席会议、贸洽会等区域合作形式已经走上制度化和规范化轨道，区域合作步伐日益加快、合作领域日益深入、合作成果日益丰硕。国务院批准设立了皖江城市带承接产业转移示范区和东中西合作示范区，加快相关产业在泛长三角内部的空间转移；晋陕豫黄河金三角、成渝地区、郑汴地区、西咸地区等从地方实际出发大胆探索一体化发展路径，也取得了积极进展。

（2）区域合作呈现良好态势。"十一五"以来，区域合作在我国国民经济发展中的地位日益提高，跨区域经济交流与合作进一步加强，推动了区际互动发展。由中央政府主导的区域合作在对口支援、重点领域合作、应对自然灾害和促进落后地区发展方面发挥了积极的作用。各地区出于增强竞争力的内在要求，开始突破传统的制度性障碍，推进区域经济整合，发展各种横向合作。区域间的市场开放度不断提高，企业的主体地位不断强化，产业跨区域转移的规模不断扩大，区域间以市场为基础的合作交流活动全面展开，国内各种区域合作组织正在逐渐成为区域经济合作的重要推动力量。中央调整完善了对欠发达地区的帮扶机制，对欠发达地区的扶持力度不断加大，形成了经济、干部、人才、科技全方位对口支援新格局。中央出台了促进西藏、新疆、广西、云南、内蒙古、青海等省（区）经济社会发展的指导意见，明确了各地区发展的战略定位、发展思路和重点任务。西部大开发战略实施十多年来，中央财政对西部地区的转移支付和专项补助累计达4万多亿元，中央预算内投资和国债资金累计投入达8900亿元，基础设施和生态环境建设取得突破性进展，产业结构调整迈出新步伐，社会事业全面发展，城乡面貌发生了历史性变化，彰显了祖国大家庭的温暖和社会主义制度的优越性。

（3）全方位对外开放格局逐步形成，国际区域合作日益加强。我国与周边国家区域合作取得实质性突破，对外开放的空间格局由20世纪80年代的沿海逐步扩大到90年代的沿江、沿边和广大内陆城市，现形成向东、向北、向南和向西全面立体开放的格局，沿海和沿边的对外开放环带初具规模，与相邻国家和地区的经济技术合作得到加强，国际区域合作的制度性障碍初步突破，合作领域从狭窄单一走向宽泛多元，合作组织从参差不齐转向体系完善，区域经济一体化进程取得初步成效，正朝着优势互补、良性互动的方向发展，基本形成全方位、多层次、宽领域、积极参与国际经济的对外开放格局。我国跨国合作的次区域经济合作区主要有：东北亚次区域经济区，主要有我国的华东、华北和东北区及日本、韩国、朝鲜、俄罗斯、蒙古国；东南亚次区域经济区，主要有我国的华南、西南地区及东南亚诸国；南亚次区域经济区，主要有我国的西部地区与印度、巴基斯坦等国；中亚次区域经济区，主要有我国的新疆及西北地区和中亚诸国等。

（二）我国区域发展面临新挑战

尽管我国区域发展取得了明显成效，但仍存在诸多亟待解决的突出问题。

1. 地区发展差距依然较大

中西部和东北地区与东部地区的绝对差距仍在拉大。区域间人均收入差距过大、中西部地区基本公共服务能力薄弱、水平较低。

2. 国土开发与建设布局不合理，导致发展成本陡升

我国资源分布的地理不均衡和经济布局与资源分布的不协调，加之改革开放以来制造业生产能力向沿海地区过分集中，国家不得不进行大跨度、大规模的能源与资源跨区域调动，增加了发展的成本。虽然近年东部地区加快了转型升级，但需求结构不合理、产业结构有待优化、能源资源约束强化等深层次问题依然比较突出；在创新平台建设、人才培养等方面与世界先进水平相比还有不小差距。而中西部地区多为资源输出型区域，产业结构比较单一，效益总体不高，发展稳定性较差，经济持续增长的基础比较脆弱，对经济发展方式由粗放型向集约型转变增加了更大难度，使中西部地区经济发展不仅有可能出现波动，而且极易引发深层次社会矛盾。

3. 空间开发无序，加剧资源、环境的约束

改革开放 30 多年来，中国经济取得了高速增长。今后一段时期，我国仍将处于工业化和城市化高速发展时期，城市化与工业化仍然是推动中国经济增长的两大引擎。资源与环境的约束日益明显，区域发展将遭遇前所未有的挑战：一是当前我国的发展基数和标准比较高，要继续保持现有的增长速度和继续提高人民的生活质量，就需要有更多的资源消费来保障；二是由生产环节造成的环境压力很难得到化解，由生活环节造成的环境压力将随着消费水平的提高不断加大，能

源、淡水、矿产等战略性资源不足的矛盾将越来越突出，土地供应难以为继、环境承载能力难以为继、能源供应难以为继；同时，在经济全球化和区域经济一体化深入发展的背景下，全球气候变化已成为当今国际社会普遍关注的焦点问题，我们面临节能减排方面的国际国内双重压力。不顾资源环境承载能力的肆意开发、遍地开挖带来了严重的生态环境问题：重量不重质的城市化和城市盲目扩张，造成耕地、林地、湿地等绿色空间锐减，地下水超采导致地面沉降，污染物排放超出环境容量，部分特大城市出现诸多"城市病"；农村地区盲目开发、乡镇企业的分散布局，导致耕地减少过多、过快，土地资源浪费，全国耕地已逼近18亿亩的"红线"，农产品供给安全受到威胁；荒漠化、石漠化加剧，生物多样性减少，生态系统整体功能退化；越来越多的国土空间不适宜人类生存，国家面临生态安全、粮食安全、经济安全的严重挑战。

4. 区际间利益关系调整还缺乏科学的制度规范和法律保障

区际间利益关系调整还缺乏科学的制度规范和法律保障。区域发展面临着多重发展目标和任务，如促进经济增长与增加财政收入，促进社会公平与安定，保护生态环境等。现在任何区域都追求全面发展、做大做强和承担所有功能的思维，产生的结果必然是区域的同质化发展，区域之间的无序竞争、重复建设、产业同构等问题长期存在。与此同时，行政壁垒、地方保护主义和市场分割也会导致产业同构、重复建设等行为并诱发一系列区际冲突。随着我国市场化改革的不断深化，国内区域经济的联系也越来越紧密，形成了如长江三角洲、珠江三角洲、环渤海等重要的跨行政省（区、市）的经济区域。由于计划经济时代形成的"行政区经济"，以及近年来愈演愈烈的地方保护主义和地方市场分割，阻碍了经济资源要素的自由流动和跨地区的经济合作。以行政区划为单位的管理体制造成体制分层切块，使跨区域协调和执法难度很大。如何打破传统体制的制衡，推动区域经济朝一体化的方向发展，成为当前我国区域发展面临的重大挑战。

二、促进区域协调发展的政策目标与历史经验

（一）我国促进区域协调发展的政策目标

发展是解决区域所有问题的"总方针"。科学发展观的第一要义是发展，是实现又好又快发展，核心是以人为本，基本要求是全面协调可持续，根本方法是统筹兼顾。坚持以发展为主线，用发展的眼光、发展的思路、发展的办法解决前进中的问题，是我国改革开放以来的一条根本经验。无论是经济发展，还是其他方面的发展，归根结底都是为了人的发展。实现又好又快发展，是广大人民群众的根本利益之所在，也是解决一切问题的关键和根本途径。以人为本是各地区发展的出发点和落脚点。坚持把以人为本作为发展的出发点和落脚点，有效解决为谁发展、靠谁发展、发展成果由谁享有的问题，真正体现出社会主义社会的优越性。今后一个时期，我国区域协调发展必须致力于实现以下三大目标：

1. 实现地区间基本公共服务的均等化，确保改革发展成果由全体人民共享

坚持以人为本是科学发展观的核心，在区域发展上必须坚决贯彻以人为本的理念，以实现人的全面发展为目标，切实保障人民群众的经济、政治和文化权益，让发展的成果惠及全体人民；各区域人民群众在政治、经济、文化等各领域内实现整体提高。但这并不意味着缩小地区间经济总量的差距，实行平均主义，吃"大锅饭"。从生产角度来看，不同区域承担不同的功能，具有不同的发展内容；从消费来看，必须保障所有区域和全体人民共享发展成果，发展成果共享的重要方面是实现基本公共服务的均等化。缩小基本公共服务差距，实现地区基本的公共服务均等化，这也是公共财政制度改革的基本目标之一。政府应在不同时期参照不同的标准，为社会公众提供较为公平的、最终大致均等的公共物品和社会公共服务。也就是说，在现有条件下，在基本的公共服务领域，政府应尽可能地满足人们的基本物质需求，充分保障各区域人民享有与全国大体相当的基本公共服务，尽可能地使人们享有同样的权利，从而推进这些区域的生态环境保护、人口素质提高、自主发展。

2. 强化落实全面、协调、可持续发展, 提高各地区发展效率

可持续发展指的是既要满足当代人的需要, 又不会对后代人满足他们需要的能力构成危害的发展。按照科学发展观的要求, 全面、协调发展就是经济建设、政治建设、文化建设、社会建设、生态建设的各个环节、各个方面的建设、发展相协调, 这也是实现科学发展观的基本要求。随着人口不断增长、资源环境压力加大的挑战, 必须处理好经济系统与环境系统的协调以及区域间的产业协调和市场协调, 加快建设资源节约型、环境友好型社会, 在取得社会经济增长的同时, 不仅要关注经济指标, 而且要关注人文指标、资源指标和环境指标。通过实现五个统筹——统筹城乡发展、统筹区域发展、统筹经济社会发展、统筹人与自然和谐发展、统筹国内发展和对外开放, 达到全面、协调、可持续发展。

3. 形成主体功能清晰、协调互动的区域发展新格局

空间失衡是现阶段区域发展不协调问题的主要矛盾。推进区域协调发展, 应突出考虑利用空间因素促进区域之间的功能协同, 形成区域功能定位明确、突出的国土空间格局。以往促进区域协调发展, 协调的对象是地区经济结构, 以地区之间总量均衡和产业均衡为目标, 这也一直是我国宏观调控和区域调控的重要目标; 而人口、经济与资源环境的空间均衡一直没有纳入调控的范围, 导致空间开发无序和空间失衡, 引发区域发展的不协调。要突破以 GDP 为中心的惯性思维, 强调通过优化空间格局来实现区域协调发展。通过科学确定指标体系, 利用空间分析技术和手段, 按照各地区的资源禀赋、区域环境、经济基础、发展历程、潜在优势等, 对国土空间进行客观和综合分析评价, 在分析评价基础上根据人口、交通、产业等对空间需求的预测以及对未来国土空间变动趋势的分析, 划定各类主体功能区, 培育区域主体功能; 再根据各类主体功能区的资源环境承载能力、现有开发密度和发展潜力, 明确各类主体功能区的功能定位、发展方向、开发时序和开发强度, 尊重自然规律和尊重经济规律, 统筹效率与公平的关系, 打破按照行政区进行同质化发展的惯性模式; 鼓励要素跨区域合理流动, 克服行政壁垒和市场分割引致的区际冲突, 充分发挥区域比较优势, 形成主体功能清晰、各具特色、优势互补、共同发展的区域发展新格局。

(二) 我国促进区域协调发展的历史经验

区域问题和问题区域的存在, 引起了党和国家的高度重视。新中国成立 60

年来，中国区域发展战略大体经历了从均衡发展到非均衡发展，再到协调发展的转变。在战略转变过程中，积累了丰富的理论与实践经验。21世纪，世界范围内发生了观念和战略的重大转变，确立了综合的发展观和新的发展战略。这一转变旨在维持生态系统的承载能力与自生能力，不断改善人类的生存条件，提高人类的生活质量。只有以科学发展观指导区域发展实践，才能更好地把握发展规律、创新发展理念、转变发展方式、破解发展难题，从而促进区域协调发展。

党和政府对区域协调发展的认识过程，实际上就是对如何正确处理全国经济发展与地区经济发展的关系的认识与探索过程。具体体现在中国共产党关于制定国民经济和社会发展五年计（规）划的建议和历次五年计（规）划中，经历了孕育—形成—发展—成熟等历史阶段，认识逐步深化、全面，内容更加丰富，措施更加明确。

早在1990年年底，中国共产党第十三届中央委员会第七次全体会议通过的"中共中央关于制定国民经济和社会发展十年规划和'八五'计划的建议"，提出要"促进地区经济的合理分工和协调发展"；20世纪90年代中期，中国共产党第十四届中央委员会第五次全体会议通过"中共中央关于制定国民经济和社会发展'九五'计划和2010年远景目标的建议"，第一次明确将"坚持区域经济协调发展，逐步缩小地区发展差距"确立为一条经济发展的基本方针。此后，作为区域经济发展的总体战略，区域协调发展在历年的"五年计（规）划"中一以贯之地得到进一步重视和深化。"十五""十一五"和"十二五"计（规）划，对区域协调发展的认识逐步完善。国家"十五"计划纲要提出，"实施西部大开发，促进地区协调发展"的战略安排；"十一五"规划纲要首次完整论述区域协调发展的含义并做出促进区域协调发展的全面部署；"十二五"规划纲要中，区域协调发展占据了一个单独的篇目并继续作为重要任务被强调。如表11-2所示。

表11-2　"八五"至"十二五"期间国家发展规划中与区域协调发展内涵相关的内容

计划或规划期	主要思想	具体内容
"八五" （1991~1995）	根据统筹规划、合理分工、优势互补、协调发展、利益兼顾、共同富裕的原则，努力改善地区经济结构和生产力布局	正确处理发挥地区优势与全国统筹规划地区发展之间的关系，促进地区经济朝着合理分工、各展其长，优势互补、协调发展的方向前进。尽可能地利用本地区的优势，发展面向国内市场和国外市场的优势商品。不搞低水平的重复建设，不搞地区市场封锁，防止追求大而全的地区经济体系。积极扶持少数民族地区和贫困地区经济的发展，逐步实现共同富裕

续表

计划或规划期	主要思想	具体内容
"九五" (1996~2000)	逐步缩小地区发展差距；合理的经济布局；发挥优势、分工合作，避免地区间产业结构趋同；积极推动地区间的优势互补、合理交换和经济联系；按照市场经济规律和经济内在联系以及地理自然特点，突破行政区划界限；促进区域经济协调发展	坚持区域经济协调发展，形成若干各具特色的经济区域，促进全国经济布局合理化。按照统筹规划、因地制宜、发挥优势、分工合作、协调发展的原则，正确处理全国经济发展与地区经济发展的关系，正确处理建立区域经济与发挥各省区市积极性的关系，正确处理地区与地区之间的关系。各地区要在国家规划和产业政策指导下，避免地区间产业结构趋同化，促进各地经济在更高的起点上向前发展。积极推动地区间的优势互补、合理交换和经济联系。按照市场经济规律和经济内在联系以及地理自然特点，突破行政区划界限，在已有经济布局的基础上，以中心城市和交通要道为依托，逐步形成7个跨省区市的经济区域
"十五" (2001~2005)	实施西部大开发战略，促进地区协调发展。打破行政分割；发挥比较优势，防止结构趋同	加快中西部地区发展，合理调整地区经济布局，促进地区经济协调发展。打破行政分割，重塑市场经济条件下的新型地区经济关系。改变追求经济门类齐全的做法，发挥比较优势，发展有市场竞争优势的产业和产品，防止结构趋同。通过区域规划和政策，引导和调动地方的积极性，形成各具特色的区域经济，并先行在生态功能保护区、专业化农产品生产基地、旅游经济区等方面取得突破。 扶持贫困地区。重点做好中西部的少数民族地区、革命老区、边疆地区和特困地区的扶贫工作
"十一五" (2006~2010)	根据资源环境承载能力、发展基础和潜力，健全市场机制，打破行政区划局限，发挥比较优势；逐步形成主体功能定位清晰、东中西良性互动、共同发展，公共服务和人民生活水平差距趋向缩小的区域协调发展格局	坚持实施推进西部大开发、振兴东北地区等老工业基地，促进中部地区崛起、鼓励东部地区率先发展的区域发展总体战略，健全区域协调互动机制，形成合理的区域发展格局。根据资源环境承载能力、现有开发密度和发展潜力，统筹考虑人口分布、经济布局、国土利用和城镇化格局，将国土空间划分为四类主体功能区，按照主体功能定位调整完善区域政策和绩效评价，规范空间开发秩序，形成合理的空间开发结构。 坚持大中小城市和小城镇协调发展，按照循序渐进、节约土地、集约发展、合理布局的原则，积极稳妥地推进城镇化，逐步改变城乡二元结构。 健全合作机制、互助机制、扶持机制，形成以东带西、东中西共同发展的格局
"十二五" (2011~2015)	促进区域协调发展，积极稳妥地推进城镇化	实施区域发展总体战略和主体功能区战略，构筑区域经济优势互补、主体功能定位清晰、国土空间高效利用、人与自然和谐相处的区域发展格局，逐步实现不同区域基本公共服务均等化。 坚持走中国特色城镇化道路，科学制定城镇化发展规划，促进城镇化健康发展

计划或规划期	主要思想	具体内容
"十三五"（2016~2020）	牢固树立创新、协调、绿色、开放、共享的发展理念	拓展区域发展空间。以区域发展总体战略为基础，以"一带一路"建设、京津冀协同发展、长江经济带建设为引领，形成沿海、沿江、沿线经济带为主的纵向横向经济轴带。发挥城市群辐射带动作用；培育壮大若干重点经济区。推进城乡发展一体化，开辟农村广阔发展空间。 推动区域协调发展。塑造要素有序自由流动、主体功能约束有效、基本公共服务均等、资源环境可承载的区域协调发展新格局。 拓展蓝色经济空间。坚持陆海统筹，建设海洋强国。 完善对外开放区域布局，加强内陆沿边地区口岸和基础设施建设，开辟跨境多式联运交通走廊，发展外向型产业集群，形成各有侧重的对外开放基地。推进基础设施互联互通和国际大通道建设，共同建设国际经济合作走廊。深化内地和港澳、大陆和台湾地区合作发展

资料来源：笔者根据"八五"至"十二五"规划纲要整理而成。

三、我国区域发展的新起点与新路径

（一）我国区域发展新起点：从碎片化布局到整体性规划

1. 推进京津冀协同发展

京津冀协同发展，是一项重大国家战略，是面向未来打造新的首都经济圈、推进区域发展体制机制创新的需要，是探索完善城市群布局和形态、为优化开发区域发展提供示范和样板的需要，是探索生态文明建设有效路径、促进人口经济资源环境相协调的需要，是实现京津冀优势互补、促进环渤海经济区发展、带动北方腹地发展的需要，需要用"一盘棋"的思路来考虑。

当前，京津冀三省市亟待"各就各位"，找到差异化的定位，融入协同发展，寻求合作共赢。必须把区域发展定位纳入京津冀经济协作区的战略空间加以考量，更有力地彰显区域优势，更广泛地激活区域要素资源，坚持优势互补、互利共赢，走出一条科学持续的协同发展路子。推进京津冀协同发展需从七个方面着手：一是要着力加强顶层设计，抓紧编制首都经济圈一体化发展的相关规划。二是要着力加大对协同发展的推动,自觉打破自家"一亩三分地"的思维定式,充分发挥环渤海地区经济合作发展协调机制的作用。三是要着力加快推进产业对接协作,理顺三地产业发展链条,形成区域间产业合理分布和上下游联动机制,对接产业规划。四是要着力调整优化城市布局和空间结构,促进城市分工协作,提高城市群一体化水平。五是要着力扩大环境容量生态空间,加强生态环境保护合作,完善防护林建设、水资源保护、水环境治理、清洁能源使用等领域合作机制。六是要着力构建现代化交通网络系统,把交通一体化作为先行领域,加快构建快速、便捷、高效、安全、大容量、低成本的互联互通综合交通网络。七是要着力加快推进市场一体化进程,推动各种要素按照市场规律在区域内自由流动和优化配置。

2. 建设长江经济带

长江经济带是比肩京津冀协同发展的国家战略。习近平考察湖北时指出,"长江流域要加强合作,发挥内河航运作用,把全流域打造成黄金水道";在2014 年 4 月 25 日举行的中央政治局会议上,习近平提出"推动京津冀协同发展和长江经济带发展"。两天后,李克强考察重庆时,再次提出要用黄金水道串起长江经济带"珍珠链",为中国经济持续发展提供重要支撑。

长江经济带东起上海、西至云南,覆盖 11 个省(市、区),整个面积占国土面积接近 40%,人口占到 48%以上,是我国农业、工业、商业、文化教育和科学技术等方面最发达的地区之一。长江经济带作为纽带,既连接了长三角、长江中游城市群和成渝经济区三个"板块",又与其他两大经济带形成呼应:一方面与"新丝绸之路经济带"平行并进,另一方面与沿海经济带形成"T"字形联动。在长江经济带,上海、浙江、江苏是我国经济发达地区,是中国经济快速发展的"龙头",能成为带动长江流域发展的动力源;而安徽、湖北、湖南北部、重庆、四川等省市经济也处于快速发展阶段。打造长江经济带,将有助于形成沿海、沿边、长江流域同时开发,东部、中部、西部一体化发展的区域格局,是中国经济长远发展的奠基之作。长江经济带位处国土中心,横贯东西、连接南北、通江达海、资源丰富、经济发达,客观上不仅具有缩小东西差距的物质基础,还具有一肩挑两头的区域特征,是推动全国经济东西联动和全面振兴的最佳"战略扁担区"。

3. 建设"一带一路"

当前，经济全球化深入发展，区域经济一体化加快推进，全球都处于经济转型升级的关键阶段，增长、贸易和投资格局正在酝酿深刻调整，需要进一步激发区域发展活力与合作潜力。中国在主要经济体中发展最快，作为全球第二大经济体，中国须主动树立规则意识，积极参与新一轮全球投资、贸易等规则的制定，从国际核心政策的旁观者变成制定者，成为真正负责任、能参与全球公共品的提供和治理规则的制定、塑造全球治理新格局的全球性大国。

以习近平同志为总书记的党中央主动应对全球形势深刻变化，统筹国内国际两个大局，提出"一带一路"（丝绸之路经济带和21世纪海上丝绸之路）这一重大战略决策，为推进我国新一轮对外开放和沿线国家优势互补、共同发展，开启了新的机遇之窗，"一带一路"成为中国中长期最为重要的国家战略。

"一带一路"将促使我国形成全方位开放格局。"一带一路"区域一体化发展，促进了资源要素的自由流动和高效配置，有助于推进国内与国际的合作发展，推动对内对外开放相互促进，更好地利用两种资源、两种市场，拓展发展空间，提升发展潜力，实现可持续发展。改革开放30多年来，我国对外开放取得了举世瞩目的伟大成就，但受地理区位、资源禀赋、发展基础等因素影响，对外开放总体呈现东快西慢、海强陆弱格局。"一带一路"从沿海地区向西部内陆地区的推进，将构筑新一轮对外开放的"一体两翼"，在提升向东开放水平的同时加快向西开放步伐，助推内陆沿边地区由对外开放的边缘迈向前沿，从而为全面深化改革和持续发展创造前提条件，为区域合作新格局寻找未来发展的着力点和突破口。

"一带一路"建设，将引领中国与沿线各国迎来共创共享的新时代。"一带一路"是世界上跨度最长的经济大走廊，也是世界上最具发展潜力的经济带。"一带一路"发端于中国，贯通中亚、东南亚、南亚、西亚乃至欧洲部分区域，东牵亚太经济圈，西系欧洲经济圈，沿线大多是新兴经济体和发展中国家，总人口约44亿，经济总量约21万亿美元，分别约占全球的63%和29%。在目前全球增长乏力、基础设施短缺、互联互通能力分布严重不均衡的时代，中国作为一个负责任的新兴大国，应当在"自愿、互助、合作"的原则下，全力推动世界经济弥补上述各类短板。中国将遵循和平合作、开放包容、互学互鉴、互利共赢的丝路精神，以资源型产业和劳动密集型产业为重点，带动沿线各国基础设施互联互通，加强能源合作、金融合作，促进贸易与投资，助推沿线国家发展经济、改善民生、加快转型升级；同时，沿线国家可弥补中国对资源的依赖，实现优势互补、互利共赢的局面。

（二）我国区域发展新路径：从局部增长到全面成长

面对经济新常态，打造中国经济升级版，必须以创新思维推进区域成长，形成带动和促进区域发展的增长极、增长轴、增长带。新常态下的区域战略，强调眼光放得更长远些，胸怀全球，放眼世界，对内开放与对外开放双轮驱动，国际方面着力强化区域合作治理，国内方面则强调进一步优化区域结构，促进区域协调发展。当前，我国的区域总体发展战略实施范围基本上覆盖了全部国土，形成了沿海、沿江、沿边、沿线和内陆纵深推进的全方位开放格局；同时，我们还加强区域合作，主动参与塑造全球治理新格局和国际政治经济新版图。

要实现这一区域战略，一方面，必须充分发挥市场的决定性作用，拓展各地区的比较优势，推动各地在广度与深度上实现资源优化配置。另一方面，必须注重发挥政府的作用，提供公共服务与公共产品，弥补市场失灵，维护法律秩序，实现社会公众利益。

1. 充分发挥市场机制和加强政府调控能力

随着改革开放的不断推进，我国已初步形成了社会主义市场经济的基本框架。实现区域协调发展，既要充分发挥市场机制的基础性作用，又必须因地制宜地实施政府对区域发展的宏观调控，综合运用政府宏观调控和市场运行机制双重手段，促进市场导向与宏观调控相结合，实现区域协调发展。一方面，需要通过市场机制实现发展，发挥各地区的比较优势，推动东、中、西部地区在广度与深度上实现资源优化配置，增强区域创新能力；另一方面，为了防止极化效应的出现，也需要发挥政府的主导作用。政府的作用范围主要是提供公共服务与公共产品，弥补市场失灵，维护法律秩序，体现社会公众利益以及为区域经济开发提供规划、指导和协调。协调发展遵循的原则是，在坚持发挥市场机制对资源配置基础性作用的前提下，充分运用政府宏观调控，减轻或缓解市场化过程对区域发展的消极影响，实现政府战略意图。在现阶段，国家需要更多地注重公平的目标，采取非市场调节的方式，从多方面扶持、引导、刺激不发达地区的经济发展，减小区域间的差距，弥补市场效应的不足。继续在经济政策、资金投入和产业发展等方面加大对不发达地区的支持，运用积极的财政政策及其他相关政策，以引导生产要素和社会资源的流向，使资本、知识、技术、商品和人力资源向不发达地区流动，加大中央对不发达地区的生产基础设施及公共服务设施的投入力度，从而加快这些地区的发展。大力推进市场体制改革，完善相关支持政策。着眼于推进区域互动合作、实现市场一体化、促进企业联合，完善财政税收政策、金融政策、产业政策、社会保障政策，完善产品市场、劳动力人才市场、资本市场、货币市场、产权交易市场、外汇交易市场等市场体系的建设，形成推进区域协调发展、促进区域合作的制度体系。

2. 整合区域规划和加强法制建设

我国区域协调发展是科学发展观在区域发展上的体现，其根植于可持续发展观，其社会哲学理念是整体和谐主义，这就需要区域协调发展的整体规划理念和立法观念须体现整体和谐的主题。区域规划是关于未来一个时期某个区域的重要产业、重大项目、重大体制、重要基础设施等的统一布局和重要安排，体现了区域协调发展和一体化推进的要求，因而是推进区域合作的重要依据和支撑。因地制宜的区域发展规划为实施宏观调控打好基础。针对聚集核心生产力的经济区域制定国民经济社会的中长期发展规划，不仅为宏观调控提供便利，更为发挥主体功能区的集聚、带动和辐射作用创造了有利条件。建立有效的区域协调规划体系，实行差异化的功能定位，实现区域发展扬长避短，明确利益分配格局是区域协调规划发展成败的关键。政府在制定区域规划时，应该明确协作区内的不同区域的总体规划，明确主体功能区的位置，提出优化协作区的规划方案。对于区域的重新划分会打破原有的辖区管制，这就要求实施分类管理的区域政策。要根据优先开发、重点开发、限制开发和禁止开发四类主体功能区，规划调整完善协作区的城市规划、土地利用规划以及人口、环境保护、交通等专项规划。

同时，要加大跨行政区域的经济发展规划力度，对联系紧密的经济圈、经济带、经济区要尽可能编制统一的发展规划。为了保障区域发展规划的有效执行和深入展开，还需要加快推进相关法制建设，并对相关规划进行事前调查和事后评估，以保障其执行力度。

通过立法手段对市场经济体制改革中出现的问题进行规范，做到有法可依、有法必依，减少区域经济协调发展中出现过多的利润而产生"寻租"行为。就目前我国统筹区域协调发展的要求而言，所需要的法律包括两个层面：一是在国家层面上的法律规范；二是地方性的法律支持。因此，为了保障落后地区发展的相关政策有效落实，保持区域政策措施的权威性、稳定性和连续性，还须从国家和地方两个层面加快制定和完善有利于统筹区域协调的相关法律。这主要包括保障公平竞争、公平交易、维护市场秩序的法规；保障市场主体和中介组织具有完全的行为能力与责任能力的法规；规范政府行政权力，合理界定政府与市场、企业、中介组织关系的法规等。与此同时，还要梳理并清除一切不利于推进区域协调发展和区域合作的政策法规。要加强规划和法律的执行力度，建立统一协调的法制化工作平台。这样才能更好地推进区域合作的不断完善，保障区域协调发展的最终实现。

3. 充分发挥新型城镇化作用

推动城镇化进程既是我国实现工业化、城市化的必然选择，也是缩小区域发展差距的有效途径。新型城镇化的实现过程，就是区域经济协调发展的实现过程。新型城镇化在区域协调发展中占据重要的战略地位，加快新型城镇化建设是世界范围内区域经济发展的重要道路选择。自工业革命以来，在全球范围兴起城镇化的浪潮。城镇化是工业化的迫切需要，反映了社会化大生产的内在要求和客观规律；城市集聚了历史前进的动力，对周边地区发挥着领导、组织、整合的功能，也是区域现代化的迫切需要。因此，城镇化既是以工业化为基础的社会现代化进程的必然结果，又推进了社会全面现代化的进程。同时，加快新型城镇化建设，也反映了社会发展的内在要求。改革开放以来，我国经济社会发展取得了巨大的成就，但也面临着经济粗放增长、社会矛盾凸显的危机。继续深化改革，推进转型升级，加快转变经济发展方式，调整现有城乡生产关系，走新型城镇化发展道路，顺应了生产力发展的客观的内在要求。加快新型城镇化建设，有利于扩大居民的最终消费需求、有利于扩大城乡投资需求。推动城镇化进程，不仅是拉动经济发展的客观需要，也是维护好、发展好广大人民群众根本利益、提高城乡居民生活水平和当前及今后一个时期促进经济发展的重要动力。加快新型城镇化建设，也是实现城乡统筹发展的重要途径。我国目前的城镇化总体水平不高，经济发达的城市群和城市带主要集中在东部沿海地区。因此，应当从促进区域经济协调发展的角度来合理规划今后的城镇化进程，加快中西部地区的城镇化步伐，逐步形成具有自身特色的城市群和城市带；在中西部地区现有的城市建设基础上，发挥大中城市的集聚效应和辐射作用，不断缩小城乡之间、区域之间的差距。

　　就我国目前所处的经济发展阶段来看，区域发展不平衡、不协调是一个无争议的客观事实。地区经济发展不平衡的状态是在很长的历史发展过程中形成的，不可能在短时间内缩小和消弭。因此，必须按照中央的部署，有计划、分步骤、分阶段地逐步控制和缓解区域经济发展差距扩大的趋势，把地区差距控制在一定的范围内，最终消除区域差距，达到最终实现共同富裕的目的。

第十二章　金融服务：从"供给主导型"向"需求主导型"金融安排转型

中共十八届三中全会对中国下一步的金融改革提出了明确方向。如果说上一轮金融改革是服从于经济总量导向的经济体制改革，主要侧重于建立金融体系框架，发展金融规模；那么，新一轮金融改革则是围绕中国经济转型升级来展开的，重点是提高金融资源配置效率与金融服务实体经济的功能。未来改革将从四个方面向纵深方向进行。放松金融管制：让市场在金融价格形成中起决定性作用；建立多层次金融体系：满足不同类型实体经济的金融需求；构建开放型金融体制：加快实现人民币资本项目可兑换；弥补市场失灵：在公共品融资与系统性风险防范上发挥政府作用。

改革开放近40年来，我国金融改革主要是围绕经济改革的内在逻辑，不断发生变化与调整。我国经济快速发展的一个重要原因就是金融体制改革为其提供了一个基本适应的金融制度安排。通过一系列金融体制改革，基本建立了与社会主义市场经济体制相适应的金融机构体系、金融市场体系、金融宏观调控体系和金融监管体系，满足了国民经济发展对金融体制改革提出的紧迫要求。金融配置资源和服务实体经济的能力大幅提升。如果说上一轮金融改革是服从于经济总量导向的经济体制改革，主要侧重于建立金融体系框架，发展金融规模，1978~2016年经济总量增长了201倍，相应地，中国的金融资产总量上涨了700多倍；那么，新一轮金融改革则是围绕中国经济转型升级来展开的，重点是要构建制度、完善市场、提高金融资源配置效率与金融服务实体经济的功能。即新一轮金融改革作用是支持经济转型升级，作为经济改革的重要环节需要同时与财税体制相配合，形成协同效应。十八届三中全会对中国下一步的金融改革提出了明确方向。未来改革将从以下四个方面向纵深方向进行。

一、放松金融管制：让市场在金融价格形成中起决定性作用

改革开放近 40 年来，我国商品市场和劳动力市场已经基本完成了市场化的目标，但资金市场化却相对滞后。主要表现在利率和汇率市场化仍然存在一定程度的管制；在存贷款基准利率由中央银行决定的情况下，必然扭曲国债的价格，限制国债收益率曲线的变化区间。

根据爱德华·肖（E. S. Shaw，1973）和罗纳德·麦金农（R. I. Mckinnon，1973）的理论，中国存在以金融管制代替金融市场机制的"金融抑制"现象，主要表现为对利率和汇率的管制。资金价格管制的出发点是为了能够迅速动员储蓄、集中力量"办大事"的前一阶段经济增长的要求。这种政府干预金融资源配置，造成金融体系内的资本匮乏与资本低效率配置并存现象。针对"金融抑制"，Mckinnon 提出了他的"金融深化"理论，其主要思想是：放松政府部门对金融体系的管制，以金融自由化的方式实现金融深化、促进经济增长。

我国未来经济转型升级与城镇化进程推进的基石源自有效且富有弹性的金融体系。而目前我国主要金融资源被国有及国有控股金融机构所垄断，金融资源价格受到政府管制，这造成了资源配置的不公与效率缺失。金融改革本质就是市场化，要让市场发挥作用。金融价格形成机制的市场化。利率、汇率和国债是引导资源优化配置进而提高全要素生产率的重要市场指标，是引导金融资源配置的有效市场信号，形成市场化的利率、汇率水平和国债收益率曲线，对于促进经济转型具有深远意义。十八届三中全会提出"人民币汇率市场化形成机制，加快推进利率市场化，健全反映市场供求关系的国债收益率曲线。"这正是从金融抑制走向金融深化，在金融领域发挥市场决定性作用的具体体现。

（一）加快推进利率市场化

利率市场化是经济转型的前提条件。1979~1982 年是美国利率市场化最终完成的阶段，也是经济明确转型的阶段。在过去 10 年中，中国的利率被人为压低，

一直处在较低的水平上，并以此来维持人民币汇率基本稳定。如果中国利率市场化改革进一步加快，维持汇率稳定的成本就可能上升，因为中央银行在大量购入外汇的同时，也增加中国国内的货币供给。中央银行对利率管制，出于两个目的：一是保证商业银行的息差利润，二是阻止国外热钱的流入。"金融抑制"造成我国储蓄回报率过低——有时会低于通胀率，从而使企业获得的资本价格相对便宜——人为压低了企业的贷款利率，将收入从家庭部门转移到企业部门，由此而造成的生产过剩不得不通过出口消化。1996 年以来，我国利率市场化改革不断稳步推进。主要进行方式是"先外币、后本币；先贷款、后存款；先长期、大额，后短期、小额"。外币利率的市场化起于 2000 年 9 月 21 日，主要包括放开外币贷款利率和放开大额外币存款利率两个方面，直到 2003 年 11 月，小额外币存款利率下限才开始放开。存贷款利率的市场化始于 1987 年 1 月，商业银行可以按照国家规定的流动资金贷款利率为基准上浮其贷款利率，浮动的幅度最高不能超过规定利率的 20%。至 2004 年为止已经实现了存款利率"放开下限，管住上限"的既定目标。2013 年 7 月 20 日全面放开金融机构贷款利率管制。2015 年 10 月 23 日，中央银行决定对商业银行和农村合作金融机构等不再设置存款利率浮动上限。从国际上的成功经验看，放开存款利率管制是利率市场化改革进程中最为关键、风险最大的改革。

利率市场化改革精髓并非改变利率，而是转移利率的决策权，即从央行转交到金融机构。推进利率市场化的终极目标在于，通过利率市场化来调节资金的配置，实现提高资金效率的目的。古德哈特定律指出，一项经济指标，一旦成为用以指引宏观政策制定的既定目标，那么该指标就会丧失其原本具有的信息价值。如果央行仍然延续对各层次利率的严格控制，那么利率市场化就毫无意义了（黄鑫冬，2014）。[①] 可以说，利率市场化实际上是对政府放权的倒逼，通过政府与市场的"金融分权"，资金价格（利率）的确定将发生两个重大变化：一是利率决定机制的市场化。即指利率的高低、利率的期限结构、利率的风险结构都由金融机构自主定价。在一个市场化的利率体系中，利率水平能够准确、有效、迅速地反映资金供求双方的力量的对比，从而能够实现资金的最优配置。二是利率干预

---

① 黄鑫冬：《中国版的"货币主义实验"对当前货币政策的一些理解》，《证券研究报告》，广发证券 2014 年 3 月 21 日。

机制的市场化。即央行不再通过行政命令来干预利率，而是运用再贴现率或公开市场操作等货币政策工具，改变金融市场资金的供求平衡，来引导市场利率。

存款利率市场化会通过四条不同的路径提高资金配置效率。一是提高我国城乡居民资产性收入的水平，拉动内需。截至 2017 年 8 月底，我国住户存款余额为 64.03 万亿元。照此存款余额计算，利率市场化完成后，如果存款利率提高 1 个百分点，那么存款利息每年能多出 6403 亿元。这些新增居民收入可用于扩大居民消费。二是利率上升有助于降低储蓄率，因为金融抑制降低了储户的回报（拉迪，2008），在低利率的环境下，中国储户需要进行更多的储蓄，才能积累所需的应急资金（内伯，2011）。三是贷款利率上升有助于抑制产能过剩。以银行信贷为主的金融资源有相当比例配置在效率低下的部门，而大量成长性良好的市场化企业往往缺乏金融支持。金融资源的错配和扭曲加剧了传统部门的产能过剩，抑制了市场化企业的成长。四是利率市场化能够缓释"金融脱媒"。近年来，我国影子银行"爆发式"增长与存款利率上限管制高度相关。由于银行存款利率被压制在一个很低的水平上，我国居民存款利息率比起物价水平一直处于负利率状态，为了将手中的闲置资金盘活，居民选择了比市场利率高的银行个人理财产品以及信托产品。

利率市场化是一个国家金融市场化过程中的关键一步，这一过程充满风险。世界银行研究发现，在调查的 44 个实行利率市场化的国家中，有近一半的国家在利率市场化进程中发生了金融危机。如东南亚、拉美地区、日本等。在这里，完善存款保险制度和金融市场退出机制等配套改革，是利率市场化稳步推进的关键，这也是十八届三中全会所要求的。

（二）完善人民币汇率市场化形成机制

所谓人民币汇率市场化，就是指人民币与外汇的兑换比率，由外汇市场上外汇（或人民币）的供给和需求关系决定。1979~1994 年，人民币汇率制度经历了由单一固定汇率到官方汇率与市场汇率并存的双轨汇率制度，再到有管理的浮动汇率制度的沿革演变。东南亚金融危机的爆发，对人民币汇率制度而言是一个转折点。正是因为人民币不贬值的承诺，使中国的汇率制度从有管理的浮动，转向实际上盯住美元的汇率制度。2005 年 7 月 21 日，我国开始实行以市场供求为基础、参考一篮子货币进行调节、有管理的浮动汇率制度。人民币汇率不再盯住单一美元，而是按照我国对外经济发展的实际情况，选择若干种主要货币，赋予相应的权重，组成一个货币篮子。

　　尽管 1994 年中国就建立了以市场供求为基础的、有管理的浮动汇率制度，但是，长期存在着较大的经常账户顺差，造成中国银行间外汇市场的美元供给持续大于需求，从而不断推低美元价格，表现为人民币对美元汇率的单边升值。人民币汇率升值不利于出口增长，国家为了实现较高的经济增长率，就必须有较快的出口增长，要有较快的出口增长率，就必须维护人民币汇率基本稳定。在这种情况下，中国人民银行不得不进入外汇市场购买美元，以平衡供求、稳定价格（王宇，2013）[1]，这是中国人民银行为购买美元而被动投放的基础货币。外汇储备增加越多，人民币的发放增长越快。因为，官方储备是由货币当局购买并持有的，其在货币当局账目上的对应反映就是外汇占款。当国家外汇储备迅速增长时，为了保证人民币汇率的稳定，货币当局必须使用金融工具，如正回购、发行央行票据等手段来对冲过多的外汇占款。而近年来，面对外汇储备的迅速增加，央行除了正回购、发行央行票据来对冲外汇占款之外，已没有足够的金融工具可用，也没有有效的资产来对冲过多的外汇占款，显示出对外汇储备超常增长的无奈，甚至在某种程度上陷入了进退两难的境地。这样一种货币供给方式既影响了货币政策的独立性，也造成了潜在的通胀压力。人民币汇率市场化，人民币汇率弹性增强，即汇率的稳定性降低，则有利于改变人民币单边升值的局面，促进人民币双边波动的形成，对于改善我国的外贸进出口状况、抑制通货膨胀和资产泡沫等都具有积极意义。近年来，随着人民币汇率双向浮动，中国经常账户顺差开始减少，国际收支正在向均衡的方向调整。

（三）健全反映市场供求关系的国债收益率曲线

　　国债是我国债券市场的主体和核心。对一个国家来说，国债是政府一项重要的融资工具。对于投资者来说，国债又是一项重要的投资工具。国债要成为调节市场组合，规避市场风险的一个重要手段，必须有一个反映市场供求关系的国债收益率曲线。由于我国金融市场还不够发达、利率还没有完全市场化等原因，我国国债收益率曲线无法完全体现市场信息，无法及时、准确地预测未来经济的发展。

---

　　① 王宇：《中国利率汇率市场化进程加快》，《西部金融》2013 年第 8 期。

中共十八届三中全会的决定中，把健全反映市场供求关系的国债收益率曲线提升到一个新的高度，这表明在利率市场化进程中，央行和财政部正努力把国债收益率作为市场基准利率来培育。

在利率市场化较为发达的国家，国债收益率曲线是几乎所有金融产品的定价基础。作为金融市场的定价基准，国债收益率不仅是市场利率的基准，也是国家宏观调控的重要工具。在发达国家市场，央行不能放任中长期利率价格的变动，一般会通过公开市场操作来买卖国债，形成市场对中长期利率的预期，不同时期的收益率绘成曲线，构成一个国家的中长期基准市场利率。以美国市场为例，由于美元是世界货币，国际上的交易惯例是按照评级来的，美联储也是按照市场化的手段来对美国国债收益率进行调整的。美国国债收益率上升，常常表明经济整体发展状况良好，资金会从国债市场流出，反之则是资金从股票、黄金等其他资本市场流入国债市场，显示出经济处于相对弱势的阶段。国债收益率曲线是整个经济面的"脉搏"。一年期以内的国债收益率反映的是资金面，十年期以上国债收益率反映的是经济基本面，中间期限则是政策面和经济面结合的反映。

国债收益率曲线形状及变动情况对金融市场具有重大的意义，通过研究市场上国债收益率与国债指数、基准利率、央票利率及 CPI 水平的联动关系，能够反映出在未来一段时间市场上国债收益率较合理的移动空间，从而揭示出债券市场中利率水平的变动趋势，这对管理债券市场和投资债券市场都具有重要的参考价值。只有实现利率市场化，国债收益率曲线才能完全体现市场信息。我国在大力推进利率市场化的同时，大力发展国债市场，将相互割裂的若干个市场结合起来，从而使国债收益率曲线能够完全反映整个市场的情况。

二、建立多层次金融体系：满足不同类型实体经济的金融需求

经济快速发展，离不开足够的货币资金融通。建立多层次金融体系是关于中国经济的转型、金融结构的调整、民生建设和社会进步的焦点问题。

无论是英美的市场主导型金融体系，还是德日银行主导型金融体系，都是适合本国经济快速发展的金融体制。新中国成立以来，我国的金融体系是基于推行国家工业化和"重工业优先发展策略"而内生出来的一种制度安排，这是一种供给主导型的制度安排。这种金融制度安排不是基于解决实体经济融资难题的一般逻辑发展的，其目的是为发展重工业筹措、配置资金。为了动员和支配全国的金融资源，改革开放初期，全国建立了一个以四大国有银行为主体，以行政区划为网点分布原则的强大的金融部门，自上而下地将触角延伸到各个民间部门，重新集聚财富，将储蓄转化为投资（如图 12-1 所示）。

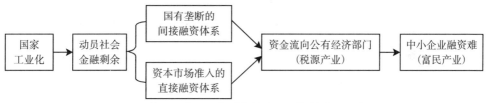

图 12-1　基于国家工业化"供给主导型"的金融制度安排

在这种金融纵向分割的格局下，什么样的实体经济能获得资金支持呢？国家通过其主导的高度集中的间接融资体系和直接融资体系，吸收了绝大部分的社会金融剩余，然后通过倾斜性的信贷政策与资本市场准入政策，将稀缺的金融资源分配给公有经济部门。从所有制性质看，正规金融安排的动员储蓄目的，必然与社会非正规金融安排可能产生的储蓄分流发生冲突。于是，在政策设计者眼中，正式金融安排和非正式金融安排是水平竞争，而非垂直合作关系。统计显示，目前国有或国有控股银行占有金融资源比例过高，民营金融资源占比很小；大中型金融机构比例过高，小型金融机构比例偏低。在这样的融资体系下，能够获得正规金融体系支持的往往是重资产的大企业，轻资产的服务业、农业、科技企业等的金融需求难以得到满足。信贷资金投放一直存在"重大轻小"的问题，主要体现为信贷投放集中于政府项目、国有企业、大型企业与传统行业，这些企业是税源产业，这种融资结构可能会影响民营经济、小微企业和"三农"的融资可得性和融资成本，而这些企业又往往是实体经济中最活跃的部分，是真正的富民产业。

未来的金融改革的关键是要牢牢把握金融服务实体经济的本质要求。党的十八届三中全会提出"金融改革的思路是，构建更具竞争性和包容性的金融业，为实体经济提供多样化的竞争性金融供给。"金融领域改革的目标，是要建立一个市场导向、高效而富弹性的金融体系。

多层次金融市场的含义非常丰富。由于实体经济本身是多层次的，有大中小不同规模的企业，又有处于不同成长阶段的企业；需要金融服务的人群也是多层次的，有富裕阶层，也有低收入人群。因此，服务于不同实体经济、不同人群的金融市场也需要多层次的，金融机构是多层次的，股票市场是多层次的。具体包括以下三个方面：

（一）降低金融行业准入门槛，建立多层次间接融资体系

我们要从政策上打破金融领域国有垄断的现状，金融体系首先要进一步开放，让更多民营资本进入原本壁垒较高的金融领域，金融企业将更加多元化，要让大中小金融机构功能互补，为大中小不同层次的实体经济提供金融服务，发挥民营经济的竞争力，提高金融服务实体经济的质量和效率，使金融体系更加富有弹性和活力，这也是我国改革红利预期。

（二）推动资本供给制度的改革，建立多层次的直接融资体系

近年来，我国直接融资虽然在社会融资规模中的占比逐渐提高，但仍然是典型的银行主导型金融体系。间接融资占比高的经济体，货币总量也会相对较多。美国的直接融资占 80% 左右，银行贷款相对少，最后形成 M2 相对少。而我国间接融资相对较高，这就形成了大量企业存款，一方面是个人储蓄存款增加，另一方面是企业存款增加，M2 必然相对比较高。在未来的经济发展中，随着直接融资和影子银行的发展，规模控制方法的调控效率难以提高，而且与实体经济的需求会有差距。

在资本市场上，不同的投资者与融资者都有不同的规模与主体特征，存在着对资本市场金融服务的不同需求。投资者与融资者对投融资金融服务的多样化需求决定了资本市场应该是一个多层次的市场体系。从世界上许多经济发展比较成功的国家的经验教训看，经济结构、产业结构的调整本质上是一个资本供给制度的改革和调整问题，也就是构建有利于资本向高效配置方向流动的市场平台，这一任务不能依赖间接融资体系，而只能依靠发达、完善的资本市场体系。因此，建立多层次的资本市场才能提高金融资源的利用效率。目前，我国资本市场已由场内市场和场外市场两部分构成。其中场内市场的主板（含中小板）、创业板

（俗称二板）和场外市场的全国中小企业股份转让系统（俗称新三板）、区域性股权交易市场、证券公司主导的柜台市场共同组成了我国资本市场体系。只有丰富的金融市场层次结构才能满足中小企业多样化的融资和股权、债权转让的需求，从而最大限度地发挥市场配置资源的基础性作用。

（三）建立多层次普惠金融体系，满足贫困和低收入者的金融需求

普惠金融是联合国和世界银行近年来大力推行的一种理念，是指一个能有效为社会所有阶层和群体提供服务的金融体系。现阶段，普惠金融本质内涵，就是金融服务要覆盖所有的人，尤其是那些低收入和贫困人群，只有这部分特定目标客户的金融服务解决了，这个体系才是一个健全和完善的金融体系。

中国经济体系中，小微企业和分散的农户在经济中的占比很大，民营经济的小型化和分散化特征十分明显。为此，建立一个多元、多样、多层次的小微金融体系极为重要。小微金融机构是小贷机构，它和其他的各类小贷机构都是我们小微金融体系的重要组成部分，或者说是中国草根金融体系的重要组成部分。解决好我们中小微企业、个体户、农户这样庞大的草根经济体的融资需要，解决我们历史上沉积了很长时间的草根经济体融资难的问题，根本的出路就是建设有中国特色的草根金融体系。解决这个难题，只靠某一个机构、某一个地区在某一个时段采取某些措施来做是不够的，必须在中国依靠我们大家，依靠政府的支持和社会各方面的配合，在中国建立一个完整的草根金融体系，才能为我国实体经济提供及时、有效、普遍、更好的融资服务（如图 12-2 所示）。

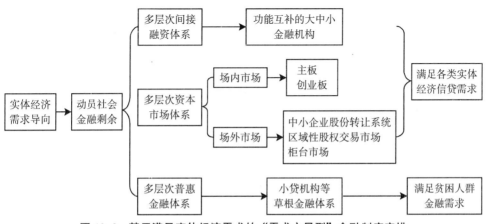

图 12-2　基于满足实体经济需求的"需求主导型"金融制度安排

三、构建开放型金融体制：加快实现人民币资本项目可兑换

在过去的 20 年当中，在某种意义上存在一定程度的国内市场的保护，这造就了中国发展速度非常快，但是中国和国际市场接轨程度还不够，这也影响了一部分企业未来的生存和发展。一个更为开放的金融体系，将有助于提高金融服务效率，进一步满足实体经济转型发展的资金需求。对内方面，有望降低金融行业准入门槛，加强多层次资本市场建设（如前所述）；对外方面，则将逐步推进人民币资本项目可兑换以增强人民币汇率的弹性。

资本账户和经常账户被认为是国际收支的两个要素。中国 1996 年就实现了经常账户的可兑换，但资本账户开放却明显跛足。国际经验表明，一国在经常账户实现完全可自由兑换 10 年之后，资本账户往往也会走向可自由兑换。一般而言，资本项目开放之后，资本流动速度加快、资本流动规模扩大、资本流动方向的不确定性增强，容易形成和放大对国内金融市场和实体经济的冲击。因此，中国政府对资本账户采取谨慎态度，对资本账户开放的路径遵循这样几个原则：一是先长后短，即先放开对长期资本项目的限制，后放开短期资本和证券投资的自由化；二是先实后虚，即先开放实体经济投资，后开放虚拟经济投资；三是先债后股，即先开放债券市场，后开放股票市场；四是先入后出，即先开放资本流入，后开放资本流出。1996 年我国取消了经常项目管制后，原有一个大胆的设想，要在 2000 年实现人民币完全可兑换，但 1997 年发生的亚洲金融危机，让我国重新审视了这个问题。过早地开放资本市场，等于亲手推倒了一面抵御市场风险的"防火墙"。

资本项目可兑换是指一个国家不仅可以在国际收支经常性往来中将本国货币自由兑换成其他货币，而且还可以在资本和金融项目上进行自由兑换。因此，资本账户开放包括两个方面的内容：一是资本账户项目下的货币可兑换，即国家对居民和非居民资本交易的支付和转移不予限制，允许把本国货币自由兑换成国际通用的货币。二是资本市场的开放，主要是指人民币证券投资交易市场的开放。

资本账户的货币可兑换是货币国际化的必要条件，资本市场开放是货币国际化的必然要求。为此，我们要从便利国外直接投资（FDI）和便利国外证券投资（FPI）两个方面推进资本账户开放。

（一）转变跨境资本流动管理方式，便利国外直接投资（FDI），实现企业"走出去"战略

近年来，为了便利企业"走出去"，我国不断转变外汇管理方式，2006年以来，先后扩大境内企业境外直接投资外汇来源，取消购汇额度限制，实现了境外直接投资"按需供汇"。2007年8月，取消经常项目外汇账户限额管理，境内机构可根据经营需要自行保留经常项目外汇收入，有进口支付需求的企业还可提前购汇。2009年，进一步完善对国外直接投资的外汇管理，将境外直接投资外汇资金来源审查和资金汇出核准两项行政审批改为事后登记，简化国外直接投资的审核程序和手续。2012年，进一步放松企业开立外汇账户以及资金运用的限制，强化银行在直接投资外汇管理中的作用，提高了直接投资便利化程度。

下一步，需要进一步转变外汇管理方式，推动对外投资便利化。关键要减少外汇管理中的行政审批，从重行政审批转变为重监测分析，从重微观管制转变为重宏观审慎管理，从"正面清单"转变为"负面清单"。

（二）推动资本市场双向开放，便利国外证券投资（FPI），实现"引进来"和"走出去"更好地结合

只有加快开放资本账户，由市场均衡资本的流进和流出，才能把中国国内经济和国际经济联系起来。现阶段，中国的资本账户开放不是一个资本流进的问题，而是一个资本流出的问题。加快资本账户开放，是解决中国资本流出关键。2002年，我国引入合格境外机构投资者（QFII）制度，鼓励境外中长期投资者在境内进行证券投资，拓宽国内企业对外金融投资渠道，这是"引进来"的制度安排；2006年4月，实行合格境内机构投资者（QDII）制度，拓宽境内机构和个人对外金融投资渠道，这是"走出去"的制度安排。但QFII和QDII是在货币没有实现完全可自由兑换、资本项目尚未开放的情况下，有限度地允许境内投资者投资境外证券市场的一项过渡性的制度安排。为了推动人民币在国际市场的双向流动，2011年12月，推出人民币境外机构投资者（RQFII）制度，是境外机构

用人民币进行境内投资的制度，2013 年 10 月，开展人民币合格境内机构投资者（RQDII）试点，中国大陆居民可通过 RQDII 在国内购买基金产品，间接投资新加坡资本市场。开展 RQFII、RQDII 试点与人民币国际互换一样，是人民币国际化进程中的重要步骤。

从中国金融改革看，扩大 QFII、RQFII 投资额度，对吸引外国资金入市有着深远的意义。QFII 在准入方面选取的是大型的、管理完善的企业，企业治理比较好，持股周期更长，因此，QFII 能稳定中国股市。RQFII 的背景与人民币的国际化有关，所以一定与未来汇率机制的改革、资本项下的进一步开放密切联系在一起。现阶段，要继续扩大 QFII、RQFII 的投资额度，增加投资便利性。目前 QFII、RQFII 账户持股市值占 A 股流通市值可能只有 1.5%、1.6% 的比例，我们希望在现有基础上可以达到乘以 10 或者乘以 9 的规模。我们还将研究 QFII2 与 RQFII2 的可行性，试点开展 QDII2，这意味着境内外高净值个人投资者跨境投资也有望开闸（郭树清，2013）。[1]

根据国际货币基金组织关于资本项目交易分类标准，共七大类 40 项，目前我国实现可兑换和部分可兑换的项目为 30 类，占全部资本交易项目的 80% 左右。从整体上看，我国距离实现人民币资本项目可兑换的目标已经不是很远了。

四、弥补市场失灵：在公共品融资与系统性风险防范上发挥政府作用

金融领域在使市场在资源配置中起决定性作用的同时，还要更好地发挥政府的作用。正如十八届三中全会所强调的那样，要维护社会公平正义，保持宏观经济稳定，保障公平竞争，加强和优化公共服务，加强市场监管和维护市场秩序。在金融领域，主要表现在两个方面：一是发挥政策性金融作用，弥补市场的公共品融资方面的失灵；二是加强金融监管协调，防范系统性金融风险。

---

[1] 郭树清：《推动 QFII 扩容 市值占比目标 16%》，《第一财经日报》2013 年 1 月 15 日。

（一）在公共品融资方面，发挥政策性金融作用

十八届三中全会《决定》提出推进政策性金融机构改革，但并没有明确朝哪个方向改。之前，业界更多提法是政策性银行向商业化转型，如国家开发银行已率先探索"开发性金融"——介乎商业性金融和政策性金融之间，试图将政策性目标和市场运作结合起来。这次三中全会《决定》提出要推进政策性金融机构改革，我的理解是，回归政策性金融本质和完善政策性金融服务体系应该是政策性金融机构改革的两大方向。

一是政策性金融机构要有合理定位。从性质上看，政策性金融具有市场和政府双重属性，其提供的金融产品具有准公共产品的特征，体现出政策性目标和营利性目标的统一。目前，发达国家的政策性金融更多地体现公益性和公平性原则，服务对象主要是农业、住房、中小企业等；而发展中国家的政策性金融更多地体现开发性和公共性原则，服务领域和对象更为广泛。1994 年我国先后成立的国家开发银行、中国进出口银行和中国农业发展银行三家政策性银行，成立的初衷和其职能是清晰的，主要是支持那些国家需要发展，商业性金融不愿或不能介入的项目。2007 年我国政策性银行商业化转轨后，其政策性业务呈不断萎缩趋势。在准公共品尤其是城市基础设施建设融资中，由于政策性金融的退出，大量政策性业务要么由地方财政承担，要么由商业性金融承担。由地方财政承担，不可避免产生土地财政问题，加大了地方债务风险；由商业性金融承担，既增加了城市建设融资成本，也增加了商业银行风险。由于城市基础设施具有建设周期长、回收期长、非营利的特性，通过商业银行和资本市场融资相对困难较大，虽然适于政府财政投资来完成，但由于财政资金具有无偿性、强制性等特点，在运营过程中，资金配置效率较为低下。政策性金融作为介于财政资金直接投入与商业性资金融通之间的资金融通方式，政府依托国家信用支持，调动和引导更多的社会资金进入，起着"四两拨千斤"的乘数效应。因此，我们要明确，在现代市场经济国家中，商业性金融机构是金融体系的主体，政策性金融只是"配角"。但是，在一些特定领域，如在支持落后地区发展、城市基础设施建设、帮扶弱势群体等领域，政策性金融却发挥着决定性的"主角"作用。

二是要健全政策性金融服务体系。目前，国际上政策性金融机构有四类，即经济开发政策性金融机构、农业政策性金融机构、进出口政策性金融机构、住房

政策性金融机构。但我国只有前三类。由于我国住房政策性金融服务的缺失，无法体现政府在住房市场上的公共性职能。住宅是特殊性商品，具有福利性，因而住房的分配和消费具有特殊的社会意义。这种特殊性质，决定了住房制度安排不能完全由市场机制来决定。目前各国普遍在商业性住房金融外，实行公共住房政策和与之相配套的政策性住房金融，如美国联邦国民抵押协会和政府国民抵押协会、日本住房金融公库、法国土地信贷银行、韩国住房银行、加拿大抵押贷款和住房公司等。就连一些新兴经济体也成立了政策性住房金融机构，如印度的住房开发金融公司、泰国政府住房银行、巴西国家住房银行等，这些政策性住房银行以优惠利率向低收入人群建造住房提供长期贷款。当前，我国住房公积金制度对中低收入家庭的保障作用没有完全体现，低收入家庭住房融资十分困难。为了改变目前以商业银行为主的局面，我国应该建立专门的政策性住房金融机构，并以此为主体解决普通消费者的住房金融需求，实现"居者有其屋"的目标。

（二）完善金融监管协调机制，防范系统性金融风险

十八届三中全会明确提出，要落实金融监管改革措施和稳健标准，完善监管协调机制，界定中央和地方金融监管职责和风险处置责任。

2008 年危机后，有效识别和防范系统性金融风险，已成为各国关注的焦点和重点。金融危机之后，各国监管机构强化了对系统性风险的管控，加大了审慎监管的力度，针对不同金融市场、机构和产品的监管措施相应出台。金融监管协调机制是完善金融监管体制的重要环节，是防范系统性金融风险的重要措施，其制度化建设直接关系到金融业整体的安全和稳定。

本次金融危机凸显了金融监管协调的重要性，危机以来加强金融监管协调机制建设已成为国际共识和发展趋势。从体制层面上看，主要有三种方式：第一种是建立跨部门的协调机制，如美国的金融稳定监督委员会、印度的金融稳定和发展委员会。第二种是以央行或其内设机构为核心，如英国的英格兰银行及其附属机构金融政策委员会，法国、俄罗斯等国的央行负责监管协调。第三种是成立超主权的协调机制，在联盟范围内统一监管规则和防范系统性金融风险。比如，欧洲系统性风险委员会、欧洲金融监管者体系以及近期建立的银行业单一监管机制。

近年来，我国金融监管协调机制在防范系统性金融风险和维护国家金融安全

上起到了一定的作用，但由于缺乏有力的法律和制度保障，协调机制仅仅停留在原则性框架层面，未能实现协调作用最大化。在实践中，无论是从法律建设还是制度安排上都存在着一些问题。在制度层面，各监管主体的职责分工不够清晰，对监管边界的新业务和新产品因缺乏监管主体，往往处于监管空白状况，缺乏有效、权威的争议解决机制。金融危机以来，我国不断完善金融监管协调机制，2013 年 8 月 15 日，经国务院批准，由中国人民银行牵头，银监会、证监会、保监会和外汇局参加的金融监管协调部际联席会议①制度正式建立。中共十八届三中全会也进一步明确提出完善金融监管协调机制的要求。国务院金融稳定发展委员会的设立，是金融监管协调的重要举措。

在监管目标协调方面，要重点处理好以下三个方面的协调：一是宏观审慎管理和微观审慎监管的协调。宏观审慎管理（a system of prudent macro management）是与微观审慎监管相对应的一个概念，是对微观审慎监管的升华。微观审慎监管更关注个体金融机构的安全与稳定，宏观审慎管理则更关注整个金融系统的稳定，是一种自上而下的监管模式。国际金融危机重大教训之一是，不能只关注单个金融机构或单个行业的风险防范，还必须从系统性角度防范金融风险，而宏观审慎政策正是针对系统性风险的良药。宏观审慎管理是危机后的防范系统性金融风险的新的管理理念。对于中国而言，宏观审慎政策在中国是一个相对较新的概念。本次危机后，宏观审慎管理也必将成为国内金融监管发展的趋势和方向。中国人民银行发布 2009 年第三季度中国货币政策执行报告，首次提出"要将宏观审慎管理制度纳入宏观调控政策框架"中。2011 年 5 月，中国银监会也在对外发布的《中国银行业实施新监管标准指导意见》中提出，将宏观审慎管理与微观审慎监管相结合的监管改革思路，并在参照 Basel Ⅲ 的基础上初步明确了资本充足率、杠杆率、流动性、贷款损失准备等监管标准。

二是货币政策与金融监管政策协调。执行货币政策与实施金融监管是相辅相成的关系，货币政策是根本，金融监管是保证，二者的关系不能割裂开来。加强金融监管可以缩短货币政策的时滞性；加强金融监管，可以防范金融风险对货币政策传导机制造成的严重影响。中国的经济持续平稳发展是金融稳定的基础和前

---

① 《国务院关于同意建立金融监管协调部际联席会议制度的批复》（国函〔2013〕91 号），中国政府网，http://www.gov.cn/zwgk/2013-08/20/content_2470225.htm。

提。货币政策作为保持经济平稳增长的中央宏观调控工具，要求金融监管与之相互协调。为了保证货币政策实施的效果，需要对金融机构和金融市场的主体是否执行了货币政策进行监督和检查。同时也需对一些监管措施对货币政策调控的影响做出判断和评估。

三是中央和地方金融监管协调。十八届三中全会要求，必须界定中央和地方金融监管职责和风险处置责任。过去中央和地方金融监管分工采取的主要是一种垂直体系，凡是跟金融相关的业务和金融机构的监管全部交给专门的中央政府设立的监管机构负责。这种中央金融监管部门和大型金融机构的垂直管理体制，决定了绝大部分的金融调控资源掌控在中央手中，金融资源配置效率递减趋势明显。将来，在金融监管和风险处置上，地方话语权将进一步提高，这是经济发展的必然趋势，是调动地方积极性、激发地方活力的一种发展模式。在分层管理架构中，地方金融协调部门的权责应该有哪些？央行行长周小川在《十八届三中全会辅导读本》中对如何界定中央和地方金融监管职责和风险处置责任作了进一步说明：坚持中央金融管理部门对金融业的统一管理，引导地方政府遵循"区域性"原则履行好相关职能。在国家层面金融监管机构集中关注风险体系，地方金融监管集中关注金融服务。构建以中央统一监管为主、地方金融监管为辅，中央侧重业务监管，地方侧重金融管理的新格局。即中央与地方协力监管大型金融机构及其分支，地方集中精力监管地方金融机构和创新性金融机构，形成既有统一又有分工，既有分责又有协作，既有合作又有监督的机制。

第十三章 变革中的财政：从公共财政到现代财政

党中央、国务院历来高度重视财政制度建设。改革开放以来，是我国财政制度历经多次调整，大体上经历了 20 世纪 80 年代的"分灶吃饭"的财政体制、90年代初的"分税制"以及 1998 年后的公共财政建设过程。与此同时，我国的预算制度、税收制度、各项财政管理制度等都发生了翻天覆地的变化，一个与社会主义市场经济体制发展阶段、发展历程基本相适应的财政制度已经初步建立起来。结合中共十八届三中全会《全面深化改革若干重大问题的决定》的有关精神，我国财政变革的方向是在 1998 年以来公共财政建设已取得成就的基础上，适应国家治理体系和治理能力现代化的需要而建设的现代财政制度。

一、1998 年以来我国公共财政建设制度

1994 年以来，我国开启了建立社会主义市场经济体制的伟大征程。经过几年的探索，各方逐渐达成共识，与市场经济体制相适应的财政体制就是公共财政制度。为此，从 1998 年起，我国致力于建设公共财政体系，在税收制度、财政体制、预算管理等方面进行了一系列重大改革，基本上建成了公共财政制度。

（一）简并税制，改革税种

美国大法官霍尔姆斯说："税收是我们为文明社会付出的代价。"在当代，税收也是公民为获得政府提供的公共产品和公共服务所支付的价格，是国家为满足社会公共需要，凭借公共权力，按照法律所规定的标准和程序，参与国民收入分

配，强制地、无偿地取得财政收入的一种方式。

改革开放以来，中国税收制度历经多次调整。1994 年以后，我们对税收制度进行了大幅度调整，形成了以流转税为主、所得税为辅的税收体系。目前，我国共有增值税、消费税、营业税、企业所得税、个人所得税、资源税、城镇土地使用税、房产税、城市维护建设税、耕地占用税、土地增值税、车辆购置税、车船税、印花税、契税、烟叶税、关税、船舶吨税 18 个税种。

总体而言，我国税收制度改革是很成功的。自 2003 年以来，我国税收收入连年高速增长，基本上每年万亿元级的增长，为国家建设和人民生活改善筹集了大量资金（如图 13-1 所示）。

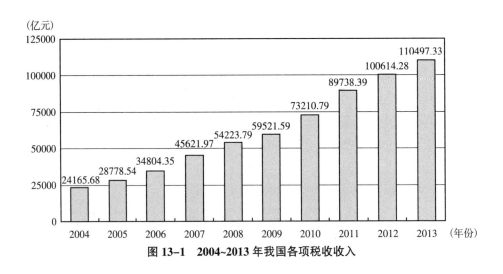

图 13-1　2004~2013 年我国各项税收收入

（二）大力推进预算制度改革，加强财政支出管理

1998 年以前，我国财政管理的主要特征是以收入管理为主。1998 年以来，加大了支出端的管理，相继进行了一系列重大预算制度改革，形成了以部门预算、政府采购、国库集中支付制度三者为核心，再逐渐扩大到收支两条线改革、政府收支分类科目改革、财政项目评审制度、公务卡制度、绩效评价、财政监督、财政审计等，形成了既与国际经验接轨也有中国特色的预算管理制度体系。

（1）部门预算制度。所谓部门预算是指以部门为预算编制的基本单位。部门预算的核心是政府各组成部门在编报预算时，要把其预算内资金和预算外资金全部编入，保证预算的完整性和全面性。所有的部门预算由财政部门汇总起来之后，即形成一级政府预算。

（2）国库集中支付制度。所谓国库集中支付，是指当各部门使用财政资金购买商品或劳务时，由财政部门指定的银行直接向收款人付款的一种制度。实行国库集中支付制度的目的是应对各部门分散管理下可能存在财政资金的低效、浪费和腐败行为。2001 年 8 月从中央部门开始实施这一改革，到 2008 年已全面推行。

（3）政府采购制度改革。我国于 1998 年前后引入发达市场经济国家的政府采购制度，主要目的是在采购中引入竞争机制，一方面节约财政资金，另一方面减少和防范采购活动中的腐败与浪费行为。总的来看，我国实行政府采购的效果非常突出，已成为我国政府收支管理中的常规、重要制度规范。有关资料显示，2000 年全国政府采购规模仅为 328 亿元，到 2008 年已增长到 5990.9 亿元，2010 年进一步增长到 8000 亿元，平均资金节约率达 11% 左右。

（三）建立分级分税的政府间财政体制，调动中央与地方两个积极性

财政体制是政府间财政关系的另一称谓，其实质都是关于中央与地方之间的经济关系的制度规定。1978 年以后，中国财政体制的变动可概括为两个大的阶段。一是 20 世纪 80 年代初期的分级包干财政体制，核心为"放权让利""分灶吃饭"，目的在于激发地方政府的积极性，增强其发展经济的动力。二是 1994 年后的分税制，其核心是在中央与地方政府之间划分事权、划分财权，同时建立转移支付制度来平衡各地区财力差异，目的在于建立与市场经济体制相适应的财政体制。分税制对于构建我国市场经济体制、处理好中央与地方关系起到了极其重要的作用，"其功绩无论怎么说都不过分"。迄今为止，仍然是中国财政体制的基本模式。

1. 划分中央与地方事权

根据 1994 年分税制的相关规定，中央财政主要承担以下支出：国防、武警经费，外交和援外支出，中央级行政管理费，中央统管的基本建设投资，中央直属企业的技术改造和新产品试制费，地质勘探费，中央安排的农业支出，中央负担的国内外债务的还本付息支出，以及中央本级负担的公检法支出和文化、教

育、卫生、科学等各项事业费支出。地方财政主要承担以下支出：地方行政管理费，公检法经费，民兵事业费，地方统筹安排的基本建设投资，地方企业的改造和新产品试制经费，农业支出，城市维护和建设经费，地方文化、教育、卫生等各项事业费以及其他支出。随着情况变化，这一划分范围已显示出一些不适应中国经济社会形势发展的方面，目前正在进行调整。

2. 划分中央与地方收入

根据 1994 年分税制的相关规定，中国的财政收入分为三个部分：一是中央政府固定收入，如关税、海关代征消费税和增值税、消费税等。二是中央与地方共享收入，如增值税中央和地方各分享 75% 和 25%；另外，纳入共享范围的企业所得税和个人所得税中央和地方的分享比例分别为 60% 和 40%。三是地方固定收入，主要是营业税、城镇土地使用税、城市维护建设税等。

3. 转移支付制度

1994 年分税制财政体制改革后，中国逐步建立并完善转移支付制度，以平衡地区间的财力差异。经过多年的发展，中国现在已形成了一般性转移支付与专项转移支付相互协调的转移支付体系，且规模巨大。以 2015 年为例，中央对地方转移支付总额预计为 50764.71 亿元，占当年中央本级财政支出的 70%，其中一般性转移支付预计为 29230 亿元，占转移支付总额的 57%，专项转移支付21534 亿元，占转移支付总额的 43%。

二、我国公共财政制度存在的主要问题

1. 现行中央与地方财政体制强化了地方政府在经济增长中的作用，既不利于市场微观主体的发展壮大，也不利于国内统一市场的形成

已有的研究表明，我国地方政府之间的竞争是改革开放三十多年以来的经济增长的主要动力之一，地方政府作为"经济增长主体"的色彩比较浓厚。随着我国社会主义市场经济体制的逐步建立和不断完善，地方政府作为经济增长主体的弊端和副作用已经越来越明显，而 1994 年出台的分税制，一方面造成了财权上移、事权下放、地方政府财力与事权不匹配的突出问题，另一方面通过税收返

还、税收分享等设计内在地将地方政府与本地经济增长捆绑到一起，促使地方政府在发展经济的道路上越走越远，过度追求 GDP，由此所导致的一系列经济、社会问题，需要适时进行改革。

2. 现行税制结构不适应我国经济转型升级的需要，既不利于大力发展服务业，也不利于鼓励科技创新

经过改革开放三十多年的调整发展，近年我国经济已经进入了转型升级的新阶段，需要扩大内需、鼓励创新、大力发展服务业。但我国现行的税制结构还不能适应这方面的需要。一方面，目前我国广义宏观水平较高，近些年一直保持在 36% 左右，对企业和居民形成较重的负担；另一方面，现行税制结构由于以流转税为主、所得税为辅，内在地加强了制造业与政府收入之间的联动关系，很不利于服务业的发展，也不利于培养我国经济增长中最宝贵、最急需的创新的培育和发展。

3. 现行财政制度不适应我国新型城镇化发展的需要，既不利于推动农村转移人口市民化，也不利于推动城乡一体化进程

新型城镇化建设已成为新时期的国家战略。随着大量人口向城市的聚集，不仅需要建设大量城市基础设施，而且还要顺应农村转移人口市民化的趋势，大量增加基本公共服务方面的支出，此外还要推动城乡一体化进程，实现基本公共服务在城乡之间的逐步均衡。从财政管理上看，一方面资金总量难以支撑这一人类历史上最大的人口流动趋势，另一方面公共财政资金的使用管理，特别是如何与社会资本有效结合并发挥引领和带动作用方面，存在着广泛需要改善和提高的空间。

4. 现行财政制度不适应我国生态文明建设的需要，既不利于形成正确的资源型产品价格，也不利于保护和节约使用资源

生态文明建设是新时期的国家战略之一，也是走向经济强国的必要保障。在我国，推动生态文明建设，既需要对前一时期遭到过度使用甚至破坏的生态环境进行治理和修复，更需要合理地对资源进行定价，促使全社会每一个人都更加节约地使用资源。但是，从现行资源税的情况看，由于采用了从量计征的方式，完全不能反映市场经济条件下资源的稀缺程度和资源需求的波动情况，需要尽快改进。另外，当前的财政支出结构中，用于生态、环境部分的支出比例很小，不能满足庞大的生态建设和生态保护的资金需要。

5. 现行财政制度在调节收入分配方面作用有限，既不利于当前社会的稳定和谐，也不利于实现共同富裕的目标

在我国从经济大国走向经济强国的过程中，需要使经济发展的成果更多地惠及每一个人，实现全社会的共同富裕和社会和谐。由于种种原因，近年来我国居民的收入分配差距急速扩大，已成为严重的社会问题之一，在一定程度上影响了社会的和谐和稳定。现行财政体制一方面调节居民收入分配差距比较乏力，另一方面财政支出中用于保障民生、增进基本公共服务水平的比例较小，需要适时调整和改革。

三、财政变革：从公共财政到现代财政制度

中共十八届三中全会《关于全面深化改革若干重大问题的决定》指出，"财政是国家治理的基础和重要支柱，科学的财税体制是优化资源配置、维护市场统一、促进社会公平、实现国家长治久安的制度保障"。《决定》共提出 336 项改革任务，其中财政部门作为牵头单位的有 76 项，作为参加单位的有 129 项，财税改革的重要性由此可见一斑。2014 年 6 月 30 日，中共中央政治局审定通过了《深化财税体制改革总体方案》，明确了财税改革的时间表与路线图，2016 年将完成重大工作与任务，2020 年基本建立现代财政制度。

（一）多维度的现代财政制度

与公共财政制度相比，现代财政要从国家治理的高度，围绕财政这一核心，通过制度变革与制度创新，努力处理好政府与公民、政府与市场、上级政府与下级政府之间的三维关系（贾康，2014）。在我国现阶段，现代财政还要处理好发展经济与促进公平之间的复杂关系。

1. 现代财政制度首先是处理好政府与市场关系的核心制度，应发挥政府与市场两只手的作用

建设社会主义市场经济体制最关键的是要发挥市场配置资源的决定性作用。为此，既需要建立现代市场体系、改革投资制度、理顺扭曲的要素价格体系，同

时大力扶持需要重点发展的产业、区域，推进我国城镇化进程。要做到这一点，首要的任务就是要处理宏观税负、税制结构等问题，划定政府与市场的经济边界，同时妥善利用各类财政政策工具，支持市场化导向的改革，同时奠定市场发挥决定性作用的基础环境和运行保障。

2. 现代财政制度是处理好中央与地方关系的指挥棒，既有利于国家统一，也赋予了地方治事的自主性

在未来一个较长的时间内，我国政府仍然是推动经济发展的主要力量，要继续保持各级地方政府在推动经济发展方面更好地发挥作用，一个必要的前提就是处理好中央与地方之间的财政关系，形成激励地方政府正确行动的财税指挥棒，一方面为经济发展创造良好的外部条件，另一方面通过财税体制改革，构建出事权与支出责任相匹配的地方收入体系，保障地方政府履职的资金需要。

3. 现代财政制度是更加重视处理好政府与社会关系的重要制度，应取之有度，用之有效

国内外经验表明，财政是形成政府与社会、公民联系的经济纽带。通过包括税收在内的财政收入制度，政府向公民收取了提供社会管理和公共服务的资金。通过安排相关的财政支出，政府完成了社会管理和公共服务的职能。围绕这一过程，应当进一步生发出公民对于政府的监督、对公共决策的参与、政府信息公开、责任政府建设等一系列崭新的话题，逐渐展开市场经济条件下民主政治建设进程，而这是建设经济强国这"一枚硬币"的另一面。

（二）现代财政制度之一 ——政府与社会关系维度：深入推进税收制度改革

税收制度是政府与市场、政府与社会关系的集中反映。我国现行税收制度的总体框架形成于1993年，曾经在为国家筹集财政收入、促进经济增长等方面发挥了重大作用。但随着我国经济进入转型升级期，税收制度所依托的客观背景已经发生了极大的变化，无论是税收功能、税种结构、税收法律等都体现出诸多不适应的方面，需要通过深化改革进行调整。

第一，实施结构性减税，深入推进"营改增"。目前，我国宏观税负水平较高，不利于企业投资与居民消费，既对长远经济增长不利，也对当下经济转型升级形成阻碍。因此，适当的、结构性的减税是必需的。理论研究表明，增值税属

于"中性税"，对生产经营活动的扭曲效应最小，应当大力发展。2012 年以来的"营改增"试点改革在短短的两年间取得了为社会减负、推动服务业发展、增加就业等多方面的良好效应，是近年来难得社会共同认为较好的改革之一。下一步，应当进一步深入推进，力争到 2016 年全面完成"营改增"，使增值税全面替代营业税，为我国经济转型升级创造条件。

第二，调整征收范围与环节，改革消费税。我国现行消费税主要针对烟酒、汽车、珠宝等 11 类商品征收，属于选择性征收的特殊消费税。随着我国经济的发展和广大人民群众消费结构的变化，现行消费税在征收范围、征收环节上已陈旧落后，需要进行改革。改革应主要集中在两个方面：一是适当扩大并调整消费税征收范围，把高耗能、高污染产品及部分高档消费品纳入征收范围，长远而言可将一般性消费品全部纳入，以扩大消费税的税基；二是将消费税由目前主要在生产（进口）环节征收改为主要在零售或批发环节征收，逐渐将消费税改造成为地方主体税种之一。长远而言，还要推动消费税由选择型征收的普遍性征收变革。

第三，加快资源税改革步伐，从源头上理顺资源型产品的价格形成机制。资源税是对各类自然资源征收的税种，是资源型产品价格中非常重要的组成部分。近年来，我国各类自然资源消耗过多、过快，已对生态和环境保护构成明显威胁。究其原因，与现行资源税制度有着极大的关系，因此要尽快推动资源税改革。改革的主要方向是将"从量计征"转向"从价计征"，同时归并税费、适度提高税率。目前，原油、天然气资源税从价计征改革已在全国范围内实施，部分金属和非金属矿资源税从价计征改革试点在部分地区实施，但占我国能源消耗 70% 以上的煤炭目前还没有进入改革范围，需要加快改革，从源头上理顺资源型产品的价格形成机制，为节约使用有限资源、促进环境保护与生态建设提供正确的经济激励。

第四，尽快开征房地产税。房地产税属于直接税。市场经济条件下，一个设计合理、征管到位的房地产税对于调节收入分配、稳定房价、促进公共参与都有着极其重要的作用。近年来，我国开征房地产税的呼声很高，相关的理论研究已经很成熟，且在上海、重庆等地也陆续进行了试点，开征房地产税的技术条件已基本成熟。目前，房地产税已进入全国人大的立法程序，有望于两三年之内推出。通过五年左右的建设期，房地产税应当成为继营业税之后最大的地方主力税种，在促进地方收入体系建设、加强地方性公共产品提供方面发挥主要作用。

第五，建立健全综合与分类相结合的个人所得税制度。市场经济条件下，个人所得税是最重要的税种之一，担负着调节社会成员收入分配的重要职责。结合我国现行个人所得税的实际情况，今后改革的重点是适当合并相关税目、降低边际税率、完善税前扣除、完善个人所得税征管配套措施，形成综合与分类相结合的现代个人所得税制度，以此提高政府调节收入分配的能力，促进社会的稳定和谐。

第六，开征环境保护税。近年来，我国环境、资源、生态方面的问题十分突出，开征环境保护税有利于环境保护以及各类资源的集约使用。从现在的情况看，开征环境税的社会共识已经形成，且已进入全国人大立法程序，有望于近期出台。

第七，加强和改进税收优惠政策设定。税收政策系国家大政，具有统一、严肃和刚性的特征。近年来各地出台了很多税收减免、优惠政策，形成了大大小小的税收洼地，伤害了税收法定、税收一致性的基本原则，也不利于全国统一市场的形成。今后，要加强对税收优惠特别是区域税收优惠政策的规范管理，区域发展规划应与税收优惠政策脱钩，对现有的税收优惠政策，即将执行到期的应彻底终止不再延续，对未到期限的要明确政策终止的过渡期，对带有试点性质且具有推广价值的，应尽快在全国范围内实施，严格禁止各种越权税收减免，以维护税收制度的统一性与严肃性。

（三）现代财政制度之二——财政与部门关系维度：推进现代预算制度改革

预算制度是现代财政制度的核心，其精髓可概括为"完整、规范、透明、高效"八个字。现代预算制度对于加强政府管理、提高行政绩效，特别是改善政府与公民的关系、增强政府的正当性和合法性有着极其重要的作用。1998年以来，我国预算改革取得了突出成绩，但距离一个现代意义上的预算制度则还有很大差距。今后，应当以建立完整、规范、透明、高效的现代预算制度为目标，积极改革，为经济发展、社会稳定创造条件。主要有以下几个方面：

一是推行全口径预算。根据我国的实际情况，完整的预算体系应包括四个方面：一般公共预算、国有资本经营预算、社会保障预算和政府性基金预算，另外还要在适当的时候考虑将地方政府性债务纳入预算，以此将全部政府性资金统一纳入预算管理，一方面保持政府取得收入的宏观可控性与规范性，另一方面在预算各个部分之间建立互联互通的机制，保持财政的宏观调控能力，为实施减税降费、降低社会负担创造条件。

二是重点加强后端环节的预算管理。现代意义上的财政管理应当覆盖从收入到支出的全过程、各个方面，形成一个完整管理链条和制度体系。未来一个时期，改革的重点应在前期取得成绩的基础之上，重点抓住以权责发生制为基础的政府会计报告制度、绩效预算、财政审计、财政问责等"后端"环节方面的改革，以打通预算全过程管理链条，真正形成一个符合现代财政要义的预算管理制度体系。

三是实施中期预算框架。中期预算框架是发达市场经济国家常规的预算方法，好处在于有利于提高政策与预算之间的协调程度，有利于为跨年度项目实施提供支持，有利于增强经济周期与财政收支之间的协调性。因此，要打破现在我国预算管理中"一年预算、预算一年"的短期行为，做到在3~5年的时限内综合考虑财政收支和预算安排，形成以计划（国家大政方针）引领预算资源的配置、以预算资源对计划形成硬约束的正确关系，既提高财政资金的配置效率，也切实支持国家中长期规划与政策的顺利实施。

四是加快推进预算公开。近年来，我国预算公开从无到有、从少到多，取得了很大的进展，但与社会上各方面的期待相比，现行预算公开制度还存在着内容较粗、形式单一、外行看不懂、内行看不全等问题，需要进一步改革。改革的重点是扩大公开范围、细化公开内容，不断完善预算公开工作机制，强化对预算公开的监督检查等。与此同时，加强人大对政府预算的审查监督，审核的重点由平衡状态、赤字规模向支出预算和政策拓展，以增强预算的约束力，提高政府预算的刚性。

（四）现代财政制度之三——中央与地方关系维度：建立事权与支出责任相匹配的政府间财政体制

（1）合理、清楚、详细划分中央与地方之间的事权范围。市场经济条件下，政府间事权划分主要应遵循三个原则：①公共产品的受益范围，具体而言是：受益范围为全国的应归为中央政府事权、受益范围仅限于一个地方的归为地方政府事权、跨区域事权归为共同事权。②信息的复杂性原则，具体而言是：全国范围内易于统一标准、信息复杂度不高的属于中央政府事权范围，而信息特别复杂、变动经常频繁的通常归为地方政府事权范围。③激励相容原则，即中央与地方政府共同面对激励、共同承担风险，以防止道德风险和不必要的博弈成本。据此，可将我国政府间事权划分为以下三类：第一类是中央事权，主要包括国防、外交、国家安全、司法等关系全国政令统一、维护统一市场、促进区域协调、确保国家各领域安全的重大事务，需要在全国范围内统一标准的基本公共服务事权。第二类是中央与地方共同事权，主要指具有地域管理信息优势但对其他区域影响较大的公共产品和服务，如部分社会保障、跨区域重大项目建设维护等。第三类是地方事权，凡地域性强、外部性弱并主要与当地居民有关的事务，如各类地方公共产品和公共服务的提供等。总体而言，事权划分范围的基本方向是适当缩减地方政府的事权范围，将一些不适合地方政府承担的事权收到中央，加强中央政府责任，提高中央财政支出在全国财政支出中所占的比重，并由粗到细地列出各级政府的事权清单，以明确各级地方政府的责任范围，为财力测算、保障提供稳定明确的目标。

（2）构建地方税体系，促进地方政府职能转型。市场经济条件下，地方政府担负着对本地民众提供公共产品的责任，因此应当有相应的财力，以保证其履职需要。目前，我国当前可作为地方主体收入的税种只有营业税，但随着"营改增"，地方政府将失去最大的自主性财源。为此，今后一个时期内应重点建设满足地方税体系。凡税基难以移动、产权明晰、有助于提高本地公共服务质量的税种，原则上应当划为地方税，如房产税、资源税等。另外，那些在本地从事生产经营活动的公司、企业，由于消费了地方政府提供的基础设备与公共服务，因此其税收中的一部分也要交给地方政府，可结合消费税的改造，逐渐将其培养成地方税的主要来源之一。

（3）"减少专项，增加一般"，构建更加规范的转移支付体系。市场经济条件下，地方政府所获得的转移支付应包括两部分，第一是上级政府为平衡区域差距而下达的一般转移支付，第二是上级要求下级承担某一特定任务、政策所给予的专项转移支付。结合我国目前的情况，一般转移支付应当成为今后地方政府收入的主要来源。要在促进基本公共服务均等化的指导思想下，理顺包括税收返还、调整分享比例、增加一般性转移支付，重构转移支付体系，将各地区之间的财力差距控制在适当的范围之内，促进全国范围内的基本公共服务均等化。

（4）以基本公共服务均等化为导向改革一般转移支付制度。改革开放三十多年以来，我国以常住人口计算的城镇化率从 1978 年的 17.9% 上升到 2013 年的 53.7%，城镇常住人口从 1.7 亿人增加到 7.3 亿人，中国正在从传统的"乡村中国"迈向"城市中国"。随着城镇化、城乡一体化速度的发展，地区之间、城乡之间、城市不同人群之间，对于教育、医疗、社会保障、住房等基本公共服务均等化的需要越来越迫切，财政制度应以此为导向，大力改革现行转移支付制度。第一，要扩大一般性转移支付规模。我国当前的情况是一般转移支付规模较小，不能有效平衡地区间财力差异，更无力促进基本公共服务均等化。为此，首先需要在国家层面上确定基本公共服务的类别和最低标准（可形成几年的建设目标），然后在此基础上计算各地的标准财政支出和标准财政收入以及各类影响因子，最后才能测算出各地应得的一般转移支付金额。第二，建立农村转移人口市民化与财政转移支付相挂钩的机制。一般转移支付要体现人口流动的方向与规模，凡是人口大量集聚的地方，对于公共服务的需求往往更大。为此，要厘清中央与地方在基本公共服务方面的分工，并据此核定中央应承担的农村转移人口市民化的财政资金总量。比如，随迁子女的义务教育支出、社会保障补助支出应当确定为中央政府财政负担事项。要通过增加转移支付总额、调整转移支付比例、修订转移支付系数等方式，来调节地区间、城市间的实际负担水平，促使地方政府的财力与事权相互匹配。同时，调整财政支出结构，基本方向是从农村向城镇调整，如调整城市义务教育中中央与地方的负担比例、调整财政教育支出中农村与城市的支出比例、调整城市与农村的社保补助结构等，以适应人口流动的需要。第三，要规范专项转移支付。专项转移支付承担着促进中央特定政策意图实现的功能，理论上和实践上都有必要继续存在，结合目前的实际情况，应当收缩范围、减少种类，对现有专项转移支付进行清理合并。同时，要创新专项转移支付的使用管理方式，适度引入竞争性资金使用方式，试行合同管理，以提高资金的使用效率。

（五）现代财政制度之四——财政与经济关系维度

除了以上几个方面外，结合我国经济发展的需要，还要重点进行以下两个方面的变革：

1. 深化财政投融资制度改革，推动我国科技创新与技术进步

我国财政投融资历来十分注重对科技和创新活动的支持，并为我国高新技术产业的发展、创新积累增添了强劲动力。但与经济发展形势相比，现行财政投融资制度还存在大量的政策空白，必须以一种系统性的思维来整合现行财政金融政策，按既尊重科研规律、高新技术产业本身的特点，又符合公共财政基本要求、金融体系内在诉求的原则，分别对应、匹配不同的政策工具和企业的创新需求，将政策支持覆盖到基础研究、发明创造、开发应用、产业化的全过程之中，以收综合、整体之功效。重点有两个方面：①找准财政支持的着力点，创新财政资金的使用方式。市场经济条件下，财政的主要职能是弥补市场缺陷与市场失灵，因此对科技投入的重点应集中在两个方面，一是基础研究领域，二是应用研究过程中受益范围相对较广的关键、共性技术突破、科研基础设施、公共服务平台等，一般不宜直接向企业投放资金。对那些必须支持的领域，可以考虑更灵活的资金使用方式，如担保、贴息、参股等有偿（但低成本）方式来代替单纯的财政投入，以维护公平、防止道德风险和提高财政资金的使用效益。对现在很多地方政府通过创新投资基金方式向企业注入的资金，也要建立相应的资金回收机制。另外还要扩大财政资金扶持的范围，只要符合国家产业政策的规定，原则上不应分企业所有制和企业规模大小，应当一视同仁地支持。另外，要认真梳理支持高新企业的现行税收优惠政策，调整政策着力点，从单纯的为企业降低成本转移到驱使企业进行研发、成果应用、市场化的方面上来。②适时恢复政策性金融体系。科技进步与高新技术产业，理论上应当是一国政策性金融扶持的重点。在我国政策性金融整体缺失的背景下，各地政府综合运用财政资金，对各类创新活动进行了注资、担保、贴息等，在一定程度上代替了政策性金融的功能，对当地的高新技术产业起到了一定的支持作用。但是，这种以地方政府为主体进行的"准政策性金融"活动，一方面规模小、不稳定，另一方面其范围仅局限于某一行政区之内，流动、重组、优化配置的效果都很差，不仅不能代替全局意义上的政策性金融，而且还人为地造成了市场分隔、要素流动不畅的后果。这也再次彰显了政策性金融对我国经济和社会发展的重要意义。应及早考虑重新恢复我国政策性金融体系，为科技发展、企业创新提供稳定的政策支持。

2. 构建地方债务管理体制，为新型城镇化建设提速寻求长期、稳妥的资金来源

现代社会中，对于任何国家和地区而言，债务都是正常财政收入的必要补充。特别是处于城镇化中期的我国而言，地方政府面临着因农村转移人口和经济发展所导致的巨大公共服务需要，如各类交通基础设施、市政设施、保障性住房、社会保障、义务教育和医疗服务等。过去十年来我国快速城镇化进程已经表明，债务收入在促进地方加快发展、提供必要的公共服务方面功不可没。但与此同时，地方债无序管理、隐蔽借债等已导致风险快速积累，成为我国当前经济社会的重要风险点之一。为此，要建立规范合理的地方债务管理制度。结合我国的实际情况，我国地方债务管理体制应选择"制度约束型+市场约束型"的模式，具体而言，涉及以下几个方面：一是实行债务总额管理，控制地方债务的总规模；二是制定发行地方债务的准入条件；三是地方债务要采用公开发行方式；四是构建地方债务监控指标体系；五是地方债务要严格适用债务管理的"黄金法则"，即债务收入只能用于长期性、资本性项目；六是要建立常规性的偿债基金；七是实施严格的债务报告与审计制度；八是严格限定实施债务救助的条件。

3. 大力推行 PPP，鼓励政府与社会资本合作

PPP 是指政府、营利性企业和非营利性组织基于某个项目而形成的相互合作关系的形式。通过这种合作形式，合作各方可以达到比预期单独行动更有利的结果，我国称为政府与社会资本合作。PPP 模式既是公共服务供给机制的重大创新，也是财政管理的新形式，更是我国政府与市场新探索。

推行 PPP 需要重点把握以下三个方面：一是合同管理。由于 PPP 项目通常金额大、时间长、操作复杂，一个 PPP 项目可能涉及多个甚至数十个主体参与其中，由此，可能会产生数以十计、百计的合同，形成一个复杂的合同体系，是 PPP 运作的核心之一。二是价格管理。基本原则是"盈利但不暴利"，定价应基于成本，并进行适度价格管制，既保证项目运行及社会资本的合理收益，又不损及公共利益，同时要建立对收益进行补贴、调整或约束的条款。三是风险管理。如按风险类别，把风险分配给有能力管理的一方，设定与承担风险相对称的收益分配机制。为了使 PPP 更加规范发展，要进行严格的财政能力评估与中长期预算管理，以防范风险。

（六）未来财政的十大变革

在从公共财政向现代财政转变的过程中，可以展望未来我国财政将发生以下10个方面的重大变化。

1. 所有政府收入将纳入预算管理，部门财力成为"过去式"

由于种种原因，目前我国各级政府的一些部门还掌握着形形色色的公共资金，如各类行政事业性收费、罚没收入、押金、土地出让金、国有资本经营收入、国有资源转让收入、各类基金等。这些资金虽然大部分已经纳入了"收支两条线"管理，但总的来讲，其"部门"特色是客观存在的。根据十八届三中全会《关于全面课化改革若干重大问题的决定》（以下简称《决定》）精神和新修订的《预算法》，未来财政将设立"四本预算"，即一般公共预算、社会保障预算、国有资本经营预算和政府性基金预算，绝大部分现在由部门掌握的收入都将陆续纳入预算管理，即使不在这四本预算之内的一些特殊收入——如住房公积金——也将逐渐走向管理规范化和信息公开化。更重要的是，这些资金将与相应的执收执罚部门完全脱离联系，各部门不可能继续保有对这些资金的实际支配权，所需要支出缺口将转由公共财政体系提供。

2. 编制中长期预算将成为常态，部门工作计划性大大提升

过去和当前，我国预算管理执行的是"一年预算、预算一年"。这种管理方式不仅给年终突击花钱提供了口实，而且不利于各部门制定、实施中长期工作计划和政策目标，影响了政府部门的工作绩效。对此，《决定》提出要建立跨年度中期预算，在财政部门的大力推动下，中期预算要于2015年进入实施阶段。这意味着，今后各部门要制定至少3年期的计划与政策，并合理分解到各个年度，进而据此向财政部门提出预算申请。这对各个部门的工作方式、工作安排、资金使用管理方将产生重大影响，促使各部门加强相关政策研究、趋势预测，进一步提高工作的科学性与计划性。

3. 绩效预算从局部走向全面，财政审计与问责从弱到强

跨年度预算管理之下，必然会同时赋予各部门一定的资金调剂权，在满足一定的条件下，"打酱油的钱可以用于打醋"。但与此同时，绩效预算将从局部走向全面。一方面，所有的项目资金都将纳入绩效管理；另一方面，绩效管理的主体将由财政部门更多地转向各部门自身，后者要提出本部门的绩效管理目标、实施

路径以及绩效评估的具体方法等，管理责任较以往有所加重。另外，绩效结果将在更大范围内使用，比如与下一周期的预算申请相联动，不排除在某种时期会向社会公开各政府部门的绩效信息。根据日前国务院批转的财政部《权责发生制政府综合财务报告制度改革方案》的要求，以后各部门每年都要向财政部门提交财务报告，并接受审计、公开信息并对不良管理承担责任，审计部门也已调整了内设机构以应对未来加大财政审计的需要。因此，未来一个时期，各部门将面临经常性、严格的财政审计，对审计中发现的违纪、违法问题，也很难止于现在的"点到即止"，财政问责系列制度将陆续走上前台。

4. 税收增长有所放缓，但不会出现"断崖式"下降

随着我国经济进入新常态，税收的增长速度将有所下降，以往那种每年 10%~20% 的高增长将成为过去式。但是，综合考虑我国经济的成长韧性与税收征管方面的巨大空间，税收收入并不会出现"断崖式"下降，5%~8% 的年增长率仍然是可以预期的。随着对各类费与基金的清理归并，税收收入在地方政府收入结构中的比重将明显上升。

5. 税收制度将进行结构性调整，间接税下降，直接税上升

新一轮财税改革下，税收方面的重大变化将主要出现在税制结构性调整上。调整的方向有两个，一是降低间接税比重、增加直接税比重，二是将主要从生产经营等"前端"环节征税转向收入、消费、财富等"后端"环节征收。具体而言，"营改增"将于 2015 年全面完成，此后营业税将彻底退出历史舞台，有"中性税""良税"之称的增值税将承担扛鼎重任。消费税将进行重大调整，除了征收范围之外，征收环节将由生产、进口改为零售环节征收。致力于保护生态、促进节能减排的环境税将于 2017 年出台。如果立法进展顺利，房地产税将在 2017 年面世。个人所得税将进一步改革，但绝不会再走提高起征点的路子，而是向"广覆盖""较低税率"和"以家庭为计征单位"的方向变化。遗产与赠与税一直不受待见，但综合各方面的情况看，来到世间只是时间与方式问题。

6. 税收管理将更加重视个人，税收优惠受到严格管控

长期以来，我国的税收征管制度主要是针对企事业单位的，对于个人的税收管理很弱。根据已经修订的《税收征管法》，未来对于个人的税收征管将从小到大、从弱到强逐渐展开。个人将有终身税号，所有的收入与纳税信息都将在此归集。个人还将形成完整的纳税记录，并成为个人信用体系的一个组成部分。个人

自主申报将成为税务管理的常态，税务机关每年进行一定比率的抽查，对于违规者进行重罚。2014 年 12 月，国务院发布了《关于清理税收等优惠政策的通知》，未来各地区一律不得自行制定税收优惠政策；未经国务院批准，各部门一律不得规定具体的税收优惠政策，因此今后税收优惠将不再会是各地用来招商引资、发展经济的主要工具。针对社会上"减税"的强烈呼求，要看到问题的主要症结在于政府收入秩序的混乱而不是税真的太重，因此主要从减费、减基金的角度予以回应，以降低企业负担，促进创业创新。

7. 各级政府的事权范围将逐渐清晰，稳定性明显增强

政府间事权的清楚划分、相对稳定是中央与地方政府间财政体制的基石，也是新一轮财税体制改革的"硬骨头"。未来，事权将分为中央事权、地方事权和共同事权三类，宏观调控、国防、安全、生态保护、司法、基本公共服务将主要归中央，地方事权主要集中在本地事务管理与公共服务上，跨区域的事权则归共同事权。在事权的改变上，有两点需要特别指出：一是总体而言，地方政府的事权范围将有所缩小，支出责任有所减轻，相应地，中央的事权范围和支出责任有所扩大；二是相对以往而言，省一级政府的责任将有所加强，省政府要承担起本区域内均衡财力、促进基本公共服务均等化的责任。当然，鉴于我国政府管理的现实情况，政府间事权改革不可能一步到位，应当会先会对各方已取得共识的事权归属进行调整，现在问题不突出、认识不清楚的事权会留待以后慢慢形成共识。新一轮政府间事权调整结果可能会通过某种制度进行确认，但短期内不会上升到法律层次。

8. 分税制仍然是划分各级政府收入的基本制度框架

"分税制是市场经济的奠基性制度"，未来变革将主要发生在如何分税上面。经过改革后的税种将重新在中央与地方政府之间进行划分。具体而言，增值税很可能将全部确定为中央税收，地方政府不再参与分享。消费税将调整为地方税。企业所得税和地方所得税成为主要分享税种，但很可能由"分成"转向"分率"，即中央确定所得税的基本税率，地方政府可在此基础上增加某个比率。资源税、房地产税是典型的地方性税种，也是未来政府最可寄予厚望的创收主力。

9. 转移支付制度将成为分税制的有力支撑

即使分税制调整到位，但任何地区、任何时期，地方政府都不可能达到收入与支出的完全对等，因此需要进一步完善转移支付制度，发挥其对分税制的重要

支撑作用。改革的方向是，一般性转移支付将在"促进基本公共服务均等化"的目标下进行调整，各地获得的一般转移支付金额将趋于标准化、公开化和稳定化，并在地方政府的收入盘子中占据越来越大的比重。专项转移支付仍将存在，但额度将大大缩减，且管理也更趋于规范，"跑部钱进"将得到抑制。省对下的转移支付制度将陆续建立，省级政府的辖区责任将进一步加强，财政体制渐臻合理完善。

10. 财政政策继续积极，PPP 成为主流

财政政策方面，积极财政政策仍将在一个时期内保持且要加大力度，据刚刚结束的全国财政工作会议透露，2015 年财政赤字率将从 2.1% 调高到 2.3% 左右，债务规模温和上升。未来地方政府性债务管理也将出现重大变化，这在近期国务院的 43 号文件中已经说得很清楚，在此不再赘述。与地方政府性债务管理破冰同步的是，未来地方政府仍将进行大规模的基础设施、市政设施建设，所需的资金部分依赖债务，但大部分将转向 PPP 模式，即通过政府与社会资本合作来实现，由此将对地方政府的法律意识、管理模式、行为方式产生重大影响。

总之，财政是国家治理的基础和重要支柱，担负着促进宏观经济稳定、调节收入分配、保证社会稳定等方面的重要职责。在我国从经济大国走向经济强国的过程中，必须发挥财政制度对于经济发展、政府管理、社会稳定等方面的重要作用，一方面要学习、借鉴市场经济国家成熟的经验与做法，另一方面也要随着我国自己社会经济形势的需要不断进行适应性调整。只有不断地将改革深入进行下去，通过一二十年的不懈努力，建立起一套既有我国特色也符合市场经济规律的现代财政制度，才能适应我国从经济大国迈向经济强国的需要，才能完成"双百"目标，实现中华民族的伟大复兴。

下 篇

国际经验比较与借鉴

第十四章　第二次世界大战后德国经济转型的经验与借鉴意义

2008 年世界金融危机和欧债危机爆发以来，德国经济的不俗表现引人注目。第二次世界大战结束至今，除少数年份外，德国经济一直保持稳健发展，同时物价稳定、劳资关系和谐、收入平等、地区间发展平衡等，始终是世界发达经济体的一个典型代表。探究德国第二次世界大战后经济转型发展的历程和经验，对于推动经济顺利实现转型升级，推进我国经济持续健康发展，有着非常重要的借鉴意义。

一、第二次世界大战后德国的经济转型

第二次世界大战后，德国在经济体制方面有两次转型。在经济发展战略方面有三次转型。当前，面临世界金融危机、欧债危机的挑战，为了在新的工业革命中赢得先机，探寻新的经济发展引擎，德国实施了工业 4.0 计划。

（一）经济体制上的两次转型

1. 第一次经济转型（1945 年~20 世纪 70 年代末）

第二次世界大战后，德国（联邦）从战争废墟中迅速恢复过来，并建立和巩固了"社会市场经济"的德国模式。

社会市场经济模式也被称为莱茵模式，这种模式的重点在于"为了全体国民的富裕，不能让富人变穷，而是让穷人变富！"将市场竞争和社会利益均衡相结合，确保市场的自由竞争以及市场的有序发展，协调个人进取心与社会的进步，

以贯彻国民福利制为基础的市场经济体制。简单来说，德国模式主要有三点，即市场经济、国民福利和宏观调控。市场经济是基础，国民福利是发展的目的，而政府的宏观调控则是确保市场经济活力和国民福利的手段。第二次世界大战后，为了充分发挥市场机制的活力，在第一届政府出现之前，当时德国（联邦）经济管理的最高机构"法兰克福经济顾问团"就明确了经济发展的方针：大幅弱化政府干预，极力激发市场活力。1949 年第一届政府产生后，艾哈德出任经济部长，延续了顾问团的方针，进一步明确当时的总体方针是：取消战后占领当局实施的配给制，减少经济管制，最大可能地使市场自由化。垄断是自由竞争的对立物，为了鼓励国内市场竞争，德国政府努力反对垄断，并建立了负责反对垄断的卡特尔局。同时，建立专门的政府机构对市场进行监督，尽可能地保持各企业之间的竞争，防止垄断的产生。在努力激活市场活力的同时，政府不断加强社会建设，提高国民福利待遇。战后，德国政府先后出台了一系列保障国民福利的法律，比如 1949 年的《社会保障均衡法》《应急救助法》，1950 年的《第一套住宅建设资助法》《家庭手工作业者援助法》和《联邦生活救济法》，1952 年的《员工参与和解雇保护法》《保护母亲法》和《最低限工作条件认定法》，1954 年的《养育儿童资助法》，1969 年的《劳动促进法》，1983 年的《文艺工作者社会保险法》，1988 年的《健康改革法》，1989 年的《1992 年养老金改革法》等。众多旨在保障国民权利、福利法律的出台，确保了劳动者合法权益，均衡了社会矛盾，弱化了劳资冲突，对德国经济的持续健康发展起到了保护作用。社会市场经济体制的确立，为德国的发展找到一条既不同于美国、英国的市场经济模式，又不同于苏联、东欧社会主义国家计划经济的发展道路，既保持了德国经济发展的活力，又避免了贫富差距悬殊、劳资矛盾过大的问题，为德国战后 70 多年的繁荣、稳定奠定了坚实的基础。

2. 第二次经济转型（20 世纪 90 年代初期）

1990 年 10 月 3 日《统一条约》正式生效后，两德实现了统一。为了有效融合两德经济，东德的计划经济体制开始全方位向社会市场经济体制转型。

1990 年两德统一时，东德、西德经济发展存在较大的差距。1990 年东德的GDP 只有 2443 亿西德马克，而西德高达 25200 亿西德马克，在生产技术方面的差距则更大。当时，西德经济保持着较强的发展趋势，而东德经济却步履艰辛，大批人员失业，就业形势十分严峻。当时，东德的计划经济体制和西德的社会市场经济体制差异很大，统一后，西德的社会市场经济体制成为东德的转型目标。因此，从统一那一刻起，西德的社会市场经济体制被全部移植到东部（东德），包括建立货币联盟、经济联盟、社会联盟和统一财政与法律制度等。政府专门组建公法机构托管局以改造东部企业，除保留少数对经济发展影响较大的大型核心企业外，经济效益较差的近 4000 家企业被关闭，剩余的企业全部私有化，或退还原资产所有者，或公开出售。同时，启动投资动力，以平均每年约 1500 亿马克的力度向东部地区注入资金，采取一系列措施，努力降低投资成本，改善企业财务状况。同时，采取多种措施鼓励私人资本到东部地区投资。在政府的大力支持下，东部地区经济转型顺利，在统一后的近十年内，东部地区保持了较快的发展速度。到 20 世纪末，东德经济转型完成，两德经济基本实现完全融合。

（二）经济发展战略的三次转型

1. 第一次转型（1945~1970 年）

本次转型主要是从粗放型向集约型增长方式转型。在 20 世纪 60 年代中后期，德国经济增长方式实现了突破性的跨越，增长越来越表现为资本和技术密集型。

战后，德国在一片废墟上开始了其战后的经济恢复、起飞。在马歇尔计划的扶持下，德国（联邦）得到了大量的扶持资金，为德国经济解决了启动资金难题。1950 年朝鲜战争爆发，为德国提供了重要的机会。一方面，美国和其他联盟国家需要西德参加欧洲防务，美国修改了对德国工业和技术的限制政策；另一方面，也刺激了德国的出口需求。此外，德法关系的和解与欧洲一体化的发展，为德国提供了良好的周边环境和广阔的市场。在上述诸因素的合力下，德国开始高速发展，1950~1970 年，德国的经济年平均增长速度接近 7%。在实现经济奇迹的同时，经济增长方式也实现了跨越，增长方式实现了向资本和技术密集型产业的转变。三产结构比重顺序从二三一变为三二一，第二产业中，技术含量和集约化程度高的电子、化工等部门在 GDP 中的排名分别得到攀升。汽车则上升到了首位，较为粗放生产的钢铁和采煤的排名则大幅下跌。

2. 第二次转型（20 世纪 90 年代中期）

本次转型主要从以传统工业生产为主导向以计算机、信息技术等新经济产业为核心转型。

20 世纪 90 年代前后，美国的信息技术、微电子技术和集成电路技术迅猛发展，特别是 1993 年克林顿总统正式推出"国家信息基础设施"工程计划后，美国微软等新兴产业公司迅速崛起，大幅领先于以传统工业生产为主导的德国。为了缩小同美国等信息技术发达国家的差距，德国开始重视计算机、信息技术等新兴产业的发展，实施快速赶超战略。1990~1994 年，德国政府几大与信息技术相关的部门对信息技术领域的投资年均增长高达 800%多，大大提升了德国的信息技术实力。到 20 世纪末德国有近两千万计算机用户，25%以上的人拥有个人电脑。到 21 世纪初，德国的互联网及电子商务发展在欧洲遥遥领先，欧盟 10 个重点高科技地区有 6 个在德国。

3. 第三次转型（21 世纪初至今）

为了应对能源、资源约束和世界环境恶化的挑战，德国经济发展开始向循环经济、绿色经济转型。

德国地处欧洲中部，面积与中国云南省接近，能源、资源严重匮乏，严重依赖进口。作为一个工业化高度发达的外向型经济大国，随着经济的不断发展，资源消耗量大、自身能源和资源不足等问题日渐突出，这严重制约了德国经济社会的发展。为了减少对国外能源、资源的依赖，提高经济可持续发展能力。同时，为了应对全球气候变暖等环境恶化带来的影响，德国工业开始走上绿色发展的道路，将重点放在可再生能源领域和新能源发展领域，主要包括风能、生物质能、地热能和太阳能等。

（三）寻求新动力引擎——工业 4.0 计划

当前，信息通信、新能源、新材料、生物等领域的多点突破，机器人技术、人工智能、3D 打印和新型材料等技术的迅速发展，正孕育和催生新一轮科技和产业变革。为了积极应对新科技产业革命，在国际竞争中赢得主动权，美国、日本、中国等发达或新兴经济体纷纷把重振制造业作为近年来最优先的战略议程。美国 2009 年 12 月公布了《重振美国制造业框架》，2012 年 2 月启动了《先进制造业国家战略计划》，鼓励制造企业重返美国。中国也发布了《中国制造 2025》，旨在提高制造业水平，同时提出了"互联网+"战略。为应对新的挑战，在未来国际竞争中赢得主动权，寻找未来经济发展新引擎，德国提出了工业 4.0 计划，开始新的转型升级发展。

与美国流行的第三次工业革命的说法不同，德国将制造业领域技术的渐进性进一步描述为工业革命的四个阶段，即工业 4.0 的进化历程。"工业 1.0"即 18 世纪 60 年代起的以蒸汽动力为主的第一次工业革命；"工业 2.0"为 19 世纪后半期至 20 世纪初以电气为主的第二次工业革命；"工业 3.0"为 20 世纪 70 年代至今的以信息技术为主的第三次工业革命；"工业 4.0"是德国认为未来十年内将产生的第四次工业革命。"工业 4.0"为我们展现了一幅全新的工业蓝图：在一个"智能、网络化的世界"里，物联网和务联网（服务互联网技术）将渗透到所有的关键领域，创造新价值的过程逐步发生改变，产业链分工将重组，传统的行业界限将消失，并会产生各种新的活动领域和合作形式。

二、德国经济转型的主要做法和经验

了解德国经济转型的历史，我们可以发现德国经济转型既有来自外部冲击造成的被动转型，也有自身经验总结、探索未来发展之路的主动转型。总结其转型经验，我们不难发现既有其长期坚持的因素，也有应对世界变革做出的应变之策。

（一）社会市场经济模式是德国经济转型的基石

战后，德国选择并确立了社会市场经济体制。社会市场经济理论认为资本主义经济发展问题的症结是市场缺乏秩序，市场的失灵是缺乏秩序造成的。但社会市场经济理论不否认市场经济，强调自由竞争是经济发展的基础，国家来维护秩序，进行适当调节，并以社会安全为保障。社会市场经济抛弃了对自由市场经济的放任，在一定程度上驯化了资本主义，给野蛮的资本主义"戴上笼头"。同时，通过国家干预和福利国家建设抑制了市场经济优胜劣汰的消极后果，抑制了社会的贫富分化。社会市场经济体制着力构建完善的社会保障体系。政府不仅在撮合劳资双方有关工资谈判中居中协调，更是通过其在社会保障体制完善和改造中积极参与，营造适宜环境。1957 年德国养老金实行了和生活水平及物价挂钩的指数化改革，确立了现收现付的筹资机制。德国社会保障体系完善，保障项目繁多，在 20 世纪 70 年代后期，德国的社会福利开支相当于国民生产总值的 30%，这是其他国家所无法比拟的。完善的社会保障体系，充分保障了德国劳动者的生活水平，为德国战后长期的社会稳定奠定了基础，为历次经济转型提供了稳定的发展环境。德国人认为，他们的社会市场经济模式是对资本主义文明的重大贡献。这种经济模式的确立，奠定了战后德国历次经济发展转型的制度基础，既为经济发展转型提供了市场经济的活力，又大大缓解了资本主义社会固有的劳资矛盾严重、收入差距过大等问题。

（二）重视科技创新为德国经济转型提供了技术支撑

战后德国依靠科技创新顺利实现多次转型。20 世纪 60 年代以后，德国的科研投入和科研人员迅速增加，全国研究和发展支出费用占国民生产总值的比重由 1962 年的 1.2%，迅速增加到 1970 年的 2.1% 和 1985 年的 2.8%。1962 年德国专门设立"科学研究部"，用来加强对科研的集中领导并协调政府和各州政府之间的科研规划。据经济学家丹尼森的测算，1950~1962 年德国科技进步对经济增长的贡献为 55.66%；根据世界银行《1991 年世界发展报告》，1960~1985 年的贡献为 87%。科技创新能力的增强为德国 20 世纪 50~80 年代由粗放型向集约型经济增长方式转变提供了重要支撑。科技创新能力保证了德国产品的质量，使德国产品长期占据世界中高端产品市场。同时，高质量也保证了德国产品的高利润，经受得住市场上的价格冲击，从而在激烈的商品竞争中立于不败之地。

（三）重视教育为德国经济转型提供了人才保障

德国能够顺利实现经济体制和经济发展方式的转型，拥有众多高质量的人才是根本因素。为了培养高素质的劳动力队伍，德国建立了全面综合的教育培训机制。首先，提倡终身学习。德国历来重视教育，国家、党派基金会、教会、行会和企业及私人都积极参与和投资教育。教育几乎覆盖了每个公民的一生。从学前教育一直到老年大学。适宜于各个层次和各个年龄段的各种需求。其次，德国实行教学与实践相结合的培训和教育体系。与其他国家一样，德国也有高中、大学等教育体制，但德国注重人才的定向培养，中学就分成三种班，向学术、管理和技术三个不同方向发展。其中，双轨制职业教育是德国经济后来居上的"秘密武器"。在高中阶段，约有 70% 的学生在中学毕业后参加双轨制职业教育。德国的双轨制教育由企业和职校合作进行，学生在职校接受相关职业理论和普通学习的同时，在相关企业作为学徒进行实用职业技术实习。这大大缩短了学生从学校到就业的距离，为德国经济提供了大量懂技术，能动手的熟练合格的技术工人。除了重视学生的在校培训外，德国也高度重视社会成员和在职人员的职业培训。社会、在职人员的培训由政府与企业共同完成，德国开办了大量职业培训学校，社会、在职人员一周可以有 2~3 天的时间在职业培训学校接受培训，其余时间可以在企业边干边学。这一模式很好地将学用结合了起来，培训有的放矢，在德国取得较大成功。大量高素质人才的存在，解决了经济发展在转型、结构调整、产业升级时期可能导致新产业、新行业中人才缺乏问题，避免了经济在转型期间的动荡。

（四）强大的宏观调控能力使德国经济能够及时转型

社会市场经济模式强调政府的调控能力，政府在确保市场秩序的同时，要能够应对各种冲击，及时调整国家战略，适时进行经济发展转型。德国两次经济体制转型都是在政府主导下完成的。"二战"后，德国政府主动选择了社会市场经济模式，历史证明这种选择是恰当的。东德地区的经济体制转型同样也是在政府主导下完成的。20 世纪 50~70 年代，德国政府不断加大对教育、科技创新等方面的投入，加大对汽车、电子等资本、技术密集型产业的投入，使汽车、电子等行业在 GDP 中的地位不断攀升，顺利实现经济由粗放型向集约型转型。90 年代，面对美国信息技术等新科技带来的冲击，德国及时调整产业重点，迅速推进以信息技术和生物技术为代表的新经济产业的兴起。21 世纪初以来，扩大利用可再生能源，发展企业化可持续农业，开发"无污染"技术等。当前，又提出了工业4.0 计划，提早布局未来科技发展。德国政府强大的宏观调控能力，使德国能够比较准确地把握时代变动的"脉搏"，适时推动经济转型发展。即使有时未能准确判断经济、产业未来的发展方向、领域，一旦认识到就能够及时得到调整，并迅速赶上。

（五）实体经济始终是德国经济转型发展的努力方向

除了两次经济体制转型外，德国历次经济发展战略转型都牢牢紧盯实体经济，以促进经济实体发展为主要目标。西方发达国家进入以服务业主导的后工业社会以后，金融等现代服务业在经济发展中占据十分重要的地位，许多国家会高度重视资本市场，重点促进金融等行业的发展，而会忽略制造业的发展。但德国是个例外，发展到今天，德国的制造业依然占有十分重要的地位。当前，以汽车、机械、化工和电气为代表的四大支柱产业占德国全部制造业产值的40%以上，将近占全德出口比重的一半，占国内生产总值的比重超过20%。德国在几次经济转型中都牢牢紧盯实体经济，比如，由粗放型向集约型发展方式转型时，紧盯汽车、机械、电气等行业；在发展新经济时，确立了计算机、信息技术、航空等产业；在21世纪之初，又把新能源等作为发展目标。

三、德国经济转型的借鉴意义

我国的经济发展转型与德国的经济转型有一定的相似之处。从经济体制转型看，中国在改革开放后完成了由计划经济体制向市场经济体制的转型，类似于东德20世纪90年代的情况。而中国对中国特色社会主义道路模式的探索，类似于西德在战后确立社会市场经济模式时的情况。在具体经济发展战略转型上，也有不少相似之处。学习借鉴德国经验，对顺利推进我国经济转型升级具有较强的现实意义。

（一）坚持探索适合中国国情的经济发展转型之路

德国社会市场经济体制转型的成功，启示我们，在经济体制改革和经济转型发展上，要立足于本国国情，探索适合自己的发展道路。改革开放近40年来，中国发展取得了巨大的成就，但对于成功的原因，目前世界上尚没有达成有说服力的共识。一方面，可能是因为部分国外学者对我国经济发展的历程，经济体制、发展战略转型的过程不熟悉，对我们的体制不了解，或者是不太愿意承认我国经济体制的优势。另一方面，也可能是因为我们对自己的发展缺乏理论总结和升华，没有形成系统的理论体系。当前，中国经济已进入新常态，中国改革已进入全面深化时期，在全面深化改革中，我们一定要坚持探索适合中国国情的经济发展之路。一方面，要坚持发展中国经济学理论，总结中国发展的经验、教训，探寻中国经济发展的特点、道路。另一方面，在完善社会主义市场经济体制的过程中，我们要把市场经济的根本原则与中国的历史、文化、人口、资源和政治制度结合起来，在实践中摸索出适合中国国情的、中国化的发展模式。

（二）要发挥好市场和政府两只手的作用

德国经济保持活力，及时实现转型的重要经验在于对市场机制和宏观调控都高度重视。中共十八届三中全会指出，要使市场在资源配置中起决定性作用和更好地发挥政府作用。中国经济顺利实现转型升级，必须发挥好市场和政府这两只手的作用。要使市场在资源配置中起决定性作用，就必须尊重市场规律。当前，我国社会主义市场经济体制已经初步建立，但仍存在不少问题，影响了经济发展活力和资源配置效率。我们必须不失时机地加大改革力度，推动资源配置依据市场规则、市场价格、市场竞争，切实转变经济发展方式，努力实现资源配置效率最优化和效益最大化。同时，全面实行科学管理，更好地发挥政府作用。要善于底线思维，注重宏观思考，深入研究全局性、战略性、前瞻性的重大举措和问题。特别是提供更多优质公共服务，通过保障和改善民生，使广大群众共享改革发展成果，促进共同富裕。

（三）坚定不移地走科教兴国之路

创新是一个民族的灵魂，德国经济优势和竞争力的一个重要来源是其强大的科技创新能力。推动中国经济转型升级，必须坚定不移地走创新驱动、科技兴国之路。要极力营造激励创新的公平竞争环境。实行严格的知识产权保护制度，打破制约创新的行业垄断和市场分割，改进新技术新产品新商业模式的准入管理，健全产业技术政策和管理制度。要加强对科技创新的资金投入，加大国家财政对科技创新的投入，加强金融、资本市场对创新的资助，壮大创业投资规模。要构建更加高效的科研体系，发挥科学技术研究对创新驱动的引领和支撑作用，加大对科研工作的绩效激励力度，改革高等学校和科研院所科研评价制度，深化转制科研院所改革。

（四）要大力加强人才队伍建设

独具特色的人才教育培训机制，为德国培养了大量各种层次的人才。推动中国经济转型升级，必须创新教育培训方式，培养大量学以致用的各种层次的人才。一是要创新教育培训方式，构建终身教育体系。要以社会需求为导向，大力推进教育创新，提高教育质量和管理水平。加强高等教育与经济社会的紧密结合，建立教育培养与人才需求结构相适应的有效机制。鼓励人们通过多种形式和渠道参与终身学习。二是要加快构建现代职业培训体系，培养大量实用性人才。要巩固提高中等职业教育发展水平，创新发展高等职业教育，建立以职业需求为导向、以实践能力培养为重点、以产学结合为途径的专业学位研究生培养模式。引导普通本科高等学校转型发展，向应用技术类型高等学校转型。完善职业教育人才多样化成长渠道，积极发展多种形式的继续教育，利用职业院校资源广泛开展职工教育培训。

（五）加大对实体经济发展的支持

经济发展转型的主体是实体经济，德国在经济转型中紧紧盯住相关产业，不断促进产业结构升级，在世界竞争中占据优势地位。实体经济在我国同样占据重要地位，要通过解决实体经济发展困难，推动中国实体经济转型升级，使中国制造迈向中高端。要深入推进制造业结构调整，推动传统产业向中高端迈进。要利用当前国际市场仍处于低迷状态的倒逼机制，促使企业抓紧淘汰落后产能。要采取更加有利于促进传统产业转型升级和创新发展的政策措施，引导企业调整发展战略，创新管理模式。要利用"互联网+"促进传统产业转型升级。要着眼长远，大力推动重点领域突破发展，发展大国制造业。要瞄准新一代信息技术、高端装备、新材料、生物医药等战略重点，引导社会各类资源集聚，推动优势和战略产业快速发展。同时，开发一批标志性、带动性强的重点产品和重大装备，提高创新发展能力和国际竞争力，抢占竞争制高点，在新一轮科技革命和产业变革中占领制高点，掌握主动权。

第十五章　第二次世界大战后日本经济转型的经验与借鉴意义

在经济发展过程中，日本历史上曾经遇到过中国经济转型中的类似问题。中国与日本有相近的文化背景，研究日本经济转型升级的发展历程，对于中国经济转型升级有深刻的借鉴意义。

一、日本四次经济转型动力机制

日本在战后初期满目疮痍的情况下，通过经济转型与深入改革，经济很快地得到了恢复，打下了后来的经济高速发展的基础。

战后30年，日本共完成了四次经济转型。

1. 1945~1955年是日本第一次经济转型

这次转型主要是从"进口导向→出口导向"转型，主要动力来自于外需拉动，即朝鲜战争因素。

第二次世界大战摧毁了日本近一半的财富，日本国内的经济处于崩溃的边缘。战后日本的复兴之路是极其艰难、悲惨的。1950年朝鲜战争爆发，朝鲜战争产生的巨大外需，为日本经济的恢复打下了基础。当时日本提出"出口第一"的口号。由于日本离韩国最近，"联合国军"在旷日持久的战争中所需的大量物资，大多来自日本的供给。朝鲜战争使日本成为美国军需物资供应地，给日本带来20万人的就业机会。在朝鲜战争中，日本实施"外向型经济"。在产业结构上，重点发展"劳动密集型"产业。通过战争的外需拉动，日本经济迅速地出现了"双景气"现象。一是消费景气。随着收入的增加，人们生活稳定，消费自然增加。除了像以前一样对生活必需品的需求以外，随着人们的消费水平的提高，对消费品的需求也不断提高，这反过来又刺激了生产的发展，形成消费景气。日本在1952年达到了消费景气的高峰。1953年平均每人的消费超过了战前的水平。二是投资景气。随着1952年迎来的消费景气，越来越多的财富被积累，1953年出现了"投资景气"。由于军备急需的特点，日本产品价格高于世界市场，价格缺乏竞争力。朝鲜战争后，日本意识到自身的技术落后，生产成本高，劳动生产率必然低。于是日本开始从其他发达国家引进先进设备与先进技术，大大降低了生产成本，大幅度提高了劳动生产率。煤炭、钢铁、电力等产业积累了大量资本，有了资本就可以进行自身的设备和技术改革。与此同时，政府也增加了公共投资。这些导致了"投资景气"的出现。投资景气不仅使很多产品成本降低，还形成了日本式的技术引进模式，促进了日本科技的进步。

2. 1955~1972年是日本经济第二次转型

这次转型主要是从"出口导向→消费主导"转型，动力因素源于"国民收入倍增计划"。

在经历了一段高速发展后，日本陷入了"两低一高"（低福利、低产业构成和高外贸依存度）的困境。1960年首相池田内阁刚刚上任，如何处理有限市场与过剩产能的矛盾，在全国展开了"日本经济还能否继续增长"的大讨论。当时经济学家下村治认为，如果实施"国民收入倍增计划"，日本经济可以进一步高速增长。池田内阁采纳了他的建议，宣布实施该计划。日本"国民收入倍增计划"的主要内容有：从1961年至1970年，以10年的时间，实现"高速增长、提高生活水平、完全就业"目标；10年后实现国民生产总值及人均国民收入增长1倍以上。提出从五个方面进行结构调整：一是引导产业结构高级化；二是充实社会资本；三是促进贸易和国际经济合作；四是缓和双重结构和确保社会稳定；五是提高人的能力和振兴科学技术。该计划实施后，日本经济一直保持着很高的发展速度。当企业与劳动者（同时也是消费者）进入良性循环时，社会的生产潜力与需求潜力被极大限度地释放出来，最终推动了GDP的快速增长。实现了个人（收入提高、生活条件改善）、企业（盈利增加、规模扩大）、国家（GDP增速上升、税收增加）的三赢。1956~1973年日本工业生产年平均增长率达13.6%，随着该计划的提前完成，1968年日本成为仅次于美国的全球第二大经济体，一跃进入发达国家行列；而中等收入群体也大幅增加，形成了理想的橄榄形社会结构，被西方学者认为，在资本主义经济发展史上，日本创造了奇迹。

3. 1973~1985 年是第三次经济转型

此阶段，日本实施"技术立国"和"质量立国"战略，从"劳动和资本密集型→技术和知识密集型"转型，这次转型的动力主要源于世界经济危机和世界石油危机的冲击。

经济经历了高速增长后，日本逐步进入平稳发展阶段。从 20 世纪 70 年代开始，全球范围内发生了影响日本经济发展的一系列大事：一是两次国际石油危机。第四次中东战争于 1973 年 10 月爆发，战争引发了第一次国际石油危机。1978 年下半年再次爆发石油危机。二是两次世界经济危机。1973~1975 年，战后最严重的经济危机在西方国家普遍爆发。1979~1982 年，西方国家再次爆发经济危机。两次石油危机和两次经济危机交织迸发，暴露了日本过度依靠世界市场和国外能源资源的脆弱性，日本意识到转型的必要性，调整产业结构，决定转变发展方式，向节能环保、技术密集型以及高附加值型生产方式转变。于是，日本提出实行"技术立国"的发展战略，发布了《70 年代展望》，把"知识密集型产业"作为主导型产业（如宇航、电子计算机等）。日本意识到只有发展"知识密集型产业"才能摆脱资源和能源的约束，因为这些尖端技术领域具有附加值高、能耗低的特点。经历了全面去产能化的过程，在经济政策上，坚持"科技立国"，加大科研投入；同时鼓励企业"走出去"，通过资本输出转移碳排放，把那些高耗能、高污染的产能转移到发展中国家去。经过结构调整，日本经济实现了转型：一是产业结构从"重大厚长"向"短小轻薄"转型，如以制造业为主的第二产业在 GDP 中占比下降，以服务业为主的第三产业占比上升；制造业内部结构也得到了大大调整，这主要表现在钢铁、化工等"劳动和资源密集型"的传统工业比重下降，通用机械、电气机械、精密仪器等"技术密集型"的新兴工业比重不断上升。二是经济结构上投资与消费的关系得到了调整，固定资产投资在 GDP 中的比重呈逐年下降态势，消费在 GDP 中的比重却逐步上升。

4. 1985 年至 21 世纪初是日本第四次经济转型

此阶段，日本实施"IT 立国"战略，经济开始转向内需主导型，这次转型来自"广场协议"后日元升值的压力。

"广场协议"后，在西方压力下，日元快速上升，在不到 6 年的时间里升值了 4 倍。迫于日元升值的压力，日本一方面进行产业结构升级，另一方面进行海外扩张。其中，产业结构调整的方向是以文化产业和信息产业为主导的。

在文化产业方面，1995 年日本文化厅出台了《21 世纪文化立国方案》，确立了"文化立国"战略。大力投资文化产业的新技术和新产品研发。一方面，大力开发硬件产品，如 CD、随身听等娱乐设备，这些硬件产品为日本软件产品在世界流行打通了道路，成为文化资源大国；另一方面，通过不同文化产业间相互融合，他们在文化产业上积极寻找世界性元素，成功地打造了"日本文化魅力"，深得消费者的喜爱，这也是为什么游戏产业一直流行海外的重要原因。

在信息产业方面，2001 年 1 月日本政府颁布了《IT 基本法》，成立了"IT 战略本部"、制定了《e-Japan 战略》，提出五年内把日本建设成为"世界上最先进的 IT 国家"。经过 5 年的努力，日本信息通信的基础设施、技术水平达到了世界一流水平。20 世纪 90 年代中期，信息产业成为支撑日本经济发展的第一大产业部门。日本信息化发展迅速，改变了信息化相对落后的状态，尤其是宽带网的速度堪称世界最快。事实证明，信息技术产业的发展带来了日本经济复苏。信息产业的迅速发展，促进了日本的产业结构调整和经济转型升级。

在海外扩张方面，日本"资本密集型"和"技术密集型"产品出口速度加快。随着索尼、丰田等大企业"走出去"，资源已不再是制约日本经济发展的因素，随着机械、电子设备和化学品在全球销售，日本的海外纯资产也迅速增加，1984~2002 年，日本的海外纯资产增加了 18 倍多。

二、日本经济转型的基本途径及主要经验

日本经济转型并没有遵循经典经济学资源禀赋决定分工路径，而是采取循序渐进的产业政策，在全球价值链中，找到了向全球产业链高端升级的发展路径（郭星，2012）。[①]

---

① 郭星：《日本产业升级及其启示》，《华北金融》2012 年第 4 期。

（一）在内部，产业结构向高度化转型

产业结构呈"高度化"演进，即通过技术创新，产业向高附加值延伸，从而提高劳动生产率。战后日本制造业结构实现了四次转型升级，即从劳动密集→重化工业→高加工度组装工业→技术密集与服务业主导。在第一次转型（劳动密集型）中，日本基于资源禀赋比较优势，重点发展了劳动密集型产业。当时日本纺织业相对欧美国家具有比较优势，于是，日本就将纺织工业作为重点产业加以扶持，在整个制造业占比中纺织工业高达 23.9%。轻纺产品的大量出口不仅赚了大量的外汇，也为重化工业发展获得了资金。在第二次转型（劳动密集→重化工业）中，由于实施"国民收入倍增计划"，随着城市化进程加快，居民收入水平普遍得到了提高，人们对交通、耐用消费品及住房需求增加。市场需求推动产业结构向重化工业方向演进。在第三次转型（重化工业→高加工度组装工业）中，国际石油危机重挫日本重化工业，随着能源、原材料价格暴涨，日本投资驱动力开始下降。此时，在制造业内部，由于机械行业的能源消费相对较低与附加值高的特点，形成比较优势，日本产业向高加工度组装工业转型。在第四次转型（高加工度组装工业→技术密集与服务业主导）中，"广场协议"后，日元升值，再加上日本劳动力成本大幅提升，出口产品的成本优势逐渐消失。为了减轻成本压力，日本制造业的低端开始向海外转移，产业链向"微笑曲线"两端延伸，国内主要进行设计研发，组装加工转移到国外。

（二）在外部，与周边国家形成"雁行模式"

第二次世界大战以来，在产业转移方面，日本一直奉行经济学家小岛清（Kojima，1977）的"边际生产转移理论"。该理论认为，发达国家将自己具有"比较劣势"的产业向海外转移，而那些承接转移过来的国家，由于吸收了先进技术，其产业结构也不断得到调整和升级，自身的潜在"比较优势"也因此凸显。因此，发达国家将"边际产业"对外直接投资，对于投资国和接受投资国是"双赢"策略。

从"边际生产转移理论"出发，日本实现了三次产业转移。20 世纪 70 年代初，日本开始第一次产业转移。日本纺织业从 20 世纪 60 年代失去比较优势，开始衰落。产业结构开始向重化工业转变，确立了钢铁、化工、汽车、机械等资本

密集型为主导的产业。为此，从 70 年代开始，日本把纺织业向国外转移，在海外建立生产基地。此时的"亚洲四小龙"，开始走向"出口导向型"发展战略。经过 50 年代的进口替代发展，"亚洲四小龙"劳动密集型产业已形成一定的基础，在劳动力、资本和技术三要素中，"亚洲四小龙"劳动力资源丰富且素质高，而资本和技术却非常短缺。日本对外直接投资，为"亚洲四小龙"带来了资本和技术。于是"亚洲四小龙"成了日本纺织业转移的理想基地。20 世纪 70 年代中期，日本开始第二次产业转移。1973 年 10 月和 1978 年下半年，国际上爆发了两次石油危机，日本在将高耗能、高污染、原料需求量大的产业转移到发展中国家的同时，确立了发展"技术密集型"产业政策。日本的需求与供给，正好与当时"亚洲四小龙"发展重化工业的战略相吻合。"亚洲四小龙"在承接日本转移过来的产能的同时，也实现了自身的产业转型与升级，将自身的部分"劳动密集型"产业转移到东盟其他国家。由此，日本—"亚洲四小龙"—东盟之间，形成了"产业梯次转移结构"。20 世纪 80 年代中期，日本开始第三次产业转移。"广场协议"后，为了减轻日元升值的压力和降低制造业成本，日本开始推行"生产本地化"和"营销本地化"。其一，"生产本地化"。货币升值促使日本寻找降低成本的途径，而促进海外直接投资，实现本地化生产就可以达到这个目的。1986~1990 年，日本制造业海外企业的本土化率从 3.2% 上升至 6.4%。当然，日本绝对不会把关键零部件放到海外生产，关键零部件仍然在本国生产。其二，海外市场"营销本地化"。"广场协议"之前，日本在海外投资主要是"生产型"子公司，而"广场协议"后，日本制造业开始摆脱对商社的依赖，在海外投资主要是"销售型"子公司，建立海外营销网点，自行开展出口业务。日本企业"走出去"很好地解决了日元升值的压力，塑造了"海外日本"，减少了与其他国家的贸易摩擦。日本在海外的纯资产也迅速增加，1986 年达 1804 亿美元，超过号称"食利大国"的英国（1465 亿美元），跃居世界第一。

从地区演进看，日本制造业坚持有序的梯度转移，对外直接投资一直沿着日本→"亚洲四小龙"→东盟国家和中国沿海地区发展。即首先把"比较劣势"的产业转移到"亚洲四小龙"，后者又将其成熟的产业依次转移到东盟诸国。20 世纪 80 年代初，又转移到中国东部沿海地区，形成了以日本为"领头雁"的东亚经济发展模式。其轨迹与大雁飞行相似，称为"雁行模式"。通过三次产业转移，日本与周边国家形成了技术密集型与高附加值产业—资本技术密集型产业—劳动密集型产业的阶梯式分工体系，在全球范围形成了"阶梯形"高度依存的产业链和贸易圈：第一层次是日本，居东亚经济发展的"领头雁"地位。日本拥有先进技术，资金雄厚，工业发达，属于配套完整的"制造工厂型"的发达国家。第二层次是亚洲新兴工业化国家和地区，是东亚经济发展与合作的雁身。这些国家有比较先进的技术，重点发展资本密集型企业。第三层次是东盟各国，在东亚经济发展中充当雁尾的角色。东盟各国拥有资源、劳动力比较优势，重点发展劳动密集型工业，是从农业起步向发展出口型工业方向迈进。第四层次是中国，在东亚地区，中国属于后起的国家，由于拥有低廉的劳动力、丰富的资源、广阔的市场，是日本对外直接投资主要接受国。又由于与东亚经济接轨，成了东亚地区新的经济增长带。

（三）产业结构升级与消费结构升级形成良性互动

日本"国民收入倍增计划"实施后，人们的工资水平大幅度提高，资本的价格相对劳动价格，变得更便宜，这为消费升级打下了物质基础。为了提高劳动生产率，日本加快技术创新，企业加大设备投资，这从供给和需求两方面刺激了经济增长。

与日本生产领域发生的四次转型升级相对应的是，在消费领域出现了四次"消费者革命"。①1956~1970年，日本发生了第一次"消费者革命"，黑白电视机、电冰箱、洗衣机"旧三大件"普及运用，人们生活开始由"合理化→舒适化"发展。消费升级又带动了产业结构的升级，此时，日本的石化、发电、钢铁等迅速发展。②1971~1980年，日本发生了第二次"消费者革命"，彩电（color TV）、空调、（cooler）和汽车（car）"新三大件"迅速普及，"3C"时代到来。消费升级又进一步推动了产业升级，人们对汽车消费需求，家电、钢铁、汽车、石化等产业迅速发展，大大提高了日本钢铁和石化等行业的国际竞争力，世界性巨头企业在国际上开始崛起。③1981年至20世纪90年代，日本发生了第三次"消费者革命"。旅游、保龄球、高尔夫球等休闲产业成为时尚，逐渐降低了对重工业的依赖程度，娱乐和交际费用比重不断增加。日本进入了"大众消费型"社会。④20世纪90年代末至21世纪初，日本发生了第四次"消费者革命"。日本进入了"信息消费型"社会。日本互联网起步早，早在2009年互联网就已经覆盖了日本78%的国民。日本人均GDP的快速增长与"消费型"社会形成的进程几乎同步。四次"消费者革命",避免了收入分配差距扩大这一世界性的难题,"恩格尔系数"不断下降,从此形成了一个稳定的中产阶层。

(四)经济发展向资源集约型和高附加值型转变

面对两次石油危机,日本将压力变为动力,对产业结构进行革命性的转型:其一,向资源集约型方向转型。石油危机以后,日本为了节约资源和能源,减少了那些消耗能源量大的产业,重化学工业比重明显下降,大力发展汽车、机械、电子等产业,汽车行业加强了对节油与低污染发动机的研发。其二,重点发展产业机器人、电子计算机、新金属、集成电路、飞机等研究开发集约产业。其三,大力发展高档家具、电子乐器、电气音响、高级服装等"时兴型"产业。其四,大力开发设计、情报处理、软件服务等"知识型"产业。通过产业升级,日本工业结构由 20 世纪 50~60 年代末的重化工业为主导转向以附加值高、消耗能源少的技术密集型产业为主导的产业结构。1979~1984 年日本制造业效率增长速度领先于美国 2 倍,顺利度过了能源危机和此后日元升值的压力。

三、日本经验对中国经济转型的启示

当前,我国经济发展阶段相当于日本 20 世纪 70 年代的水平。目前,中国也面临产能过剩、能源资源约束的压力。总结日本经验,对我国经济转型升级具有重要的借鉴意义。

(一)我国产业高度化演进要与生产力发展水平多层次的实际相结合

日本经验表明,经济发展的每一次跃迁,都是通过产业结构转化来推动的。从工业化过程的产业结构变化来看,工业化过程沿着以下路径演进:轻工业为主阶段(以劳动密集型为主)→原材料工业发展为中心的重化工业阶段(以资金密集型为重点)→以加工组装工业为主的高加工度阶段(以技术密集型为主)→技术集约为主(在加工组装工业发展的基础上形成)的阶段。中国经济 30 多年的快速增长,得益于全球产业链和价值链的参与。全球价值链的参与使中国经济成功地实现了一次又一次的产业升级。中国的产业结构变化基本上符合产业结构演变规律。20世纪90年代，我国主要是以纺织工业为主的"劳动密集型产业"。90年代中后期的"九五"期间，开始强调依靠技术创新，加大了研发的投入，经过10年的发展，我国产业结构逐步升级，技术密集型产业的比重开始上升，一般加工工业在制造业中的比重开始下降。

经过30多年的发展，我国产业结构的高度化呈以下趋势：从三次产业结构演变看，第二、三产业比重逐步上升，第一产业比重下降。从生产要素密集度变化看，劳动密集型产业呈现出下降的趋势，资本密集型、技术密集型产业呈持续上升趋势。从制造业高附加值结构变化看，我国产业结构从低附加值产业向以重化工、电子通信等高附加值产业为主进行高度化。经过高度化演进，中国成了制造业大国。但还没有成为"制造业强国"时，人口红利出现了拐点，随着劳动力和土地等要素价格的不断上升，中国制造进入了高成本时代。"中等收入陷阱"的产业内涵是，产业结构升级的停滞导致经济增长的停滞。在"劳动密集型"产业的比较优势丧失的同时，"技术密集型"、附加值高的产业又没有发展起来，出现了"高不成、低不就"的产业结构。中国需要重塑在全球产业链和价值链中的地位。

从我国生产力发展水平多层次性的实际出发，产业结构调整与升级，既要不轻言放弃劳动密集型产业，又要在附加值高的技术密集型产业领域大有作为（吕政，2010)，无论是传统产业还是高科技产业，都有"高端"环节和"低端"环节，只有形成"高亦成、低亦就"的产业结构，才能缩小与发达国家之间的差距。

因此，"十三五"期间，我国产业要朝以下几个方向进行高度化演进：

一是实现"链条升级"。为了提高我国利润水平，要增强自主研发能力，要将战略性新兴产业打造成居全球价值链的高端。那些拥有自主知识产权和关键核心技术的产业，如新能源、新材料、信息网络、新一代移动通信、高铁等都要朝这个方向发展。

二是实现"功能升级"。东部地区具有中国特色的产业，要进行本土化创新，面向国内市场，加强对产业链中附加值较高部分的产业研发和品牌运作，全力打造国家价值链（National Value Chains，NVC)。[①]

---

① 国家价值链（National Value Chains，NVC）是基于国内本土市场需求发育而成的，由本土企业掌握产品价值链的核心环节，在本土市场获得品牌和销售终端渠道以及自主研发创新能力的产品链高端竞争力，然后再进入区域或全球市场的价值链分工体系。

三是"承接升级"。中西部地区以劳动力和资源等比较优势为依托，一方面走加工制造路径，以产品方式嵌入全球价值链；另一方面"承接"东部沿海地区价值链和全球价值链。中西部地区要承接好东部沿海地区转型过来的价值链，同时东部地区只有把产业链向中西部欠发达地区进行有效延伸，才能实现价值链在国家内部的延伸。

（二）在全球范围形成产业内的贸易链，在转移过剩产能的同时减少贸易摩擦

中国经济转型，也要以"边际生产成本"为指导思想，转移那些处于边际生产成本恶化的产业。这种以成本为主导的产业转移，客观上要求东道国具有特定的优势：或是有大量的劳动力资源，或是能源资源优势，或是有便利的交通条件，尤其在运输上要与本国距离近。具体来说，可以通过以下几种方式实现：

1. 将产业链的低端转移到周边成本更低的国家

考虑到中国面临资源短缺和劳动力成本提高的压力，中国制造业应该专心做战略决策、技术研发、品控标准、资源整合与金融运作等上游产业，以及和品牌塑造、营销传播和客户服务有关的下游产业。这种以成本为主导的产业转移，客观上要求东道国起码有两个显著优势：一是由于转移的是"劳动密集型"产业，劳动力成本是最关键的制约因素，因此东道国要拥有廉价的劳动力资源，尤其是要有一定初等技术的劳动力资源。二是在产业转移的区位决策中，东道国要拥有便利的交通条件。

2. 通过与国际上有市场需求的国家进行产业合作，转移中国过剩产能

产能过剩是中国经济运行中的难题。2013 年 10 月 15 日，国务院出台了《化解产能过剩政策的指导意见》。20 世纪以来我国已出现过四次产能过剩。政府制定的产能过剩行业数目在逐年增加，从"十一五"期间的 11 个增至"十三五"期间的 19 个。一些行业产能过剩问题日益尖锐。本次化解产能过剩政策主要针对钢铁、水泥、电解铝、船舶制造等行业。产能利用率低，是产能过剩的直接体现。国际上，一般把产能利用率在 79%~83% 的认为是产需合理配比。数据显示，2012 年年底，我国产能利用率水泥为 71.9%、电解铝为 73.7%、钢铁为

72%、平板玻璃为 73.1%、船舶为 75%。[①] 这些产能尽管在国内已过剩,但在有些国家是需要的。澳大利亚正在大力发展光伏产业,但其本土没有光伏生产企业,这是我国光伏产能转移的很好出处。澳洲本土的研发企业与中国光伏生产企业可形成互补,由于是互补关系,中国不会产生欧美那样的"双反"贸易争端。

3. 一些拥有出口免税区的国家是中国出口依赖度较高的产业转移地

目前有三类产品出口依赖度高:第一类是部分劳动密集型制造业,如服装鞋帽和纺织这两个我国传统的劳动密集型制造业的出口依赖度分别达到了 66% 和 45%;第二类是一些电子信息产业,如计算机、通信设备、电子设备制造业、办公用机械制造业等产业的出口依赖度较高,有的高达 65% 和 49%;第三类是化学工业对出口的需求依赖度达到了 40%。这些产品在国内生产消耗的是国内资源,污染的是国内环境,却出口到国外。从资源与环境压力考虑,应该将这类企业转移出去。目前马达加斯加、洪都拉斯、摩洛哥国家拥有出口免税区,是东道国工业发展和吸引投资的重要基地,中国将外贸加工产业转移到这些国家,可以实现互利共赢。一方面,中国将外贸加工产业转移出去,可利用外部资源生产低端产品,以减轻国内环境资源的压力;另一方面,东道国在承接这些产能转移时,不仅能帮助这些国家建立"劳动密集型"产业,提供就业机会,而且还会使其加快工业化进程,完成资本原始积累。

4. 与自贸区国家建立完整的产业链

一是与资源型国家建立互补型产业合作。与资源型国家合作,中国需要从单纯的资源开采向"资源开采—就地加工冶炼"的方式转变。如俄罗斯是能源大国,但缺市场,中国有市场但缺能源,双方在能源合作上具有较大互补性。双方可通过上下游能源一体化合作,共同开发资源、经营共同市场。再如中国与巴基斯坦合作,巴基斯坦比较优势是矿产资源、水果资源非常丰富。中国比较优势是在电子产品、家用电器、机械制造等方面,二者在产品结构上具有很强的互补性。二是与中日韩形成产业互补。在国际市场上,欧美在国际能源资源市场上占据主导地位,掌控着定价权。中日韩三国在能源资源领域具有较强的互补性。中日韩三国都是能源资源进口大国,解决能源资源不足问题,对于三国经济的可持续性发展具有重要的全局意义。中日韩三国既可以探索在传统产业部门能源资源

[①] 国务院:《遏制产能盲目扩张》,《中国联合商报》2013 年 11 月 6 日。

供应的合作方式，又可以探索在新能源汽车、可再生能源、智能电网等领域的合作。三是建立中国—东盟自贸区的产业链。中国在帮助东盟进行"互联互通"基础设施建设的同时，要建立"互利合作"的产业互补链条。

（三）以消费结构升级促进产业结构升级

1. 消费结构升级是产业结构升级的重要力量

20 世纪上半叶，美国经济学家西蒙·库兹涅茨揭示了产业结构变动的总方向，即人均收入的变动→消费结构的变动→导致产业结构的变化。消费结构的变动对产业结构的影响主要体现在两个方面：一是消费总量增长会带动第三产业的发展。根据模型测算，消费增长对产业结构升级的促进作用为消费每增加 100 亿元，能拉动全社会总产出增加 262.4 亿元。二是消费结构的升级为产业结构升级提供了新的市场空间。据测算，增加 100 亿元消费，能拉动第一产业、第二产业和第三产业总产出分别增长 24.68 亿元、143.63 亿元和 94.09 亿元。[①]

我国第三产业发展滞后的主要原因是消费需求不足。统计数据显示，2013年最终消费占 GDP 的比重，美国超过 90%、我国为 49.8%、发展中国家为 62%。[②]中国不仅低于发达国家，而且低于发展中国家。近年来，我国投资增速一直高于消费增速。从产出弹性角度看，第三产业对消费的产出弹性为 0.65，表明消费每增长 1%，能带动第三产业总产出增长 0.65%，远高于第二产业，扩大消费有利于促进产业结构的升级，加快第三产业的增长。在 1990~2001 年，消费结构升级对产业结构改善的促进作用十分明显。这说明，这一期间是我国消费结构升级最快、最明显的阶段。但是 2000 年以来，由于服务性消费所占比重没有明显继续上升，消费结构升级遭遇"瓶颈"，在产业结构上表现为第二产业占 GDP 的比重不断上升，第三产业占 GDP 的比重则长期偏低。正是因为消费结构与产业结构两者之间存在传导关系，可依据居民的消费结构特点合理调整产业结构。

2. 提升中低收入者的消费需求

消费理论表明，不同收入阶层的"边际消费倾向"是不同的，收入水平低的

---

① 陈强、王硕、米建伟：《三大最终需求对我国产业结构的影响分析》，http://www.qiqi8.cn/article/42/191/2012/20120529147019_2.html，2012 年 5 月 29 日。

② 《未来我国居民消费率将至少增长 10%》，新浪财经 2014 年 11 月 4 日。

人群往往"边际消费倾向"较高，收入高的人往往"边际消费倾向"低。只有提高低收入人群的"边际消费倾向"才能刺激有效的需求，这是扩大内需的必备条件。目前我国中低人群收入报酬偏低，抑制了消费者的消费倾向。为此，政府应转变理念，从初次分配和再分配着力，形成有效提高中小企业员工收入的机制，建立扩大中低收入者消费需求的长效机制。通过收入分配的调整，税收上有些转移支付，来提高中低收入阶层的收入水平，如果把低收入人群拉升一个层次到中等收入消费者，整个国家经济社会的基础就拓宽了。

3. 发掘农村的消费潜力

从结构分析，我国最终消费率主要呈现以下两个特点：一是在全社会消费中，居民消费率下降幅度较大，政府消费率相对保持平稳。1978~2013 年，我国政府消费相对稳定，而居民消费率则由 48.8% 降至 36.2%。这表明，改革开放 30 多年来，居民消费一直受到挤压。人均 GDP 超过 8000 美元以后，正处于消费升级的关键节点。"十三五"时期，是中国需求结构发生趋势性变化，消费率由降转升，消费对经济增长拉动作用不断提高的关键时期。二是在居民消费中，农村居民消费率下降，城镇居民消费率相对平稳（见图 15-1）。可见，我国农村居民消费率的持续快速下降，是我国居民消费率乃至最终消费率持续下降的重要原

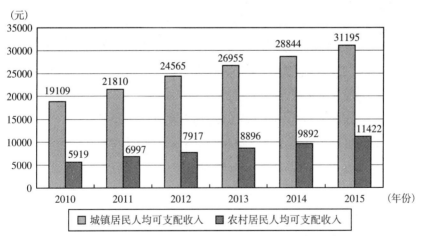

图 15-1　2010~2015 年中国居民人均可支配收入①

① 智研咨询：《2016~2022 年中国居民消费市场供需预测及发展趋势研究报告》，"2016 年中国居民消费水平及城乡居民收入分析"，http://www.chyxx.com/industry/201607/431189.html，2016 年 7 月 18 日。

因。刘易斯二元经济模型指出，只有当城市工业部门扩张到能够完全吸收农村剩余劳动力的时候，农村居民的收入才会增加。可以说，我国农村居民消费水平是制约经济结构优化的"瓶颈"。

（四）发展新的消费热点，通过消费结构升级引发更深层次的产业升级

1. 发展汽车、住房、耐用品等消费热点，增强相关产业的发展活力

随着城镇居民收入水平的不断提高，交通工具的改善成了人们的消费热点。其中，汽车消费取代家电消费开始成为新的消费品。一方面，汽车是资金密集型和技术密集型产业，发展该产业对高科技行业起到较大的推动作用；另一方面，汽车产业链长，能带动钢铁、机械、玻璃、橡胶、电子、石化、维修服务、建筑等相关产业的发展，对经济推动作用是巨大的。城市化的快速推进直接带动了房地产业的发展，人们对住房消费的需求带动了相关产业的发展。住房消费一方面带动房地产市场的发达，另一方面带动装修和家电业的发展。人们对耐用品的需求也加快了相关产业的发展。目前，农村居民生活水平正处于整体上从温饱走向富裕，消费倾向相对较高，随着购买力的上升，会把家庭耐用品的消费方向转向空调、微波炉、家用电脑等。

2. 鼓励医疗保健消费，推动生物医药、保健产业的发展

一方面，居民的医疗模式和健康观念发生改变，药品保健消费市场发展潜力巨大；另一方面，高收入群体对优质医疗服务需求会提高医药市场消费层次，拉动医药领域的高端产品市场。

3. 鼓励信息消费，以带动信息技术等高科技产业的增长

信息消费是居民为满足个人需求而购买的信息产品与服务的最终消费。近年来，我国信息消费每年都保持高速增长的态势。信息消费规模对我国 GDP 贡献日益显著，但我国信息消费还有很大增长空间，同时各类信息消费模式的创新促进市场规模持续快速增长。中国人均信息消费约为 192 美元/年，仅为美国 3400美元/年的 1/18。

4. 鼓励文化消费，推动文化产业的快速发展

文化消费与文化产业密切相关。目前，全球文化产业发展可分为两种模式：一种是英美的市场拉动型模式，这些国家文化产业发展完全依靠市场经济来推

动；另一种是日本的政府推动型模式。目前中国文化产业正经历着与 20 世纪日本相似的发展历程。日本的科技进步是文化发展的创新源泉，我国也可以发展高新科技类的文化产品，借助于科技力量获得新的竞争力。在国际层面，可利用"一带一路"平台拓展海外市场，提升中华民族产业的魅力。

（五）加大环境资源的保护，以环境资源硬约束倒逼经济转型

中国经济崛起以及能成为全球第二大经济体，是由能源资源密集型的重工业和基础建设推动的。《BP 世界能源统计年鉴》显示，中国已成为世界水电第一生产/消费大国；中国继 2010 年第一次超过美国，成为世界第一的一次能源消费大国后，已连续 3 年位居第一；中国仅次于美国，成为全球第二大石油净进口国。中国还是二氧化碳排放第一大国，作为最大的碳排放主体未来压力会越来越大。中国目前所面临的节能减排压力开始倒逼经济转型。

1. 政策层面，主要是从"结构、管理、工程和技术"四个方面进行规划和设计

（1）结构减排。我们应该把解决 PM2.5 作为我们调结构、转方式的一个机遇。在产业结构上，要做好"加减法"。"加"：发展战略性新兴产业→节能环保、新一代信息技术、生物、高端装备制造、新能源、新材料和新能源汽车 7 个产业。"减"：压缩高耗能产业→钢铁、有色、煤炭、电力、石油石化、化工、建材、纺织、造纸等产业。在能源结构上，一方面，在整个能源结构中，要提高清洁能源比重。清洁能源包括水电、风电、光伏发电以及核电等非化石能源。目前，我国对非化石能源的比重设立了目标，即在 2020 年将非化石能源消费比重提高到 15%的目标。预计到 2017 年、2020 年，东中部地区 PM2.5 污染比 2010 年可分别降低 20%、28%左右。另一方面，在传统化石能源中，要提高天然气比重。根据行业初步统计，2012 年煤炭占一次能源消费总量的比重大约为 66.4%，石油和天然气分别占一次能源消费总量的 18.9%和 5.5%；非化石能源占一次能源消费总量的 9.1%。从现实可行性角度看，各级政府要大力支持天然气事业的发展。天然气的二氧化碳排放差不多是煤的一半。在未来发展中，应该以天然气为主进行能源结构调整。全球天然气的占比在 22%~23%，美国有 30%多，而我国天然气在整个能源中仅占 5.5%，潜力很大。尽管现在天然气看起来很贵，但是用等热量的标准来比较，它的价格比煤和石油也贵不到哪里去。

（2）管理节能。包括法律和行政等各种手段。在工业、建筑、交通运输、消费领域全面加强用能管理。以城市亮化工程为例，现在各地政府都大量搞城市亮化工程，亮化工程和照明工程不一样，照明是必须要有的，但是过度的城市亮化工程却是对能源巨大的浪费。现在几乎每一个县城、每一个城镇都在搞亮化工程，我们要认真想想消耗了多少电，应该遏制一下在霓虹灯上的浪费。

（3）工程节能。工程节能是全社会节约能源的重要组成部分。解决好环境问题，没有基础设施是绝对不行的，比如污水治理和垃圾处理，如果没有设施，光靠管理，那肯定解决不了问题。在规划阶段推广建筑工程节能技术，要有工程节能的理念。在方案编制上，要寻找利用高生产效率的施工方式。

（4）技术减排。没有落后的产业，只有落后的技术。当务之急是要提高技术门槛，提高排放标准，清洁生产是必需的。低碳技术能引领能源利用方式的转变。发展低碳经济，就是要彻底改变以化石能源为主的全球能源利用的结构，而低碳技术则是实现低碳化发展的关键手段。

2. 生产层面，企业应该是环境治理的重要主体

企业在从事生产经营活动时，也提供了大量的负外部性。尤其是工业污染，是我国环境污染的主要来源，占全部污染负荷的70%以上，其中"高耗能、高污染"企业占了90%以上。2016年12月15日，环保部颁布了关于实施工业污染源全面达标排放计划的通知。要求到2017年年底，钢铁、火电、水泥、煤炭、造纸、印染、污水处理厂、垃圾焚烧厂8个行业达标计划实施取得明显成效，污染物排放标准体系和环境监管机制进一步完善，环境守法良好氛围基本形成。到2020年年底，各类工业污染源持续保持达标排放，环境治理体系更加健全，环境守法成为常态。[①]

对于企业来说，可以通过外部性内部化来控制排放。一方面是"减"，通过碳排放总量控制减少二氧化碳的排放；另一方面是提供正外部性来"吸"二氧化碳的排放。在制度设置上，企业建立两个账户，即碳汇账户（正外部性）、碳排放账户（负外部性）。企业可以用碳汇账户来抵销碳排放账户。

---

① 《关于实施工业污染源全面达标排放计划的通知》（全文），北极星环保网，2016年12月15日。

3. 消费层面，要建立"利益相关者"治理模式

随着人们对生态环境的需求不断增加，单纯依赖于政府的传统环境治理模式存在缺陷，难以满足公共品的需要。所有的利益相关者既在生态环境中得到收益的同时，也必须为生态环境承担相应的社会责任，从而实现从单纯的政府管理走向全社会的环境共治模式环境。

第十六章　韩国经济转型的经验与借鉴意义

韩国与中国一衣带水，都具有东方文化的背景，在世界经济舞台上都扮演重要的角色，在经济发展中面临过诸多类似的问题。探究韩国经济发展转型的历程和经验，对于推动中国经济转型升级有着十分重要的借鉴意义。

一、朝鲜战争后韩国的经济发展战略转型

第二次世界大战后不久，韩国经济又遭受朝鲜战争的重创，朝鲜战争后，韩国迅速恢复了国民经济，并通过持续推动经济转型升级，取得了骄人的成就。从20世纪60年代开始，韩国进入高速发展期，经过50多年的发展，根据世界银行数据，以现价美元计，韩国国内生产总值由1960年的38.91亿美元增加到2015年的1.38万亿美元，人均国内生产总值由1960年的155.60美元增加到2015年的27222美元，创造了"汉江奇迹"。

（一）第一次经济转型（1961年前后），从进口替代战略向"出口导向型"转变

历时三年的朝鲜战争使正在逐步得到恢复的韩国经济又遭到严重破坏和巨大损失。朝鲜战争后，为尽快恢复经济，摆脱美国对韩国经济的控制，改变日本殖民时期形成的畸形单一的经济结构，韩国在1953~1960年采取了进口替代的发展战略。由于政策措施比较得当，国际经济环境比较有利，进口替代经济发展战略取得了一定的效果。但是，受进口替代战略自身的局限性以及受韩国自然资源条

件的约束，当这项战略推行到一定阶段时，到 20 世纪 50 年代后期其负面影响开始日益明显，造成许多进口替代企业开工不足，大量原材料、能源和生产设备依赖进口，也不利于本国商品出口等问题。1960 年前后，西方发达国家开始对自身产业结构进行调整，开始把一些产业链低端的劳动密集型等产业转移到发展中国家，韩国由于独特的地缘战略地位，成为西方国家产业转移的重要国家。此外，美国战后开始极力推行贸易自由化，进入 60 年代后，西欧和日本也提出了放宽进口限制，开始大幅度降低关税和放松进口的限制，客观上为韩国发展外向型经济提供了有利的国际环境。韩国国内，1961 年朴正熙执政后，迅速确立了"出口第一""贸易立国"的战略，为政策方面扫清了障碍。此外，韩国大量高素质、吃苦耐劳、低廉的劳动力和 60 年代廉价、有保障的国际原料和能源供应，也为韩国实施经济战略转型提供了有利条件。

在上述有利背景下，韩国在 20 世纪 60 年代初开始大力促进出口。主要措施有：通过运用国家资本扶植大企业，以大企业为骨干，促进出口。降低汇率，一再降低韩元对美元的汇率，增强出口产品的国际竞争能力。实行刺激出口的财政、金融政策，充分调动出口积极性。兴建专门的出口工业区和出口贸易区。扩大劳务输出，承包海外工程。通过发展战略转型，韩国经济开始起飞，进入快速发展时期。据统计，韩国自 1962~1976 年，国民生产总值年平均实际增长率为 10% 左右，其中 1962~1966 年为 7.8%，1967~1971 年为 10.5%，1972~1976 年为 11%。

（二）第二次经济转型（1972 年前后），主要产业由劳动密集型的轻工业向资本密集型的重化工业转型

韩国在确立"出口导向型"发展战略之初，在产业战略上选择的是大力发展纺织、服装、胶合板、鞋等劳动密集型产业，由于韩国当时拥有廉价、高素质的劳动力，轻工业迅速发展起来，带动韩国经济在短时间内迅速成长起来。但进入 20 世纪 70 年代后，由于受石油危机等影响，西方主要发达国家经济进入滞胀期，贸易上趋于保护，进口韩国的轻纺等产品迅速减少。此外，东南亚国家也开始发展劳动密集型产业，由于这些国家劳动力的工资更低，韩国出口商品价格方面的优势开始丧失。为了促进经济持续发展，提高出口产品竞争力，从 70 年代初开始，韩国经济发展战略开始了又一次转型，这一次转型主要是产业结构方面

的转型，韩国的产业开始由劳动密集型的轻工业向资本密集型的重化工业转型。

为促进产业结构转型，韩国政府 1973 年发表了《重化工业宣言》，并专门成立了"重化工业推进委员会"，由委员会负责制定振兴重化工业的原则、政策与专门法规等。并确立了要集中力量发展的十大战略产业，分别为造船、钢铁、石油化工、汽车、机械、电子、纤维、水泥、有色金属、陶瓷。1971~1980 年，韩国重化工业产值的比重由 29.5% 上升到 51.6%，在出口额中的比重由 14.2% 上升到 43.9%。到 20 世纪 70 年代末，韩国的重化工业基础已经全面建立起来，韩国工业结构已步入了重化工业结构高级化进程。

（三）第三次经济转型（1980 年前后），主要产业由资本密集型的重化工业向技术密集型产业转型

重化工业的发展为韩国 20 世纪 70 年代的快速发展奠定了坚实的基础，但从 70 年代末期开始，重化工业和韩国经济其他方面的弊端逐渐显现：发展重化工业造成的大量资金投入，导致了高通货膨胀。此外，随着经济发展的加快，韩国工人的工资开始持续攀升，降低了产品的竞争力。70 年代末第二次石油危机的发生，也使高度依赖国外市场的韩国经济遭受了巨大冲击。因此，进入 80 年代后，韩国放弃了片面发展资本密集型重化工业的增长方式，开始重点发展科技密集型产业，并提出了"科技立国"的口号，韩国产业进入向技术密集型产业转型时期。

为不断提高科技水平，加强科技创新能力。第一，韩国设立了一系列专门的研究机构，不断建立健全科技开发体制。第二，加强对教育的投入，重视高科技人才的培养。第三，加强对科技开发的财政金融支持，同时推动内资和外资投向高技术产业。第四，在积极引进国外先进技术的同时，加快对引进技术的消化、吸收，不断提高自身的创新能力。通过上述措施，1991 年韩国的科技投资已占到国民生产总值的 3%，韩国技术密集型产品在出口工业产品中的比重已由 1987 年的 11.1% 提高到 1994 年的 24.4%，韩国公司产品在世界技术密集型产品市场上所占比重也由 1987 年的 1.4% 提高到 1994 年的 2.3%。

（四）第四次经济转型（20世纪80年代后期），韩国的市场经济体制开始由"政府主导"型向"民间主导"型转型

朝鲜战争后到20世纪60年代初，韩国经济仍然没有摆脱殖民地经济体系，农业上保持着以分散的个体农业为主的自然经济的性质，工业上不多的资本大部分分散在小企业上，市场经济很不发达，市场体系不健全，市场所需资金非常有限。在这种情况下，韩国是很难依靠"自由放任"的纯市场经济体制迅速改变其落后的经济状况的，为加快发展，60年代初，朴正熙政权对市场经济体制进行了改革，强化政府对经济的干预作用，把过去的自由放任的市场经济体制变为以政府主导为主的市场经济体制。在政府的主导下，60~80年代初，韩国经济取得了惊人的成就。1962~1979年，在不到20年的时间内，韩国国民生产总值增长了27倍，年平均增速高达9.6%，人均国民生产总值由87美元增加到1546美元。韩国由50年代贫穷落后的农业小国变为世界瞩目的"亚洲四小龙"之一。

然而，进入20世纪80年代后，韩国政府主导型市场经济体制的负作用开始显现，政府主导型市场经济体制日益成为制约经济增长的主要原因，为激发市场活力，韩国开始转变市场经济体制，由政府主导型市场经济体制向民间主导型市场经济体制转型。政府把"稳定、效率、均衡"作为制定政策的主要目标，逐步推动经济向"安定化、自由化、开放化"转变。在市场经济体制上，提出由政府主导型逐渐向民间主导型转化，从抑制竞争转向自由竞争，充分利用市场机制的作用。在调控目标上，由过去追求"高速增长"转为"安定增长"，更加强调增长的稳定性和低风险。在调控手段上，逐步扩大企业的自主权，进行金融体制改革和产业政策调整，强调发挥市场的调节作用。为充分发挥市场作用，采取措施防止财阀大企业垄断，不断提高中小企业的地位和作用。同时，陆续取消价格管制，放松进口管制，开放资本市场，推进一些银行、国有企业民营化、私有化。

（五）第五次经济转型（2010年前后），经济发展战略开始向低碳绿色经济转型

进入21世纪后，全球的环境、能源约束加剧。气候变暖的危害日益显现，能源危机使世界各国对能源的争夺日益激烈，在上述背景下，国际组织也开始加强对单个国家环境污染制约。韩国面积有限，长期以来发展就受资源、能源的约束，在 20 世纪 60~90 年代的快速发展中，环境也遭受一定程度的破坏和污染。而且，从 90 年代后期开始，韩国开始进入低速发展期。为解决环境、能源约束，寻求新的增长动力，2009 年韩国政府正式提出了《低碳绿色增长战略》，将低碳绿色发展上升到韩国的国家战略高度，并指明了韩国未来的经济发展方向。

低碳绿色增长是指以绿色技术和清洁能源创造经济发展新的增长动力和增加就业机会的国家发展新模式。该战略以提高能源利用效率和降低能源消耗量的目标，使韩国的经济重点由能耗大的制造业经济向低能耗高就业率的服务业经济转变。2010 年 4 月，为保证绿色新政的实施，韩国颁布了《低碳绿色增长基本法》，为韩国低碳绿色战略发展提供了法律保障。同年，韩国又制定了绿色增长国家战略、绿色 IT 战略和绿色研究开发计划。

二、韩国经济转型的主要做法和经验

（一）韩国的经济转型是政府主导型转型

韩国无论是在经济发展战略转变，还是在产业结构、市场经济体制等转变过程中，政府都发挥了十分重要的作用，从某种意义上讲是在政府主导下的转型。

政府在经济转型中扮演了极其重要的角色。首先，经济发展战略的选择与实施，都是由政府制定的。20 世纪 50 年代，为了恢复和发展经济，政府选择了进口替代战略；60~70 年代，为加快发展，摆脱贫困，政府开始转变发展战略，实行了出口主导型经济发展战略。在 2010 年前后，为应对国际、国内的环境、能源约束，寻求新的发展动力，增加就业，政府又提出了低碳绿色的发展战略。在政府主导下制定和实施的这些发展战略，保证了韩国经济的高速向前发展。其次，制订经济发展计划。为更好落实发展战略，从 1962 年起，韩国政府每五年制订一个五年计划，计划一般不具有法律上的约束力，其目的是弥补市场机制的缺陷，规定经济发展方向，推动经济增长。再次，优化产业结构。韩国产业结构的升级与优化主要是依靠政府的力量实现的。60 年代，韩国在产业选择上，主要发展以纺织、服装等劳动密集型的轻纺工业；70年代后，根据比较优势的变化，开始重点发展资本密集型的重化工业；80年代后，为保持韩国产品的国际竞争力，确立了大力发展电子工业等技术密集型产业。在韩国，政府是产业结构的设计者和优化者，在产业结构优化升级方面发挥了主导作用。最后，在市场经济体制转型中，政府也是采取主动行为的。80年代，政府主导型经济体制弊端日益显现时，政府迅速做出反应，主动提出由政府主导型逐渐向民间主导型转化，推动经济向"安定化、自由化、开放化"转变，从抑制竞争转向自由竞争，充分利用市场机制的作用。

（二）结合本国比较优势适时进行经济转型

韩国的经济转型以基本国情为依据，顺应世界经济发展总趋势，在需要转型时及时推进，能够较好地将新旧经济增长点顺延起来，保持经济的持续高速增长。

韩国在制定经济发展战略目标和决定经济转型时，以基本国情为依据，充分考虑本国比较优势。20世纪60年代初，韩国政府开始主导经济发展战略后，考虑到国内缺乏资源、资金和技术，而具有比较充足的廉价劳动力情况，以及国际上，欧美日等发达国家已开始大力发展资本密集型产业，正在将劳动密集型产业转移到发展中国家这一形势，就及时抛弃了自由放任时期的进口替代发展战略，提出了出口第一的外向型发展战略。同时，在产业上选择了劳动密集型的轻纺工业。进入70年代和80年代后，韩国根据国内劳动力价格逐渐上升，东南亚等国家也开始大力发展轻纺工业，而这些国家劳动力价格更加低廉，在产品竞争力下降的情况下，对照当时发达国家的产业发展轨迹，大胆和及时地对产业结构进行了持续优化升级，方式进行转变，而不是固守于原有的增长方式，保护落后产业的利益。韩国分别在70年代由劳动密集型产业向资本密集型产业升级，在80年代向技术密集型产业转型。在2010年前后，又一次及时提出低碳绿色发展战略。

（三）优先发展战略产业的同时促进传统产业转型升级

韩国在进行经济转型时，一方面，结合世界发达国家经济发展趋势，能够及时地确定优先发展的战略产业，寻到新的经济增长点；另一方面，又不完全抛弃传统产业，在优先发展战略产业的同时，注重对传统产业的优化升级，促进整体经济的升级。韩国的这种做法，使韩国在出口的产品中，不仅新科技产品具有较强的竞争力，如三星手机等，韩国的一些传统产品也具有较强的竞争力，如服装业等，韩国服饰在亚洲等市场上具有很强的吸引力。

推动经济转型升级，韩国在不同时期往往会选择一些优先发展的战略产业。20 世纪 60 年代的纺织、服装、胶合板、鞋等；70 年代的造船、钢铁、石油化工、汽车、机械、电子、纤维、水泥、有色金属、陶瓷等；80 年代和 90 年代的半导体、电子计算机、遗传工程、机器人、系统工程；20 世纪初的未来型汽车、数字电视和广播、新一代移动通信、液晶显示器、智能机器人、新一代半导体、生物新药及人工脏器等；2010 年前后的清洁能源、太阳能电池、绿色建筑等。同时，韩国也注重对传统产业的改造升级。纤维纺织行业曾经是韩国的战略产业之一，但 20 世纪八九十年代后，由于劳动力成本上升等原因，韩国纺织产品国际竞争力有所下降。但韩国政府没有完全抛弃纤维纺织行业，而是组织专门力量对纤维纺织行业进行了改造升级。整合纤维、化纤、印染和纺织等纤维纺织产业链上的企业共同合作，并专门成立了韩国染色技术研究院、韩国纤维开发研究院等研究机构和集产、研、学于一体的高科技研究开发中心和生产中心，加强新技术产品的开发，形成了从染色、配色到实验、数码技术开发、集中污水处理、热能供应等一体化的研制、开发和应用。经过改造升级，传统的纤维纺织产业焕发出新的活力，据韩国权威部门，1997~2004 年，在韩国出口的主要行业中，纺织服装行业成绩最佳，年均外贸顺差达 120 多亿美元，在各行业里居榜首。类似的传统产业，韩国也大力进行升级。

(四) 重视科教，以技术为推动经济转型创造条件

韩国是第二次世界大战后少数顺利跨越"中等收入陷阱"，成功实现追赶欧美发达国家的发展中国家之一，一个重要原因在于韩国重视科教，能够以科技为主导不断推动经济转型升级。

韩国经济起步较晚，朝鲜战争后才开始逐步追赶上来，但它重视科教，培养了大量的科技人才，在追赶中能够充分运用世界上先进的技术和设备，并进行消化创新，不断增强自身的科技创新能力，促进经济持续转型升级，保持经济长期高速发展，在较短时间内实现对发达国家的赶超。在发展之初，韩国有识之士就

明确认识到科技是第一生产力，人才是科技之本，教育是基础。因此，高度重视科教，同时大力引进吸收国外先进技术，不断运用技术促进经济发展、转型。在20世纪60年代，由于当时国内人才、技术力量有限，就大力引进国外先进技术，结合当时产业发展重点，重点引进轻纺工业所需要的技术300多项。70年代，韩国消化吸收国外技术的水平大幅度提高，到70年代末，韩国已有300种左右的工业产品达到国际水平。其中，电视机、洗衣机、半导体收音机等水平已达到日本水平。80年代后，韩国正式提出"科技立国"口号，技术发展逐渐进入自主创新阶段，到90年代末，韩国国民生产总值中有40%是靠技术进步获得的，劳动生产率的增长中有一半以上要归功于技术进步的发展速度。在先进技术的支持下，韩国产业顺利实现了由资本密集型向技术密集型转型，许多产品在国际上已达到先进水平。

（五）大企业在经济转型中发挥着重要作用

韩国经济转型是政府主导型的主动型转型，政府在推动经济转型升级过程中，在一段时期内主要以大企业为载体，通过扶持大企业，培育大企业集团带动战略性产业发展，进而推动经济转型升级。

朝鲜战争后，韩国的主要资本分散在弱小的小企业中，不能提高资本集中度，提高竞争力。从20世纪60年代开始，韩国开始集中力量扶持大企业。战后初期，韩国拿美国的"援助"物资支持大企业，60年代中期后，又将原来的官办企业逐步移交给私人大企业集团经营，并采取各种财政、信贷、贸易等优惠措施，扶持这些企业集团。大型企业集团的迅速成长，增强了韩国产品的国际竞争力，促进了出口，带动了各个产业部门的发展，促进了韩国经济的增长。70年代，为推动经济向资本密集型重化工业转型，韩国政府为进入重化工业领域的大企业集团提供了许多优惠待遇，并连续投入巨额资金，大力兴建高速公路、现代化港口、电气化铁路等基础设施，为大企业集团创造良好的经营条件。在政府的大力资助下，韩国主要重化工业部门几乎全部落入大企业集团手中。产业结构也迅速实现了由以轻纺工业为中心到以重化工业为中心的转型，增强了出口竞争能力，带动了整个国民经济的迅速发展。

三、韩国经济转型的借鉴意义

（一）发挥好政府在经济转型中的积极引导作用

在中国经济转型中，政府要不断提高能力，努力发挥积极作用。政府要努力提高两种能力。首先，要提高对世界经济发展趋势的研判能力。要整合国家研究力量，成立专门的经济改革转型研究机构——国家发展战略研究院，专门负责研究国家经济发展战略，进行顶层设计。可考虑对国家发展和改革委员会、商务部等国家部委的研究力量，中国社会科学院、中国科学院、中央党校、国家行政学院、国务院发展研究中心等研究机构的研究力量以及北京大学、清华大学等高校的研究力量进行整合，抽调精干力量，成立国家发展战略研究院。国家发展战略研究院的主要职责包括：指导国家总体经济体制改革；研究拟定国家经济和社会发展政策；制定国家重大发展战略、规划，制订国家中长期经济计划；协调各有关部门经济政策等。其次，不断提高中央政府的宏观调控能力。政府发挥积极作用的前提在于政府有能力发挥作用。我国经济总量大，发展水平层次不一，有些产业可以达到世界先进水平，有些产业却远远落后，部分边远地区的农业生产仍在使用千年前的工艺进行生产。地区差异大，先进地区可比欧美，落后地区类似非洲。因此，进行经济转型升级，不可能同时进行，必须由中央政府做好宏观调控。因此，要加快政府职能转变，全面深化行政体制改革，不断提高政府能力。

政府要在经济转型升级中发挥好三方面的作用。首先，要确定转型方向，确定产业发展的重点。其次，要制定相应的激励政策，为经济转型提供政策支持，激励引导经济积极转型。要深化财税体制改革，增强对转型升级的调节功能，加快落实和完善对成长型、科技型、外向型小微企业的财税支持政策。要深化金融体制改革，切实服务好实体经济，下决心解决好金融和实体经济相互脱离、金融资产错配和资产泡沫放大的问题，努力盘活货币信贷存量，用好增量，提高资金使用效率，引导、推动重点领域与行业结构调整和转型升级。最后，要为经济转型升级和发展营造良好的国际、国内环境。要把握经济全球化和区域一体化走势和影响，不断提高参与国际经贸合作和制定规则的话语权。加强与发展中国家合作，拓展海外市场。稳步推进金融、物流、教育、科技、医疗、体育等服务业的对外开放，扩大开放范围，提高开放水平。加快社会保障体制改革，努力织就"社会安全网"，为推动经济转型升级创造稳定的国内环境。

（二）加强自主创新能力，为经济转型创造条件

要从教育、科研体系、创新体系等方面加强自主创新能力，积极促进经济转型升级。教育是培养自主创新能力的土壤。首先，要加大对教育投入。不仅政府要加大投入，也要吸引全社会以及国外的资本来办教育。通过加大投入，实现15年免费国民教育，从幼儿园到高中全部实行公费教育，要让每个中国人最少接受15年的教育。其次，创新教育体制。要构建终身教育体系，鼓励人们通过多种形式和渠道参与终身学习，优化整合各种教育培训资源，综合运用社会的学习资源、文化资源和教育资源，完善广覆盖、多层次的教育培训网络。要改进教育方式和办学模式，以社会需求为导向，大力推进教育创新，优化教育内容，全面推进素质教育，提高教育质量和管理水平，培养创新型人才。

构建更加高效的科研体系。发挥科学技术研究对创新驱动的引领和支撑作用，遵循规律、强化激励、合理分工、分类改革，增强高等学校、科研院所原始创新能力和转制科研院所的共性技术研发能力。加大对科研工作的绩效激励力度，完善事业单位绩效工资制度，健全鼓励创新创造的分配激励机制。改革高等学校和科研院所科研评价制度，强化对高等学校和科研院所研究活动的分类考核。对公益性研究强化国家目标和社会责任评价。深化转制科研院所改革，坚持技术开发类科研机构企业化转制方向，推动以生产经营活动为主的转制科研院所深化市场化改革。

构建以企业为主体的技术创新体系。科技创新能够显著提高全要素生产率，是经济转型升级的不竭动力。要大力弘扬"两弹一星"和"载人航天"精神，加快国家创新体系建设，继续实施"863""973"等重大科技项目，支持产业集群创新，把增强创新能力与完善现代产业体系紧密结合，增强科技面向经济主战场、服务经济转型升级的支撑能力。要加快把国家意志转化为企业行为，要加快建设以企业为主体、市场为导向、协同创新的体制机制，大力发展创新文化，营造勇于创新、鼓励成功、宽容失败的社会氛围。

（三）审时度势，持续推进经济全方位转型

依据国内外形势变化，审时度势，不断推进经济转型升级是韩国经济持续快速发展的一项重要经验。改革开放后，中国在经济发展和经济转型的过程中与韩国的状况有许多相似之处，借鉴韩国经验，推进中国经济持续健康发展，需要及时持续推进经济转型。但与韩国相比，中国情况更为复杂，中国的经济转型升级需要全方位的持续推进。

全方位，一是指中国需要进行多方面的经济转型升级，如经济体制转型、产业结构转型等；二是指在产业转型升级上又呈现出多层次的特征，如中国当前呈现出劳动密集型、资本密集型、技术密集型等多种类型产业并存的局面，需要面临传统产业、重化工业等多种产业共同转型升级的问题。首先，中国要完成计划经济体制向市场经济体制的完全转型。要按照十八届三中全会和习近平总书记四个全面伟大布局的精神要求，全面深化改革，在充分发挥市场作用的同时更好地发挥政府作用，健全和完善社会主义市场经济体制。其次，在进行经济体制改革完善的同时，审时度势，不断推进产业结构优化升级。一要大力发展先进制造业，这是带动中国经济走向高端化、提升竞争力的强大引擎。我国正处于工业化的重要阶段，强大而先进的制造业正是我国经济发展的巨大推动力。要精心选择一些优先发展的现代高技术、新技术产业，推动产业结构向高加工度、高附加值、高端产业方向发展。二要利用承接国际产业转移的机会，吸引消化国外先进技术，加速淘汰落后设备和工艺，对部分产业进行调整和升级，优化产业结构，提升国际竞争力。三要大力发展劳动密集型产业和资本密集型产业，着力解决眼前及将来相当长时间存在的两亿多农民工和每年几百万大学生就业难问题。但要加大对农民工等的技术素养的培养，适时提高劳动密集型产业和资本密集型产业的技术、工艺，提高产品竞争力。产品没有竞争力就没有市场，没有市场企业就无法生存，更不用谈就业了。大力发展服务业，提高服务业比重和水平。服务业具有涉及领域广、带动就业多、消耗资源和污染排放少等特点，是经济社会可持续发展的新引擎、新动力。通过推动服务业大发展，一方面促进经济结构调整、产业结构优化升级，另一方面吸纳大量就业人口，为劳动密集型、资本密集型产业转型创造条件。

（四）中央企业要在经济转型中发挥主力作用

国务院国有资产监督管理委员会成立以来，经过十多年的改革发展，中央企业改革取得了显著的成就，基本实现了"做大"的目标，形成了一批具有世界影响力的大型企业。中央企业要更好地发挥作用，做优做强，加快推进中国经济转型升级。

首先，中央企业要发挥创新主力军作用。提高创新能力，是产业经济转型升级的核心和根本。中央企业是自主创新的主要载体，具有实现技术突破的基础。中央企业技术力量强，人才集中，几乎都建立了比较强的科研机构，是我国技术进步和科技创新的主要力量。中央企业要增强创新的责任感和积极性，集中优势力量对重大项目进行攻关，为国家产业向高端化转型创造条件。其次，中央企业要率先进行转型升级，带动中国经济进行转型升级。中央企业总量大，并且掌握着国家的经济命脉，在关系国民经济命脉的关键部门和重要领域居控制地位。中央企业率先转型将会带动关键部门和重要领域的转型，有利于发挥主导作用。最后，中央企业能够更好地配合政府宏观调控，促进经济转型。中国经济体量大，发展差异大，情况复杂，进行经济转型升级涉及各方利益，需要中央政府做好宏观调控，统筹协调。中央企业能够坚决地落实国家宏观调控政策，在产业结构调整中起示范、带动作用，有利于促进经济转型、国民经济平稳较快发展。

参考文献

［1］B. kravis. Availability and Other Inf luence on The Commodity Composition of Trade［J］. Journal of Pol it ical Economy，1956（4）.

［2］Lewis，Arthur. Unlimited Labour：Further Notes. Manchester School of E-conomics and Social Studies，1958，ⅩⅩⅥ（1）：pp.1-32.

［3］Mckinnon R.，Ronald I. Money and Capital in Economic Development［M］. Washington，DC：Brooking Institution，1973.

［4］R. Vernon. International Investment and Internat ional Trade In The Produt Cycle［J］. Quart erly Journal of Economics，May，1966（5）.

［5］Shaw P.，Edward G. Finance Deepening in Economic Development［M］. Oxford County：Oxford University Press，1973.

［6］《BP世界能源统计年鉴》（2015年中文版），http：//wenku.baidu.com/view/。

［7］《国务院关于同意建立金融监管协调部际联席会议制度的批复》（国函〔2013〕91号），中国政府网，http：//www.gov.cn/zwgk/2013-08/20/content_2470225.htm。

［8］《启航贸易转型》，《财经》2012年第22期。

［9］《全球能源体系结构性能指数报告》，人民网，2014年1月6日。

［10］《十八大报告》，人民出版社2012年版。

［11］《中共中央关于全面深化改革若干重大问题的决定》，人民出版社2013年版。

［12］埃德蒙·菲尔普斯：《大繁荣 大众创新如何带来国家繁荣》，中信出版社2013年版。

［13］巴里·诺顿：《中国经济：转型与增长》，上海人民出版社2010年版。

［14］保罗·克鲁格曼：《克鲁格曼国际贸易新理论》，黄胜强译，中国社会科

学出版社 2001 年版。

[15] 本书编写组：《〈中共中央关于制定国民经济和社会发展第十三个五年规划的建议〉辅导读本》，人民出版社 2015 年版。

[16] 蔡昉：《理解中国经济发展之谜》，中国社会科学出版社 2014 年版。

[17] 常修泽：《创新立国战略》，学习出版社、海南出版社 2013 年版。

[18] 陈汉林：《对韩国经济发展模式的重审与反思》，《经济纵横》2003 年第 1 期。

[19] 陈佳贵、黄群慧等：《工业大国国情与工业强国战略》，社会科学文献出版社 2012 年版。

[20] 陈劲、贾根良：《理解熊彼特　创新与经济发展的再思考》，清华大学出版社 2013 年版。

[21] 陈劲：《创新管理　赢得持续竞争优势》，北京大学出版社 2013 年版。

[22] 陈元志：《创新驱动发展战略的理论与实践》，人民出版社 2014 年版。

[23] 丁纯、李君扬：《德国"工业 4.0"：内容、动因与前景及其启示》，《德国研究》2014 年第 4 期。

[24] 丁纯：《德国经济增长方式的转变及其成因剖析》，《德国研究》2000 年第 3 期。

[25] 丁见民、付成双、张聚国、陈志杰：《世界现代化历程》(北美卷)，江苏人民出版社 2002 年版。

[26] 董小君：《占领全球新能源产业制高点重在"四网一图"的设计》，《国家行政学院学报》2011 年第 3 期。

[27] 董小君：《中国经济转型升级的合理逻辑》，《紫光阁》2015 年第 6 期。

[28] 杜鹰：《区域协调发展的基本思路与重点任务》，《求是》2012 年第 4 期。

[29] 范剑勇：《市场一体化、地区专业化与产业集聚趋势：兼谈论地区差距的影响》，《中国社会科学》2004 年第 6 期。

[30] 菲利浦·W.林：《路径依赖的作用：韩国经济发展模式的兴衰》，《经济社会体制比较》2001 年第 1 期。

[31] 龚雯、许志峰、王珂：《供给侧结构性改革引领新常态》，《人民日报》2016 年 1 月 4 日。

[32] 辜胜阻：《创新驱动战略与经济转型》，人民出版社 2013 年版。

[33] 郭树清：《推动 QFII 扩容 市值占比目标 16%》，《第一财经日报》2013 年 1 月 15 日。

[34] 郭晓鸣：《中国农村土地制度改革：需求、困境与发展态势》，《中国农村经济》2011 年第 4 期。

[35] 郭星：《日本产业升级及其启示》，《华北金融》2012 年第 4 期。

[36] 国家行政学院经济学教研部编写：《中国供给侧结构性改革》，人民出版社 2016 年版。

[37] 韩长赋：《土地"三权分置"是中国农村改革的又一次重大创新》，《农村工作通讯》2016 年第 3 期。

[38] 何传启：《第六次科技革命的战略机遇》，科学出版社 2013 年版。

[39] 亨利·埃茨科威兹：《国家创新模式 大学、产业、政府"三螺旋"创新战略》，东方出版社 2014 年版。

[40] 洪银兴：《论创新驱动经济发展》，南京大学出版社 2013 年版。

[41] 黄磊：《韩国德国产业政策比较及对我国的启示》，《国际经贸探索》2004 年第 20 卷第 2 期。

[42] 黄鑫冬：《中国版的"货币主义实验"对当前货币政策的一些理解》，《证券研究报告》，广发证券，2014 年 3 月 21 日。

[43] 黄阳华：《德国"工业 4.0"计划及其对我国产业创新的启示》，《经济社会体制比较》2015 年第 2 期。

[44] 霍建国：《中国对外贸易面临的形势、问题及对策》，中国经济网，2011 年 11 月 3 日。

[45] 姬超：《韩国经济增长与转型过程及其启示：1961~2011》，《国际经贸探索》2003 年第 29 卷第 12 期。

[46] 贾康：《建设创新型国家的财税政策与体制变革》，中国社会科学出版社 2011 年版。

[47] 金承男：《论韩国经济增长方式转变过程中的成就与问题》，《世界经济》1997 年第 9 期。

[48] 金承权：《韩国的政府主导型市场经济体制》，《天池学刊》1995 年第 2 期。

[49] 金承权：《论韩国出口主导型经济发展战略》，《天池学刊》1995 年第

1 期。

[50] 靳艳：《近代德国经济高速发展的历史因素》，《社科纵横》2006 年第 8 期。

[51] 兰星、李永平：《韩国经济增长模式的转变、特征及其借鉴》，《华中理工大学学报》（社会科学版）1996 年第 3 期。

[52] 李稻葵：《德国经济模式的五个支柱及借鉴意义》，《中国中小企业》2013 年第 5 期。

[53] 李德章：《德国经济发展与体制转换的启示》，《财政研究》1994 年第 2 期。

[54] 李根：《对德国经济发展的研究及其启示》，《经济研究导刊》2015 年第 27 期。

[55] 李坤、于渤、李清均：《"躯干国家"制造向"头脑国家"制造转型的路径选择》，《管理世界》2014 年第 7 期。

[56] 李喜先等：《国家创新战略》，科学出版社 2011 年版。

[57] 李友德：《日本国民收入倍增计划（1961~1970 年度)》，《宏观经济研究》1985 年第 9 期。

[58] 李佐军：《第三次大转型　新一轮改革如何改变中国》，中信出版社 2014 年版。

[59] 联合国开发计划署：《2009~2010 年度中国人类发展报告》，中国对外翻译出版社 2010 年版。

[60] 林毅夫、刘培林：《中国的经济发展战略与地区收入差距》，《经济研究》2003 第 3 期。

[61] 刘凤芹：《不完全合约与履约障碍——以订单农业为例》，《经济研究》2003 年第 4 期。

[62] 刘若江：《马克思土地产权理论对我国农村土地流转的启示——以三权分离的视角》，《西北大学学报》（哲学社会科学版）2015 年第 2 期。

[63] 刘世锦：《中国经济增长十年展望（2013~2022）寻找新的动力和平衡》，中信出版社 2013 年版。

[64] 刘志阳：《从自主创新到创新获利》，《学术月刊》2014 年第 4 期。

[65] 吕婷婷、穆新伟、任建兰：《韩国经济发展及经验借鉴》，《世界地理研

究》2003 年第 12 卷第 2 期。

[66] 马海：《日本与欧美对外直接投资理论之比较》，《日本问题研究》2004
年第 1 期。

[67] 马克思：《资本论》（第二卷），人民出版社 2008 年版。

[68] 马小芳：《企业"走出去"的机遇、风险及对策》，《学习时报》2012 年
6 月 4 日。

[69] 马小芳：《构建开放型经济新体制》，《经济研究参考》2014 年第 46 期。

[70] 马小芳：《上海自贸区负面清单管理促政府职能转变》，《中国经济时报》
2013 年 11 月 14 日。

[71] 马小芳：《实施更加主动的开放战略　全面提高开放型经济水平》，《经济
研究参考》2013 年第 71 期。

[72] 马岩：《德国经济稳健增长模式的启示》，《调研世界》2011 年第 4 期。

[73] 迈克尔·波特：《国家竞争优势》，中信出版社 2012 年版。

[74] 苗宏：《从"出口第一"到"科技立国"——韩国经济战略调整及启
示》，《中国科技产业》1996 年第 10 期。

[75] 内野达郎：《战后日本经济史》，新华出版社 1981 年版。

[76] 尼尔·弗格森：《西方的衰落》，中信出版社 2013 年版。

[77] 朴容晟：《韩国经济发展的经验教训及对中国的启示》，《韩国研究论丛》
2003 年版。

[78] 桥本寿郎等：《现代日本经济》，戴晓芙译，上海财经大学出版社 2001
年版。

[79] 曲福田、田光明：《城乡统筹与农村集体土地产权制度改革》，《管理世
界》2011 年第 6 期。

[80] 芮明杰：《第三次工业革命与中国选择》，上海辞书出版社 2013 年版。

[81] 沈坤荣：《经济发展方式转变的机理与路径》，人民出版社 2012 年版。

[82] 沈正岩：《产业转型升级的"韩国经验"》，《政策瞭望》2008 年第 3 期。

[83] 盛朝迅、姜江：《德国的"工业 4.0 计划"》，《宏观经济管理》2015 年第
5 期。

[84] 史正富：《超常增长 1979~2049 年的中国经济》，上海人民出版社 2013
年版。

[85] 世界银行：《2009 年世界发展报告：重塑世界经济地理》，清华大学出版社 2009 年版。

[86] 世界银行、国务院发展研究中心：《2030 年的中国 建设现代、和谐、有创造力的社会》，中国财政经济出版社 2013 年版。

[87] 宋立刚：《中国未来二十年的改革与发展》，社会科学文献出版社 2011年版。

[88] 宋志红：《农村土地"三权分置"改革：风险防范与法治保障》，《经济研究参考》2015 年第 24 期。

[89] 苏安：《借鉴日本国民收入倍增计划教训》，《21 世纪经济报道》2010 年6 月 29 日。

[90] 苏剑：《中央经济工作会议：短期宏调体系三突破》，《华夏时报》2015年 12 月 23 日。

[91] 孙敬水、张品修：《德国经济增长方式转变的经验及借鉴》，《世界经济与政治》1998 年第 8 期。

[92] 孙敬水：《韩国经济增长方式转变的经验及启示》，《世界经济》1998 年第 2 期。

[93] 田国强、陈旭东：《中国改革历史、逻辑和未来》，中信出版社 2014年版。

[94] 汪东升、李继明：《当前我国农村土地制度的效应分析》，《求实》2010年第 1 期。

[95] 王健：《政府经济管理》，经济科学出版社 2009 年版。

[96] 王慎刚：《德国政府成功推进经济转型与产业升级探析》，《山东经济战略研究》2014 年第 9 期。

[97] 王文玫：《韩国经济增长方式转换初析》，《韩国研究论丛》1998 年第S1 期。

[98] 王宇：《中国利率汇率市场化进程加快》，《西部金融》2013 年第 8 期。

[99] 吴金园：《韩国经济起飞的经验及其对中国的启示》，《财贸研究》2009年第 5 期。

[100] 吴敬琏：《中国增长模式抉择》，上海远东出版社 2013 年版。

[101] 吴敬琏等著：《供给侧改革：经济转型重塑中国布局》，中国文史出版

社 2016 年版。

［102］习近平：《在中央政治局常委会会议上关于化解产能过剩的讲话》（2013 年 9 月 22 日）。

［103］肖鲁伟、周文：《浅谈我国现行农村土地制度的弊端》，《中国集体经济》2012 年第 6 期。

［104］谢德荪：《源创新》，五洲传播出版社 2012 年版。

［105］谢汪送：《社会市场经济：德国模式的解读与借鉴》，《经济社会体制比较》2007 年第 2 期。

［106］徐绍史：《创新和完善宏观调控方式》，《人民日报》2015 年 12 月 1 日。

［107］徐占忱、刘向东：《借鉴德国经验做大做强我国实体经济》，《宏观经济管理》2012 年第 11 期。

［108］杨继瑞、杨博维、马永坤：《回归农民职业属性的探析与思考》，《中国农村经济》2013 年第 1 期。

［109］杨继瑞、薛晓：《农地"三权分离"：经济上实现形式的思考及对策》，《农村经济》2015 年第 5 期。

［110］杨庆芳、韩嫔月：《我国国债收益率曲线分析》，《华北金融》2013 年第 9 期。

［111］叶兴庆：《从"两权分离"到"三权分离"——我国农地产权制度的过去与未来》，《中国党政干部论坛》2014 年第 6 期。

［112］易先忠：《后发不均质大国技术创新能力提升模式与政策机制研究》，格致出版社 2013 年版。

［113］袁志刚：《中国（上海）自由贸易试验区新战略研究》，格致出版社、上海人民出版社 2013 年版。

［114］张谷：《德国经济开放与产业转型特点》，《欧洲》1997 年第 3 期。

［115］张红宇：《工业化、城镇化需要土地流转、规模经营土地流转问题》，《农业工作通讯》2013 年第 18 期。

［116］张军：《产品生命周期理论及其适用性分析》，《华北电力大学学报》（社会科学版）2008 年第 1 期。

［117］张茉楠：《中国亟需启动"国民收入倍增计划"》，《上海金融报》2010 年 2 月 5 日。

［118］张威：《中国经济之借鉴：战后日本崛起之路》，《中国首席财经》2011年10月11日。

［119］志彪：《战略理念与实现机制：中国的第二波经济全球化》，《学术月刊》2013年第10期。

［120］周建明、顾光青：《社会市场经济与社会的重建——战后联邦德国的经验及启示》，《世界经济研究》2006年第4期。

［121］周天勇：《从需求侧转向供给侧实现宏观调控的根本性转变》，凤凰网财经，2015年11月12日。

［122］诸建芳：《从日本"倍增计划"看我国收入分配改革》，《中国外汇》2010年11月。